大清十二帝

最新整理珍藏版　本书编委会主编

【学术顾问】汤一介　文怀沙

中国书店

四

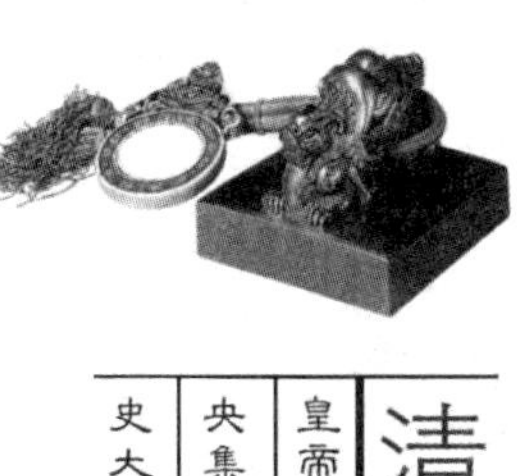

清宫密档全揭秘　大清皇帝全纪实

皇帝是封建王朝政权和神权的象征，有着至高无上的权力。清朝作为专制主义中央集权发展的顶峰时期，其在位的十二位帝王上演了中国封建社会最后一幕历史大剧。

第七卷

励精图治，无力回天

——清仁宗嘉庆皇帝爱新觉罗·颙琰

嘉庆一生大事记

嘉庆元年

1796年正月，行授受大典。嗣皇帝颙琰侍太上皇行礼于堂子、奉先殿、寿皇殿。太上皇御太和殿，授玺，颙琰即皇帝位，太上皇训政。立嫡福晋喜塔腊氏为皇后，侧福晋礼部尚书恭阿拉之女钮祜禄氏为贵妃，侧福晋拜唐阿刘福明之女刘佳氏为諴妃，侧福晋上驷院卿讨住之女侯氏为莹嫔，委署库长时泰之女董氏为贵人。于宁寿宫举行千叟宴。湖北爆发白莲教起义。

三月，嘉庆帝行耕藉礼，皇后行先蚕礼。

十一月，赐世袭一等子爵户部尚书布彦达之女钮祜禄氏为皇二子绵宁嫡福晋。

嘉庆二年

1797年正月，贵州苗民再次起义。

二月，皇后喜塔腊氏逝，上谥号为“孝淑”。

五月，奉太上皇至热河，驻避暑山庄。太上皇谕：“以贵妃钮祜禄氏继位中宫，应先封为皇贵妃。”

嘉庆三年

1798年二月，释奠文庙，临雍讲学。

嘉庆四年

1799年正月，太上皇逝。嘉庆帝亲政。大学士和珅及尚书福长安皆获罪下狱。和珅赐死入狱，福长安论斩。追赠纠劾和珅家臣刘全之御史曹锡宝。晋仪郡王永璇为仪亲王，贝勒永璘为庆郡王，绵亿为履郡王，奕纶、奕绅在上书房读书。谕“中外陈奏直达朕前，不许副封关会军机处。”召乾隆晚年抨击、揭露腐败而获罪的尹壮图来京候旨擢用。

二月，以“六卿分职各有专司，原无总理之名，勿启专权之渐”为由，罢皇八兄仪亲王永璇管吏部事。

三月，籍没和珅花园府邸，花园赐皇十一兄永理，府邸赐皇十七弟永璘。

四月，上大行太上皇谥号为“纯”，庙号高宗。遵秘密建储家法，亲书皇太子绵宁名藏之秘匣。

八月，翰林院编修洪亮吉上疏极言吏治腐败，得罪戍伊犁。

九月，葬高宗纯皇帝乾隆于东陵之裕陵。以永理工于书法，命其书裕陵圣德神功碑。

十月，成亲王永理免值军机处。

嘉庆五年

1800 年三月，谒西陵。

九月谒东陵。

嘉庆六年

1801 年四月，立皇贵妃钮祜禄氏为皇后，晋莹嫔侯氏为华妃，晋贵人董氏为淳嫔，晋举人伊里布之女春贵人王氏为吉嫔。

嘉庆七年

1802 年七月嘉庆帝初次秋狝木兰。

十二月，川、楚白莲教起义大部分已被镇压。

嘉庆八年

1803 年闰二月，嘉庆帝由圆明园还宫，入贞顺门，陈德行刺，失败被俘。陈德及其二子伏诛。严申宫门之禁。

十月，葬孝淑皇后于山陵。

嘉庆九年

1804 年二月，谒东陵。

三月，谒明陵，奠酒长陵。

五月，清廷彻底镇压了白莲教起义余部，此战事迁延九年，清廷耗军费白银二亿两。六月蔡牵于海上起义。

嘉庆十年

1805 年正月，诏内务府大臣严行约束太监，稽其出入。

四月，查禁西洋人刻书传教。

五月，晋主事善庆之女如贵人为如嫔。诏内务府大臣管理西洋堂，未能严加稽查，任令传教，下部议处，其经卷检查销毁，习教佟兰等获罪。

七月，谒盛京诸陵。

嘉庆十一年

1806 年二月，谒东陵。

七月，秋狝木兰。

九月，直隶查出假雕印信，串通银号，虚收冒支大案。

嘉庆十二年

1807 年二月，谒东陵。

三月，至南苑行围，后谒西陵。

七月，秋狝木兰。

嘉庆十三年

1808 年正月，晋諴嫔为諴妃，吉嫔为庆妃，信贵人为信嫔。以仪亲王永璇年逾六十，免其冬寒入内奏事。

二月谒东陵，巡视天津长堤。命皇二子绵宁释奠孔子。

九月，英国兵船进泊香山洋面，派兵据澳门炮台，以防御法国保护贸易为借口。

十二月，命皇二子绵宁诣大高玄殿祈雪。赐公舒明阿之女佟佳氏为绵宁继福晋。

嘉庆十四年

1809年九月，蔡迁被福建水师提督王得禄围于定海渔山外洋，裂船自溺。

十二月，发生工部书吏冒领户部、内务府官银案。

嘉庆十五年

1810年二月，诏以鸦片烟戕生，逼饬督抚断其来源。

九月，晋如嫔为如妃。

嘉庆十六年

1811年三月，谒西陵，巡五台山。

七月，禁西洋人潜居内地，并禁民人习天主教。

嘉庆十七年

1812年正月命皇二子绵宁诣太庙行礼。

六月，移闲散宗室于盛京居住，造屋给田给银。

嘉庆十八年

1813年七月，重申贩运鸦片烟罪律，定食者并罪。

九月，天理教起义，其中首领林清联络宫中太监，分别从东、西华门冲入宫中，与官兵交战，全部被歼。嘉庆帝为此下“罪己诏”。皇二子绵宁于此次突变中表现英勇，功封为智亲王。

是年，禁宗室觉罗子弟与汉人通婚。准驻防子弟从丙子（嘉庆二十一年）科起，应各省文武乡试。

嘉庆十九年

1814年四月，阅健锐营兵。

八月皇十一兄永瑆工书法，命自选所书刻石，赐名《诒晋斋帖》，并以手诏为序。

十一月，下令开垦伊犁、吉林荒地。

十二月，批准两广总督蒋攸铦“防闲策”严禁民人为洋人服役，洋行不得私盖夷式房屋以及清查商欠等各项具体规定。

嘉庆二十年

1815年正月，命智亲王绵宁至太庙行礼。

三月，两广总督蒋攸铦疏陈查禁鸦片烟章程，得旨：“洋船到澳门，按船查验，杜绝来源。官吏卖放及民人私贩者，分别治罪。”

十一月，理亲王昭梿被削爵圈禁。

嘉庆二十一年

1816年正月，以乾清宫赐宴，辅国公绵慜就席迟，奕绍推令入座，拂堕食碗，庆亲王永璘告内奏事太监，特诏诸亲王、郡王，勿令太监代为奏事，至开交结之端，罚永璘俸。

七月，英国使臣到京，因礼仪之争未觐见嘉庆帝而去，并企图把天津作为新的贸易口岸，带领英使的大臣和世泰等受到黜降。

是年，命加强保甲制度，十家为牌，有形迹可疑之人即行首报。

嘉庆二十二年

1817年三月，增设天津水师营总兵官，专辖水师两营。

六月，松筠疏请停止明年谒祖陵，奉旨严斥，罢其大学士衔，黜为察哈尔都统。

嘉庆二十三年

1818年正月上谕："内廷主位之母家，如高斌、缊布等，已入满洲旗分，俱曾各赏满洲姓名书写矣。惟玉牒内孝仪纯皇后之母家姓氏仍单字书写。著交宗人府于玉牒内孝仪纯皇后之母家书写魏佳氏。"

五月，因修《明鉴》，于万历、天启两朝载入先朝开创之事及加按语颂扬，嘉庆帝认为于体例未合，下诏降罚正、副总裁官，并另行纂辑。

七月，嘉庆启銮东巡盛京。

十月，回銮谒东陵，万寿节于兴隆寺行宫受贺。

嘉庆二十四年

1819年正月，以六旬万寿赐宴群臣。封皇三子绵恺为敦亲王，皇四子绵忻为端亲王。宣布普免全国积欠钱粮。

五月，成亲王永瑆以告祭礼赞引有误，罢职削俸归第。

七月，以仪亲王永璇刺探政事，停其入值，只留内廷行走。

嘉庆二十五年

1820年三月，谒东陵。庆亲王永璘逝，嘉庆帝亲临其府邸祭奠。

七月，秋狝木兰，嘉庆帝逝于避暑山庄，奉安澹泊敬诚殿。御前大臣赛冲阿、军机大臣托津、总管内务府大臣禧恩启建储秘匣，宣示嘉庆四年御书秘旨，立皇二子绵宁为皇太子。即日，皇太子奉大行皇帝梓宫回京，尊母后钮祜禄氏为皇太后。

八月，绵宁为大行皇帝上谥号“仁宗”，庙号睿皇帝。为避讳，改皇帝御名绵宁为旻宁。旻宁即位太和殿，颁诏天下，以明年为道光元年。

九月，旻宁命名仁宗陵为昌陵。以拟遗诏错误，罢黜托津、戴均元军机大臣。追封藩邸时嫡福晋钮祜禄氏为皇后。大和卓木之孙张格尔率数百人攻掠边卡，挑起叛乱。

十一月，旻宁奉皇太后居寿康宫。

十二月，旻宁奉皇太后懿旨，立继妃佟佳氏为皇后。

家庭成员

后妃

仁宗孝淑睿皇后（？—1797），喜塔腊氏，总管内务府大臣、副都统、承恩公和尔经额女，乾隆三十九年嫁与嘉庆为嫡福晋。先后生有一子（皇二子，即道光帝）、二女（皇二女，夭折；皇四女庄静固伦公主）。嘉庆元年（1796）册封为皇后，第二年即逝世.，尊孝淑端和仁庄慈懿敦裕昭肃光天佑圣睿皇后。

孝和睿皇后，钮祜禄氏，礼部尚书恭阿拉的女儿，嘉庆帝为皇子时的侧福晋，嘉庆元年册封贵妃。孝淑皇后去世后，奉太上皇乾隆旨意晋封皇贵妃。到嘉庆六年，才由皇贵妃而册为皇后。道光二十九年（1849）十二月十一日去世，终年七十四岁，葬于昌陵西面三华里处的昌西陵。

恭顺皇贵妃（1786—1860），钮祜禄氏，嘉庆初年被选入宫，赐号如贵人。嘉庆十年册封为如嫔。十五年九月晋封为如妃。二十五年十二月，道光晋尊为皇考如贵妃。道光二十六年，晋尊为如皇贵妃，居寿安宫。三十年（1805）正月，咸丰晋尊为皇祖如皇贵太妃。咸丰三年行册尊礼。十年闰三月初三日去世，终年七十四。

和裕皇贵妃，刘佳氏，颙琰为皇子时，入侍藩邸。生皇长子，幼年夭折。嘉庆元年（1796）正月册封为诚妃。十三年（1808）十一月晋封为诚贵妃。二十五（1802），道光晋尊为皇考诚禧皇贵妃。道光十三年（1833）十二月十八日去世,，尊谥和裕皇贵妃，葬昌陵妃园寝。

华妃，侯佳氏，嘉庆元年正月册封为莹嫔。嘉庆六年（1801）四月晋封为华妃。九年（1804）六月二十八日去世。

恕妃，完颜氏，父哈丰阿，官轻车都尉。颙琰为皇子时，入侍藩邸为侧福晋。卒于嘉庆继位以前，嘉庆二年四月追封为恕妃。葬妃园寝。

庄妃，王氏，父伊里布，举人。初赐号春贵人，嘉庆六年（1801）四月册封为吉嫔。十三年（1808）十一月晋封为庄妃。十六年（1811）二月十五日去世。

信妃，刘佳氏，将军本志之女。初赐号信贵人，嘉庆十三年（1808）十一月册封为信嫔。二十五年（1820）十二月，道光帝晋尊为皇考信妃。道光二年（1822）十月十三日去世。

简嫔，关佳氏，拜唐阿德成女。颙琰为皇子时，入侍为格格。卒于嘉庆二年（1797）以前，是年四月追封为简嫔。

逊嫔，沈佳氏，内务府大臣职衔永和女。颙琰为皇子时，入侍为格格。乾隆五十一年（1786）生皇五女慧安和硕公主，不久即去世。嘉庆二年四月追封为逊嫔。

恩嫔，乌雅氏，父万明，官至左副都御史。嘉庆时赐号恩贵人。嘉庆二十五年（1820）十二月，道光帝晋尊为皇考恩嫔。道光二十六年（1846）二月初十日去世。

荣嫔，梁氏，员外郎光保女。嘉庆时赐号荣贵人，嘉庆六年（1801）五月初十日去世。

淳嫔，董佳氏，委署库长时泰女。嘉庆初年赐号淳贵人，嘉庆六年（1801）四月册封为淳嫔，二十四年去世。

安嫔，苏完尼瓜尔佳氏，公安英之女。本为宫女，因长得小巧玲珑，又善解人意，被嘉庆临幸，封为常在。嘉庆二十五年十二月，道光帝晋尊为皇考安嫔。道光十七年（1837）六月二十七日去世。

玉贵人，嘉庆二年十一月封玉贵人，十九年十月初七日卒，二十年二月二十九日葬入昌陵妃园寝。

芸贵人，嘉庆九年（1804 年）正月册封芸贵人，七月十九日芸贵人逝世。

李贵人，死后葬昌陵妃园寝。

皇子

皇长子，母和裕皇贵妃刘佳氏，时为藩邸福晋。未命名，早殇。嘉庆二十五年（1820）八月追封穆郡王。

皇二子爱新觉罗·旻宁，道光帝，母孝淑睿皇后喜塔腊氏。

皇三子爱新觉罗·绵恺，敦恪亲王，母孝和睿皇后钮祜禄氏，时为皇子侧福晋。

皇四子爱新觉罗·绵忻，端怀亲王，母孝和睿皇后钮祜禄氏，时为皇后。

皇五子爱新觉罗·绵愉，惠端亲王，母恭顺皇贵妃钮祜禄氏，时为如妃。

公主

皇长女（1780.4.11—1783.11.1），母简嫔关佳氏，时为藩邸格格。乾隆四十五年（1780）四月十一日生，乾隆四十八年（1783）十一月初一卒，年仅4岁，未封，无名。

皇次女（1780.4.30—1783.8.10），母孝淑睿皇后喜塔腊氏，时为皇子嫡福晋。乾隆四十五年（1780）四月三十日生。乾隆四十八年（1783）八月初十卒，年仅4岁，未封，无名。

皇三女（1781.12.1—1811.3.12），庄敬和硕公主，母和裕皇贵妃刘佳氏，时为藩邸福晋。乾隆四十六年（1781）十二月十七生，嘉庆六年（1801）十一月嫁与蒙古科尔沁部博尔济吉持氏索特纳木多布济，封庄敬和硕公主。嘉庆十六年（1811）三月十二卒，时年31岁，葬于北京海淀区复兴门外公主坟东侧。索特纳木多布济，系科

尔沁郡王齐默持多尔济之孙，乾隆四十八年袭父爵，封为郡王，嘉庆四年（1799）正月命于御前行走，娶公主后荐授御前大臣，嘉庆二十五年（1820）受顾命，道光五年七月初十卒，晋赠亲王，无嗣，以从子僧格林沁为嗣。

皇四女（1784.9.7—1811.5.7），封庄静固伦公主，母孝淑睿皇后喜塔腊氏，时为皇子嫡福晋。乾隆四十九年（1784）九月初七生，嘉庆七年（1802）封庄静固伦公主，是年十一月嫁给蒙古族博尔济吉持氏玛尼巴达喇，嘉庆十六年（1811）五月初七卒，时年28岁，葬于北京海淀区复兴门外公主坟西侧。玛尼巴达喇，嘉庆四年（1799）袭封土默特贝子，历任前锋统领，蒙古都统，道光五年（1825）授御前大臣，道光八年（1828）加郡王衔，道光十一年（1831）封贝勒，道光十二年（1832）十一月初九卒。

皇五女（1786.11.11—1795），封慧安和硕公主，母逊嫔沈佳氏，时为藩邸格格。乾隆五十一年（1786）十一月十一生，乾隆六十年（1795）五月卒，年仅10岁。嘉庆二十三年（1818）三月追封为慧安和硕公主，嘉庆八年（1803年）十月，葬于西陵境内的张各庄公主园寝。

皇六女（1789.6.12—1790），母华妃侯佳氏，时为皇子侧福晋。乾隆五十四年（1789）六月十二生，乾隆五十五年（1790）殇，未封，无名。

皇七女（1793.6.26—1795），母孝和睿皇后钮枯禄氏，时为皇子侧福晋。乾隆五十八年（1793）六月二十六日生，乾隆六十年（1795）六月殇，年仅3岁，未封，无名。

皇八女（1805.2.8—1805.11），嘉庆十年（1805）二月八日生，十一月即殇，未封，无名。母为恭顺皇贵妃，钮枯禄氏，时为如贵人。

皇九女（1811.1.25—1815.5），封慧愍固伦公主，母为恭顺皇贵妃钮枯禄氏，时为如嫔。嘉庆十六年（1811）正月二十五生，嘉庆二十年五月殇，年仅5岁。嘉庆二十年（1820）五月追封为慧愍固伦公主。嘉庆二十年（1815年）九月，葬于西陵境内的张各庄公主园寝。

嘉庆帝后宫年表

乾隆三十九年四月二十七日，册封副都统内务府总管和尔经额之女喜塔拉氏为皇子福晋。

乾隆四十四年十二月二十九日，拜唐阿刘福明之女格格刘佳氏生皇长子。

乾隆四十五年四月十一日，拜唐阿德成之女格格关佳氏生皇长女。福晋喜塔拉氏生皇二女。

乾隆四十六年十二月十七日，格格刘佳氏生皇三女。

乾隆四十七年八月初十，福晋喜塔拉氏生皇二子绵宁。

乾隆四十九年九月初七，福晋喜塔拉氏生皇四女。

乾隆五十一年，赐封轻车都尉哈丰阿之女完颜氏为皇子侧福晋。十一月十一日，内务府大臣职衔永和之女格格沈佳氏生皇五女。

乾隆五十四年六月十二日，上驷院卿讨住之女格格候佳氏生皇六女。

乾隆五十五，赐封礼部尚书恭阿拉之女钮祜禄氏为皇子侧福晋。

乾隆五十八年六月二十六日，侧福晋钮祜禄氏生皇七女。

乾隆六十年六月二十二日，侧福晋钮祜禄氏生皇三子绵恺。

嘉庆元年正月初一，仁宗继皇帝位。初四，册立福晋喜塔拉氏为皇后。册封侧福晋钮祜禄氏为贵妃；格格刘佳氏为諴妃；格格候佳氏为莹嫔。赐封员外郎光保女侍妾梁

氏为荣常在；文举人伊里布之女侍妾王佳氏为春常在。

嘉庆二年二月初七，皇后喜塔拉氏崩。二十七日册谥大行皇后为孝淑皇后。四月二十二日，追册潜邸侧福晋完颜氏为恕妃，格格关佳氏为简嫔，格格沈佳氏为逊嫔。

五月二十日，行孝淑皇后册谥礼。晋封贵妃钮祜禄氏为皇贵妃，摄六宫。六月十八日，行恕妃、简嫔、逊嫔追封礼。十月十七日，行皇贵妃晋封礼。十一月，赐封委署库长时泰之女董佳氏为淳贵人，玉贵人。

嘉庆三年三月，晋封春常在王佳氏为春贵人，赐封将军本志之女刘佳氏为信贵人，公安英之女苏完尼瓜尔佳氏为安常在。

嘉庆六年正月初八，册立皇贵妃钮祜禄氏为皇后。晋封莹嫔侯佳氏为华妃，册封淳贵人董佳氏为淳嫔，春贵人王佳氏为吉嫔，赐封主事善庆之女钮祜禄氏为如贵人。四月十五日，行皇后册立礼，及华妃、淳嫔、吉嫔册封礼。

嘉庆九年正月，赐封芸贵人。六月二十八日，华妃侯佳氏薨。十二月十八日，册封如贵人钮祜禄氏为如嫔。

嘉庆十年二月初八，如嫔钮祜禄氏生皇八女。初九，皇后钮祜禄氏生皇四子绵忻。六月初四，行如嫔册封礼。七月十九日，芸贵人薨。

嘉庆十一年正月，晋封荣常在梁氏为荣贵人。

嘉庆十二年正月，降封荣贵人梁氏为荣常在。五月复封荣常在梁氏为荣贵人。六月以后赐封左副都御史万名之女乌雅氏为恩贵人。

嘉庆十三年四月二十一日，以诞育皇长孙及五旬万寿晋封諴妃刘佳氏为諴贵妃。吉嫔王佳氏为庄妃；册封信贵人刘佳氏为信嫔。

嘉庆十五年九月二十日，晋封如嫔钮祜禄氏为如妃。

嘉庆十六年正月二十五日，如妃钮祜禄氏生皇九女。二月十五日，庄妃王佳氏薨。四月初二，行如妃晋封礼。

嘉庆十九年二月十七日，如妃钮祜禄氏生皇五子绵愉。十月初七，玉贵人卒。

嘉庆二十四年十月十三日，淳嫔董佳氏薨。

嘉庆二十五年七月二十五日，仁宗殡天。二十六日，皇二子智亲王绵宁继皇帝位。二十七日，尊封皇后钮祜禄氏为圣母皇太后。八月二十三日，晋尊諴贵妃刘佳氏为諴禧皇贵妃，如妃钮祜禄氏为如贵妃，信嫔刘佳氏为信妃，册尊荣贵人梁氏为荣嫔，恩贵人乌雅氏为恩嫔，安常在苏完尼瓜尔佳氏为安嫔。十二月初二，敬上圣母徽号恭慈皇太后。二十日，行諴禧皇贵妃、如贵妃、信妃晋尊礼。二十四日，行荣嫔、恩嫔、安嫔册尊礼。

道光二年十月十三日，信妃刘佳氏薨。十一月二十七日，册立皇后礼成，敬上圣母徽号康豫。

道光六年五月初六，荣嫔梁氏薨。

道光八年十一月初八，平定张格尔叛乱，敬上圣母徽号安成。

道光十三年十二月十八日，諴禧皇贵妃刘佳氏薨。

道光十四年二月，册谥諴禧皇贵妃刘佳氏为和裕皇贵妃。十月二十日皇后册立礼成，敬上圣母徽号庄惠。

道光十五年十月初九，圣母六旬圣寿，敬上徽号寿僖。

道光十七年六月二十七日，安嫔苏完尼瓜尔佳氏薨。

道光二十五年十月初六，圣母七旬圣寿，敬上徽号崇祺。

道光二十六年三月初三，晋尊如贵妃钮祜禄氏为如皇贵妃。十二月初九，行如皇贵妃晋尊礼。初十，恩嫔乌雅氏薨。

道光二十九年十二月十一日，圣母恭慈康豫安成庄惠寿僖崇祺皇太后钮祜禄氏崩。

道光三十年正月十四日，宣宗殡天。二十二日。尊封

如皇贵妃钮祜禄氏为皇祖如皇贵太妃。二十六，皇四子奕詝继皇帝位。三月初一，恭上大行皇太后尊谥孝和恭慈康豫安成应天熙圣睿皇后。

咸丰元年三月十五日，行如皇贵太妃尊封礼。

咸丰十年闰三月初三，如皇贵太妃钮祜禄氏薨。五月二十一日，册谥如皇贵太妃为恭顺皇贵妃。

历史评价

嘉庆帝颙琰，清高宗弘历的第十五子。生于乾隆二十五年（1760年），五十四年被封为嘉亲王，乾隆六十年登基，改元嘉庆，在位二十五年。卒于嘉庆二十五年（1820年），终年61岁。庙号“仁宗”。

“唯其难，方显英雄本色。”伴随乾隆帝的禅位钟声，“康乾盛世”落下了帷幕。嘉庆皇帝，大清历史上一个悲剧皇帝，从父皇手中接过一个千疮百孔的大清帝国，在风雨飘摇中度过了他的帝王生涯。他身处惊心动魄的变革时代，康乾鼎盛达到了顶点，大清江河日下，开始衰颓和败落；而西方世界却摆脱了封建桎梏，大踏步地走上资本主义的殖民掠夺，给仍在昏暗中的东方古国带来危机与挑战。

嘉庆帝眼看着统治的帝国开始走向衰败，也曾意气风发过，充满信心，想守成祖宗基业、盼中兴、革弊端、整吏治。终究积重难返，无力阻大山之崩陷，挽狂澜于既倒。二十五个寒暑春秋，肩负帝国兴衰，风风雨雨中他竭尽精力，中兴祖宗基业，结果却案子越整越多，水患的窟窿越堵越大。人祸、天祸，嘉庆每接到奏报就头疼，他终究未能如愿以偿地扭转大清中衰之势，带着忧郁的心情，抱恨撒手而去，留给继位储君三个交待：腐败、鸦片、水患，要根治，一定要根治！

总体来说，嘉庆帝是一位励精图治的守成君主。他亲政后采取的一系列政策、措施，对于改变乾隆后期的种种弊政起了一定的作用，但不可能从根本上扭转大清的衰败颓势。从嘉庆帝个人来说，他始终开不出一副根治日趋严重的腐化和怠惰的药方，对一大批“尸禄保位”的官僚只能警告、恫吓，最终徒呼奈何而已。他对西方殖民主义者的侵略有一定的认识，但对于一个日趋衰弱的封建的古老国家，不可能真正有效地对付外来侵略者，此后只能沿着衰败的道路滑下去。

嘉庆皇帝正传

第一章　继位之初

一

乾隆二十五年（1760 年）十月初六日凌晨丑时，清王室的又一位皇子诞生于御园之天地一家春，他被取名为爱新觉罗·颙琰，这就是后来受禅嗣位、对清代历史有一定影响的嘉庆帝。

颙琰在乾隆诸子中，排行第十五，很长的一段时间里，他在人们的心目中是一个并不显眼的十五阿哥。他在日后登上皇帝宝座，得以承继父祖辈叱咤风云的事业，确实出乎人们的意料。

排行是首要问题，这对于承继帝位是至关重要的。乾隆共有十七个儿子，而颙琰却排在第十五位。这个行次，无论怎么算都是靠后的，如果按照汉族历代王朝传统的建储法，凭这一行次要想登上皇帝的宝座，其希望实在是微乎其微，除非是发生了某种特殊的事变。当然，满族有满族自己的规矩，清王室在承继帝位问题上，并没有完全遵循汉族王朝的框框套套，事实上清太宗皇太极、清世祖福临、清圣祖玄烨、清世宗胤禛、清高宗弘历的继位，都不是由于居长、居嫡所致。但也不能说，居长居嫡在清代帝位继承上无关紧要，只不过是清王室并没有把这个问题绝对化而已。

八位兄长的接连早逝，对于颙琰日后的嗣位，无疑关系重大。到颙琰出世时，在他前面还有六位异母哥哥，除了上面已经提及的废后纳喇氏之子永璂外，就是淑嘉皇贵妃金佳氏所生的皇四子永珹、皇八子永璇、皇十一子永瑆；愉贵妃珂里叶特氏所生的皇五子永琪；以及纯惠皇贵妃苏佳氏所生的皇六子永瑢。而刚出世的颙琰，按当时的叙齿虽说"升"到了第七位，但其嗣承大位的希望，仍是微乎其微的。事态将如何发展，机遇和自我奋斗就各自参半了。

颙琰在初时之所以不大显眼，还有另外一个重要因素，就是生母没有坚实的后台。在封建时代，一般来说是"母凭子贵"，但反过来说，母亲的地位及影响，有时也对儿子的命运和前途起着决定性作用，这在宫廷生活中是屡见不鲜的。远的不用说，清王室的情况就很突出，像世祖福临之得以继位，并不是他本人有什么特殊的才干，或立下过什么赫赫的功绩，而是与他的生母庄妃博尔济吉特氏有着直接的关系。一来庄妃是皇太极晚年唯一的宠妃，其子福临在嗣位问题上自然占有某些不可言喻的优势，在各方争持不下的情况下，把他抬出来既符合先帝心愿，又使各派势力心服口服；二来在争夺帝位的激烈斗争中，庄妃也善于周旋与笼络，使各实力派相互制约，寻求折衷，最后只好让福临嗣位。圣祖玄烨的生母佟氏，虽不见宠于顺治帝，却受到了顺治生母孝庄皇太后的特别疼爱，这不仅大大地改善了佟氏在宫中的地位，而且直接决定着玄烨的前途。

然而颙琰却没有那么好的天份。他的生母魏佳氏，既无特殊的本领，又无任何特殊的背景。她的父亲清泰，只是个不入传的内管领，后家本属汉军，其后才抬入满洲旗。魏佳氏入宫后，也只是个很一般的贵人，直到乾隆十

年（1745 年）才封为令嫔，比同时期众多的后妃低了一等。她共育有四子二女，按时间顺序排列是：乾隆二十一年七月生皇七女和静固伦公主；二十二年七月生皇十四子永璐（早殇）；二十三年七月生皇九女和硕和恪公主；二十五年十月生皇十五子颙琰；二十七年十一月生皇十六子（四岁殇、未命名）；三十一年五月生皇十七子永璘。从这份时间表里可以看出，佟氏所生子女基本上是靠后的，而且间隔较密，说明她在这段时间已获得乾隆一定的宠遇，但直到三十年六月，她才被晋封为皇贵妃，虽说地位正在上升，但也没有什么特别，到乾隆四十年（1775 年）正月去世，终年四十九岁，谥“令懿”。至于被册赠为孝仪纯皇后，那是颙琰被正式册立为皇太子后的事了。

颙琰自幼由庆妃陆氏抚育，但这位养母在宫中的地位也很一般，她本身未生育子女，乾隆初被封为庆嫔，二十四年十二月晋庆妃，三十六年再晋庆贵妃，至于庆恭皇贵妃的封号，则是颙琰亲政后追尊的。因此，这位养母也不可能提供便利的条件给颙琰的缵承大位，这是十分清楚的。

颙琰在长达三十六年的皇子生活中，从来未有提督师旅、征战四方，因而谈不上有什么战功；也从未督官临民、治理政务，自然也谈不上有什么政绩；就连乾隆十分频繁的巡游天下，除每年例行的秋狝木兰外，颙琰侍随的机会也屈指可数。所以无论从哪一个角度看，皇子时代的颙琰，确实是一位不大显眼的十五阿哥。

清朝皇室有一个好规矩，就是对皇子读书提出了十分严格的要求，从康熙时开始就是这样。皇子长到六岁，就必须入尚书房从师学习。凡入值尚书房的师傅，都是经过皇帝亲自严格挑选的。像乾隆元年正月，弘历即位不久就着手抓诸皇子的学习，挑选了大学士鄂尔泰、张廷玉、朱轼、左都御史福敏、侍郎徐元梦、邵基等六人，任皇子师傅。开学之日，还要郑重其事地举行拜师礼，并面谕张廷玉等人说：

> 皇子年齿虽幼，然陶淑涵养之功，必自幼龄始，卿等可殚心教导之。倘不率教，卿等不妨过于严厉。从来设教之道，严有益而宽多损，将来皇子长成自知之也。

这一交待很有必要。因为向皇子授书，不同寻常，它毕竟是一种特殊的教育，对于这些作为臣下的师傅们，若事先不给吃“定心丸”，不赐予“上方剑”，是很难获得良好效果的。与此同时，乾隆还谆谆告诫诸皇子说：“师傅之教，当听受无遗。”这些话，既是上谕，又是宫规，收到了良好的效果。当时入值内廷的赵翼曾颇有感触地写下了一段纪实：

> 本朝家法之严，即皇子读书一事，已迥绝千古。余内值时，届早班之期，率以五鼓入，时部院百官未有至者，惟内府苏拉数人（谓闲散白身人在内府供役者）往来。黑暗中沉睡未醒，时复倚柱假寐，然已隐隐望见有白纱灯一点入隆宗门，则皇子进书房也。吾辈穷措大专恃读书为衣食者，尚不能早起，而天家金玉之体乃日日如是。既入书房，作诗文，每日均有课程，未刻毕，则又有满洲师傅教国书、习国语及骑射等事，薄暮始休。然则文学安得不深？武事安得不娴熟？宜乎皇子孙不惟诗文书画无不擅其妙，而上下千古成败理乱已了然于胸中。以之临政，复何事不办？……然则我朝谕教之法，岂惟历代所无，即三代以上，亦所不及矣。

这番话，自然是笼统而说，事实上无论皇子还是师傅，在漫长的岁月里，不可能完全不触犯规章，但每当出现这种情况，乾隆都是严加诘责，并作出相应的惩处。

颙琰就是在这种环境下学习的，并渡过他皇子时代那漫长的书斋生活。后来，他为刊刻自己的《味余书室全集》写了一篇序言，实际上是概括性地总结了自己的书斋生活。该文道：

> 文以载道，诗以言志。幼而习，长而行，安身立命之处，必应以经书为标准。我朝龙兴辽沈，国语骑射诚为最要根本，固应亿万禩敬承勿懈。然为海寓之主，亦不能不以文治化成天下。故天家子弟，六龄即入上书房从师受业，陶冶性情，涵濡德义，日亲宿儒，克勤力学，虽才质有不同，聪钝有互异，而化其骄泰之性，使知孝悌之方，悟经书之奥，功非浅鲜矣。视彼前朝太子，偶一出阁讲学片时者，奚啻天壤之分哉。予悟性迟钝，乙酉年（乾隆三十年，1765 年）入学，从觉罗奉硕亭（宽）先生读书；至壬辰年（乾隆三十七年，1772 年）而五经粗毕，从谢东墅（墉）先生学今体诗；至丙申年（乾隆四十一年，1776 年）始，从朱石君（珪）先生学古文并古体诗，直至今日时于几暇，仍相商酌讨论。书窗景况，宛然如昨日也。

这份序言，颙琰既谈到了他读书的目的和指导思想，也谈到了他从师及习学的简历。他虽然谦称“悟性迟钝”，但实际情况并非如此。他的脑子不但不笨，而且相当聪敏，就拿读经来说，六岁入学，十三岁即通五经，已相当出色。难怪乾隆在他通经后的第二年，即癸巳年（乾隆三十八年，1773 年），就遵用密建家法，把颙琰内定为皇储，又是祀天，又是祭祖，祈求皇天保佑这位刚满十四岁的嗣君。可以这样说，颙琰之得以嗣承大位，很大程度是他自己克勤力学、涵濡德义的结果。

当然，颙琰当时并不知道自己被内定为皇储的事情。

但他对于克勤力学的深义，却从师傅朱石君先生那里得到了启发，他自己对此也深信不疑。这一点，还得从“味余书室”的命名谈起，颙琰曾写过一篇《味余书室记》说：

予居禁中，有室五楹，不雕不绘，公余绎昼，所习书史，游艺于诗文，或临法帖一幅，怡然自得其趣也。欲题其楣端请于石君先生。先生曰：勤学者有余，怠者不足，有余可味也，名之曰味余书室。承先生嘉惠之意而为之记曰：夫余之义亦大矣。民生在勤，勤则不匮。盖闻禹惜寸阴，晋陶侃言众人当惜分阴，为学者可不勉哉！……苏子瞻诗云，此生有味在三余，其意深矣。……予质鲁恒，以不学为戒，故三冬甲夜，孜孜于退食之时，游情于圣贤之籍，是予之策其余力也，若云知味则未之逮。是为记。

由于“余而可味”包含着很深的哲理，所以颙琰特别喜欢“味余书室”这一命名，并常以此自勉，没有虚度这一段宝贵的时光。他的师傅朱珪后来为《味余书室全集》写了一个跋，实际上是基本评价了当年的这位学生：

臣自乾隆丙申（四十一年）夏五月入直尚书房，得侍讲案……窥我皇上生知睿圣，好学敏求，诵读则过目不忘，勤孜则昕夕不怠，计日课诗，岁不下五百余首，各体咸备，义必正大，声中黄宫，不为雕篆歼孽之音，洞烛于中而发之以诚，须乎至仁之心，宜天佑之所笃，申万民之所托命也。文则执经心而镜史志，条理综贯内圣外王之学。

朱珪的这番评价，看来并非完全出于对皇帝的颂扬，通观《味余书室全集》所载诗文，确实不乏纵论古今、阐发经史的力作。事实上颙琰的思想、品质、性格、作风等等，基本上是在“味余书室”读书这段时间里形成的，这

与他的为人和为政有着很大的关系，其中又突出地体现在“勤”、“俭”、“仁”、“慎”这四个方面。

关于“勤”，颙琰不仅注意身体力行，而且对这一命题也发表了较多的议论，其中的《民生在勤论》，写作时间较早，可以代表他关于“勤”的原始思想。文曰：

> 民生在勤，勤则不匮，自天子以至庶民，咸知勤之为要，则庶政修而万事理矣。……贵贱之等、内外之分虽有不同，而朝夕兢惕，各勉于勤，自能臻善而寡过也。人日习勤劳则日近于善矣，日习惰弛则日近于恶矣。如其不勤，则为学者安于下流而不能上达，为治者惰于事功而庶政怠荒，欲求家国治、天下平，其可得乎?！故勤者夫人所当勉者也。若农夫不勤则无食；桑妇不勤则无衣；士大夫不勤则无以保家；公卿不勤则无以佐治，其害奚胜言哉。书曰：惟日孜孜，可不戒与?！可不勉与?！

这些话并非颙琰关起门来空发议论，而是他日后勤政的思想基础。为学以勤，为政以勤，始终如一。在这方面，颙琰可说是当之无愧的。

关于“俭”，对于一个封建帝王来说，只能相对而言。但是否具有这种思想认识，情况就大不一样。颙琰对于乃父乾隆后期的肆意奢华，口里虽不好直说，但在思想上是有抵触的。所以他经常借读经来大发议论，其中有一篇题为《礼与其奢也宁俭论》的文章道：

> 孔子曰：与其奢也宁俭者何哉？原乎礼制之始，有朴素之质，而后有周旋之文，不务浮华，专事节俭，此太古之风也。……后世踵事增华，变其本而加厉，竞奢靡之习，忘节俭之风，而礼之本意失矣。……移风易俗、拨乱反正之道，莫善于俭也。为学为治者，岂可以是为常谈而忽

之哉。

这位十五阿哥确实十分聪明，他首先把孔大圣人请出来，即使乾隆看了也无话可说，然后借题发挥，抨击一番，亦属有理有节，不失分寸。所谓“节俭乃太古之风”，其实包含着两层含义，既是指远古时代的三皇五帝，也是指满族自己的开山鼻祖。至于所说的“后世踵事增华”指的是谁？这就请对号入座了。所以他在亲政后实行拨乱反正，把崇俭黜奢摆在十分重要的地位，绝不是偶然的。

关于“仁”，颙琰在习学时就说过：

博爱之谓仁，尚矣。……圣人应天受命，调御万方，作之君，作之师，以不忍人之心，行不忍人之政，家国以治，天下以平，流泽子孙，其根本深厚于仁。

所谓在家为孝，在外为仁，两者本来就紧密地联系在了一起，而颙琰确是两者兼而有之。颙琰之孝，早已为乾隆及老祖母孝圣宪皇太后所称许，这也是他得以嗣承大位的重要因素之一。至于颙琰之仁，这里暂不多说，拟结合他亲政后的具体情况再详加考察。

关于“慎”，它涉及到了更广的范围，颙琰曾有诗句提到：“图书率性参精密，默养心田慎满盈。”可见他从小就很注意对于“慎”的修养，诸如慎为政、慎用刑、慎择臣等等。就拿慎用刑来说，颙琰认为：

用刑之大旨，不外明慎。明者知其事之原委，察其情之真伪，两造既备，虚衷听断，如日之光，不遗幽暗，犯法者甘心认罪，受害者了无嗔怨，此明之功效也。慎者……一字无虚始可定案，片言不实勿厌重推。

颙琰在当时还谈不上有什么实践经验，但他细心观察了乾隆后期的情况，他所讲的明与慎的相互关系，也是合乎道理的。事情往往是由慎而明，由明而断。这样，事情

就有可能办得好一些，而历代种种冤假错案的出现，除居心不良、贪赃枉法者外，难道不正是既不明又不慎的结果吗?！所谓“情况不明决心大，心中无数办法多”，表面上看好像很聪明、很有魄力，其实是愚蠢至极，不管其主观愿望如何，其结果只能是把事情办坏。

总而言之，颙琰在这漫长的“味余书室”岁月里，学业与思想均已趋于成熟。这一方面是由于他本人孜孜以求、勤敏好学所致；另一方面也与诸师的谆谆善诱，多方启迪分不开。颙琰自己说过：“予六岁入学，习经书，十三学诗，十七属文，书窗朝夕，行帐寒暑，幸无间断。若今体格，初从学于（谢）东墅师傅；古体诗及古文，从（朱）石君师傅习焉。予赋性鲁钝，赖二先生切磋琢磨之功，十有余年，略开茅塞……”于诸师中，颙琰最推崇敬重的，当首推朱珪。

朱珪，字石君，颙琰惯称他为石君先生。珪少时受经于大学士朱轼，“八岁即操觚为文，文体倔聱苍古”，年十九登进士，为乾隆所赏识，尝称：“朱珪不惟文好，品亦端方。”初出任地方官，“四十年，召入觐，改授侍讲学士，直上书房，侍仁宗学。”自此深受颙琰敬重。乾隆四十四年（1779年），朱珪奉命典试福建，临行赠颙琰五箴，“曰养心、曰敬身、曰勤业、曰虚己、曰致诚。仁宗力行之，后亲政，尝置左右”。可见朱珪对颙琰的思想产生了很深的影响。当时颙琰也赋诗送别。诗曰：

……

玉尺抡英奇，罠采辉南斗。
硕儒振士风，学艺焙醇厚。
行旌饬河染，驰赴琨瑶阜。
三载坐春风，半岁别云久。
心怀去路遥，目极天涯有。
雁落远浦沙，风送长亭柳。

……

送君歌骊驹，离情倩谁剖。

次年，朱珪又奉命总督福建学政，因这次不是临时差使，所以颙琰的离情别绪显得更深厚、更强烈，撰成长律六章，与师志别。现择录其中三章如下：

衡文三载例推迁，一纸纶音下九天。
何幸仕林瞻宿彦，由来才望属名贤。
满堂桃李声华灿，奕世经书清白传。
又拥轺车向闽越，甘棠遗荫喜重联。
欲去难留可若何，片言相赠耐吟哦。
仙霞秋色迎天节，须女文光烛晓河。
别意时萦雁过处，离情空见月明多。
人生聚会原无定，且为斯须驻玉珂。
屈指流光五载期，就将启导荷贤师。
授经评史真探奥，作赋论文匪好奇。
秋月春风时对语，细旃广厦每凝思。
中心切切勤攀恋，渺渺离悰话讲帷。

此后，这类赠诗更是屡屡不断，有祝贺石君师升迁调职的，有祝贺大寿的，也有以诗代书遥寄问候的。特别是乾隆五十五年（1790 年），是年既是乾隆八旬大寿，又是朱珪花甲之年。颙琰不顾避讳，竟情不自禁地在贺诗中把父皇和师傅联在一起。诗曰：

圣主八旬岁，鸿儒花甲年。
三天德风著，五福寿为先。
律转浃辰纪，辛占二百前。
芝颜驻丹景，艮背贯渊泉。
鹤下瀛洲树，花摇海岳烟。
千春桃结实，十丈藕成船。
论道心追洛，传家族茂燕。
吏铨资重任，台鼎待名贤。

文笔超韩柳，诗才贯道禅。

早锤爪牍盛，不使葛藤牵，

设醴诚难罄，尊师敬独尊。

期颐长颂祷，如阜更如川。

如果说，“文笔超韩柳”之句有点过誉，那么，“尊师敬独尊”则把颙琰内心真实的感情表露无遗。其后颙琰嗣位，朱珪正在两广总督任上，“高宗欲召为大学士，和坤忌其进用，密取仁宗贺诗白高宗，指为市恩。高宗大怒，赖董诰谏免，寻以他事降珪安徽巡抚，屏不得内召”。可见颙琰与朱珪之间的诗句实在非同一般，揽权窃政的和坤，早就把它盯上了。而颙琰与朱珪不寻常的关系，就是在“味余书室”期间奠定的，同时还奠定了颙琰嗣承大位的优势。

乾隆六十年（1795年）九月初三日，乾隆帝御临勤政殿，召皇子、皇孙、王公大臣等人见，宣示恩命，正式册立皇十五子、嘉亲王颙琰为皇太子。定于明年（1796年）正月元旦举行授受大典，禅位于颙琰，改元为嘉庆元年。为此，乾隆发布了一篇很长的上谕：

……朕缵绍鸿业，六十年间，景运庞洪，版图式廓，十全纪绩，五代同堂，积庆骈蕃，实为史册所罕见……朕钦承家法，践祚后亦何尝不欲立嫡……不意其早年无禄，不能承受。……嗣于癸巳年冬至，南郊大祀，敬以所定嗣位皇子之名，祷于上帝……是朕虽不明立储嗣，而于宗祐大计，实早为筹定，特不效前代之务虚文之而贻后患耳！……朕诞膺大宝，今六十年矣，迴念践祚时默祷上帝之语，并追忆朕年五旬后曾于圣母皇太后前奏及归政之事，彼时蒙圣母谆谕，以朕躬膺付托之重，天下臣民所系望，即至六十年亦不当传位自逸。次晨，朕即以圣母所谕，默奏上帝，若能长奉慈宁，寿跻颐庆，朕亦何敢复执前愿。乃自丁酉年（四十二年，1777 年）以来，所愿既虚（指皇太后已去世），于是仍冀得符初志，兹天恩申锡，竟获周甲纪元，寿跻八旬开五，精神康健，不至倦勤，天下臣民以及蒙古王公、外藩属国，实皆不愿朕即归政。但天听维聪，朕志先定，难以勉顺群情，兹以十月朔日颁朔，用是諏吉，于九月初三吉日，御门理事，召皇子、皇孙、王公大臣等，将癸巳年所定密缄嗣位皇子之名，公同阅看，立皇十五子、嘉亲王颙琰为皇太子，用昭付托。定制孟冬朔颁发时宪书，其以明年丙辰为嗣皇帝嘉庆元年。……其应行典礼，该衙门查照定例具奏。

从这一上谕可以看出，乾隆一方面欣然自得于自己六十年来的业绩，又为储君的最后落实兴高采烈。他还赋诗一首志庆。诗曰：

归政丙辰天佑荷，改元嘉庆宪书观。
祖孙两世百廿纪，绳继千秋比似难。
弗事虚名收实益，唯循家法肃朝端。
古今惇史诚希见，愧以为欣敬染翰。

随着储君的公布，乾隆算是了却了一桩心愿；而作为皇储、并即将嗣位的颙琰，此时此刻的心情却是复杂的。他对此既有点预感，又确实有点意外，表现出了既惊惧，又欣喜的心情。如果说，颙琰对于自己的嗣位完全没有一定预感，那是不真实的。他在乾隆四十八年（1783 年）随父东巡恭谒祖陵时所写下的诗句，其中大部分都是以“守成”为主题的。如在抚顺城写下了：“守成继圣王，功德瞻巍峨，永怀肇造艰，克勤戒弛惰。”在启跸往盛京时，写下：“尝祭思开创，时巡念守成，待瞻豳洛地，大业缅经营。”恭谒福陵时，又写下：“展礼珠丘思不匮，守成常

念拓基难”。所谓“诗以言志”、“言为心声”，“继圣王”、“缅经营”这类话，并不是颙琰一时心血来潮讲出来的，而是表明了他对于日后“守成继业”已经有了一定的思想准备。事实也证明，他在亲政之后的指导思想就是“守成继业”。尽管如此，当乾隆宣布恩命时，颙琰还是显得有些出乎意外，诚惶诚恐，既惊且喜。当时他写下一首诗说：

天光下贲到臣身，秩晋青宫恩命申。
一己愚衷频战栗，千秋金鉴凛遵循。
谦恭作则钦先训，胞与为怀体圣仁。
自愧凡材何以报，趋庭听夕侍君亲。

稍后，他去谒陵时又写了一首：

孙臣蒙宠渥，致敬告珠丘。
自念微才薄，难承锡命优。
孝思诚不匮，子职务勤修。
虔祝皇躬健，频增海屋筹。

另外，他在《十全纪实颂》里还提到：“……立臣为皇太子，闻命之下，五内战兢，恳陈孺私，未蒙俞允……”这些话，虽然多少带有些自谦的成分，但无可否认，颙琰对于自己的嗣位思想准备并不充足，因而在内心的确存在着某种不安。嘉庆二年，他在回忆过去的味余书室生活时所写下的诗句，更清楚地反映了他在嗣位前的真实思想：

室本旧时额，味余意可寻。
经书堪乐性，吟射自娱心。
欲了此身事，何期宝命临。
从兹鲜暇晷，承旨寸衷钦。

不管颙琰是否真的准备在“味余书室”中“了此身事”，他毕竟已经从一位不受人注目的十五阿哥，静悄悄地成了乾隆内定的储君；又从内定储君成为公开的皇太

子，成为即将受禅嗣位的嘉庆帝。然而这位年龄已不算太轻的嗣皇帝，所肩负的并不是什么“宝命”，而是一付十分沉重的历史重担。而聪明的颙琰已经或多或少地意识到了这一点。

二

自嘉庆元年（丙辰，1796 年）正月元旦颙琰嗣位，到嘉庆四年（己未，1799 年）正月初三乾隆帝病逝，在这三年零三天的时间里，乾隆帝作为太上皇，仍然总揽大权。而颙琰，与其说是登临宝座的嗣皇帝，不如说是一个整天恭聆圣训、侍游侍宴的侍皇帝。这段时间，既是嘉庆新朝的开端，也是乾隆帝晚年政治的延续。这三年，实际上是颙琰隐忍不发的三年，这对于一个准备锐意革新政治的新皇帝来说，既是痛苦的，又是可悲的；但对于他进一步体察朝政，积累经验，又是有益的和必要的。

嘉庆元年正月元旦，这是一个值得庆贺的日子。与过去众多的皇帝登基情况有所不同的是，颙琰不是在先帝大丧期间即帝位的，所以用不着一面办理丧仪，一面筹备庆典，因而朝内朝外，上上下下一片喜气洋洋，从早到晚，鼓乐之声不断。这一天，寿高八十有六的乾隆，在就位六十年后成为太上皇；而三十七岁的颙琰，在被内定为储君二十三年后，当上了嗣皇帝，真是双喜临门，喜上加喜。

在太和殿举行的授受大典，仪式十分隆重而热烈。是日，颙琰先侍乾隆帝诣奉先殿行礼、诣堂子行礼，遣官祭太庙后殿，仪典随即开始。乐部设中和韶乐于太和殿前檐下，丹陛大乐于太和门内，导迎乐于午门外。太和殿东楹案上置传位诏书，两楹案上陈传位贺表，由大学士、内阁学士诣乾清宫请出“皇帝之宝”，置御案左几上。内外王公以下文武百官朝服咸集，朝鲜、安南、暹罗、廓尔喀等

国使臣列于班末。中和韶乐大作，奏元平之章，太上皇帝便在护内大臣等簇拥下，御太和殿升座。阶下净鞭三响，丹陛大乐作，奏庆平之章。礼部堂官迎导颙琰诣殿中拜位后，颙琰率王公以下大臣齐齐跪下，由大学士两人跪展贺表，宣读后仍奉安案上。再由大学士二人迎导颙琰至太上皇御座前，由左侧的大学士奉“皇帝之宝”跪进太上皇帝，太上皇帝将御宝亲手授给颙琰，再由右侧的大学士跪接后奉安于御座的右几上。颙琰率王以下大臣向太上皇行九叩礼谢恩，礼成，鸣鞭如前，中和韶乐作，奏和平之章。在这一片乐声中，太上皇帝欣然还宫，整个授受大典便告完成。从此以后，颙琰就应该被称作嘉庆帝了。

嘉庆帝在保和殿暖阁更换礼服后，复御太和殿登极，礼乐如前，由王公以下大臣暨外藩使节向新皇帝行九叩礼。礼毕，嘉庆帝还宫。内阁学士奉宝恭送回乾清宫。礼部、鸿胪寺官则到天安门城楼上将太上皇帝的传位诏书宣读于众。诏书很长，兹节录如下：

> 朕缵绍丕基，抚绥函夏，勤求治理，日有孜孜，仰赖上天眷佑，列圣贻谋，寰宇乂安，蒸黎康阜，声教四讫，中外一家。御极以来，平定伊犁、四部、大小金川，扩土开疆数万里。缅甸、安南、廓尔喀，以及外藩属国咸震慑威棱，恪修职贡。其自作不靖者，悉就殄除。功迈十全，恩覃六合，普免各省漕粮者三，地丁钱粮者四，展义巡方，行庆施惠，蠲逋赈贷，不下数千万亿。振兴士类，整饬官常，嘉与万邦黎献，海隅苍生，同我太平，跻之仁寿。朕持盈保泰，弗懈益虔，勤念雨旸，周谘稼穑，于庶言庶狱庶慎，靡不躬亲……日慎一日，六十年于兹矣。回忆践祚初元，曾默吁上苍，若纪年周甲，当传位嗣子，不敢仰希皇祖以次增载。今敬迓洪厘，幸符初

> 愿。……昨冬颁朔届期，特宣布诏旨，明定储位，以丙辰为嘉庆元年，豫勅所司敬议归政典礼。皇太子秉性谦冲，胪诚固让，率同内外王公大臣等，具章请朕至百岁始行斯典。但天听维聪，朕志先定，再四申谕，勿得恳辞。皇太子仁孝端醇，克肩重器，宗祐有托，朕用嘉焉。已诹吉祗告天地、宗庙、社稷，皇太子于丙辰正月上日即皇帝位。朕亲御太和殿，躬授宝玺。可称朕为太上皇帝，其尊号繁文，朕所弗取，毋庸奏上。凡军国重务，用人行政大端，朕未至倦勤，不敢自逸，部院衙门及各省题奏事件，悉遵前旨行……

接下来，加恩赏赐、赦免以及赈济孤寡等等接连不断。乾隆的这份传位诏书，对于他六十年来所取得的辉煌成就，罗列得点滴不漏；然而对于中期以后出现的危机及种种弊端，却是只字不提。新嗣位的嘉庆，心里对此自然是十分清楚。但他除了默认之外，此时此刻又能说些什么呢？也许是当时受到廷内廷外一片喜庆气氛所感染，他曾赋诗一首曰：

玉律先春丰懋宣，灵台重祀丙辰年。
乾隆建极亿龄启，嘉庆承恩万福延。
紫禁葱笼凝瑞雾，金炉纷郁结祥烟。
渺躬寅荷苍生祉，钦若皇衷格上天。

授受大典之后，接着下来的便是一系列无休无止的大宴、小宴。大典当天，嘉庆便侍太上皇帝诣寿皇殿行礼，御乾清宫赐皇子、亲藩等宴。其后又有侍太上皇御宁寿宫皇极殿行千叟宴、御重华宫行群臣茶宴、御紫光阁赐蒙古王公贝勒及各外藩使臣宴、御奉三无私殿赐皇子亲藩宴、御正大光明殿赐大学士、尚书等宴，而且是“每岁皆如之”。其中正月初四日在宁寿宫皇极殿举行的千叟宴属于规模最盛大的宴会了。

随着授受大典的举行，喜事是一桩接着一桩，宴会是一个接着一个，欢乐的声浪，也一阵高过一阵。然而，就在这满朝文武尽情欢庆的时候，还未平息上一年爆发的湘黔苗民起义的战火，规模更大、历时更久的川楚陕白莲教大起义烽烟又起，这一阵强似一阵的风暴，标志着嘉庆帝从登基的第一天起，便陷入了岁月多艰的困境。

三

嘉庆帝嗣位后，便成为清王朝入主中原后的第五代皇帝。此时清王朝统治全国已达一个半世纪之久，封建统治所固有的各种矛盾，经过了这长期的积累和发展，已经明显地激化和显现出来。这种矛盾及其激化，还不同于以往一般的朝代，而是具有封建社会末期的时代特征，封建生产关系可以调节的余地已越来越小，解决矛盾的难度也就越来越大。从大范围来看，中国封建社会正走向它的尽头；从小范围来看，清王朝正处于从盛到衰的历史转折，面临着如此严峻的形势，皇帝确实也非常难。

事实也正是这样，嘉庆一朝频仍发生的内部战乱，所谓“苗乱”、“教乱”、“洋盗为患”等等，一波未平，一波又起，基本上没有停息过；而外部也危机四伏，殖民主义的侵略威胁日趋严重，这和乃父乾隆帝“全盛”时期的“开疆拓宇，四征不庭，揆文奋武”的情况相比较，确有天渊之别。应该承认，这一切都是清王朝中衰的表现，好像是应该由嘉庆帝负责。然而大量事实证明，嘉庆帝并非败家之子、败国之君。导致清室中衰的根源，不在嘉庆帝，而是在于以“十全”功业著称的乾隆帝。这位乾隆皇帝，曾经以他非凡的才能和勇于开拓的精神为有清一代创造了极盛的局面；然而乾隆还有另外一面，他颇具富家纨绔子弟的性格，行事又辄欲突过前人。他既励精图治，又好大喜功；既乾纲独断，又信任太偏，这就使得他在建立巨大功业的同时，自觉不自觉地逐渐走向了反面。功业愈隆而骄奢愈甚，再加上享国日久，耄老荒纵，独断专横，宠信权奸，挥霍无度，以至后期国库帑藏日绌，政事与军备俱日益败坏。尽管乾隆在传位诏书里对上述危机与积弊均讳谟如深，只字不露，但“苗乱”与“教乱”的相继而起，已向人们表明了一个重要的讯号，有清一代的全盛时期已经过去，多事之秋已经来临。所以在嘉庆元年正旦的授受大典上，这位太上皇帝交给嘉庆帝的，决不是一个欣欣向荣的太平盛世，而是一个内创累累、积重难返的疲败之局，这与嘉庆帝的统治有着很大的关系，详加剖析很有必要。

其一是“十全武功”，这是乾隆帝一生都据以为傲的事。他自己就曾经写下过“十全大武扬”等诗句，又撰成《十全记》，竖碑建亭，留作不世的纪念，并自称“十全老人”，命镌“十全老人”之宝。“其所谓十功者，平准噶尔为二，定回部为一，扫金川为二，靖台湾为一，降缅甸、安南各一，又两次受廓尔喀降，合为十。”在官修史书中，对此是一片颂扬的，包括嘉庆在内，也写过《十全纪实颂》之类的颂扬文章说：

> 武功于铄赫声濯，灵开万古未通之域，成两朝未竟之志，平伊犁，定回部，靖金川，降缅甸，安南内附，台郡敉宁，廓尔喀部效顺修贡，大功十全，德威震慑……

但是野史较为客观地评价了这一问题，既肯定其功绩，也指出了它带来的后患，这就是“国帑告匮，元气夷伤，所谓功成万骨枯欤”。这里不准备对乾隆的“十全武功”作全面的评价，但有一点却是十分清楚的，就是乾隆为了这个“十全”，的确付出了极其巨大的代价，历年国

库积蓄，随着庞大战费的开支，就象流水一样被大量耗费掉。据清人并不完全统计：用兵西陲，平定准、回两部，“用兵五年，用帑银三千万余两”。前后两次用兵金川，“地仅千里，不及准、回两部十之一二……用帑银至七千万，功半而事倍”。“三十一年用兵缅甸，至三十四年，共军需银九百十一万两。……五十二年台湾用兵（指镇压林爽文起义），本省先用九十三万，邻省增拨五百四十万，又续拨二百万，又拨各省米一百十万，并本省米三十万石，加以运脚，约共米、银一千万。”此外，对安南、廓尔喀、西藏的用兵费用，还未计算在内。综计乾隆一朝所用战费，约在一亿二千万两以上。而当时的国库收入，年仅三千余万两，可见每年的支出额确实是十分巨大。这还只是较大战役直接的军需开支，至于常规的兵饷更是不计其数。四十七年，乾隆帝不顾大学士阿桂的极力谏阻，以“府库充裕”为理由，竟诏准以虚额名粮归入武职“养廉”，另行挑补兵员实额，仅此一项，“新增之饷，岁近三百万，二十余年即需七千万”。这就是当时阿桂在谏疏里所说的：“国家经费骤加不觉其多，岁支则难为继。”后来，嘉庆帝对乃父所定下的这项岁支，越来越感到头痛，在上谕中说：“当日建议之初，阿桂通盘计划，逆料及数十年后经费难继，其深识远虑，亦不愧老成谋国。”嘉庆帝虽然碍于皇考的尊严，委婉地以所谓“深惟财散民聚之义，损上益下，惟愿出帑藏以裕军国，圣训煌煌，高迈千古”之类的饰词，替乾隆帝遮掩一番；但严峻的现实又使他不得不承认：“自增名粮额缺以来，闻各省营伍积弊相沿，仍属有名无实，于武备亦未能大有裨益。”并以“立政之道，贵在因时制宜”，着手加以整顿挑补兵额的积弊。由此可见，乾隆帝在这些方面之所作所为，贻患于后世是十分严重的。嘉庆帝虽然竭尽全力加以矫正，但积习已成，要想彻底改正过来，就不那么容易了。

其二是有关南巡之类的肆意挥霍。在乾隆中叶，户部府库存银曾达到七千八百万两，这与乾隆帝即位之初库存不足三千万两相比较，应该说是相当丰裕的。但是到了后期，国用则常告匮缺，除军需耗费过钜外，南巡之类的肆意挥霍，也是重要的原因。据不完全统计，乾隆一朝，南巡者六，东巡者四，西巡者五，至于奠祭曲阜，秋狝木兰，近游京畿，诣临嵩洛，车驾时出，更是记不胜记。如果说康熙帝的六次南巡还大多与治理黄淮有关，那么乾隆复作六度南巡之举，只不过是藉视河之名，行羡艳江南之实，对于河务确无多大裨益。这一点，即使在乾隆帝自已所写的《南巡记》里也清清楚楚地有所记载。有些学者曾经评论说："乾隆时，黄河漫口于豫苏凡二十次，未闻弘历曾亲至其地，相度形势。乃幸苏杭，观海潮，铺陈辉张，循旧踵新，是知其意不在此而在彼也。"

至于巡游经过的地方，官吏办差接驾，务求华美，以取容悦，其为害就更大了。乾隆帝目睹这类"巷舞衡歌"，"踵事增华"，在口头上也不得不说些"朕心深所不取"，"增华角胜，甚非奉职之道"之类的话，但谁都看得出这是言不由衷，装装样子而已。于是每次清跸所至，戏台、采棚、龙舟、镫舫以及沿途点缀，更是有增无减，不断升级。就拿南巡所经四省的行宫来说，"在直隶界内者七：曰涿州、紫泉、赵北口、思贤村、太平庄，红杏园、降河。山东界内者九：曰德州、晏子祠，灵岩寺、岱顶、四贤祠、古泮池、泉林、万松山、郯子花园。在江南界内者九：曰顺河集、陈家庄、天宁寺、高旻寺（以上江北）、曰钱家港、苏州府、龙潭、栖霞、江宁府（以上江南）。浙江界内者二：曰杭州府，曰西湖。此皆各省大吏临时所建。而旧族名园，灵山古刹，其增华修葺，以备翠华临幸者，犹不与焉。"此外，财力雄厚的盐商也资助了相当多的费用。如"两淮盐商，本属富有，而捐赀修建行宫，一

输每至数十万。”长芦盐商自不甘落后，“乘舆屡次游巡，天津为首驻跸地，芦商供亿浩繁”。而盐商的钱，当然不会是白捐的，他们将会成倍地把捐出的钱捞回来，从而导致盐政的日益败坏。

总之，乾隆帝的南巡，“供亿之侈，驿骚之繁，转十倍于康熙帝之时”。“康熙时，每处所费不过一二万金，此时每处供设至二三十万金不止。合天下计之，所费岂何以支?!况一次之不足，至再至三，官吏何由供给？商人何得而捐输耶?!劳民伤财，消耗元气，影响所及，吏治民风，同归败坏。”可想而知它所带来的后患有多严重。

其三是宠信和珅，以致上上下下官吏贪污成风。和珅系满洲正红旗人，姓钮祜禄氏，字致斋。少贫无藉，本来只是一名普通的官生，被打发在銮仪卫当差，选异御轿。他学问不深，但有着超强的记忆力，对于四书五经之类倒能背诵一二，在一次偶然的机会中，由于应对称旨，受到乾隆的赏识，命总管仪仗事宜，从此官运亨通，青云直上，旋升为侍卫，又擢任副都统。乾隆四十一年（1776年），他开始了自己的政治生涯，正月任户部右侍郎，三月入值军机处，任军机大臣，四月兼内务府总管大臣。四十五年三月，授户部尚书，御前大臣兼都统。五月，其子丰绅殷德获乾隆赐婚，指为皇十女和孝固伦公主额驸。这样，和珅便与乾隆皇帝攀上了亲家，并授领侍卫内大臣，充四库全书馆总裁，兼理藩院尚书事。和珅之专宠，较前益甚。四十九年七月，调任吏部尚书、协办大学士，封一等男，仍管户部事。五十一年闰七月，任文华殿大学士。五十三年封忠襄伯。乾隆帝禅位更晋封公爵。其时所有军政大事，他都参与规划，可谓权势赫赫，炙手可热。

和珅得志之后，贪黩更甚。他前后柄权达二十多年，内而尚侍，外而督抚，多出于和门。凡“不附己者，伺隙激上怒陷之；纳贿者则为周旋，或故缓其事，以候上怒之霁。大僚恃为奥援，剥削其下以供所欲”。所谓内有聚敛之臣，外有贪黩之吏，互为因果，贪风便愈演愈烈。事实上，乾隆后期所发生的许多贪赃大案，都与和珅有着扯不清的关系。如山东巡抚国泰，本系和珅私党，他在任内与布政使于易简合伙贪赃，“婪索诸属吏，数辄至千万”。以致辖内州县库存亏空严重，于乾隆四十七年为御史钱沣所劾，乾隆命和珅及左都御史刘墉借钱沣前往查勘。和珅竟先行遣仆驰往通风报信，结果为钱沣截获，再加上刘墉办案主持公道，终使和珅无法庇护，国泰、于易简俱被逮下狱，赐令自尽。其他如王亶望、陈辉祖、伍拉纳、浦霖等贪赃案，“皆珅在内隐为驱迫，使之不得不贪也”。乾隆朝后期虽然对一些贪赃案件严加查办，但有更多的贪吏，由于有和珅这尊大神作护符，因而有恃无恐，贪风不减，特别是各省州县的库银亏空，更有泛滥之势，这也是乾隆帝给嘉庆帝留下的一大难题。

其四是八旗、绿营的相继腐败以及废弛的军备。八旗兵本是清王朝立国的基干力量，在入关前，以淳朴和强悍著称。当然，对此也不能估计过高，像宁锦战役清兵之败，以及他们长时期地被拒于山海关外，足以证明八旗兵员及其战斗力还是有限的，如果不是农民军与明朝官军长期厮杀，以致两败俱伤；如果不是吴三桂在关键时刻引清兵入关，并为之前导，在前冲杀，清室能否入主中原，还是一个疑问。但不管怎么说，清王朝在较短的时间里统一了全国，这是事实；早期的八旗兵内部，没有那种骄娇的积习，这也是事实。但自入关以后，由于八旗兵在政治上、经济上以及军事编制上，都享有种种特权，政府对他们是豢养有加而骄惰不惩，因而其气质便很快发生蜕化。早在顺治后期，就出现了“八旗人民怠于武事，遂至军旅隳弊，不及曩时”的情况。在平定“三藩之乱”的战争中，八旗内部所存在的种种问题，便充分地暴露了出来，

当时统兵的多是八旗王公贝勒，他们或“安坐罔闻，止知自守”；或“退缩不前，全躯保身”；或“各分疆界，互相推诿”，甚至托言“粮饷不继”、“舟楫未具”，坐失战机，尽弃城池。象“顺承王勒尔锦守荆州，闻吴逆兵至，踉跄而归”，将大炮数十门埋入土中，到嘉庆时被挖出，遂被耻笑为“荆州炮”。由此可见当时八旗兵的素质已大大下降。康熙最后之所以能将“三藩之乱”平定，实际上是依靠了象赵良栋、蔡毓荣、王进宝、孙思克、姚启圣、施琅、李之劳等一大批绿营汉将。可是在“三藩”平定之后，八旗官兵依然故我，毫无振作。左都御史王鸿绪曾上疏参劾说：“驻跗将领恃威放肆，或占夺民业，或重息放债，或强娶民妇，或谎诈逃人，株连善良，或收罗奸棍，巧生鰲诈。种种为害，所在时有。……请严饬将军、副都统等力行约束。”康熙帝虽采取过一系列措施加以整顿，但实际上并没有收到多大的效果。

到乾隆末年，更多的问题暴露出来，其突出表现是营伍奢侈，糜费甚多，其中又以福康安最典型。他长期被乾隆倚为边务重臣，但考其战功，则大多出自阿桂、海兰察等人之力。可是福康安却恃功恃贵，“到处婪索，妄作威福。每日罗食珍异，开营伍奢侈之端倪，故每一征战，糜费多而成功少”。他奉命征苗，督七省官兵，与苗相持一年有余，老师旷日，则常以暴雨山潦涨阻作为托辞。其征台湾时，竟因备礼不周之名将名将柴大纪杀掉。其征廓尔喀，亦因气骄满而偾师，若非海兰察之力，他是下不了台的。可乾隆帝对福康安却恩宠倍加，封赏备至，甚至准备破例“酬以王爵”，只是后来考虑到福康安是“孝贤皇后侄、大学士傅恒子，进封为王，天下人或议朕厚于后族，富察氏亦虑过盛无益”才作罢。嘉庆元年（1796年），福康安病卒于“剿”苗军中，按太上皇旨意，加郡王衔，谥“文襄”，配享太庙。对于这些，当时刚嗣位的嘉庆帝，碍于太上皇旨意，不得不违心去办。其实，他心里十分清楚福康安其人以及军中的种种积习，所以在亲政之后，“屡下诏戒诸将帅毋滥赏，必斥福康安”。这就是有力的证明。

综观上述四个方面，清室的中衰，实始于乾隆后期。所谓“内坏于和珅，外坏于福康安”，而乾隆帝负总责，这从个人的历史责任来说，应是没有什么疑义的。而从书斋里长大的嘉庆帝，正是在这样一个巨大的历史转折关头嗣位的。他所面临的境遇，可以说是步履维艰。

四

从嘉庆元年（1796 年）正月元旦开始，颙琰虽然已是名义上的皇帝，但在实际上实权还是掌握在太上皇帝的手中，或者说，他只是一个被太上皇捆绑着手脚的皇帝。这是他在嗣位后所遇到的最大的难题。

说到乾隆帝的禅位，其实是真真假假，亦真亦假。说它真，就是乾隆帝的确履行了他在践祚之初对上天许下的诺言：“若蒙眷佑，得在位六十年，即当传位嗣子，不敢上同皇祖纪元六十一载之数。”他三番五次地拒绝了皇太子及大臣提出的“俟寿跻期颐，再举行归政之典”的请求，如期地举行了授受大礼，亲手将“皇帝之宝”授给了颙琰。说它假，就是乾隆帝让位不让权，即所谓“盖义虽更，大权不移也”。事实上，乾隆帝直到临死前的一天，手里仍然牢牢地掌握着朝政大权。对于这一点，乾隆帝是毫不讳言的，而且反复讲了不知多少次。早在册立皇太子的上谕里，他就明白地宣称：“朕仰承昊眷，康强逢吉，一日不至倦勤，即一日不敢懈弛。归政后，凡遇军国大事，及用人行政诸大端，岂能置之不问，仍当躬亲指教。嗣皇帝朝夕敬聆训谕，将来知所禀承，不致错失，岂非天下国家之大庆。”在禅位前一个月，又专门发布了一道谕

旨说："朕于明年归政后，凡有缮奏事件，俱书太上皇帝，其奏对称太上皇。"其后在传位诏书里，又再一次重申："朕未至倦勤，不敢自逸。部院衙门及各省题奏事件，悉遵前旨行。"乾隆帝的这些讲得冠冕堂皇的话，于己是"不敢懈弛"、"不敢自逸"；于子则"知有所承"、"不致错失"。这样，谁还敢说半个"不"字呢?！所以乾隆帝的所谓"禅位归政"，"并非颐养南宫，优游无为"，而是藉此一举三得：一来履行了诺言，以诚见于天下；二来大权仍然独掌，不致旁落；三是摆脱了那些细小繁琐的杂事，也有利于他延年益寿。这一点，在乾隆那里也得到了承认。他在上谕里曾经说过："至郊坛宗社诸祀，朕年开九秩，于登降拜跪仪节，恐精力稍有未充，不足以将诚敬，自应嗣皇帝亲诣行礼。部院衙门并各省具题章疏，及引见文武官员寻常事件，俱由嗣皇帝披阅，奏知朕办理，为朕分劳，庶得更遂怡养，幸跻期颐，勉副天下臣民之望，尤所至愿。"对于这样的"禅位"，乾隆帝又何乐而不为呢？就连纪元这等庄重的事，乾隆帝实际上是搞了两套，即外廷改用嘉庆纪年，而内廷则仍用乾隆年号，致有乾隆六十一年、六十二年……又如归政后的定例规定，太上皇帝的谕旨，称为敕旨，因而在嘉庆初年所颁发的许多谕旨里，大多有"奉太上皇敕旨"等语，这种"旨中有旨"的情况，说明了乾隆帝仍然是独揽乾纲，而嘉庆帝只不过是在奉旨行事罢了。

嘉庆元年正月二十日，也就是嘉庆嗣位不到一个月，发生了这样一件事。这天毕沅等奏筹办军粮军火一折，内有"仰副圣主宵旰勤求，上慰太上皇帝注盼捷音"等语，其实这只是一种套话，而且对嗣皇帝与太上皇两个方面都照顾到了，按理说似乎没有多大问题。但乾隆帝看后却很不高兴，并训斥说："本年传位大典，上年秋间即明降谕旨，颁示中外：一切军国事务，仍行亲理。嗣皇帝敬聆训诲，随同学习。其外省题奏事件，并经军机大臣奏定款式，通行颁发。毕沅并不遵照办理，是何意见?！无论办理‘苗匪’一事，起自上年二月，一切军务机宜，俱系朕酌筹指示，现在军营奏折，亦无不逐加批览。即自嘉庆以后，内而部院各衙门，外而督抚大吏等奏章事件，亦皆朕躬亲综览，随时训示，岂因有授受之典，即自暇自逸，置政事于不问乎?”这段话清楚地表明了，作为嗣皇帝的嘉庆，只不过是“敬聆训诲，随同学习”而已，至于朝廷大政、内外奏章，一切仍由太上皇主宰。毕沅不了解其中奥秘，以致在奏折里摆错了位置，结果挨了一顿训斥。不过，这在乾隆帝看来，还算是便宜了他。

嘉庆二年（1797 年）十月二十一日，乾清宫交泰殿失火，乾隆帝为此发布了一道敕旨说：他“春秋八十有七，精神纯固，康健如常……朕仍居养心殿，皇帝则居毓庆宫，而乾清宫系接见臣工听政之所，相距俱远，只因承值太监等不戒于火，致有此事。现在朕虽已传位为太上皇帝，而一切政务仍亲理训示，政事有缺，皆朕之过，非皇帝之过。”应该承认，在承担事故责任这一点上，乾隆还是相当老实的，但这一事件却从另一个角度说明：嘉庆帝连为宫廷事务负责的权力都没有，那么这位嗣皇帝的权力到底有多大？也就可想而知了。

至于嘉庆帝本人，对于这一切自然是有想法的。不过他既以仁孝著称，且性格内涵，对此自然不会张扬。在乾隆帝去世之后，他所发布的一系列上谕却从另一个角度讲了一番表面上冠冕堂皇、但含义颇深的话，诸如：“我皇父康强纯固，训政弥勤，时聆恩诲，事事得有禀承。……自上年冬猎，偶感风寒，调愈后，气体虽逊于前，然犹日亲训政，未尝稍辍。”“自亲授大宝后，孜孜训政，又逾三载，高厚深仁，昊天罔极，实非自古帝王枢前即位者可比。”从这些话的字里行间，我们确实可以看到嘉庆帝的

处境。

如果说，中国官书的记载多少有所避忌的话，那么朝鲜方面的史籍记载就直率得多了。摘录数则如下：

> 嘉庆元年正月，进贺使李秉模等驰启曰："……礼部尚书德明引臣等及冬至正、副使至御榻前跪叩。太上皇帝使阁老和珅宣旨曰：朕虽然归政，大事还是我办。"
>
> 三月，朝鲜国王召见回还正使闵钟显、副使李亨元等。上谓钟显曰："新皇帝何如？"钟显曰："仁孝端重，在诸王中最有令誉，观于宴响之时，侍坐上皇之侧，只视上皇之动静，而一不转瞩，观于此亦可见其人品矣。"
>
> 同月，召见回还进贺使李秉模等。上曰："太上皇筋力康宁乎？"秉模曰："然矣。"上曰："新皇帝仁孝诚勤，誉闻远播云，然否？"秉模曰："状貌和平洒落，终日宴戏，初不游目。侍坐太上皇，上皇喜则亦喜，笑则亦笑，于此亦有可知者矣。"……"盖太上皇，诸凡事务不欲异于前日。"

上述几则记载，客观反映了乾隆帝在归政后仍然总揽大权，以及嘉庆的应对策略。这些"闻见别单"，实质上是一种政治情报，具有相当高的真实性和准确性。

在乾隆帝内禅后，依然是政由太上，而和珅又是出纳帝命之人，所以嗣位后的嘉庆帝，不仅要应付太上，而且还得考虑怎样对付和珅。所谓"沉默持重，喜怒不形"，这本身就是一种斗争策略。他碍于乃父尚在，不得不暂时容忍和珅。礼亲王昭梿在《啸亭杂录》里有一则随笔说："丙辰元日上既受禅，和珅以拥戴自居，出入意颇狂傲。上待之甚厚，遇有奏纯庙（乾隆）者，托其代言，左右有非之者。上曰：'朕方倚相公理四海事，汝等何可轻也？'

珅又荐其师吴稷堂省兰与上录诗草，觇其动静。上知其意，吟咏中毫不露圭角，故珅心安之。”嘉庆帝之所以这样做，是在等待着时机，而和珅则昏昏然，还以为是自己的“拥戴之功”奏效哩。

至于说到侍游侍宴，嘉庆帝为了应付太上皇不得不采取此策略。在他嗣位的时候，苗疆尚在苦战，川楚烽烟又起，官吏贪婪，军备废弛，国帑日匮，而上上下下仍在竞尚奢靡。可以这样说，几乎是没有哪一件事不让他心焦的，他哪里还有心思出游赴宴呢?！然而压在他头上的那位太上皇，却已游宴成癖，禅位以后，游宴更是有增无减，只要翻阅一下《太上皇帝起居注》，就不难发现其游宴几无虚日，甚至是一日数宴。如果只是他一人去享清福也便罢了，可是他却偏要以太上皇自居，把嗣皇帝视作侍皇帝。早在禅位前钦定的各款定例就有一条规定：“外廷筵宴，由各该衙门循例奏请，嗣皇帝恭奉太上皇帝亲御宴座，嗣皇帝侍坐，一切仪注，临时具奏。”既然是太上皇钦定的条例，嘉庆就得遵行。在《国朝宫史》典礼条也有一段记载：“皇帝侍奉太上皇帝，问安视膳，日以为常。恭遇庆节令辰，躬亲侍宴，预布诸司共备，设太上皇帝御筵于宝座前，皇帝宴位于太上皇帝宝座东次，届时，太上皇帝升宝座，皇帝莅宴位，率亲王以下与宴者，行礼献宴，作乐如常。皇帝进酒时，躬诣太上皇帝宝座前，北向跪，奉觞上寿，饮毕，受爵还，复宴位。太上皇帝赐皇帝酒，进爵大臣承敕旨进酒，退，乐既阕，所司引庆隆舞进，按节起舞入佾，余并如常仪。”这种礼仪繁琐的侍游侍宴，实际上已占据了嘉庆嗣位后头三年的主要生活，也是他不得不硬着头皮承担的一份苦差事。

朝鲜方面的各类使臣，由于经常有机会参与这些游宴活动，因而他们的记载特别详细和具体。兹摘录数则如下：

进贺使李秉模驰启曰：（嘉庆元年）正月十九日平明，因乱部知会，诣圆明园……黄昏时，太上皇帝从山高水长阁后御小舫，嗣皇帝亦御小舟随之……太上皇帝御楼下榻上，嗣皇帝侍坐，设杂戏赐茶……

又冬至正使金文淳、副使申耆驰启曰：（嘉庆二年十二月）三十日，设年终宴于保和殿。……少顷，皇帝先出御殿，候太上皇帝陛殿御榻，皇帝别设小榻，西向伺坐。乐作进爵，文武官亦皆陪食。……今年正月初一日，因礼部知会，臣等与书状官及正官等，诣午门伺候。皇帝乘黄屋小轿，幸堂子。少顷，回銮，鸣鞭动乐，太上皇帝御太和殿，皇帝在殿内西向侍坐……初六日回銮时，当为祗迎。而是日太上皇帝与皇帝幸圆明园……日出后，太上皇帝乘黄屋小轿，到臣等祗迎处，顾眄而过。须臾皇帝坐马而出。……初十日，臣与副使同往圆明园，住接闾舍，则闻已前期设蒙古帐幕于山高水长之前云。十一日，通官引臣等入就班次，太上皇帝乘黄屋小轿而出，臣等祗迎后，太上皇帝入御蒙古大幕，皇帝西向侍坐，动乐设杂戏。……宴讫，太上皇帝乘轿还内，皇帝跟后步还。……十四日，旋设灯戏于山高水长，而以风势之太紧，姑且停止。十五日朝先设放生戏，又赐宴于正大光明。通官引臣等入诣殿槛外，太上皇帝升殿，皇帝西向侍坐，动乐设戏。……须臾，太上皇帝还内，皇帝随入。……又设灯戏于山高水长，通官引臣等进诣花障子内班，太上皇帝出御山高水长，皇帝如前侍坐，设角觝戏。……灯火杂戏，西洋秋千，次第设行。炮熿埋火，尤为轰烈，声响如雷，烟焰涨空。……十九日，更诣圆明园。饭后，通官引臣等山高水长亭下，太上皇帝出座，皇帝侍坐，德明以特旨即引臣等至御座前，太上皇帝使和珅传言曰：你们还归，以平安以过之意，传于国王可也。臣等叩头，退出班次。……宴几毕，皇帝先入，宴毕后，太上皇帝入内……所乘黄屋小轿，载于小船……舟行几一里，始泊岸而下，即庆丰图也。皇帝先已来候于此，侍坐如仪……

上述这则记载，真实地反映了乾隆帝禅位后频繁的游宴，以及嘉庆帝侍游侍宴的基本情况。试想从除夕到正月十九日，仅朝鲜使臣获邀参加的游宴就这么多，而外国使节无缘参与的游宴还不知凡几。嘉庆则必须亲自侍陪每一次宴会，或“先行恭候”，或“在后尾随”。所谓“侍坐如仪”，说明了这种侍游侍宴，已经形成了一定的格式。嘉庆帝就是在这种频繁的游宴中，当了整整三年的侍皇帝。所以说，这三年表面上看是嘉庆新朝的开端，实质是乾隆帝晚年的延续。

乾隆帝是在嘉庆三年（1798 年）冬腊月开始生病的，从此健康状况便一直走下坡路。《实录》对于此事的记载十分简单，只是在嘉庆的上谕里提了一句：“自上年冬腊，偶感风寒。调愈后，气体虽逊于前，然犹日亲训政。”朝鲜的贺岁使团在嘉庆三年十二月进京时，也听到了一些传闻：“……或云病患，今则少差，而朝或苦剧，夕又差减；夜又呻吟，昼又和平。日日如是，渐不如前。……十九日进京之夕，通官以太上皇旨来传，朝鲜使臣明日当引见云。其日虽未引见，又于正朝分殿受贺，故都人亦谓太上皇病患快复矣。”在二十九日，太上皇确曾接见了一次，“……少顷，以太上皇旨，引臣等入重华宫，太上皇御漱芳斋，引臣等进前，传谕曰：‘国王平安乎？’臣等谨对：‘平安’。仍命臣等退就班次。”但翌日的除夕大宴，即改

由嘉庆帝主持了。“三十日设年终宴于保和殿，臣等因礼部知会，当日晓头入诣保和殿，坐于东陛上。平明，皇帝出御殿内，举乐设戏，进馔献爵……”嘉庆四年（1799年）正月元旦的受贺礼仪，较前稍微做了些变动，“天明，皇帝率三品以上行贺礼于太上皇帝，而殿庭狭窄，诸王贝勒于门内行礼，三品官及外国使臣于门外行礼。礼毕后，臣等由右上门至太和殿庭。少顷，皇帝出御太和殿受贺……一如太上皇帝前贺仪。盖太上皇帝自昨冬有时昏眩，不能如前临朝云。”不过在当天，乾隆仍在嘉庆的侍随下，“御乾清宫，赐皇子亲藩等宴”。这说明了乾隆直到正月初一，其健康虽然欠佳，但仍无大碍。

但从初二开始，乾隆帝的病情出现恶化。“辛酉，太上皇帝圣躬不豫。上侍疾养心殿，吁天虔祷，问视弥谨。晌夕大渐。”初三日辰时，病逝于养心殿。终年八十九岁。尊谥“纯皇帝”，庙号高宗。是年九月十五日，安葬于裕陵。

对于太上皇帝的崩逝，据《实录》记载，嘉庆帝可以说是痛心疾首，“上至御榻前，捧足大恸，擗踊呼号，仆地良久”，“视小殓毕，先趋乾清宫，于西丹墀跪迎大行太上皇帝吉鞸”，大殓时，“上痛哭失声，擗踊无数。既殓，奉安梓宫于乾清宫正中”，“上哀恸深至，自旦至晡，哭不停声，竟日水浆不入口，王大臣等伏地环跪，恳上节哀，上悲痛不能自已，左右皆弗忍仰视”。这大概是嘉庆帝仁孝至诚的一种本能表现吧。

但朝鲜使臣在京城内外所收集到的资料反映，却是另一番情景，朝野官员和平民百姓，对于这位“十全老人”的安详逝去，其反应亦同样是安详的。他们在上报的闻见别单里提到：“皇城之内，晏如平日，少无惊动之意，皆曰此近百岁老人常事。且今新皇帝至孝且仁，太上皇真稀古有福之太平天子云。”可见，在大多数人看来，乾隆的逝去，早已在意料之中，因而一切都显得十分平静。嘉庆作为一孝子，不管怎么说，丧父毕竟是不幸的；然而作为一个嗣皇帝，却从此得以亲政，放开手脚地去施展自己的抱负，按照自己的意愿去处理军国大事，从这一点说，又是不幸中的幸事。它标志着嘉庆帝结束了“侍皇帝”的时代，作为嗣皇帝的真正开端，从而揭开了嘉庆朝历史新的一页。

第二章　扳倒和珅

清朝前期，一些奋发有为的政治强人如康熙帝、雍正帝主持朝政，政府职能部门行政能力较高。乾隆帝继位之初，承袭前期诸帝余绪，亦能乾纲独断，文治武功，开疆拓土，均有可观，出现了所谓的“康乾盛世”。但到了乾隆末期，封建社会所固有的各种矛盾，经过长期的潜伏与发展，这时已不可避免地大大激化起来，成了封建社会的不治之症。就在嘉庆嗣位的前夕和初期，湘黔苗民起义的烽烟未熄，川楚陕白莲教大起义的战火又起；闽粤浙一带海疆不靖，内部战乱频仍，外部也危机四伏，西方殖民主义的侵略威胁日趋严重，这和乃父乾隆帝全盛时期的“开疆拓宇，四征不庭，揆文奋武”的情况相比较，的确存在着天壤之别，清帝国的衰颓之势更加明显，开始了清王朝由盛而衰的转折时期，这一切好像应该由嘉庆帝负责。然而，追根求源，导致清王朝中衰的根源不在嘉庆帝，而在于以“十全”功业著称的乾隆帝。这位乾隆皇帝秉祖康熙、父雍正两世之余烈，以自己非凡的才能和勇于开拓的精神造就了清代的极盛局面，彻底解决了蒙、藏遗留问题，准噶尔全部归附，乾隆帝不愧为中国历史上的著名皇帝。然而乾隆帝还有另外一面，他颇具富家纨绔子弟的性格，行事又辄欲突过前人。他既励精图治，又好大喜功；既乾纲独断，又信任太偏。这就使得他在建立超越前人的不世功业的同时，也不自觉地走向了自己的反面。功业愈隆而骄奢愈甚，再加上享国日久，耄老荒纵，独断专横，宠信和珅，挥霍无度，以至于乾隆后期国库帑藏日绌，吏治腐败，政事与军备日益松弛败坏。尽管乾隆帝的传位诏书全面地概括了自己的文治武功，而对社会危机和积弊讳莫如深，但“苗乱”与“教乱”的相继而起，已向人们表明了一个重要的讯号，大清王朝的全盛时期已经过去，多事之秋已经来临。所以在嘉庆元年正月元旦的授受大典上，太上皇乾隆交给嘉庆帝的，决不是一个欣欣向荣、生机勃勃的太平盛世，而是一个内创累累、积重难返的疲败之局，残阳如血的动荡时世。

“十全武功”是乾隆帝一生最引以为荣的大事，但为了成就这个“十全武功”，大清帝国付出了极为沉重的代价，几乎将康熙帝、雍正帝留下来的巨大家业全部耗费了。“十全武功”导致的直接后果就是“国帑告匮，元气夷伤，所谓功成万骨枯砍。”再者，乾隆一生好巡游，早年便有“马上皇帝”之称。他一生六下江南，四顾盛京，多次西上五台山，巡幸大半个中国，至于曲阜祭孔，泰山封禅，木兰秋狝，更是再三再四，乐而不疲。频频出游，固耗费掉大量国帑，然远不如向各地官吏索取的多，而官吏们则转而去搜刮地方上的民脂民膏，肆意滋扰百姓，导致吏治更加腐败。当年乾隆帝下江南，简直成为了地方上的灾难。本来，江南地区物产丰富，经济相当繁荣，明朝中后期就开始出现了资本主义生产关系的萌芽，但由于乾隆的南巡，使得积聚起来的财富不但不能进入生产领域，进行扩大再生产，甚至也不能进入正常的商品流通领域，就耗费在这毫无意义的迎来送往中，从而抑制了江南资本主义生产关系萌芽的发展，致使三吴地区元气大伤，与西方资本主义经济接轨的大好时机就这样白白丧失了。

最为严重的是，乾隆帝晚年宠信和珅，以致上上下下

官吏贪墨成风，从此吏治腐败就像毒瘤和不治之症一样，疯狂地侵噬着大清帝国的肌体。直接导致了大清帝国由极盛走向衰败。乾隆帝之所以宠信和珅，历史上还有一个凄惨而动人的传说。

乾隆皇帝还是皇子时，有一次因事进后宫，他从雍正帝的一个妃子身边经过，这位妃子长得非常娇艳美貌，她正对着镜子梳妆，年轻的乾隆出于少年人的好奇心性，从后面捂住她的双眼，当时乾隆只是与她开个玩笑，不敢对父皇的妃子有什么非分之想，那妃子一时惊慌，用梳子向后击去，正好打在乾隆的额头上，还留下了一个小小的伤痕。第二天，乾隆去向他的母亲钮祜禄氏请安时，母亲见他额头上的伤痕，再三盘问，乾隆只得把事情的经过如实说了出来，钮祜禄氏听了非常生气，怀疑这个妃子调戏太子，立即下令将这个妃子赐死，年轻的乾隆十分惊慌，想说明是自己的过错，那个妃子是无辜的，但在母亲的盛怒之下又不敢直说。后来当他辞别母亲跑到那个妃子的住所时，妃子已经上吊自尽了。乾隆想起自己的一时荒唐竟导致父皇妃子非命，十分愧疚，就用手指在妃子的颈上按上朱印，默默许愿："是我害了你，魂如有灵，二十年之后再来与我相聚。"说完便满怀悲痛回到自己的住所。

无巧不成书，到了乾隆朝中期，有一天，乾隆帝在圆明园里闲逛，起初天气有些阴，到了中午云开日出，遍地阳光，热得人透不过气来，乾隆正晒得难受，这时有人马上送来皇盖替他遮阳。乾隆一看此人唇红齿白，乃一翩翩美貌少年，于是就详细询问他的情况，这个会办事的少年就是和珅。和珅告诉乾隆帝他是满洲正红旗的学生，现在銮仪卫当差，具体地说就是给乾隆帝抬轿子，地位很低，交谈中乾隆帝觉得此人面熟，似乎在什么地方见过。他回宫以后，脑海里总是浮现这个年轻人的相貌。灵光一现，乾隆帝突然想起，和珅的面貌与那个受自己连累而死的父皇妃子十分相像，于是便密召和珅入宫，让他跪在自己面前，仔细端详，果然相似，更令人吃惊的是和珅的颈上也有一个痣，宛如手指的印痕，以此为据，乾隆帝便认定和珅是那妃子托生，来印证二十年前的宿愿了。就这样，乾隆怀着赎罪和还愿的心理，对和珅倍加怜爱。经询问，乾隆得知和珅颇通文墨，于是便提升他为内务府总管，从此以后和珅便靠着乾隆帝的宠爱而飞黄腾达。我们且不去分析这个传说的真假，实际上和珅在仕途上的飞黄腾达，主要是因为他的聪慧。和珅虽是旗人，但与懵懂无知的满族贵戚比起来，他多少能背诵些《论语》、《孟子》；而与汉族大臣相比，他既通晓满汉文字，又能粗通蒙古、西番文字，也算是一个有学问的人了。因此，遇有重大军政决策，他都能"承训书谕"，妥当地办好乾隆帝交办的事情，深得乾隆帝的赏识和重用。乾隆帝也一再褒赞他："清文汉文，蒙古西番，颇通大意，勤劳书旨，允称能事。"乾隆帝雄才大略，乾纲独断，并不需要臣工有治国安邦的宏韬伟略，小有才智，善解人意，能够无差错地"承旨书谕"，就是能臣了。和珅凭借他幽默风趣的谈吐，通晓多种语言文字的才智，秉承主子脸色行事的机灵，无微不至关怀主子生活的作风赢得了乾隆帝的青睐，获得了乾隆的宠信。乾隆帝因此把和珅当作伶臣来看待，就像当年汉武帝对待东方朔一样。乾隆禅位，和珅晋封为公爵，其时所有军政大事，无不参与规划，可谓权势赫赫，炙手可热，连嗣皇帝嘉庆也要看和珅脸色行事，否则皇位难保。和珅小人得志，贪黩更甚。他前后柄权二十多年，内而尚侍，外而督抚，多出于和门。凡"不附己者，伺隙激上怒陷之；纳贿者则为周旋，或故缓其事，以俟上怒之霁。大僚恃为奥援，剥削其下以供所欲"。所谓内有聚敛之臣，外有贪黩之吏，互为因果，贪风便愈演愈烈。此外，和珅还利用审查贡品的权限，明目张胆地大肆侵吞内外大臣的贡

品。纳贡本是皇帝的特权，和珅竟公然将贡品据为己有，“四方进贡之物，上者悉入珅第，次者始入宫也”。

由此可见，乾隆后期的弊政与和珅有着很大关系。嘉庆帝认真分析了当时的社会、政治形势，认为要想整饬内政，挽救危机，就必须首先诛除和珅这个侵噬社会肌体的毒瘤。十年磨一剑，不曾试锋芒。多年的韬光养晦，忍气吞声，就是为了等待“扬眉剑出鞘”这一天的早日到来。现在父皇已死，和珅的靠山已倒，这正是诛除和珅的大好时机，应该立即动手，否则日久生变。诛杀和珅必须做到“稳”、“准”、“狠”，绝不能囿于国家大丧之日就缩手缩脚，要趁这个机会给和珅来一个措手不及。尽快地诛杀元凶，不仅不会引起时局的动荡，反而是稳定时局的关键。

嘉庆四年（公元1799年）正月初三，即乾隆崩逝的当日，嘉庆帝就向和珅大刀阔斧地动手了。首先，嘉庆帝任命和珅参与总理乾隆帝葬仪，夺去和珅军机大臣、九门提督等衔，命他与福长安昼夜守值殡殿，不得任自出入，实际上是软禁监视起了和珅和福长安。正月初三上午，嘉庆帝召见和珅说：“你是大行太上皇帝的近臣，首席军机，内阁大学士，实为国家勋旧；朕刚亲政，诸事仰赖，望相公不负大行太上皇帝的重托，辅朕处理一切军政大事。如今国家大丧，丧事为国家首务，朕特命你全权主持丧务；主持丧务期间，暂免你军机大臣、九门提督等职，专心治丧。待国家大丧期满，再复尔原职。”嘉庆又谕令福长安说：“大行太上皇帝在日，你与相公一起朝夕服侍，朕甚为感念。特命你与相公一起专心治丧，也暂免你军机大臣及尚书等职。”和珅与福长安被嘉庆帝的信任迷惑住了，根本没有想到胸有城府的嘉庆帝竟然在父皇大丧之日向他们下手了，他们二人还在乾隆的殡殿里心安理得地日夜值守着。其次，嘉庆帝加封自己的兄弟子侄，紧急进行人事调整。正月初三傍晚，嘉庆帝紧急召见仪郡王永璇、成亲王永瑆、定亲王绵恩。嘉庆帝对十一哥永瑆道："朕命你入军机处为军机大臣，处理军政大事；朕即晋封八兄仪郡王永璇为亲王，总理吏部；特命定亲王绵恩为九门提督，总管京城的卫戍及防务诸事，同时，火器营、建锐营也交给绵恩指挥。""绵恩应连夜调出和珅宅内一千余名步甲兵丁，迅速调换九门提督衙门及巡捕五营的将官，严密警戒内外城各处，并在和珅同党栖居处密布暗哨，切断和珅、福长安与外界的一切联系。同时，还要彻底清查宫中的侍卫。这一切都要秘密进行"。正月初四日，嘉庆帝对人事进行了紧急调整，任命成亲王永瑆，大学士董诰，尚书庆桂为军机大臣；那彦成、戴衢亨留任军机处；盛柱（皇后喜塔腊氏之兄）署工部尚书，保宁为英武殿大学士，庆桂为御前大臣、协办大学士，书麟为吏部尚书，松筠为户部尚书，富锐为兵部尚书。同时，让仪郡王永璇总理吏部，成亲王永瑆除任军机大臣外，总理户部兼管三库。随后，正式晋升仪郡王永璇为仪亲王，贝勒永璘为庆郡王，绵亿封履郡王，其他皇室成员俱受封赏。第三，下诏急调恩师朱珪火速入京。正月初三上午，嘉庆帝命以六百里快驿，诏恩师朱珪从安徽巡抚任上火速进京。第四，授意御史广兴等人弹劾和珅。

嘉庆帝亲自领导和指挥了铲除和珅的战斗，在战斗处于白热化的关键时刻，他就在养心殿吃住，足不出户，昼夜不停地召见大臣，调兵遣将，商量对策，晚上也不到后妃处寻欢作乐。后妃们虽然不知道嘉庆帝诛除和珅的行动，但从嘉庆帝的一言一行中，也敏感地察觉到将有什么重要的事情发生，因而也都自觉地不到嘉庆帝身边打情骂俏，死搅蛮缠，以免分散皇帝的精力。当内阁、军机处、京城防务及各重要部院官员都换上与和珅作对的老臣或自己的亲信心腹之后，嘉庆帝立即向和珅抛出了致命的炸弹。正月初八日，嘉庆帝召集王公大臣宣旨道："现有给

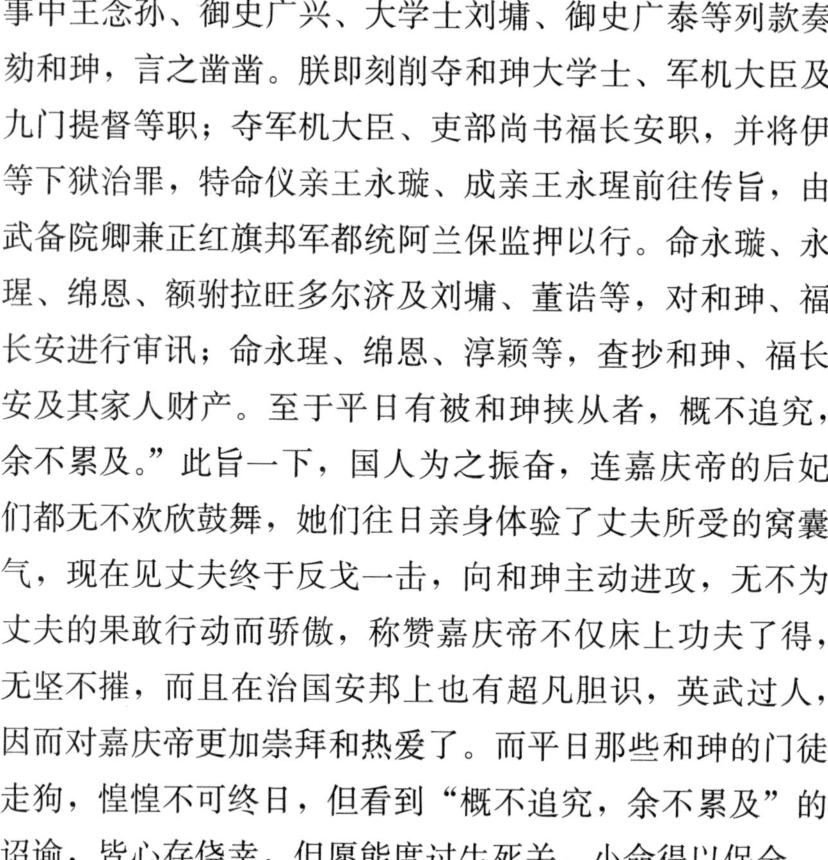

事中王念孙、御史广兴、大学士刘墉、御史广泰等列款奏劾和珅，言之凿凿。朕即刻削夺和珅大学士、军机大臣及九门提督等职；夺军机大臣、吏部尚书福长安职，并将伊等下狱治罪，特命仪亲王永璇、成亲王永瑆前往传旨，由武备院卿兼正红旗邦军都统阿兰保监押以行。命永璇、永瑆、绵恩、额驸拉旺多尔济及刘墉、董诰等，对和珅、福长安进行审讯；命永瑆、绵恩、淳颖等，查抄和珅、福长安及其家人财产。至于平日有被和珅挟从者，概不追究，余不累及。”此旨一下，国人为之振奋，连嘉庆帝的后妃们都无不欢欣鼓舞，她们往日亲身体验了丈夫所受的窝囊气，现在见丈夫终于反戈一击，向和珅主动进攻，无不为丈夫的果敢行动而骄傲，称赞嘉庆帝不仅床上功夫了得，无坚不摧，而且在治国安邦上也有超凡胆识，英武过人，因而对嘉庆帝更加崇拜和热爱了。而平日那些和珅的门徒走狗，惶惶不可终日，但看到“概不追究，余不累及”的诏谕，皆心存侥幸，但愿能度过生死关，小命得以保全。

再说仪亲王永璇、成亲王永瑆奉旨到乾隆帝的殡殿里捉拿和珅、福长安。和珅见永璇、永瑆带着全副武装的侍卫前来，心知有异，猜想可能是嘉庆帝对自己下毒手了。永瑆看了和珅许久之后，突然道：“和珅接旨。”和珅一看势头不对，跪在地上说道：“奴才接旨。”只听永瑆念道：“奉天承运嘉庆皇帝诏曰：今有给事中王念孙，御史广兴、广泰，大学士刘墉等列款奏劾和珅欺罔擅专，贪婪纳财，言之凿凿，特谕革和珅大学士、军机大臣等职，逮捕下狱鞫审，钦此！”和珅骤听此旨，简直不敢相信自己的耳朵，想不到嘉庆帝平时对自己口称相公，言听计从，前几天还叫自己总理乾隆帝葬仪，现在乾隆帝尸骨未寒，就在乾隆帝的停尸房里向自己下毒手，心肠真够狠毒的。嗨，只怪自己瞎了眼，把嘉庆帝的韬光养晦看成是软弱可欺，如今已没有时间后悔。不等和珅辩解，他就被侍卫牵拽而去。

一旁的福长安早已吓得魂飞魄散，随后也被锁走。嘉庆帝在自己父亲的停尸房里果断捉拿和珅、福长安的情景，真正做到了稳、准、狠，确实是一击必中，一剑封喉。

嘉庆帝一面派人捉拿和珅，一面发出上谕，令今后陈奏的一切事件俱应直达御前，将被和珅破坏了的密折陈奏制度重新确立，加强了皇权。上谕称："各部院衙门文武大臣，及直省督抚藩臬，凡有奏事之责者，预先告知军机大臣。即如各部院衙门，奏章呈递后，朕可即行召见，面为商酌，各交该衙办理，不关军机大臣指示也，何得豫行宣露，致启通同扶饰之弊耶？即将此通谕知，各宜凛遵。"正月十一日，嘉庆帝为和珅的问题专门发一道诏谕，指斥和珅僭妄不法，目无君主，延匿军报，贻误重务，独揽部务，弄权舞弊，党同伐异，任人唯亲，贪污纳贿，害国肥己。与此同时，令五大部尽快鞫审和珅，各省督抚及部院九卿对和珅进行议罪。直隶总督胡季堂奏称："和珅丧尽天良，非复人类，种种悖逆不臣，蠹国病民，几同川楚'贼匪'，贪黩放荡，真一无耻小人，丧心病狂，目无君上，请依大逆律凌迟处死。"各省督抚及部院九卿纷纷上书一致要求将和珅这个悖逆不臣、蠹国病民、贪黩放荡、目无君主的奸臣贼子以大逆罪凌迟处死，抛尸街头，而对福长安则处以斩立决。正是在这些上上下下的舆论当中，嘉庆帝便在正月十五日正式公布了和珅的二十大罪状：

大罪之一：朕于乾隆六十年九月初三日，蒙皇考册封为皇太子，尚未宣布谕旨，而和珅于初二日即在朕前先递如意，漏泄机密，居然以拥戴为功。

大罪之二：上年正月，皇考在圆明园召见和珅，伊竟骑马直进左门，过正大光明殿，至寿山口，无父无君，莫此为甚。

大罪之三：又因腿疾，乘坐椅轿抬入大内，肩舆出入神武门，众目共见，毫无忌惮。

大罪之四：并将出宫女子娶为次妻，罔顾廉耻。

大罪之五：自剿办教匪以来，皇考盼望军书，刻萦宵旰。乃和珅于各路军营递到奏报，任意延搁，有心欺蔽，以至军务日久未竣。

大罪之六：皇考圣躬不豫时，和珅毫无忧戚，每进见后，出向外廷人员叙说，谈笑如常，丧心病狂。

大罪之七：昨冬皇考力疾披章，批谕字划间有未真之处，和珅胆敢口称不如撕去，竟另行拟旨。

大罪之八：前奉皇考谕旨，令伊管理吏部、刑部事务，嗣因军需销算，伊系熟手，是以又谕令兼理户部题奏报销事件。伊竟将户部事务一人把持，变更成例，不许部臣参议一字。

大罪之九：上年十二月内，奎舒奏报循化、贵德二厅，贼番聚众千余，抢夺达赖喇嘛商人牛只，杀伤两命，在青海肆劫一案。和珅竟将原奏驳回，隐匿不报，全不以边务为重。

大罪之十：皇考升遐后，朕谕令蒙古王公未出痘者不必来京。和珅不遵谕旨，令已未出痘者，俱不必来京，全不顾国家抚绥外藩之意，其居心实不可问。

大罪之十一：大学士苏凌阿两耳重听，衰迈难堪，因系伊弟和琳姻亲，竟隐匿不奏。侍郎吴省兰、李潢，太仆寺卿李光云，皆曾在伊家教读，并保列卿阶，兼任学政。

大罪之十二：军机处记名人员，和珅任意撤去，种种专擅，不可枚举。

大罪之十三：昨将和珅家产查抄，所盖楠木房屋，僭侈踰制，其多宝阁与隔段式样，皆依照宁寿宫制度，其园寓点缀，竟与圆明园蓬岛、瑶台无异，不知是何肺肠。

大罪之十四：蓟州坟茔，居然设立享殿，开置隧道。附近居民有和陵之称。

大罪之十五：家内所藏珍宝，珍珠手串竟有二百余串，较之大内多至数倍，并有大珠较御用冠顶尤大。

大罪之十六：又宝石顶并非伊应戴之物，所藏真宝石顶有数十余个，而整块大宝石不计其数，且有内府所无者。

大罪之十七：家内银两及衣服等件，数逾千万。

大罪之十八：且有夹墙藏金二万六千余两，私库藏金六千余两，地窖内并有埋藏银两百余万。

大罪之十九：附近通州、蓟州地方，均有当铺钱店，查计资本，又不下数十余万，以首辅大臣与小民争利。

大罪之二十：伊家人刘全，不过下贱家奴，而查抄资产，竟至二十余万，并有大珠及珍珠手串，若非纵令需索，何得如此丰饶?!

其余贪纵狂妄之处，尚难悉数。

总的来说，和珅的罪状大致可分为三类，其一是大不敬，其实都很牵强，谁都能看出来，这纯属“欲加之罪，何患无辞”一类；其二是专擅，这倒是事实；而真正揭到和珅痛处的，还是贪黩，即其三。对于上述这些指控，和珅大多供认不讳。和珅知道既然落到了嘉庆帝的手里，不管自己承认不承认这些罪状，其结果都是死路一条，还不如死得痛快点。于是，嘉庆帝将这二十大罪状，交给京师三品以上官员传阅，还解释说，和珅是皇考简任的大臣，本不应该轻为更易的，即使有罪，只要稍有可原，也应该尽力保全，可是照科道诸臣所列举的这样，和珅真是罪孽深重，难以宽宥。照嘉庆帝的本意，非要将和珅凌迟处死，才能将心头那郁积多年的恶气发泄出来，可是他的妹妹，已经下嫁和珅之子丰绅殷德的固伦和孝公主再三涕泣求情全其肢体，又有大臣董诰、刘墉的一再劝阻，嘉庆帝只得按照康熙诛鳌拜、雍正诛年羹尧的前例，“加恩”赐和珅于狱中自尽。正月十八日，嘉庆帝宣布：鉴于和珅曾为首辅大臣，为国体起见加恩宽大，特赐令自尽，赐他一

中国书店

个全尸。福长安则判斩监候，秋后处决，并提福长安至和珅狱中，跪视和珅自尽。大学士苏凌阿年迈昏聩，令其退休；侍郎吴省兰、李潢，太仆寺卿李光云，俱降黜治罪。和珅的弟弟和琳因早已在川楚军前病逝，缘军功配享太庙，设立专祠，至此也被明令撤出太庙、拆毁专祠。和珅的儿子丰绅殷德因系固伦和孝公主额驸，看在他妻子十公主的面子上仍保留伯爵封号，闲住在家。

宣旨当天，即赐帛令和珅在狱中自缢。这时距乾隆帝去世仅半个月，距和珅下狱也只有七天，可见嘉庆帝处理和珅一案，确实做到了从快从重，体现出雷厉风行的作风。和珅在临死前写下了一首诗说："五十年来梦幻真，今朝撒手谢红尘。他时水泛含龙日，认取香烟是后身。"此诗似倡似谣，前两句含义尚明，因为和珅生于乾隆十五年（公元 1750 年），死于嘉庆四年（公元 1799 年），刚满五十岁。从权力的顶峰一下子沦为阶下囚，并被赐死，这对和珅来说俨然就像一场噩梦。后两句的含义则较为隐晦，好像与乾隆帝宠幸和珅的历史传说有关。

和珅自尽的次日，即正月十九日，嘉庆帝为稳定朝廷内外大小臣工疑惧株连之心，颁旨申明："和珅任事日久，专擅蒙蔽，以致下情不能上达，若不立除元恶，无以肃清庶政，整饬官方，今已明正其罪，此案业经办结。"处置和珅已取得决定性胜利，而处置和珅只是为了"儆戒将来"，对既往并不追究，过去的犯罪已过时效，不再株连。至于以往某些官员，"奔走和珅门下，逢迎馈赂皆所不免，若一一根究连及多人，亦非罪不及众之义。"嘉庆帝声称，和珅种种蠹国肥家，贪黩营私"犹其罪之小者"，"朕所以重治和珅之罪者，实为其贻误军国重务"，所以他安定人心道："凡大小臣工，无庸心存疑惧"，即使以前与和珅沆瀣一气，"热中躁进，一时失足，但能洗心涤虑，痛改前非，仍可勉为端士，不至终身误陷匪人。特此再行明白宣谕，各宜凛遵砥砺以副朕咸与维新之治。”既然危及嘉庆帝皇权统治的元凶和珅已经授首，如果打击面过大，株连过多，就会影响当时社会的稳定，赐死和珅，嘉庆帝达到了杀一儆百的目的，对和珅余党也就宽大处理，不再一一追究了。

当时，朝鲜使臣对嘉庆帝处理和珅一案评价相当高：“和珅处置后，人皆谓皇帝有三达德。自即位以来，知和珅之必欲谋害，凡于政令，惟珅是听，以示亲信之意，俾不生疑惧，此智也。一日裁处，不动声色，使朝著一新，奸宄屏息，此勇也。不治党羽，无所株连，使大小臣工，洗心涤虑，俾各自安；皇妹之为珅子妇者，另加抚恤，此仁也。”

至于和珅到底有多少家产，历来众说纷纭。当时，嘉庆帝派庆桂、盛柱、永瑆、绵恩等王公大臣查抄和珅家产，曾列回一份清单如下：

正屋一所（十三进七十二间），东屋一所（七进三十八间），西屋一所（七进三十三间），徽式屋一所（六十二间），花园一所（楼台四十二座），东屋侧室一所（五十二间），钦赐花园一所（楼台六十四座，四角楼、更楼十二座，更夫一百二十名），杂房（一百二十余间），古铜鼎（二十二座），汉铜鼎（十一座），端砚（七百余方），玉鼎（十八座），宋砚（十一方），玉磬（二十八架），古剑（十把），大自鸣钟（十九座），小自鸣钟（十九座），洋表（一百余个），大东珠（六十余颗，每颗十两），珍珠手串（十八颗一串，共二百二十六串），珍珠数珠（十八盘），大红宝石（一百八十余块），小红宝石（九百八十余块），蓝宝石（大小共四千零七十块），宝石数珠（一千零八盘），珊瑚数珠（三百七十二盘），蜜蜡数珠（十三盘），宝石珊瑚帽顶（二百三十六个），玉马二匹（高一尺二寸，长四尺），珊瑚树十棵（高三尺八寸），白玉观音一尊，汉

玉罗汉十八尊（长一尺二寸），金罗汉十八尊（长一尺八寸），白玉九如意（三百八十七个），玭玺大燕碗（九十九个），白玉汤碗（一百五十四个），白玉酒杯（一百二十个），金碗碟三十二桌（共四千二百八十八件），银碗碟（四千二百八十八件），嵌玉如意（一千六百零一个），嵌玉九如意（一千零十八个），水晶酒盂（一百二十三个），金镶玉簪（五百多副），整玉如意（一百二十八枚），玭玺大冰盘（十八个），白玉烟壶（八百余个），玭玺烟壶（三百余个），玛瑙烟壶（一百余个），汉玉烟壶（一百余个），白玉唾盂（二百余个），金唾盂（一百二十个），银唾盂（六百余个），金面盆（五十三个），银面盆（一百五十个），镶金八宝炕屏（四十架），镶金八宝大屏（二十三架），镶金炕屏（二十四架），镶金炕床（二十架），四季夹单纱帐（全），老金缕丝床帐（六顶），镶金八宝炕床（一百二十架），嵌金玻璃炕床（三十二架），金珠翠宝首饰（大小共计二万八千件）。

金元宝一千个（每个重一百两，计银一百五十万两），银元宝一千个（每个重一百两），赤金五百八十万两（估银一千八百万两），生沙金二百万余两（估银一千八百万两），元宝银九百四十万两，洋钱五万八千圆（估银四万零六百两），制钱一千零五十五串（估银一千五百两）。

当铺七十五座（查本银三千万两），银号四十二座（查本银四千万两），古玩铺十三座（查本银二十万两），玉器库两间（估银七十万两），绸缎库两间（估银八十万两），洋货库两间（五色大呢八百板，鸳鸯一百五十板，五色羽缎六百余板，五色哔叽二百余板），皮张库一间（元狐十二张，各色狐一千五百张，貂皮八百余张，杂皮五万六千张）。

瓷器库一间（估银一万两），锡器库一间（估银六万四千一百三十七两），珍馐库十六间，铁黎紫檀器库六间

（八千六百余件），玻璃器皿库一间（八百余件），药材房一间（估银五千两），人参六百八十余两（估银二十七万两），貂皮女衣（六百十一件），貂皮男衣（八百零六件），杂皮男衣（八百零六件），杂皮女衣（四百三十七件），棉夹单纱男衣（三千二百零八件），棉夹单纱女衣（二千一百零八件），貂帽（五十四顶），貂蟒袍（三十二件），貂褂（四十八件），貂靴（一百二十只）。

地亩八千余顷（估银八百万两）。

和珅死后，他的财产又陆续被清出许多，据档案记载：嘉庆四年（公元 1799 年）正月二十二日永锡等所奏，查得海甸和珅花园内房一千零三间，游廊楼亭共三百五十七间（系以前赏赐）。马圈一所，计房四十三间，善缘庵寓所八十六间，游廊四十二间，园内有金器具七件，金锞九个，银器五十件。另在承德尚有寓所一处，陈设玩器戏衣等若干。二月三十日直隶总督胡季堂奏，大城等七县查出和珅及家人呼什图米、麦、豆、杂粮共一万一千零六十五石。三月二十八日绵恩等又陆续查出和珅借出本银所开当铺十二家，家人刘全等四人伙开当铺八家，和珅契置取租房一千零一间半，取租地一千二百六十六顷，通计二十万三千三百两，和珅还有借出应追本利银二万六千三百一十五两，并自拴大车八十辆，车价银九千六百两。

有人估算和珅的财产总价值达八亿两，而清政府当时国库每年收入不过四千多万两，和珅的财产相当于二十年的国库收入。和珅凭借乾隆皇帝的宠幸，大搞权钱交易，贪赃枉法，卖官鬻爵，聚敛巨额财产，短短二十年时间竟然敛财八亿两，真称得上天下第一敛财高手，天下第一巨贪。

嘉庆帝从政治上考虑在父皇大丧之日诛杀和珅，是为了扫除自己亲政道路上的绊脚石。不除和珅，天下只知有和珅，而不知有皇帝，他的皇权就会受到威胁，甚至会成

为傀儡皇帝。不承想，拔出萝卜带出泥，查抄出来的和珅家私竟然如此之巨，大出嘉庆帝的意料之外，在经济上收益亦颇丰饶。和珅的财产，属于金银钱财部分，俱上交内务府广储司；珠宝玉器、古玩字画、首饰、器皿、皮张绸缎及其他家用物资数量极多，也绝大部分归内务府，少部分赏给皇帝后妃、皇子皇孙、王公大臣、御前侍卫和太监等，另一小部分如旧衣物、戏衣及京外热河等地的物品全部变卖；和珅及其家奴内监在京外存粮食二万余石，一半以上作为救济当地灾民之用；在京的府第、花园、当铺、钱庄、祠堂、马厩等，除嘉庆帝的亲弟弟庆郡王永璘分得了和珅府第的一半，妹妹十公主分得了和珅府第的另一半，哥哥成亲王永瑆分得了和珅的园林外，其余都进了嘉庆皇帝的腰包。仅就人参一项而言，当年春天，内务府因收进和珅的人参数量过巨，以至无法储藏，不得不变卖数百斤，因此竟造成了市面上一时钱币短缺的现象。这真应验了北京街头风传的童谣："和珅跌倒，嘉庆吃饱。"嘉庆帝赢得了政治上与经济上的双丰收，真是何乐而不为呢！

第三章　吏治改革

一

嘉庆亲政，颁布的第一道谕旨，就痛斥了在镇压川楚陕白莲教起义的前线掩败为胜、玩兵养寇的一帮领兵将领和大臣，当时湖广总督毕沅就在这些大臣之中。

毕沅，江苏镇沅人。乾隆二十二年入直军机处，以后青云直上，做过按察使、布政使、陕西巡抚，河南巡抚等官，乾隆五十三年（1788 年）被擢升为湖广总督，算得是清代地方最重要的官员之一，颇得乾隆皇帝赏识。毕沅秉性温厚，颇好学问，凭借身居高位的便利，拔擢契掖了不少读书人，章学诚、洪亮吉、孙星衍等清代著名的大学者，都曾寄于他的幕下。《续资治通鉴》一书也由他总其成。对于他在清代学术上的贡献，专家们的评价都是很高的。

可是，一个大学者未必就是一个称职的官吏，毕沅就是如此。何况偏偏就是他在湖广总督任上时，爆发了川楚陕白莲教起义，他作为一个读书人的胆怯、懦弱、没有政治眼光等弱点，因此而暴露无疑。

白莲教起义爆发，毕沅受和珅指使，不向朝廷如实报告军情，致使战火越烧越旺。嘉庆二年（1797 年）毕沅病

重，此时尚是太上皇训政时期，对他自是百般抚慰，当年七月毕沅死时，乾隆还下谕说他"办理军需，积劳婴疾，兹闻溘逝，殊深珍惜"，并迢赠他太子太保世职，让他的孙子承袭。乾隆晚年赏罚不明，就到了如此地步。

两年之后，乾隆死去，人们又重新提起毕沅的问题，指责毕沅的欺上贪下，导致了川陕白莲教起义未能在初起时就被扼杀，而蔓延了九年之久，甚至还有更激烈的，说非戮毕沅之尸，不足以谢天下，据嘉庆皇帝的上谕，他的罪过，一是身任湖广总督时，不能实力整顿，以致激起事变；二是不能迅速剿除，办理不善；另外，还查出他私自提用银两以及把银两愧送各领兵将领的问题，这是他的第三条罪状。毕沅如果活着，一定要将他从重治罪，如今已死，嘉庆于是决定，革去他的子孙承袭的世职，后来，又将他的家产也都清查入官。这是嘉庆亲政后最初处理的几个案子之一。

嘉庆一朝的农民反抗，率多以"官逼民反"为词，可见官吏的腐败贪酷，已成为清朝从盛转衰的主要原因之一。嘉庆亲政后，也曾雄心勃勃，想仿效乃祖父初即位时的做法，对贪官污吏进行清查打击，可是一旦着手处理，就出现了参差。

嘉庆偏袒满员，在办案中不止一次表现出这种倾向，如此不公，贪风又怎能真正得到遏止呢。人们谈及嘉庆，多愿举他惩治胡齐仑一案，证明他惩贪的决断，而找不到他如此决断却贪风日炽的原因。

二

除了严查贪官之外，嘉庆还对滥用刑具做了规定。嘉庆四年（1799 年）八月二十日，湖北安陆县生员沈从隆，控告知府盛德昌等地方官们，私设公堂，私造刑具，滥用非刑，不合法度，应行禁止。都察院转奏后，嘉庆深表关注，申饬严禁。谕曰：

> 朕发现有用数十斤大锁脚镣的刑具，以前外省地方官，私设班馆及自新所（监禁之地），曾经降旨严禁。至于刑具等项，都是按照刑部制度，官方印烙颁发，有一定的尺寸式样，如私制刑具，非法使用，是违法犯罪的。

苏州有新造的小夹棍等名止，湖北又有数十斤的大锁，不是私造，从何而来。何况官设刑具，是根据犯人情罪的轻重，分别责罚，即使是对付邪教，也应该一律用官刑。审办寻常案件，自设非刑，任意妄为，借严刑峻法，济贪酷之私，如不严行查禁，何以整肃吏治而服民心。

下令各省督抚，严饬属下，今后一切刑具，都用官定的尺寸，颁发印行，如有私自钊设刑具，非法滥用者，立即严参治罪，决不宽有。

有令不行，有禁不止，事后地方官仍有私造刑具，使用非刑者。故嘉庆十二年（1807 年）四月二十七日，又重申禁令，申严地方官擅造非刑并捕役（刑警）私考之禁。

嘉庆说：据称各省问刑衙门，在例定的刑具外，往往私造刑具，如木棒棰一物，专门用作敲打内外脚踝骨，动至数十下或百余下不等，以致骨节损折，严重地违法。反映确切。

地方官审办案件，所有刑具轻重大小，俱有一定程式，理应慎重其事，为何制造非刑，残酷无情。如果审理的不是正犯，而两足已被打残，小民并未犯法，定会残废终身，于心何忍？看来不仅捕役私用，即使地方官员们，也将之视为常刑，忘其残酷暴虐。

如果被审讯的是贼犯，也有官设刑具，不能恣意妄为，毫无恻隐之心，不可不严加饬禁。

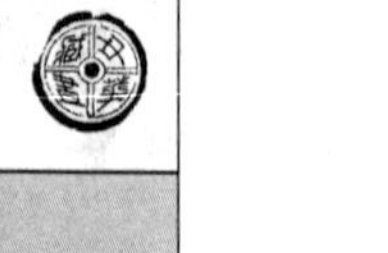

三

嘉庆的皇后即孝淑皇后喜塔拉氏，于嘉庆二年去世。按照惯例，皇后应与皇上合葬一处，当皇上还健在之时，先将皇后安放地宫，陵寝自然不能封门，需待皇上也死了以后葬进去，才能最后封陵。孝淑皇后死时，皇陵尚未建成，其遗体一直停放于静安庄，八年七月，陵寝告成，可就在举行移葬仪式之前，由于撰写奏事折的官吏糊涂，却闹出一则大笑话。

这类奏事仪折，撰写词句都很固定，这次负责撰写之人不动脑子，竟把前代皇上葬仪中的惯用词句“掩闭石门、大葬礼成”八个字抄进去了。嘉庆看了这八个字，由不得不火冒三丈，他把奏事大臣叫来责问：石门怎么可以掩闭？闭上就不能再开，这块吉地，是当年皇考（指乾隆帝）赐给朕的，又不是赐给皇后的，你们把石门关了，让朕再另找吉地吗？还有什么“大葬礼成”，更不象话，朕还没死呢，你们就“大葬礼成”了，你们可真忍心说出口，还刑诸笔墨！遂下令把所有办事的大臣和礼部官员一概拿到吏部，严加议处。

查办结果，是书写者的漫不经心，和负责典礼的王公大臣的敷衍了事，以致如此一个重要典礼、又经如此众多王公之手的文件出现这样的大错，竟无人察觉。嘉庆心中恼火万分，说朝廷之上没有实心办事的人，对一切事情都只是因循将就，这正是他的隐忧。于是把一大批王公大臣提来，新账老账一块算，予以惩处。首当其冲的是亲王绵亿，嘉庆骂他最滑头，又最无能，遇事只会推诿，什么事都办不好，这回又出这么重大的疵漏，革去他正红旗蒙古都统的职位，罚俸六年。此外，领侍卫内大臣保宁、礼部尚书永庆、兵部尚书纪昀、军机大臣德瑛、礼部左侍郎扎郎阿以及承写奏章的礼部主事宋其沅等，都或被革职，或被革职留任。

四

那彦成（1764—1833 年），清满洲正白旗人。姓章佳氏，字韶九，一字东甫，号绎堂。大学士阿桂之孙。乾隆朝进士。嘉庆朝曾任内阁学士兼军机大臣、礼部尚书、陕甘总督、两广总督等要职，参与镇压白莲教起义等。为人耿直，好提建议，嘉庆对他的评价褒贬不一，对错参办，和实际不相符。

嘉庆九年（1804 年）二月十三日，嘉庆谕军机大臣说：那彦成前往黑龙江视察工作，就齐齐哈尔应办的事情，提出六条意见，上报朝廷。

朕详细地披阅，如要求嗣后内地的民人，有来黑龙江地方贸易的人，准他们携眷属居住，种地谋生，屯丁有放出为民的人，也准他们安居乐业，不一定把他们逐出境外。

那彦成的意见，实属移民实边，反对封禁之举，合情合理，对民生和边疆稳定都有利。力主封禁的嘉庆坚决反对，批评为“事不可行”。

东三省为根本重地，原来不准民人杂处，致碍旗人的生计，所以内地贸易的人，不许在那里居住谋生，如果有私自逗留的人，还应当躯逐出境，怎么能以通商致富之说，转让内地人民前赴黑龙江种地谋生，听其自便呢？如果说准令汉人居住，那么地方富庶，兵力可以勇健，也无此理。兵强之法，不在通商。

嘉庆对那彦成上述意见的批评，毫无道理，只是为了固守祖宗的封禁政策。

两年之后，即在嘉庆十一年（1806 年）正月初八日，

因为那彦成在广东办理洋匪（海盗）犯了错误，并与布政使广厚看戏饮酒之事，降旨将他们二人解职候审，进京处理。

嘉庆详阅案情后说：那彦成初任两广总督时，认真办理洋面海盗，分派水师官兵出洋巡缉，结果沿海各口岸守备空虚。嗣因盗窃频闻水帅官兵又不能得力，于是大量派出间谍，出示招抚，有报告投诚者，不加查讯，就给顶带银两，先后有五千多名投首人犯，实属师心自用。试想海洋盗匪，动掠不法，本应该督伤文武官员，加紧捉拿严办，才能做到惩奸宄而靖海疆。现在那彦成倡导招抚，只图多一个投诚者，即使少一个大盗，殊不知此端一开，那么带兵的人就会害怕冒险出洋，躲避风涛，必然会导致玩忽职守，文职官员以招致盗犯为名，企图博得上司的嘉奖，亦所乐为。不但地方捕务从此废弛，即使兵民等人，目睹洋盗杀掠害人，不旋踪（后退）而赏给银两顶带，以致交相含怨，物议沸腾。

那彦成办理失当之处，实在于此，幸而这五千多名投首之犯，还算安静帖服，那彦成尚无大罪。

其余如看戏饮酒等事，虽询问属实，还算小错误。此外也并没有贪污营私的劣迹。那彦成素日自称才过其人，不肯虚心，是其大毛病。

从前在陕西督办军务，未能办好，彻令回京降旨。未经数年，又经朕特恩弃瑕录用，提拔为封疆大臣，并多次谆谆训诫，至再至三，仍不能将旧习改掉，虚心办事，实在是辜负朕的教诲和栽培。

姑念并无其他劣迹，招降盗匪等，也没有发生闹事的地方，尚可以略加宽大，不给罢斥治罪。令将那彦成派往新疆，任伊黎领队大臣。

那彦成的两条错误，前者移民实边齐齐哈尔，无论在那时或今天，都不算错误；后者办理洋盗，招抚过多，宽

大无边，还算个小错误，但也无关大局。故曰，评那彦成，对错参办。

尽管如此，但他说明嘉庆考核官吏比较认真，不敷衍塞责，不放过官员的任何失误之处，就这一点说来，还是值得认同的。

嘉庆常说：知人安民，为政之要；无欺无隐，为臣之要。因此，他经常考察官吏的政绩。

五

嘉庆十一年（1806 年）十月二十六日，谕内阁：朕亲制勤政殿记及勤政箴（劝谏），这是因为受到皇考厚恩，不敢追求安逸享乐，惟一想到的是勤政治民，才能继承先祖的遗志。

可是，近来内外官员无所事事者多，真心实干的人少，每天以早起为苦，把很多事情都耽误了。

从前多次降旨，命令在京的各部院衙门，遇有应奏事件，即使逢朕传问地方事日期，也都应当随时奏报，不得怠惰积压。

可是昨天朕前往阐福寺上香，在那里传膳办事，各部院衙门没有一个奏事的折子；本日则六部（户、吏、礼、工、兵、刑）、理藩院、内务府各衙门，都分别发出奏报事件很多，而且有一衙门陈递数折。这充分说明，昨天因朕到阐福寺，害怕早起前往办事，今天积累多件，一起陈递，怠惰偷安，又蹈故辙，错误严重。

朕殷勤处理国事，日夜操劳，天未亮即穿衣，夜晚秉烛看文件，从来不肯怕苦怕累，并不是因为本日奏事较多，不愿意多事，实在因为昨天无事，恐怕积压因办事件，难于处理。部院中今日所奏多件，试问你们难道都是昨日赶紧缮写出来的吗？而且本日陈递月折，即共有七

处，刑部奏事四件内，除奏斩决述旨一件，或说逢朕上香之日，意取吉祥，留到今日陈奏，尚可以说过去，其余三件，昨天为什么不上奏？又如礼部所奏，系皇史宬（又名表章库，即明清档案库。在北京东城区南池子大街南口东边）事件。理藩院所奏，系喇嘛事件。都可在昨天陈递，为什么随便拖延？

各部院衙门的习气，每逢陈奏事件，其兼内廷办事人员，往往不肯定期，推给专在本衙门办事的堂官（中央各部的官如大学士侍郎等）定日上奏，而那些堂官等一听到另传地方，于是苟且偷安，在家吃喝玩乐，甚至将紧要事件，也压到第二天报告，反以体贴皇帝身体健康为由，尤其是大错特错。

朕出巡各地，游山玩水并不是目的。昨天到阐福寺上香，本是岁例举行。此后如在瀛台（位中南海太液池内）观看冰鞋，那是因为体恤八旗兵丁，较艺颁赏。而且一切批章召对，仍与在宫内无异，而事完毕之后，也就马上回宫，何曾流连忘返而在那里观赏景物呢？

昨日在阐福寺，各衙门竟无应办的事情，感到特别惭愧，虚度一日。《书经》说过，一日二日万机（即日理万机，形容很忙），一天不办事，许多事被压下来，比如昨日既无可办的事，朕什么时候趁机去游玩各个殿座楼亭？在辰刻（上午 7 时—9 时）即已回到宫中，各位臣下又怎么能以照顾朕的身体为由呢？

在京各部院衙门，皆所以佐朕为治，朕经常训饬，该堂官等仍然不知道振作到如此程度，又何况外省官员，积习相仍，效尤滋甚，因循疲玩，政务又怎么能不废弛呢？

除昨日随驾官员因事不加惩处外，其余有责任不奏报者，均令察议惩戒。嗣后各衙门有事者，俱应随时奏报，不得迟延。布告天下。

六

嘉庆是在乾隆后期和珅揽权、吏治日益败坏的情况下嗣位的。他毅然翦除和珅后，在用人上便显得格外小心、慎重选择，以免重蹈覆辙。那么，嘉庆在选用官吏上的方针和标准是什么样呢？他曾写过一篇《才德说》，文章不算太长，但真实地反映了他在用人问题上的基本想法。文中提到：

德与才相为表里，不可析也。盖德蕴于中，才应于外，德为才之体，才为德之用，有德必有才，而恃才自居者，去德远矣。夫德才全备者上也；德优于才者次也；才过于德者又其次也。德优于才犹不失为君子，若才过于德，终恐流为小人矣。……用人固取其才识，然亦必先观其德行，斯为有本之才。……大智若愚，德胜于才也；大诈若忠，才胜于德也。是以修己观人之要，宁可使才不足，不可使德有歉也。……若爱其才而略其行，是舍本而逐末，贻害匪浅，不可不慎。

另外，嘉庆在一篇谈论京察的上谕里，也涉及到一些用人的原则。上谕说：

三载考核，始自唐虞，至今日则为京察。用人之典至要，而选才之方，必推气节，未有阿谀谄媚之徒，而能有廉明之政者也。近年以来，六部堂官所拔识之司员，大率以迎合己意者为晓事之人，以执稿剖辨为不晓事之辈，以每日伛谒卑词巧旋者为勤慎，以在司坐办口齿木讷者为迂拙，遂至趋承卑鄙、乞怜昏夜、白昼骄人，仕路颓风，几不可问，气节消磨殆尽，成何政体?!

朕思转移风气之方，须立矜式观摩之准，现将届京察之期，各部俱应慎重选举，果有猷守兼优者，自膺首荐，余则宁取资格较久、谨愿朴实之员，其少年浇薄、才华发越者，应令其经练，下届再行补列，更足以砺后起之俊，黜华崇实，于政治不无小补。

嘉庆的这些话，意思已经十分清楚，德才兼备，当然是最好不过了，如果两者不能全备，嘉庆是宁愿要德而不要才，以重气节，这就是嘉庆选用官吏的原则和标准。嘉庆心目中的所谓德，看来无非是两条，一是清廉，二是勤慎，有了这两条，在嘉庆朝便可以站得稳，也不用担忧升迁。至于才干、学识、魄力、闯劲等等，在嘉庆看来都是次要的。事实上嘉庆时期枢臣这一核心圈内，基本上都是属于第一类型的人物，他们大都清廉自爱、勤慎办事、克尽忠悃，但具有杰出政治才华，怀有远大政治抱负，创下重大政治业绩的人，却是很少的。这固然是与嘉庆时期特定的政治环境有关，但更重要的是嘉庆的用人方针、以及由此而产生的核心成员组成情况所决定的。

在嘉庆期间，先后入阁担任过内阁大学士职务的计有阿桂、和珅、王杰、福康安、孙士毅、董诰、刘墉、苏凌阿、保宁、庆桂、朱珪、禄康、费淳、戴衢亨、刘权之、勒保、松筠、曹振镛、托津、明亮、章煦、戴均元等二十二人。当然，他们的情况各不相同，像和珅、苏凌阿本来是嘉庆所憎恶之人，但碍于太上皇乾隆的关系，不得不让他们留阁和入阁，但乾隆一死，和珅便立即被诛除，苏凌阿亦随即被赶出内阁，所以他们不能算是嘉庆选用的。福康安与孙士毅二人，都是在乾隆五十七年（1792 年）入阁的，属太上皇简任重臣，不管嘉庆对他们有无好感，也不便于更易。不过，福康安死于嘉庆元年五月，孙士毅也于同年七月去世，在嘉庆朝任阁职只有短短的几个月，自然不会有太大的影响。

阿桂则早在乾隆四十二年（1777 年）起便任阁职，在乾隆四十五年开始位列班首，其后一直未有中断，直至嘉庆二年（1797 年）八月去世止。虽然阿桂亦属乾隆简任重臣，不是嘉庆自行挑选的，但嘉庆对于阿桂，一直是十分敬重的，这不仅因为阿桂是乾隆依为股肱的大臣，功业十分显赫，乾隆一生曾四次图功臣于紫光阁，即定伊犁回部五十人、定金川五十人、定台湾二十人、定廓尔喀十五人，而其中只有阿桂与海兰察二人，四次均名列榜上，而阿桂定金川为元功，定台湾为首辅，定廓尔喀以爵复第一而让于福康安。更重要的是阿桂为人刚正，不附邪恶，因而与和珅的关系一直很僵，嘉庆对此，深深了解和敬佩。所以嘉庆受禅嗣位后，阿桂在内阁中仍任首揆；阿桂去世时，嘉庆又亲临赐奠，谥号“文成”，追赠太保，入祀贤良祠。如果按嘉庆用人的标准，阿桂可以称得上是德才全备的一类，只可惜他在嘉庆嗣位不久，即因年老逝去，未能对嘉庆朝作出更大的贡献。

为嘉庆所器重的枢臣，阿桂以下，当首推王杰。他同样是乾隆简任重臣，从乾隆五十一年（1786 年）起任军机大臣，第二年又任东阁大学士。他的业绩虽稍逊于阿桂，以平台湾和廓尔喀，两次赐图紫光阁。但他为人持守刚正，并不亚于阿桂，是当年在内阁中惟一敢于正面顶撞和珅的人物。所以嘉庆亲政后，即以王杰为首辅绝非偶然。当时白莲教起义正在迅猛发展，王杰认为主要是穷民无所依赖，而地方官又不能妥为安辑，以致胁从日众。因而早就上疏建议：此时当安良民以解从“贼”之心；对被兵地区的一切钱粮应行蠲免，不准官吏舞弊重征；有来归者概勿重治，则“贼”势或可渐孤。他的建言，对促成嘉庆确立“安民制乱”的指导方针起了重大的作用。所以嘉庆每遇大事，必向王杰征询；王杰亦“遇事持大体，竭诚进谏”。嘉庆五年（1800年），王杰年逾七十六，曾因身体衰弱多病乞求退休，但嘉庆极力挽留，并特许扶仗入朝。到嘉庆七年，王杰实在无法坚持，遂再次固请告退，嘉庆也只好予以允准，晋封他为太子太傅，特许在籍食俸。王杰为了表达他最后的一点心意，在八年春离京前向嘉庆提出了两点叮嘱：一是有关各省亏空之弊，他认为自乾隆四十年（1775年）以后，州县营求馈送，以国帑为夤缘，上司受其挟制，弥补无期，亟应整饬。二是驿站自裁归州县，滥支苛派，官民俱病，宜清驿站，以杜亏空，并挽积重之势。由于所说俱切中时弊，嘉庆自然乐于采纳，并在陛辞日，将先帝乾隆御前陈设的玉鸠杖一枝赐给，又亲自赋诗二章相赠，其中有“直道一身立廊庙，清风两袖返韩城”之句，高度评价了王杰正直清廉的为人。嘉庆九年（1804年）十月，王杰与妻程氏八十同庚，嘉庆特派陕西巡抚方维甸携御制诗、额、珍物至其家祝寿，而王杰则执意赴阙谢恩，十一月动程，十二月初抵京。嘉庆恩准他肩舆进朝，扶杖入对，初时精神尚健，稍后即形疲软，终因年高气弱，不胜严寒而溘逝于京邸。嘉庆为失去这一耿直老臣而深为悼惜，赞誉他“忠清直劲，老成端谨”，加恩晋赠太子太师，赐谥“文端”，派荣郡王绵亿往奠，并赐银二千两经理丧事，入祀贤良祠。王杰虽然是先帝简任的大臣，但从嘉庆与王杰的关系看，其密切程度确非一般。

董诰任东阁大学士职，在时间上虽说是在嘉庆元年十月，但他仍属乾隆所简任，早在乾隆四十四年（1779年）即被擢任军机大臣，他入职军机处的时间，比王杰还要早好几年，亦曾以平台湾及廓尔喀功，两次图形紫光阁。董诰之进入内阁，其实也是出于乾隆的旨意。嘉庆元年，因福康安、孙士毅相继去世，内阁中只剩下阿桂、和珅、王杰三人，缺额较大；而自乾隆五十八年（1793年）以来，已连续好几年没设协办大学士了，因而一时无合适的递补

人选，作为太上皇的乾隆，便提出了增补人选的意见，他认为刘墉、纪昀、彭元瑞三人的资历都很深，但刘墉遇事模棱两可；彭元瑞曾因行为不检获咎；纪昀读书虽多，却不明事理；只有董诰正直勤勉。这样，董诰入阁便定下来了。不过董诰入阁不久，即因丁生母忧于嘉庆二年三月离京回籍守制。三年三月，董诰葬母毕返回京师，又因和珅从中作梗等因素，直到嘉庆亲政后，才于四年正月和五月分别恢复了军机大臣及大学士的职务，并一直延续到嘉庆二十三年（1818年）二月以病致仕为止，可以说，董诰在嘉庆朝任职时间最长了。

王杰、董诰以下各枢臣，基本上是嘉庆按照自己的用人准则选用的，其中又以朱珪、庆桂、戴衢亨、刘权之四人较为重要，透过嘉庆与他们的关系，当可进一步认识嘉庆的用人和他所推行的政治。

朱珪是嘉庆的恩师，这一点在前面中已有详述，两人拥有至深的感情，应是毋庸置疑的。乾隆四十五年（1780年），朱珪奉命提督福建学政，临行赠颙琰五箴：养心、敬身、勤业、虚己、致诚，对嘉庆的思想影响极大，以至在亲政后仍置左右，力行甚坚。嘉庆嗣位后即有意召朱珪入阁，裨以重任，但由于和珅从中作梗而未能如愿。嘉庆四年正月，太上皇刚逝去，嘉庆即驰驿召珪，珪亦闻命奔赴，在赴京途中即迫不及待地上疏陈说："天子之孝，以继志述事为大。亲政伊始，远听近瞻，默运乾纲。……修身则严诚欺之界，观人则辨义利之防。君心正而四维张，朝廷清而九牧肃。身先节俭，崇奖清廉，自然盗贼不足平，财用不足皇。惟愿皇上无忘尧、舜自任之心，臣敢不勉行义事君之道。"朱珪的这些建言，实际上是构成了嘉庆新政的纲要。迨朱珪抵京后，因久别重逢，君臣竟相互抱头痛哭，这种情形，的确不常见。但奇怪的是，这时已完全掌握最高权力的嘉庆皇帝，在诛除和珅、赶走苏凌阿、阁职多有空缺的情况下，反而没有让朱珪马上进入内阁，只命他入值南书房，兼管户部三库事务。一直到嘉庆七年（1802年）七月，才让朱珪以户部尚书协办大学士；嘉庆十年（1805年）正月，因首枢刘墉去世，才正式入阁，任体仁阁大学士。从道理上说，这确实有点异常，值得一析。

朱珪之所以迟迟入阁，其后有着比较复杂的原因，第一，和珅当年所说的“皇帝欲市恩于师傅”这句话，并未因和珅被诛而丧失其影响，所谓人言可畏，在封建时代尤其突出，而嘉庆与朱珪在封建思想道德修养方面，又都是相当到家的，对于“市恩”之嫌，自然是主动点避忌好，与其让朱珪急急入阁使自己在舆论上陷于被动，不如暂不入阁，让朱珪在实际政务中去发挥作用。事实上自朱珪抵京后，嘉庆“时召独对，用人行政悉以谘之。珪造膝密陈，不关白军机大臣，不沽恩市直，上倾心一听，初政之美，多出赞助”。所以嘉庆亲政后出于某种策略的考虑没有让朱珪立即入阁。第二，对朱珪入阁的问题，太上皇在生前可能有过某种秘而不宣的谕示，而嘉庆作为孝子，不得不恪遵不谕。所以对朱珪入阁一事，在《朱珪传》里特别附有令人注目的一笔说：“上（指嘉庆）以是命遵高宗谕，遣诣裕陵谢。”而这是其他阁臣出任时所没有的。第三是朱珪本人的问题，主要是未能摆脱书生习气。早在嘉庆元年二月，他在两广总督任上就因处理洋盗案犯不当受到“传旨申饬”。抵京后也有过一些过失，如五年五月与工部尚书彭元瑞同入朝，彭在禁城内不慎坠马，朱珪呼其舆经入西华门，异之出，有违门禁朝仪，为御史周栻所劾，交部议处。不久，朱珪的轿夫又在西阙门禁地酗酒斗殴，击伤禁门卫军，朱珪以失察获咎，吏部严加议处。部议降二品调用。嘉庆虽百般维护，说“珪素恪谨”，此次不过是“造次不检”，然而法证俱在，不处分他也说不过去，遂命革去太子少保衔，不必兼管三库事，但仍加恩从宽留任户部尚书。由于上述种种原因，嘉庆虽说钟情于恩师。但也不敢造次，这样，朱珪迟至嘉庆十年才正式进入内阁，就不难理解了。

在嘉庆内阁中，庆桂的任职时间仅次于董诰居第二位。他是乾隆朝大学士尹继善之子，不过他在仕途上的不断晋升，倒不是靠他的老子，而是以自已练达边务获得的。他先后出任过库伦办事大臣、伊犁参赞大臣、乌里雅苏台将军、盛京将军、吉林将军、黑龙江将军、陕甘总督、塔尔哈巴台参赞大臣等职。他的政治才能，早就受到了乾隆的赏识，曾赞誉说："尹继善之子能如此，朕又得一能事大臣矣。"

乾隆三十六年（1771 年）四月，任军机大臣多年的尹继善卒于任上。是年九月，庆桂便被补进军机处，这种情况实属少见，庆桂虽一度出任边臣，但在军机处具有相当老的资格，而在嘉庆初年的内阁里，他却是个新兵。嘉庆四年由于和珅被诛，苏凌阿被赶，阁员出现空缺，庆桂遂于是年三月被补进内阁，任文渊阁大学士，位次居王杰、刘墉、保宁之下，直到嘉庆十二年（1807 年）才位列首辅，并一直延续到十八年（1813 年）九月以老休致止。

戴衢亨在嘉庆阁臣中，属年纪较轻、资历较浅的一员。他在乾隆期间，所任不过是各省学政、侍讲学士之类职务，嘉庆元年出现了转机，当年授受大典所有重要文字撰拟，大多出自其手，从而为刚嗣位的嘉庆所赏识。次年即命他随军机大臣学习行走，由于他的品秩过于卑下，嘉庆不得不特意给他加三品卿衔，以后便一直担任军机大臣要职，还兼任过兵部尚书、工部尚书、户部尚书，兼管过顺天府尹和户部三库，成为嘉庆一手提拔起来的"国家得力大臣"，处处对他非常信任。

戴衢亨之所以受到嘉庆的器重，还由于他"性清通，

无声色之好”，办事“谨饬清慎”，能“知无不言，言无不尽，克尽忠悃”，对于政务亦颇具远识，非浅近者所能测，尤其是在治河方面，曾经显示过他的非凡才能。当时河务日敝，河工频兴，成为嘉庆日夜焦思的三大难题之一。嘉庆虽想锐意整顿，但中外臣工议论不一，难以作出周密的筹划，于是将这一重任交给了戴衢亨，命他出京视察南河。他于嘉庆十三年（1808 年）曾三疏陈述治河要义，认为当前治河关键在于斟酌轻重缓急，各工既不能一窝蜂都上；也不能因为出了点问题便全停下来，他结合自己对河势实勘所得，建议停修毛城铺滚水坝，复天然闸东山罅闸坝，以减黄济运；在王营减坝西，增筑滚坝、石坝，普培沿河大隄，而以淮、扬境内尤急。至于云梯关外八滩以上，接筑雁翅堤以束水势，并于智、礼二坝加高石基四尺，以制宣泄。嘉庆批准了他的建议，按照这一计划组织施工，所收效果较好。所以嘉庆下谕：“嗣后考核河工，当以此为标准。”到嘉庆十五年（1810 年），因阁臣费淳和勒保先后因事降革，戴衢亨得以补入内阁，任体仁阁大学士，管工部。十六年三月，扈从嘉庆巡幸五台，途至正定，因病先回京师，四月病故，终年五十七岁，这在嘉庆枢臣中，属于英年早逝的一员，也是任阁职时间最短的一员。他在担任军机大臣期间的贡献最大，而非担任大学士期间。《清史稿》曾评论说：“仁宗综核名实，枢臣中戴衢亨最被信用，衢亨亦竭诚赞襄，时号贤相，晚遭弹劾，而睠注不移。”衡亨去世后，嘉庆亦曾亲往赐奠，赠太子太师，谥号“文端”，入祀贤良祠。

刘权之的年龄，较戴衢亨大得多，但入值军机处和入阁的时间，都比衢亨晚。在乾隆期间，他的任职也大多是地方学政之类，品秩也不高。嘉庆亲政后，把他提拔为左都御史，对于整饬地方积弊，多有贡献。曾上疏言：“买补仓谷，地方官多奉行不善，不论市价长贱，均在本境采

买，富户贿吏飞洒零户，转得少派，善良贫民深受其累。官以折价入己，仍无存米，遇协济邻省，令米商仓猝购办，发价剋扣，起运勒措。嗣后遇应补买，向丰稔邻县公平采办，不得于本县苛派，严禁胥吏舞弊。”与此同时，他还建议要对地方社仓加强管理，指出：“社仓大半借端挪移，管事与胥吏从中侵盗，至歉岁颗粒无存，以致殷实之户不乐捐输，老成之士不愿承办，请一律查禁。”而这些都是嘉庆非常关心的问题，因而立即饬令各省照办，使民免于受累，尤其是在湖、湘一带，获得了广泛的称颂。

嘉庆四年八月，在编修洪亮吉上书事件中，刘权之与朱珪均曾受托转呈，但在拆阅原书后未及时呈进，嘉庆认为他们都出身翰林，对洪亮吉意存回护，传旨诘责。权之与朱珪均自请严议。不过嘉庆并不想加罪于他们，遂以“权之人品端正，平时陈奏不欺”，宽其处分，不久还把他提升为吏部尚书。他在吏部任上，积极“疏通淹滞，铨政号平”，政绩还是比较显著的。嘉庆七年（1802 年）六月，被委任为军机大臣；十年（1805 年）二月，涉足于内阁，以礼部尚书、协办大学士，加太子少保。然而就在这迅速晋升的时刻，刘权之却摔了一跤，他在保奏军机章京中，未与庆桂等会同商酌，擅将中书袁煦列入，而袁煦则是权之房师纪昀的女婿，因而以“徇私”为同僚英和参劾。嘉庆对于此事自然是很不高兴，结果免去了刘权之的军机大臣及协办大学士的职位，降为编修。看来这一跤确实摔得不轻。不过嘉庆对于刘权之还是有好感的，事过情迁后，很快又把他提升为光禄寺卿、兵部尚书。十五年（1810 年）正月复授协办大学士；十六年五月，因戴衢亨去世，补入内阁，任体仁阁大学士，管工部，不过军机大臣之职，却一直没有恢复。嘉庆十八年（1813 年）以目疾乞假，嘉庆对他亦十分关怀，曾遣御医诊治。但刚好这时发生了林清攻入宫廷的非常事件，事定之后，嘉庆痛定思

痛，深刻反思，开始感到政治存在着不少弊端，因而对朝臣进行了一次较大的调整，凡老弱衰病者大多罢退，在内阁中只保留董诰领衔，而刘权之与庆桂均于是年九月以原品致仕，另外补进了较为年轻的松筠和曹振镛。刘权之命回籍，给半俸。到嘉庆二十三年（1818 年）卒于家，年八十，赐谥“文恪”。

总之，从以上几个主要枢臣的情况看，无论是乾隆简任的、还是嘉庆自己提拔的，大体上都符合嘉庆在《才德说》中所提出的用人准则。其中除阿桂、王杰二人德才趋于平衡外，其余的大多是德重于才，而清正、廉直、勤慎、忠悃、老成、资深，但又缺乏卓越的才能与魄力等等，几乎是嘉庆朝所有枢臣的共同特点。在这二十二位阁臣中，除和珅、苏凌阿二人外，只有禄康一人因纵容包庇自家轿夫聚赌，事后又文过饰非，对所管事务又懞然无知、毫无振作被革职。其他阁臣虽然也曾犯错，但一般都较持重而不失大体。松筠虽然在二十二年（1817 年）六月，也曾受到过革职的处分，但他获咎的原因，仅是以天旱示警，谏阻嘉庆于来年巡幸盛京、恭谒祖陵。这只是嘉庆自己在一时的气头下所作出的惩处，实非罪有应得。所以嘉庆稍后即有所追悔，改授松筠礼部尚书、兵部尚书，并恢复其御前大臣、领侍卫内大臣等职务。

由于嘉庆本人属守成型的君主，那些守成型的大臣自然受到了他的器重。他们实际上是组成了一支灭火队，哪处起火就往哪里扑，其目的只有一个，就是通过剔除一些积弊，延缓矛盾的进一步激化，以便能保住大清王朝的统治，而不是去开创一个什么新天地和新局面。而清正、廉直、勤慎、忠悃等等品德，正是适应了这种政治需要。嘉庆历来以“先正已后正人”来要求自己，他自然也同样要求自己的臣僚们。不过能真正做到这一点也确实不容易，特别是为数众多的中下层官员，更难以做到。再加上嘉庆强调德重于才，因而嘉庆朝的官员们，包括核心圈内的大员，其开创能力都相对较弱，所以嘉庆朝无论在政治上还是在经济上，都没有什么重大的建树，是不难理解的。嘉庆及其臣僚们所能起的作用，充其量也只是延缓一下清代中衰的历史进程，而不可能扭转这一进程。

第四章　禁矿限迁

一

清朝后期，人口过剩、耕地不足、地力有限、盲流群体到处充溢的现象随处可见，致使社会经济已陷入困境。要使社会经济获得新生，就必须突破传统的“重本抑末”政策的束缚，通过大力开发工矿资源，吸收和消化愈来愈多的剩余劳动力，使他们获得新的就业，并为社会创造财富，给经济发展以新的活力。然而要真正做到这一点，确非易事，就拿清王朝来说，从康熙朝开始，廷内廷外、上上下下，就一直围绕着“禁矿”还是“开矿”，展开了长期的、反覆的论争。随着论争的起伏，清朝的矿业政策也呈现着时禁时弛、禁中有弛、弛中有禁的态势。在嘉庆以前的几位帝王，他们随着时势的变化，在矿业政策上也有过多次的反覆，总的来说，康熙是以禁为主，禁中一度有所松弛，说它呈现过一个小小的马鞍形亦未尝不可。雍正则属强硬派，一直强调崇本禁矿，如果说他有过松动，也只能是个别例外，对他厉行禁矿的大体并无妨碍。乾隆的矿业政策变化较大，他实行的是以开为主，开中有禁。但不管怎么说，坚持“重本抑末、本固邦宁”的势力，在总体上仍然占居上风，他们极力反对开矿的主要论点，无非是那么几个，即所谓“开矿有伤风水龙脉”、“开矿乃弃本逐末”“开矿扰民，易滋事端”、“开矿易聚难散，难以控制”、“开矿官本难筹，商力不足”等等，而其中的核心，则仍然是死守几千年来老祖宗遗留下来的“农本主义”，对任何新鲜事物都抱着不屑一顾、甚至是敌视的顽固态度，并迅速作出本能的反抗。

嘉庆历来信奉和主张“农本主义”，早在味余书室习学时，他对于“农本”这一套，就十分崇拜和想往，当时他所写的诗文，有相当一部分就是以“农本”为主题的，像其中一首起为《敦族劝农桑》的诗提到：

为政先崇本，农桑衣食源。
资培瑞善俗，教育厚黎元。
九夏耕耘亟，三春蚕绩繁。
柔条时采伐，嘉谷殖昌蕃。
筐筥勤劬省，田畴功课温。
缫车修竹经，秧马杏花村。
无俾女红倦，休言穑事烦。
圣朝民富足，生理自相敦。

此诗写于乾隆四十一年（1776年），当年嘉庆只有十七岁，虽说乾隆已将他内定为皇储，但他并未想到自己在日后会登上皇帝宝座，即使这样，他在诗中已明确地把“崇本”看作是为政的第一要务，可见传统的所谓“本”、“末”的偏见对他产生了深远的影响。这是嘉庆嗣位及亲政后极力反对开矿的思想根源。

当然，嘉庆之厉行禁矿，还有更直接的具体原因，就是他在位期间，清王朝正处于多事之秋，国内外局势都十分动荡，所谓“苗乱”、“教乱”、“海事”等等，从未停息。对于过去历朝有关开矿问题所发生的论争，嘉庆也多少有点了解，不过他相信的是主禁派的“开矿聚盗说”，而不相信主开派的“开矿弭盗说”。他在历次颁布的有关

矿业问题的上谕中都十分清楚地表述了这一点。所以嘉庆禁矿之严厉，比起乃祖雍正，可说是毫不逊色。

嘉庆四年（1799 年）三月，两广总督吉庆奏称："广东采挖黎地石碌铜斤，试办一年，额已短缺，且该处滨海临洋，多人前采，恐致滋生事端，似应亟行停止。其省局鼓铸，仍请运用滇铜。"这是嘉庆亲政后第一次收到有关矿业问题的请示。他立即批复说："所办甚妥，所见极是。仍用滇铜，不必开采。"话虽不多，但观点鲜明，态度也很坚决，可见他对待开矿，一开始就反对态度坚决，因为他所害怕的就是"滋生事端"。在这里应该指出，广东省在乾隆初年获得开发矿业的权利，本来是来之不易，是当时两广总督鄂弥达会同巡抚杨永斌，带头向顽固守旧的禁矿派发起了猛烈冲击的结果，这在我国矿业史上有"鄂氏三疏"之称，从而使广东成为继云南之后经廷议获准全面开发矿业的省份。可是嘉庆刚亲政，便将这一可喜的势头压下去了。自此以后，嘉庆便在矿业政策上不断倒退，变得愈来愈顽固和僵化。

如果说，嘉庆停开广东石碌铜矿只是寥寥几句批语，没有批露具体想法的话；那么事隔不到一个月，他禁开邢台银矿的上谕，讲得就十分具体了。嘉庆四年四月，宛平县民潘世恩、汲县县民苏廷禄呈请在直隶邢台境内开采银矿，该项呈请是通过宗室、给事中明绳转递的。嘉庆在获知报告后就沉不住气了，他大加申饬说：

> 朕恭阅世宗宪皇帝硃批谕旨，于开矿一事，深以言利扰民为戒。圣训煌煌，可为万世法守。朕每绎思庄诵，志之于心，因无人以此陈请，未经明谕。今特降旨宣示，使知朕意。夫矿藏于山，非数人所能采取，亦非数月所能毕事，必且千百为群，经年累月，设立棚厂，凿砂煎练。以谋利之事，聚游手之民，生衅滋事，势所必然！

纵使官为经理，尚难约束多人，若听一二商人集众自行开采，其弊将无所不至！此在边省犹不可行，而况地近大名?！该处向有私习邪教之人，此时方禁约之不暇，岂可听其纠众?！且国家经费，自有正供常赋，川陕“余匪”，指日即可殄平，国用本无虞不足，安可穷搜山泽，计及锱铢?！潘世恩、苏廷禄自因现在开捐，揣摩迎合，觊觎矿苗，思擅其利，乃敢藉纳课为词，以小民而议及帑项，实属不安本份。俱著押递本籍，交地方官严行管束，毋许出境滋事。至给事中明绳，若系巡城，只当听断词讼，遇有比等呈词，亦应饬驳，况伊并非巡城，且系宗室，今以开矿事冒昧转奏，明系商人嘱托，冀幸事成分肥，殊属卑鄙。朕广开言路，非开言利之路也。聚敛之臣，朕断不用。明绳折著掷还，并交部议处。

嘉庆的这一上谕，其实有点自欺欺人。他拉大旗作虎皮，先抬出乃祖雍正的硃批谕旨去吓人，说什么“圣训煌煌，可为万世守”。不错，雍正确曾下过许多有关禁矿的硃批谕旨，而且是愈禁愈严，但即使这样，雍正也没有把事情完全做绝，还是有灵活运作的可能。雍正二年（1724年）九月，他给主张开放矿禁的两广总督孔毓珣的覆谕就是一例。他一方面坚持认为“养民之道，惟在劝农务本”；开矿“今日有利，聚之甚易，他日利绝，则散之甚难”；“朕富有四海，何藉于此。”但另方面又说：“因悯念穷黎，谕尔酌量令其开采，尔等揆情度势，必不至聚众生事，庶或可行。”雍正六年（1728年）十二月，广西巡抚金鉷奏请于桂林府属涝江等处矿区，召本地殷实商人，自备资本开采，所得矿砂，三分归公，七分给商；梧州府属之芋荚山产有金砂，请另委员办理；又粤西贫瘠，铜器稀少，如开采得铜，并请价买，以供鼓铸。部议“均应如所请”，

雍正亦从之。这些都说明了雍正的硃批也不全是一个调门。总之，鼓励开矿的“圣训”并非没有，只是在嘉庆看来，雍正的“圣训”，更符合自己的想法和需要，于是顺手拿来，作为厉行禁矿的一个法宝罢了。

自此以后，嘉庆便接连不断地下发禁矿谕令。嘉庆四年十二月，以“山西煤窑，最易藏奸”，命顺天府会同步军都统查拿，按律治罪。嘉庆六年（1801 年）三月，大学士、伊犁将军保宁和伊犁领队大臣松筠等，联衔奏请开采新疆塔尔巴哈台所属各处金矿。军机大臣根据嘉庆一向的禁矿宗旨，即行议驳。嘉庆自然认为“所驳甚是”，并下谕指斥说：“该处金砂，过去严行禁采，尚恐不免有偷挖之弊。今若官为开采，势必招集多人，奸良莫辨，并恐内地甘凉一带游民，纷纷踵至。此等无藉之徒，聚之甚易，散之则难，于边地殊有关系。仍著保宁将产金处所严行封禁，勿令偷挖滋事。”其实是松筠提出了这种看法，他对于嘉庆的禁矿政策，一向持有不同的意见，在任陕甘总督时就曾上疏说：“贼不患不平，而患在既平之后，请弛私盐、私铸之禁，俾余匪散勇有所谋生。”可见松筠是把开发矿业作为解决流民群出路的，实质就是主张“开矿弭盗说”。嘉庆“以其言迂阔”，置之不理。但松筠赴京觐见时，仍坚持己见，这便激怒了嘉庆，本来是准备任命松筠为伊犁将军的，但由于松筠“不听话”，遂将他降为副都统，只授以伊犁领队大臣。谁知松筠到新疆后又出新招，怂恿保宁请开金矿，这大概出乎嘉庆的意料。不过在嘉庆的眼里，松筠毕竟还是个人才，所以只好再申饬一番，也算是不为已甚吧。

嘉庆六年（1806 年）九月，步军统领明安具奏：大兴县民张士恒等呈称，平泉州属四道沟、云梯沟等处，有铜苗透出，请自备资本开采。原铜是铸造钱币的主要材料，仅官局的需要量就很大，一向属于求大于供的紧缺物资，因而即算在矿禁最严的时候，对于申请开采铜矿，也大多能网开一面，给予恩准。但嘉庆连采铜也堵得严严的，他批示“其事断不可行”。列举的理由还不少：第一，盖开采俱系无业游民，攒凑资本，互相邀集，趋利若鹜，倘已聚集多人，而铜苗渐竭，彼时何以遣散，岂不虑其滋生事端?！这种说法显然很老套，亦即所谓“易聚难散”说和“开矿滋事”说。第二，即或开采获利，而该处地方与蒙古山场相连，使蒙古等以为内地官民专为牟利，有失国体。这种说法虽然把问题提高到“国体”的高度，但究其实则是似新实旧，无非是所谓“反对言利”以及该地特殊。第三，现在户、工两部鼓铸所需铜斤，照例由滇运京，尽属充裕，无须另筹开采。这更是一种毫无远虑的短期行为，试想以云南一省的原铜，怎能长期满足全国鼓铸的需要，事实证明，稍后云南原铜缺额，自然不足鼓铸之用。嘉庆在列举了这些理由后，遂下令将“所有平泉州属四道沟、云梯沟等处产铜山场新旧洞口永远封禁，不准开采”，并“责成地方官严加查察，毋许再有私行偷挖之事。”此外，嘉庆还藉所谓“言利”问题，标榜自己，责斥别人，说什么“朕自亲政以来，屡谕臣工不准言利，然确信朕言者固多，心存观望者亦不少，不以朕为贤君，而视为好货之主”。为了进一步证明他确非“言利”和“好货”，还举例说，上年直隶总督胡季堂奏请在大名地方开设铅厂，即不准行。可是明安却一再上疏“言利”，在本年内先是奏请开发木材，现又请开铜矿，“必系轻听属员怂恿，冀图沾润”。结果，明安的步军统领职务，命“革职留任”，其余所管正红旗蒙古都统及三山、畅春园、火药局、崇文门税务、总理工程处等职，“尽行革去开缺，以为大臣轻率取巧者戒”。可见嘉庆固执己见于禁矿问题上，确已近于僵化了。

事实上，嘉庆不仅对金、银、铜等金属矿禁得很严，

就连日常生活及鼓铸冶炼所必需的煤矿，也屡谕禁采，即使是小规模的开采，也不允许。嘉庆十一年（1806 年）十一月，科布多参赞大臣恒伯奏称：洪果尔托洛海山产煤甚旺，民人内有情愿前往挖取者，请旨限以三十人前往开采。嘉庆则立即批驳说："所奏非是。口外蒙古地方，向无开挖煤窑之例。洪果尔托洛海山在扎哈沁牧界以北，伊等平日虽不在彼住牧，如准民人挖煤，相沿日久，民人积众，难免不滋生事端。所奏不准行，并著申饬。"对于旗人申请采煤，嘉庆从宽裕旗人生计出发，虽曾网开一面，有所宽容，但仍有诸多限制。如上一章提及，嘉庆曾于二十年（1815 年）允准吉林旗人于指定的缸窑、胡家屯、营盘沟、田家屯、丁家沟、波泥河等六处开采煤斤，并责成吉林将军富俊妥立章程、约束稽查、免滋事端。过了一年，因营盘沟一处煤源告急，富俊奏请准于在毗连的西南山坡换给执照开采，即遭嘉庆驳回，认为"营盘沟换照之事，易启影射朦混之弊，著即封闭，将执照撤销。"毫无商量的余地。可是嘉庆之子、宣宗旻宁在这方面就开通得多了，同样是对待营盘沟换照之事，旻宁继位不久，即予照准，谕示："荒山子、三道沟、下二台暨西南山坡四处，俱准其开采。"两相对照，更足以证明嘉庆矿业政策的保守性。

铅是铸造钱币及军械的重要原料，有着很大的需求量，但嘉庆禁开铅矿的谕旨同样屡见不鲜。嘉庆十二年（1807 年）正月，宛平县民杜茂封投递呈禀，请于顺德府所属之邢台、内邱等地开采银铅各矿。嘉庆指斥说："山场开采，例禁甚严，商民违例营求，不但事不准行，俱有应得之罪。开采不独有妨地脉，且雇夫刨挖，均不过游手好闲之徒，将来日聚日多，互相争竞，所获之利有限，而流弊无穷。杜茂封无知牟利，冒昧渎呈，实属大干例等。"为此，嘉庆竟下令将杜茂封解往直隶，交署理总督温承惠派大员押往邢台、内邱一带，周历原呈内所称之有矿山场，面加驳讯，使其无可置辨，再治以应得之罪。为了禁矿，嘉庆竟以此手段来折磨人，实在过分之极。

嘉庆推行这种消极倒退的禁矿政策，在廷臣中并非无人反对，只不过是人数较少，又不敢与他作正面冲突罢了。嘉庆十九年（1814年）正月，因河工费用浩繁，财政日形拮据，吏部右侍郎、老河臣吴璥建议暂开捐例，户部亦有此议。嘉庆对于开捐，素持谨慎的态度，于是指定大学士曹振镛、户部尚书托津、吏部尚书铁保、工部尚书英和四人妥协具奏。但他们之间并没有一致的意见，其中只有英和一人极力反对开捐，最后他只好单独上疏陈述己见。他认为“理财之道，不外开源节流”，在节流方面还大有潜力可挖，近年“天下无名之费甚多，苟于国体无伤，不得任其糜费”，“历年增出各款，可裁则裁，可减则减，积久行之，国计日裕”。在开源方面，英和的意见更为精辟，甚至是和嘉庆的一贯政策唱反调，他指出：“开源之计，不得以事涉言利，概行斥驳。”对矿山“毋庸封闭，或官为治理，或任富商经理”，因为开发矿业，是“取弃置之物，以济民生之用，实属有益无损，且可赡养贫民，虽聚集多人，而多人即藉以谋生，人有谋生之路，即无滋事之心，虑其滋事，不令谋生，不免因噎废食”。他还列举新疆为例说：“新疆岁支兵饷百数十万，为内地之累，其地金银矿久经封闭，开之而矿苗旺盛，足敷兵饷。各省矿厂，亦应详查兴办。”英和这番话，好像是专门针对嘉庆而说的。但嘉庆不知是自觉理亏，还是向来就喜欢英和，或是两者兼而有之。总之，他在看到英和的覆奏后并没有发火，他虽然仍以“开矿流弊滋多”为理由，顽固地拒绝放松矿禁，但对英和本人却无太多的指责，相反，在稍后不久，甚至委以吏部尚书、军机大臣要职。至于所议河工经费一事，最后还是根据曹振镛、托津、铁保

三人的覆奏，同意暂开捐例。尽管嘉庆一再声称，“捐例之弊，朕所稔知”。但事实证明，嘉庆视开矿之“害”，甚于开捐，因而在万不得已时宁可开捐，也不可开矿。这样，嘉庆便在矿业政策上失去了最后的一次转机，直到去世还在顽固地坚持禁矿问题。

在这里还应该指出，并非多事之秋就必须厉行禁矿，比如道光一朝，其内外危机并不亚于嘉庆朝，但在矿业政策上，宣宗旻宁就比老子嘉庆开明得多。虽然道光也下过一些禁矿令，但更多的是鼓励开矿，旻宁认为，开矿到底是有害还是有利、是聚“盗”还是弭“盗”、是滋事还是安民？关键就在于经理是否得宜。旻宁之所以能主动地鼓励各地开矿，正是他正确地把握住这个关键；嘉庆之所以厉行禁矿，而且是愈禁愈糟，当时的社会客观形势似乎并不完全是主要原因，更重要的是他未能摆脱传统观念的束缚，没有把握住“经理得宜”这一关键，从而因噎废食，窒息了社会经济新的出路，嘉庆对此是难辞其咎的。

二

如上所述，清代自乾隆以来，出现了人口迅速膨胀，耕地严重不足的现象，人均耕地面积不断下降，已处于警戒线上，再加上封建统治者厉行禁矿，自然资源弃置于地，得不到开发和利用，人民生活困境已日甚一日，大批剩余劳动力的出路何在？出关耕垦，也就自然而然地成为关内流民群，特别是山东、山西、直隶等省无业游民所注意的一个焦点。

吸收关内劳动力出关耕垦，不仅顺应当时社会经济的发展趋势，而且也加速了边区开发，增强了各族人民的联系。可是清朝统治者却人为地设置种种障碍，他们认为关外是什么“龙兴之地”，千方百计阻止内地民人出关。早

在顺治年间，清统治者就在明代辽东边墙的基础上，“修濬边濠，沿濠植柳”，建立了所谓“柳条边”，以阻止内地民人出关。至于经由山海关出入，更须凭官府发给的“印票”，才准于放行。这些限制措施，不仅适用于东北三省，而且也适用于蒙古地区。不过在嘉庆以前，禁令执行得并不很严格，关外旗人和蒙古牧民，对于内地民人流寓垦殖大多持欢迎的态度；一些地方官员从发展当地生产、增加收入出发，或公开实行招徕政策，或对落籍流民采取睁一眼、闭一眼的态度，总以“该流民等业已聚族相安，骤难驱逐”为词，仍予入册安插。因而康、雍、乾三朝源源不断地有人出关垦殖。嘉庆也曾承认，“口外沿边地方，自康熙年间已有内地民人在彼耕种居住，百余年来，流寓渐多，生齿日众”，以至在雍正时不得不承认既成事实，分别在吉林、盛京等地设府置官进行管理。乾隆九年（1744年）直隶总督高斌奏称：古北口外零星余地，请仍听民耕种。因自雍正十年奉旨听民认垦输粮，从此民人安立家室，悉成土著，如一旦拨给旗人，恐民糊口无资，难于别处安置。是旗人未受得地之益，而民人先有失业之累。经大学士等议覆“应如所请”，乾隆亦下旨“从之”。可见在嘉庆以前，历朝虽屡颁禁令，但在执行过程中，也具有一定的灵活性。

但嘉庆亲政后却完全无视现实情况的存在，不仅多次重申禁令，而且执行格外严厉，毫无松动的余地，这说明他的关外垦荒政策，与他的禁矿政策一样消极和僵化。

嘉庆八年（1803年）五月，他下令兵部酌定稽查关口出入民人章程时，将他对这个问题的一些基本想法详细地提了出来，概括起来有以下几个要点：

1. 山海关外东三省地方，系满洲根本重地，原不准流寓民人杂处其间、私垦地亩，致碍旗人生计，例禁有年，必须严格贯彻执行。

2. 自乾隆五十七年（1792 年）因京南偶被偏灾，仰蒙皇考格外施恩，准令无业贫民出口觅食，系属一时权宜抚绥之计，事后即应停止。但近年以来，民人仍多有携眷出关，各口官员并不分别查验，概准放行，至今春尚有携眷出关者数百户之多，这是一种严重的失职。

3. 嗣后民人出入，除只身前往之贸易佣工，就食贫民，仍令呈明地方官给票、到关查验放行、造册报部外；其携眷出口之户，概行禁止。即遇关内地方荒歉之年，贫民极思移家谋食、出口营生，亦应由地方官禀明督抚据实陈奏，候旨允行后，始准出关。

嘉庆除饬令直隶，山东各督抚将上述旨意向属区民人通行晓谕外，还将前段时期执行禁令不严的副都统韦陀保交部议处，以儆效尤。

十一年（1806 年）七月，关外流民人口大增，嘉庆谕示内阁说："郭尔罗斯地方，从前因流民开垦地亩，设长春厅管理，原议章程除已垦熟地及现居民户外，不准多垦一亩，多增一户。今数年以来，流民续往垦荒又增至七千余口之众。""国家设立关隘，内外各有限制，该处流民七千余人，非由一时聚集，总由各关卡平日不行稽查，任意放行，遂至日积日多。嗣后各边门守卡官弁，务遵例严行查禁，不得听任成群结伙相率流移。若仍前疏纵，定按例惩处不贷。"出现这种情况，正说明嘉庆的禁令，既不得人心，亦不合时宜，因而它对于广大流民群来说，并不那么灵，即使是各守卡员弁及关外各地官员，亦碍难切实执行。所谓"新增七千余口"，若相对于整个流民群自然不算多，但在短短的几年里，聚集到同一个地方来，这个数目就不算少了。

嘉庆十三年（1808 年）九月，为了进一步严格控制内地民人出关耕垦，盛京将军富俊负责制定了新的章程，规定关内民人出山海关至奉天所属各地，除得有原籍发给的关照一张，填注姓名及所往处所，到关验明放行外，还应准备一张随身护票。若出山海关至威远堡法库边门外，则应有原籍关照两张，一照山海关存留，一照边门存留。经户部议覆，准予施行。至于章程规定，从嘉庆十四年（1809年）正月开始，将各该处民人户口、地亩，责成通判、巡检、地保等分别立限详报，以防续有流民前往籍户诡添情弊。户部则认为是项规定尚不严密，应饬令该将军按每一季度派员清查一次，将有无增添之处，具结报部备查。这则章程立即得到了嘉庆的批准，同时指出："盛京地方设立边门，原所以稽查出入，用昭慎重，若听任流民纷纷出口，并不力为拦阻，殊非严密关禁之道。嗣后著照该部奏定章程，交该将军严饬守口员弁，实力巡查，并出示晓谕各处无业贫民，毋得偷越出口私垦，致干例禁。"这在嘉庆一朝禁止流民出关私垦诸章程中，属内容最为详尽、措施最为严密的一个。

至于蒙古地区，也曾是关内流民的主要流向，流入人数之多，并不亚于东北三省，仅康熙五十一年（1712年），"山东民人出口种地者多至十万有余"，雍正也鉴于"伊等皆朕黎庶，既到口外种地生理，若不容留，令伊等何往？"遂于雍正元年（1723年）、二年、三年分别设置了古北口，张家口、归化城三同知进行管理。这些情况，嘉庆是深知的，但他不以为是，反认为是个大漏洞，千方百计予以堵塞。早在嘉庆八年（1803年）八月，他就以"蒙古地方容留民人租种地亩，日久必致有碍游牧"为理由，下令将齐巴克扎布等处种地游民强行驱逐。只是由于该部首领蕴端多尔济等，以该地蒙古人等"多有欠民债者，今若概行驱逐，则负欠之蒙古措偿拮据，而贫民亦无所归"，主动恳请容留，嘉庆才不得已暂时将成命收回，恩准"免其驱逐"。但仍明确规定，"嗣后不准另垦地亩，添建房屋"；"其聘娶蒙古之女为妻者，于该民身故后，将伊妻子给与该处扎萨克为奴”；“所有该处居民，著库伦办事官员按人给予执照，每年由蕴端多尔济派员检查，造册报院。倘经此次办理之后，再有无执照民人任意栖止，不特将该民人从重治罪，必将该盟长扎萨克等一并治罪。”由此可见，“强行驱逐”虽说是免除了，但大大强化了控制措施。

嘉庆十五年（1810年）二月，他又鉴于“内地民人生齿日繁，出口谋生者益复加增”，下令户部对各口外寄居种地之民人，现在作何稽查？民人出口，各关是否记档？每年年终是否造册报部等情，作一次全面的检查，迅速覆奏。同时规定：商贩往来，俱由都统衙门发给照票；其余双身出入民人，均应取具关内铺保，方准放行出口。有关出入口情况，由山西巡抚造册报户部；各关口造册报兵部查核。仅过了两月，嘉庆又认为吉林、盛京、直隶、山西口外毗连一带，过去共设有一府、一州、五县、十二厅，分别隶属于吉林将军、奉天府尹、山西巡抚和直隶总督统辖，地域辽阔不方便管理，对执行禁令也常出漏洞，因而决定专设热河都统一员，对这一地区实行统管。同时再次申明，“除原先经开地亩外，不准再有私招民人开垦之事”；“现在该处聚集民人，已有十万八千六百余户，应责成理事、司员、州县等严查，勿令再添外来流民”。这都表明，嘉庆所采取的限制措施，较之康、雍、乾时期严厉多了。

由于嘉庆推行的这种封禁政策背离了社会现实，对关内、关外社会经济的发展和解决人民生计都十分不利，因而在实际的执行过程中不能不大打折扣。

第五章　危机四伏

一

嘉庆元年（1796 年）正月初七日，红阳教首领张正谟、聂杰人等率众在湖北宜都（今枝城市）、枝江（今枝城）、长乐（今五峰）等地起义，从此揭开了川楚陕三省农民大起义的序幕。各地教徒纷纷响应，起义队伍很快发展到一万多人。他们占据山寨，攻拔县城，惩办贪官。

三月，姚之富、王聪儿、张汉朝、高均德等在襄阳地区聚众。为了表达对已故襄阳地区红阳教首领齐林的怀念和敬重，姚之富等人推举齐林的妻子王聪儿为总教师。在他们的影响和推动下，起义烽火迅速燃遍襄阳、郧阳（治今郧县）、宜昌、施南（今恩施）、荆州、汉阳、荆门等湖北大部分地区。起义蔓延到陕西、四川、河南等省，当地的红阳教首领徐天德、王登廷、冉天元、王廷诏、苟文明等纷纷率众响应。各路起义军多则数万人，少则数千人，严重威胁着清朝的统治。

为了镇压起义，清廷急令湖广总督毕沅、陕甘总督宜绵、四川总督福宁、湖北巡抚惠龄、西安将军恒瑞等率兵围剿，不久又命都统永保总统军务。但是，在最初的半年中，清军的围剿并不顺利，“官兵先后杀贼不下数万，而

贼起益炽"。起义军得到广大农民的支持，势力旺盛。而各地的地主阶级则全力站在官府一边，组织团练乡勇，协助清军镇压起义军。因此，这场以红阳教名义发动的反清斗争，本质上是农民阶级和地主阶级之间的大搏斗，是一次真正的农民大起义。

王聪儿、姚之富在起义之初就采取了主动出击的策略。四月初，他们率部猛攻襄阳城，"顷刻间，该府长门、南门、东门蜂屯蚁集，不计其数"，冒着清军密集的炮火和弓箭的射击，"抢取门板遮面直前，用木梯、木板攀城"。但由于襄阳城高墙厚，清军顽强抵抗，起义军久攻不克。

五月下旬，王聪儿、姚之富从襄阳撤围，挥军南下，进攻湖北重镇钟祥。当时，清守军力量薄弱，而起义军在贫苦农民的支援下，日聚日多，斗志极为旺盛，六月初终于攻克钟祥。起义军的胜利，引起清廷的极度恐慌。在嘉庆帝的再三督令下，永保亲自坐镇指挥，调度各路清军，实行南北夹击，妄图一举将起义军消灭。

为了冲破清军的包围圈，王聪儿、姚之富采用声东击西的战术，即以一支部队佯攻清军粮台，转移永保的注意力，然后率领主力越过山岭，冲破清军拦截，回到襄阳的双沟、王家楼一带。清军尾追不舍，在陈家河（襄阳北）一带遭起义军伏击。双方短兵相搏，清军大败，急忙撤退。嘉庆帝闻讯，大骂永保无能，下令将其逮入京师治罪，而以惠龄总统军务。

这时，姚之富认识到，在敌强己弱的形势下，再与敌人打阵地战无异于飞蛾扑火，遂决定采用流动战术，与清军周旋。他再三告诫部属："断莫与官兵接仗，遇见时即四散奔走，总要官兵不知我们出没才好……俟官兵赶逐疲乏之时，再拼死上前抗拒，若敌不住，再逃不迟。"这种"敌进我退，敌疲我打"的战术，使襄阳起义军的主力得以保存。

嘉庆二年正月，王聪儿、姚之富为了避开清军的围追堵截，决定实行战略转移，向河南挺进。一路上，起义军“不整队，不迎战，不走平原。惟数百为群，忽分忽合，忽南忽北”，使清军疲于奔命，而又找不到起义军主力。起义军却经常出其不意地袭击清军。王聪儿亲自带领的一支由女教徒组成的起义部队，个个英姿飒爽，战斗力颇强。她本人又能身先士卒，勇敢善战，在马上运用双刀，矫捷如飞，所向无敌，吓得不少清军将士都惟恐躲避不及。

三月，起义军抵达陕西镇安。为摆脱清军的尾随追剿，王聪儿、姚之富又决定向四川进军，以便与当地起义军会合。他们沿汉水北岸经洵阳（今旬阳）、安康，直抵紫阳。五月十二日，由紫阳白马石、汉王城等处渡过汉水。5天之后，清军统帅惠龄才率大队兵马赶到，贻误了大好的战机。

嘉庆帝闻讯大怒，斥惠龄竟“放贼全数渡江”，“无耻之至”，并说：“兵法有半渡而击者。贼匪于十二日偷渡时，若急蹑贼踪，邀之半渡，可以聚而歼戮。乃坐失机会，实属大错。”他下令革去惠龄的“总统之任”，而以陕甘总督宜绵代之。

王聪儿、姚之富率领的襄阳起义军顺利地渡过汉水后，即分三路挺进四川。六月初，又合兵一路，穿越大巴山区，经通江、达州（今达州市）于二十二日进入东乡（今四川宣汉），与四川起义军徐天德、王三槐部会师。

徐天德、王三槐等人在四川起义后，就把山寨设在悬崖峭壁、深林密箐之间，消极防守，结果陷于被动挨打的境地，使清军赢得了集结力量、移师入川的时机。在宜绵的亲自督令下，明亮、德楞泰、惠龄等人分率所部清军从北、东、南三个方向向起义军猛扑过来。徐天德、王三槐

等率众与清军苦战，屡遭失败，人员迅速减少，情况十分危急。王聪儿、姚之富等人率领襄阳起义军入川，扭转了四川起义军的不利处境，推动了四川反清斗争形势的发展，为其后来成为这场大起义的主要战场奠定了基础。

川楚起义军会师后，“分屯山冈，延亘三十余里”，起义声势更为壮大。经共同协商，决定按地区分别编为黄、蓝、青、白等号，设掌柜、元帅、先锋、总兵等职。其中，湖北起义军方面，王聪儿、姚之富等称襄阳黄号，高均德等称襄阳白号，张汉朝等称襄阳蓝号；四川起义军方面，徐天德等称达州青号，王三槐等称东乡白号，龙绍周等称太平（今万源）黄号，罗其清、苟文明等称巴州（今巴中）白号，冉文俦、冉天元等称通江蓝号。

起义军在东乡会师后声势不断壮大，但也暴露出农民小生产分散、保守、落后的弱点。各路起义军不仅没有建立统一的指挥部，没有提出统一的斗争纲领和口号，而且彼此猜疑，互相防范，不能团结对敌。会师不久，即以“大家分散便于逃走”为由，川楚起义军各自为战，互不联系。这就使瞬间出现的大好形势化为乌有。

东乡会师以后，王聪儿、姚之富鉴于四川起义军中部分人的不合作态度，认为四川并非长留之地，加之一味迁就部下“四川地方生疏，不愿前往，立意总欲渡江回乡”的安土重迁思想，作出了分两个梯队重返湖北的决策。前队由王聪儿、姚之富率领，直趋襄阳，后队由王廷诏等率领，牵制清军主力，保证前队顺利到达目的地。一路上，前有清军明亮部堵截，后有惠龄及恒瑞、庆成等部紧追。但起义军发挥勇敢善战的精神，冲破白帝城清军防线，进入湖北巴东、归州（今秭归）地区，然后趋南漳，欲从南漳回襄阳。由于前有清军重兵堵截，起义军又截断了回襄阳的路，王聪儿、姚之富又率部西走房县、竹山，旋经竹溪再度进入陕西，并在入陕途中大败清军明亮部，毙护军统领惠伦。嘉庆帝得知起义军又回陕西的消息后，将宜绵革职，改由湖广总督勒保总统军务。

十月，王聪儿、姚之富为了打破清军的围追堵截，决定强渡汉江，伺机奔袭西安。为此，将襄阳各号起义军重新组成四支部队，分别由王聪儿和姚之富、王廷诏和高均德、李全和樊人杰、张汉朝率领。十二月初，王、姚率部向汉中东挺进，以吸引清军主力，而高均德则乘清军不备，趋汉中西，出其不意地强渡汉江，兵锋直指西安。明亮、德楞泰唯恐保不住西安，撇下王、姚部，追剿高均德部。这就使王、姚等各部起义军得以顺利渡过汉江，并与高均德部胜利会师。

襄阳起义军渡过汉江以后，王、姚、高部于嘉庆三年二月在镇安、山阳、商州一带，与清军主力明亮、德楞泰、额勒登保部作战，而李全、王廷诏所部则由城固北趋宝鸡，直逼郿县（今眉县）、盩厔（今周至）。随后，李全部的前锋王士奇部经盩厔进至西安城下，迫使陕西巡抚秦承恩龟缩城内，“日久哭泣，目皆肿”。然而，王士奇部战斗力毕竟有限，且孤军深入，弹药粮草无从接济，以致与清总兵王文雄部激战失利，随即败退。王、姚部在额勒登保所率清军的围攻下，也无立足之地，不得不向湖北方向且战且走，于三月初退到湖北郧西与陕西交界处的三岔河时，被清军和当地地主武装团团围住。王、姚指挥起义军占据山梁，居高临下与清军战斗，多次打退敌人的进攻。终因弹尽援绝，突围未成，全军覆没，王聪儿、姚之富先后跳下悬崖，壮烈牺牲。王聪儿、姚之富牺牲后，襄阳起义军中的王廷诏、李全、高均德等部，在陕西南部及陕西、湖北两省交界处与清军进行过多次战斗，因失利而进入川东北地区，继续坚持反清起义。至此，湖北各地的起义均已先后被镇压下去，只有湖北西部的张汉潮还在活动。此后，四川成了起义的主要战场，四川起义军成为这

次起义的主力军。

二

四川起义军中队伍繁多，一般来说分为两大支：一支由达州青号徐天德和东乡白号王三槐、冷天禄领导，另一支由通江蓝号冉文俦和巴州白号罗其清领导。

嘉庆三年正月，两支四川起义军在梁山（今梁平）、垫江、渠县一带活动，不久“又复合并一处，以致达州、开县等处道路梗阻，军火、粮饷未能接济”，引起了清廷的惊恐。为了摆脱清军在四川的被动局面，嘉庆帝令勒保任四川总督，统一筹划四川军务。

早在嘉庆二年十二月，勒保就认识到，四川清军少而起义军多，“以致有贼之地无兵，有兵之地无贼，并有贼过而兵犹未来，有兵到而贼已先去者”。为此，他提出应通盘筹划，“先从川东进剿，清一路，再进一路”。通过观察，他选定王三槐为突破口。东乡白号起义军首领王三槐，斗争意志极不坚定。自参加起义后，他就幻想通过清廷招抚，谋个一官半职。嘉庆三年七月，勒保派人诱劝王三槐去其军营“谈判”，将其逮捕，解京处决。

王三槐死后，东乡白号由冷天禄统率，继续高举反清大旗。十月，勒保以大军围攻东乡白号义军据点安乐坪寨。鉴于寨中盐粮将尽。冷天禄行缓兵之计，诈称请降，麻痹勒保，然后于夜间率军冲出包围圈。但由于损失很大，东乡白号起义军从此隐入一蹶不振的境地。

接着，勒保又把罗其清部当作主要的围剿目标。当年六月，罗其清和冉文俦两支起义军占据川北大神山，与陕西起义军连营数十里，一时势力大盛。不久，德楞泰、惠龄等遣兵扼住山后的渠河，防止起义军向北撤退，而以主力围攻大神山。经过激烈战斗，清军连破起义军几个营

寨，杀死 2000 人。但由于起义军顽强抵抗，清军始终未能攻占大神山。七月，清军又分三路猛攻大神山，起义军被迫撤至营山县的箕山。德楞泰和惠龄率军前后夹击，起义军又损失 4000 余人。八月，德楞泰见起义军坚守营寨不出，便派少数清军前往叫骂，而于中途埋伏重兵袭击。罗其清中计，亲自引兵下山迎战，结果大败。这时，高均德、龙绍周等湖北起义军北走广元，与徐天德、樊人杰、王登廷等部起义军合兵直接向陕西进军，德楞泰急忙舍弃罗其清、冉文俦部起义军，分兵数路截剿高均德、徐天德部。经过四昼夜的战斗，高、徐起义军损失四五千人，已无路可退，被迫来到箕山。而罗其清部起义军乘清军北追之际，分兵五六千人猛攻营山县城。徐天德也扼住渠县饷道，与罗部形成犄角之势。不久，清军主力到达，罗、徐等部被迫退回箕山。德楞泰遣乡勇严防各隘口，并约诸路清军会剿。九月，罗其清等被迫放弃箕山，与李全、王廷诏等部退据营山附近的大鹏山。

大鹏山广百余里，四周多悬崖峭壁，地形极为险峻。山上有泉水，并有旧建城寨，石墙甚坚固。起义军刚至大鹏山，额勒登保、德楞泰、惠龄、恒瑞四路清军就围攻了上来。起义军将士毫无畏惧，一面屯聚粮食，分立卡隘，严密防守，一面派兵分劫巴州、渠县运道。由于徐天德、冉文俦率兵攻打大竹、梁山二县，分散了清军的部分兵力。十月，清军架梯猛攻大鹏寨，又四处放火焚烧，使整个山寨成为一片火海。罗其清立脚不住，率部分起义军出走。十一月，额勒登保亲自督军攻寨，用炮轰击，终于攻破大鹏寨。随后，罗其清和逃散的起义军战士均被清军和乡勇搜获。十二月底，德楞泰、惠龄部在通江击败了冉文俦部，冉文俦于突围时牺牲。

嘉庆四年（1799 年）正月，太上皇乾隆帝去世，嘉庆帝亲政，真正掌握了朝廷大权。

此时，起义军虽因罗其清、冉文俦部的覆没，遭到了一定程度的挫折，但起义形势并未发生根本性的变化。张汉朝部在陕豫交界至陕甘交界的南山地区，坚持抗清斗争；高均德、李全、樊人杰、徐天德等部，在川楚陕交界地区时而独立作战，时而联合行动，使清军顾此失彼，疲于奔命，清军统帅勒保陷入一筹莫展的窘境。乾隆帝自川楚陕三省农民大起义爆发即“寝膳靡宁”，至咽气时犹拉着嘉庆帝之手，“频望西南，似有遗憾”。

显然，川楚陕起义形势和战局的发展变化，迫使嘉庆帝在政治和军事上的措施作出相应改变，重新部署力量。其主要措施有：

第一，惩办权臣。嘉庆帝在乾隆帝大丧之际，果断地处决了大学士、军机大臣和珅，使政治、军事大权操于己手。第二，统一事权。嘉庆帝认为，以往镇压起义之事之所以没有收到多大的效果，还在于“事权不一”，为此“特申明军纪”，授勒保为经略大臣，“赐以印信”，统一指挥川、陕、楚、豫、甘五省军队，所有各路带兵大臣、各省督抚均听其节制。同时，对作战屡次失利的将领责以“纵贼”之罪，其中督抚、将军如湖北永保、惠龄，河南景安，陕西宜绵、秦承恩，四川英善等人或被处死，或革职充军。第三，增调兵力，除了集中五省兵力之外，又先后抽调京营满兵、蒙古兵、陕甘回兵、苗疆兵、广东兵，以及不计其数的军资、器械。第四，竭力分化瓦解起义军。嘉庆帝亲自撰写了《邪教说》一文，公开申明：凡习教而又奉公守法者不予查拿，聚众犯法者必严加惩办。尤为毒辣的是，嘉庆帝三令五申，要在各起义地区广置寨堡。

川楚陕农民大起义不仅对清王朝的统治造成了极大的威胁，而且直接打击了地主阶级的切身利益，从而引起了他们的极大恐慌。各地地主、乡绅纷纷组织乡勇、团练，帮助清军守城和镇压起义军。据载，嘉庆二年仅四川一省的乡勇即达30余万人。同年，襄阳一带地主阶级为卡断王聪儿、姚之富起义军的粮饷和武器供应，开始大修堡寨。嘉庆三年，兰州知府龚景瀚提出“坚壁清野”之法。他说：“为今之计，必行坚壁清野之法，责成地方官巡行乡邑，晓谕居民，团练壮丁，建立堡寨，使百姓自相保聚，并小村入大村，移平处就险处，深沟高垒，积谷练兵，移百姓所有积聚实于其中。贼未至则力农贸易，各安其生；贼既至则闭栅登陴，相与为守。民有所恃而无恐，自不至于逃亡；别选精锐之兵二三千名，以牵制贼势，不与争锋，但尾其后。贼攻则救，贼退则追，使之进不得战，退无所食，不过旬余，非溃则死耳。不战而屈人，策之上者也。”

勒保任经略大臣以后，采纳了龚景瀚的建议，并会同各省督抚晓谕各州县，设立碉堡，坚壁清野，招募乡勇，建立地主武装团练。随之，各地修筑堡寨，垒起三四米的高墙，墙前挖有深沟，把当地民众强行集中到堡寨里，以保甲之法进行管理。乡勇平时清查起义军的“细作”，战时则登上堡寨高墙抵抗起义军的进攻。此法一经实行，几乎割断了起义军同广大人民的联系，使起义军的兵源、粮饷和武器供给均发生严重困难。不过，清廷的修堡寨和坚壁清野政策，其效力毕竟是有限的，起义军也未被困难吓倒，仍以各种手段打击敌人。嘉庆四年八月，嘉庆帝以勒保“安坐达州，虚糜厚饷，又坚执不必添兵之说，致贼蔓延”，严旨诘责。随后又以围剿徐天德不力，将勒保革职拿问，改以额勒登保为经略大臣。

当时，各地起义军分分合合，运用游击战术四处打击清军。在激烈的战斗中，高均德牺牲，冉天元毅然挑起指挥重任。冉天元英勇善战，他屯兵苍溪，抗击来犯之敌。十一月，额勒登保指挥清军进攻苍溪。他以杨遇春、穆克

登布分左右翼进行包抄。左翼穆克登布恃勇先进，绕出起义军前。起义军抓住机会，以大部队冒死冲突穆克登布后帐，使其腹背受敌。双方短兵相搏，清军副将以下24名军官、兵勇200余人被歼。接着，起义军以全力猛攻额勒登保大营，血战竟夜，安全突围。苍溪之战是起义军处于低潮时期取得的一次重大胜利，对清军的嚣张气焰给予了沉重的打击。

与此同时，王廷诏等人鉴于难以攻破敌人堡寨，遂率2万名起义军将士由陕西城固、南郑（今汉中市）转移，于略阳抢渡嘉陵江，进入甘肃，与那里的起义军会师。额勒登保急忙移师追剿，与陕西巡抚台布配合，将甘肃起义军逼回陕西境内。经额勒登保、杨遇春、王文雄等部清军合力围剿，这支起义军后来兵败川北南江，王廷诏被俘。

苍溪之战后，冉天元重整旗鼓，于嘉庆五年正月率领万余名起义军将士由定远（今武胜）渡过嘉陵江，向川西挺进。清朝统治者被这一举动吓坏了，在成都、重庆同时戒严。嘉庆帝以四川总督魁伦防范不力，将其革职留任。魁伦本一介书生，不谙军事，他派悍将朱射斗率3000清兵进击，自率主力殿后。当朱射斗在蓬溪被义军包围时，魁伦拥兵不救，致朱射斗部全军覆灭。

二月，冉天元率部进至梓潼、江油（今江油北），拟北上与甘肃起义军会师。不料，德楞泰此时也率清军赶到江油，于是双方在江油西之马蹄冈大战。冉天元先派一支弱兵前去挑战，而将主力埋伏起来。双方一接仗，挑战的义军且战且走，很快将清军引诱至伏击圈内，伏兵尽起，重创其左、右、前营。德楞泰率中军驰救，内外冲击，鏖战至暮，清军乘夜突围退走，方免覆灭命运。三月，嘉庆帝再三督促，德楞泰率军围攻马蹄冈。冉天元再次设伏迎战：以大队人马屯聚冈内，而以万名起义军埋伏在数十里外的火石垭后。当时，清军四路扑来，德楞泰亲率大队人马直趋马蹄冈，进入起义军伏击圈内方发觉中伏，只得仓促应战。双方鏖战三昼夜，清军又饿又困，数路皆败。德楞泰见大势已去，率数十名亲兵占据山巅，作垂死挣扎。冉天元见状，决定活捉德楞泰。正当冉天元督众登山时，因坐骑中箭而被俘。与此同时，杨遇春率援军和乡勇赶到，战败起义军。冉天元被俘后在成都牺牲，其余部万余人，由张子聪等率领，趁魁伦防范不严，向成都方向进军。嘉庆帝得讯后大为震怒，立即下诏迫令魁伦自尽，而以勒保督领四川。

马蹄冈大战大大削弱了起义军的力量。在清廷的严厉镇压和分化瓦解下，至嘉庆七年二月，徐天德、冷天禄、李全、张汉朝、樊人杰等人均在战斗中相继牺牲，仅剩下苟朝九、王世贵、苟文明等小股义军，在老林中坚持战斗。

嘉庆七年（1802 年）初，苟文明重整起义军余部，转战陕西、甘肃，与清军周旋。七月，苟文明从老林中兵分三路，向清军发起攻击。他们在林径错杂之处，或遍践足迹，或乱掷衣物，以麻痹和迷惑清军。但清军以投降的义军战士为向导，打乱了起义军的部署，先后俘斩王世贵、苟文明。到当年十月，基本上消灭了四川的起义军。十二月，额勒登保以"大功戡定"奏闻皇帝，获得嘉奖。

就在清廷朝野弹冠相庆之际，南山老林中起义军声势又逐渐壮大起来。原来，清廷在"大功戡定"后，为节省军费开支，大量裁撤赖以镇压起义的乡勇，规定每名乡勇仅给银 2.5 两，收其刀矛，遣送回原籍，由于乡勇多半来自穷苦流民，一经裁撤，无家可归，谋生无路，立刻陷入生活无着的窘境，于是不少人被迫拿起武器，重返老林，和潜藏在那里的苟朝九等起义军残部联合起来，进行游击作战。他们人数虽然不多，活动范围有限，但因作战经验丰富，加之熟悉清军号令、作战方法，以及老林路径，因

而能“忽陕忽川，忽聚忽散”，即使屡遭围困也能“乘雾溜崖突窜”，“分军遇之则不利，大队趋之则兔脱，仅余二三百贼而三省不得解严”。嘉庆帝只得再下谕旨，先后令班师回京的德楞泰、额勒登保率军前往镇压。

从嘉庆九年（1804 年）春开始，清军和起义军展开多次激战。起义军虽处绝境，但却经常利用有利地形，拼死拒敌，战斗中“竟有带箭四五支，而犹力扑者，其情形殊为凶悍”。然而，毕竟寡不敌众，经过多半年的战斗，起义军伤亡殆尽。九月，起义军的最后一个重要首领苟朝九被俘牺牲，至此，轰轰烈烈的川楚陕农民大起义失败了。

三

说起浙、闽、粤沿海的洋盗活动，其实由来已久，讲远一点，可涉及明末清初的郑芝龙。但自康熙统一台湾后，郑氏旧部多已瓦解，清政府亦曾大力经营海疆，开通海路，因而洋盗活动曾一度销声匿迹。但到了乾隆末年，洋盗势力复炽，究其导因，明显地和安南黎维祁与阮光平、阮光缵父子之内战有着密切的关系。当时清朝统治者称之为“海事”，它与“苗事”、“教事”几乎是同时并发，从而成为威胁、打击清王朝的三大势力之一，也是令嘉庆感到相当头疼的事件之一。

嘉庆元年（1796 年）正月，授受大典及千叟盛宴的余庆未尽，嘉庆就得着手对有关洋盗的案件进行处理。当时，福州将军署闽浙总督魁伦、广东巡抚朱珪、浙江巡抚吉庆分别奏报拿获洋盗。嘉庆特别指出：“未获各犯逃窜之后，势不能久留洋面，其淡水及食米等物，均须上岸取用。将弁等仍当于岛屿处所，巡缉擒拿，断不可任其远飏潜匿。”在当时清水师尚不足以出洋追捕的条件下，采取制之岸上、切断供给的办法，还是可行的。另外，嘉庆对于魁伦在折内将五十余名出洋贩卖咸鱼，因无船照而被关津扣押的人，也算在一百三十名洋盗案犯之内上报的做法，提出了谴责，指出："该督一并叙入，以见其获犯数多，殊属牵混。嗣后遇有此等案外人犯，毋得仍前牵连叙入。"可见嘉庆在掌握政策界限上，有着比较严格的要求。

元月刚过，嘉庆对洋盗问题还是放心不下，便进一步谕示军机大臣说："盗匪在洋往来行劫，其船中日用淡水、食米，从何而来？必系沿海渔船人等私为接济，致得久住海洋。虽滨海贫民向藉捕鱼为生，势难概行禁止，然当鱼汛之时，严密盘诘，查其船中人口若干，带米若干，按口计食，倘有多带粮米，立即查究……况盗犯所得赃物，必须上岸销售。地方文武，果能于各隘口实力严查，断其接济之路，复四面兜截，自无虞其运飏漏网。"稍后，嘉庆还将例禁物品范围扩大到硝黄火药等，指出："近来海洋盗匪每遇商船，即放炮为号，海洋非出硝黄之地，若非奸徒偷卖，盗匪又从何处购觅？欲杜私贩透漏，必先于出产地方严行查禁，除官府给照采办外，毋许丝毫私售，盗匪即无从接济。"自此之后，嘉庆对付洋盗的重要策略之一就是断绝接济。

过了不久，魁伦拿获伙贩铁锅、夹带渡台之蓝三世等，虽查明他们并无私卖给洋盗，但仍被判以绞刑。嘉庆甚至称赞魁伦办得对。可见嘉庆对断绝接济，其态度是异常坚决的。

由于当时"苗事"、"教事"并发，清军在湘、黔、鄂、川、陕广大地区，已陷于两线苦战，顾此失彼，更无力顾及东南"海事"，所以先行对洋盗招抚，是嘉庆既定的一项重大策略，总之，能安则安之，起码要让"海事"不致再造成大碍。

其实，嘉庆在对洋盗实行安抚的同时也保持着较高的

警惕，并在上谕中指出："此等盗犯，一时畏罪自投，未必真心改悔，其伙匪人数较多，既能率伙而来，岂不能纠约而去？虽所乘船只现已入官，亦岂不能抢夺别船，乘间远逸?！当严饬地方官随时查察，不可仅以取保了事。"对于地方缉捕不力，嘉庆的态度也是相当严厉的。元年七月，已卸任的两广总督朱珪奏获洋盗何玉理，并查明该犯早在乾隆五十八年即出洋行劫，在海面肆劫几及四年。从情理上说，应该奖励此事而不该责怪，但出乎意料之外，嘉庆却突发一谕，认为广东"洋盗并未敛戢，该督抚等平日所办，竟属有名无实。除朱珪降旨申饬外，所有五十八以后历任该省督抚及朱珪，均著交部严加议处。"众所周知，朱珪是嘉庆的恩师，两人的情谊历来颇为深厚，嘉庆的态度再严厉，也不致于在已缉获盗犯的情况下，再找点岔子去难为朱珪。此事很可能是和珅暗中搞鬼，并通过太上皇去给嘉庆出难题。要知道，这类事在太上训政的三年里，是时有发生的。不过，话又得说回来，如果嘉庆的态度不是严厉的话，和珅也不致于在这个问题上打主意了。仅过了几天，又以闽省官兵四十七人，在海上为洋盗戕害一事，进行查究，究明该等"盗匪语言，俱系粤省口音"，遂认定"广东尤为盗匪出没之地"，这样，朱珪本来奉调入补大学士出缺，便以"粤洋艇匪充斥，朱珪不能始终奋勉实力查拿，殊负委任"而告吹了。

嘉庆二年（1797年）正月，吉庆在折中称：察访江坪地面，民夷杂处，勾结为匪，是否应行照会安南，请予批示。嘉庆此时虽已掌握了一定的实据，但经过慎重考虑后，认为此事涉及国与国之间的关系，滋事体大，本着"不轻开边衅"的原则，决定作冷处理，覆示吉庆说："细思事有所难，如该国王果不知情，自可照会搜捕。今据拿获夷匪罗亚三等供称，安南乌艚，有总兵十二人，船一百余号，并据起获印记，是此项乌艚夷匪，皆得受该国王封号，其出洋行劫，似该国王非不知情，若令会合拿贼，彼岂肯听从。倘安南藉词抵饰，何从与之分辨，又岂值因此生衅，兴师征讨该国?!”当然，嘉庆冷处理这件事亦并非示弱，而是强调以内防为主的一种斗争策略，所以他命令吉庆等于粤闽浙三省洋面加强令剿，“遇有外洋驶入夷匪，无论安南何官，即行严办。嗣后拿获安南盗匪，审明后当即就地正法，毋庸解京。”看来嘉庆这样的处理，较之发照会更有效、更稳妥。

嘉庆五年（1800 年）六月，安南盗船三十多艘，纠合水澳帮、凤尾帮盗船各六、七十艘，汇萃于浙，进逼台州，正赶上雷雨大作，盗船撞破覆溺殆尽，其泅岸及攀扶败舟者，均为定海镇总兵李长庚所俘，其中就有安南伪侯伦贵利等四总兵，就地被处以磔刑，以敕印掷还其国。

安南方面，当然不会毫无所知清朝的这一动态，加上其内部“旧阮”与“新阮”之间为争夺政权正准备内战。阮光缵为了讨好清廷、对付“旧阮”，不得不装装样子，将不属于他们操纵的洋盗黄柱、陈乐等六十余名拿获，于嘉庆二年五月解送广东究办。这也从另一个方面说明，当时安南境内确是洋盗的重要巢穴。不过嘉庆对此不为已甚，并顺水推舟地嘉勉一番，有意让阮光缵在洋盗问题上超脱。但实际上阮光缵操纵和支持洋盗的政策，并没有多大改变，不过由此也带来了一些直接的和间接的影响，使原来以安南为基地的洋盗，军心不稳，纷纷向内地投首。二年六月，广东巡抚陈大文奏：有从安南投回之吴大相、庄得利、李大安等率伙党及家属一百余人，交出船只器械，情愿随同兵役捕盗。七月，洋盗著名首领林发枝，亦率伙党一百五十三名内投，被授以七品衔，来京安置。四年（1799 年）八月，有方维富等十八名投首，并且供称：“盗首陈添保现在安南，亦欲乘隙率众来归。”五年（1800 年）八月，广东按察使吴俊奏：“盗匪出没风涛，得赃之

后，夷官婪取，所得无几，其中略知利害之辈，率伙来归，呈缴船只炮械，议于离海窎远之南雄、肇庆、嘉应等处分别安插。”六年（1801年）十一月，一直在徘徊观望的陈添保，终于携眷内投，并缴出安南印敕。据两广总督吉庆上折奏称：“陈添保困捕鱼遭风，于乾隆四十八年经阮光平掳去，封为总兵。”嘉庆更认为“积年洋盗滋扰，都是安南窝留的后果，即阮光平在日，已将内地民人掳去，加封伪号，纵令在洋劫掠”。并且指斥“阮光平身受皇考重恩，如此丧心蔑理，实非人类，本应声罪致讨，惟该国现与农耐（即阮福映）、搆兵，转不值乘其危急加以挞伐。该国灭亡亦在旦夕，毋庸给予照会。惟当严饬将弁，巡缉各洋，遇有安南盗匪窜入，立即拿获惩办”。到七年（1802年）八月，安南阮福映已基本上打垮了阮光缵，为了争取清朝早日“册正”，便主动缚送洋盗首领莫观扶等三人来粤正法。由此加深了嘉庆对阮光缵的憎恨，指出：“近年以来，闽粤两省之洋盗，闻系该国（安南）纵令出洋行劫，朕未肯轻信。今阮福映缚至莫观扶三犯，讯取供词，均系内地盗犯，该国招往投顺，封为东海王及总兵等伪职，仍令至内洋行劫商旅。是阮光缵不但不遵旨查拿，而且窝纳叛亡，宠以官职，肆毒海洋，负恩反噬，莫此为甚。”由此可见，前期的洋盗，确是一伙内外勾结、横行海上的盗匪团伙，毫无正义可言。到七年十二月，阮光缵政权已经覆灭，嘉庆便在洋盗问题上对他算总账说：“比年来闽粤洋面，屡有劫盗，经疆吏访闻入告，该国竟有潜通窝纳之事。朕以诚信怀远人，尚谓事涉疑似，只饬知该国一体查缉。旋据阮光缵自陈惶悚，坚称实不知情。后农耐国长阮福映遣使缚送盗犯莫观扶等三名，经审讯明确。是阮光缵豢养盗贼，通同劫掠，负恩背叛，情迹显然，实为王章所不有。设阮光缵此时尚膺封土，必应罪致讨，以惩凶诈。乃伊国连年与农耐战攻，今已自取灭亡，益见倾覆之理，昭然不爽。”嘉庆的这些话，虽说是声讨阮光缵，其实也是说给安南新主阮福映听的。因为过去“农耐地方，洋盗亦多于彼处销赃”，在洋盗问题上也并不是那么干净，所以嘉庆有意藉阮福映请求“册正”的机会，对阮光缵纵庇洋盗指斥一番，目的在于促使阮福映在立国后，能自动断绝与洋盗的勾结，使洋盗失去基地而陷于孤立。其后的事实证明，嘉庆的这一策略是正确的。八年（1803 年）九月，嘉庆在一份给两广总督倭什布的上谕中提到：“粤省洋匪，往年因安南豢贼分赃，盗匪行劫后，即回江坪销赃。此时越南小心恭顺，盗匪不能向彼逋逃，所有抢劫赃物，自必由内地上岸私行销售。著倭什布饬令所属于陆路各隘口岸严密巡查”。魏源在《圣武记》里也提到：“安南旋为农耐王阮福映所灭，受新封，守朝廷约束，尽逐国内奸匪，由是艇贼无所巢穴。”这都证明了阮福映在受册封后，确实停止了支持和怂恿洋盗举动，从而使一度颇为猖獗的洋盗，失去了重要的活动基地，其内部也随之出现了一系列的变化。这样，嘉庆朝的“海事”，亦随之而进入了一个新的阶段。

从嘉庆八年（1803 年）开始的这个新的阶段里，洋盗的主要首领是蔡牵和朱濆。应当承认，他们都是前期洋盗的过来人，而不是与前期洋盗活动毫无关系的另一股新兴力量。即使以蔡牵所部来说，他们当时以海上剽劫、打单勒索、绑架卖票等为主要活动。嘉庆八年，军机处档案就有这方面的纪录：“出洋商船，卖取蔡牵执照一张，盖有该匪图记，随船携带，遇盗给验，即不劫夺”。这与魏源在《圣武记》里所载的“凡商船出洋者，勒税番银四百元，回船倍之，乃免劫”是一致的。有人对此辩解说，这是蔡牵“劫商自救”；甚至认为“这是属于维持人民反清起义队伍所必要生存条件的自救行为”。其实这种辩解是很难成立的，既然认为它是一次反清起义的正义斗争，为

什么不可以“劫官自救”，而非要“劫商自救”不可?！难道一种以损害正当商人利害为主要内容的行动，可以称得上是正常斗争吗?！于是又有人辩解说，“被蔡牵营伍行劫的对象，大多为有名有姓的大商户字号”、“是对巨商集团敌视行为的惩戒”，具有“阶级报复”的因素。然而这种辩解同样很难成立，试想既然是剽劫，难道不拣“有名有姓的大商户，而去拣那些一贫如洗的船户下手吗?！既是凡是出洋的商船均须缴银买取蔡牵的“免劫票”，这就成了当时洋盗的普遍规矩，又怎能说只是对个别商团的敌视行为的一种报复和惩戒?！就说是“敌视行为”吧！也应作深入的分析，除了那些官僚、地主、大商人三位一体、平日专恃官府势力，横行霸道、欺压穷人发家者外，难道对于大多数正常经营海上贸易的商人，因对洋盗的剽劫和勒索不满，产生过某种“敌视”，也可以视作“阶级对立”而对他们进行“阶级报复”吗?！这样去辩解，显然很难把众人说服。

蔡牵大约是从乾隆五十九年（1794 年）开始，在福建漳、泉一带参与洋盗活动的，早在嘉庆三年八月，嘉庆就在上谕里点过蔡牵的名。指出：“兹盗首蔡牵等已逃回内洋，即责成魁伦缉拿务获，若再致盗首远飏，则二罪并发，恐魁伦不能当此重咎。”同年十二月，又谕浙江巡抚玉德说：“盗首蔡牵一犯，潜匿浙洋，仍著玉德严饬各舟师上紧查拿，以靖洋面。”可见蔡牵在前期洋盗里，并非起着无足轻重的作用，而是其中的重要首领之一。自阮福映断绝了对洋盗的支持后，过去依附于安南的团伙，一度陷入了进退失据的困境，于是有些依附于蔡牵，“得艇百余”；有些则依附于朱濆，“亦得艇数十艘”。“其在闽者，皆为漳盗蔡牵所并”，“既得夷艇、夷炮，凡水澳、凤尾余党皆附之，复大猖獗”。所以说，蔡牵与朱濆之基干，起码有相当一部分是曾与安南相勾结的前期洋盗，这应当没有任何疑义。

嘉庆七年（1802 年）五月，蔡牵率部夜袭距厦门仅三十里的大担、二担山炮头，捣毁炮位，抢走汛炮，旋即撤离。这是蔡牵向清军驻防地发动的首次主动出击，不过当时其意旨在“夺炮”，而非“夺地”。但此事却充分地暴露了清朝海防的废弛，从而引起了嘉庆的严重关注。他下旨对玉德切责。清政府还总结了过去在洋面与洋盗交战的教训，以“夷船高大，水师战船不能制”，两广总督长麟、按察使吴俊，早在嘉庆五年，即“依商船米艇式样，于通省各官养廉内捐造，各船均设炮位，共有一百余号，常川在洋游巡堵缉，遇盗即擒，声势颇为雄壮”。嘉庆立即传谕推广，令“沿海省分自可仿照捐办，以资缉捕”。随后，浙江巡抚阮元亦跟着办，“率官商捐金十余万，交水师提督李长庚赴闽造大舰三十，曰霆船，铸大炮四百余配之”。这样，清政府在东南沿海海防力量，便较前大大增强。但有一点是值得注意的，就是这些海防费用的支出，大多是由当地官员和商人捐助，而不是由国家动拨藩库帑项，这与“苗事”、“教事”的事事动帑相比较，就有很大的不同，这倒不完全是一个帑藏紧绌、拿不出来的问题，因为在嘉庆的心目中，当时的“海事”，尚不足以与“苗事”、“教事”等同看待。

嘉庆八年正月，蔡牵率部抵达定海，进香普沱山。浙江水师提督李长庚率霆船尾随赶到，发动突然袭击，蔡牵不敌，且战且走，李长庚昼夜穷追，直至闽省三沙洋面。蔡牵粮尽、硝绝、帆毁，清军师船又占据上风，蔡牵实际上已陷入被全歼的绝境。但蔡牵却利用了闽浙总督玉德的贪功，伪降于玉德，条件是“勿令浙师于上风逼我”。玉德不虞其有诈，竟传檄令浙师收港，并遣兴泉兵备道庆徕前往招抚，蔡牵遂得以乘间“缮樯械、备糗粮，扬帆远去”。这是清军首次向蔡牵所部进行较大规模的军事进击，

蔡牵得以幸免。

经历了这次几遭覆灭的教训，蔡牵也赶紧采取应对措施，一是以厚金向闽商订造巨艇，其高大过于水师的霆船。船建成后，商人用以载货出海，伪扳被劫，这样，蔡牵便大大地加强了自己的海上实力。二是把在台湾洋面劫得洋船大米数千石，主动分济活动于粤省洋面的朱渍部，从而促成了蔡、朱的联合。九年六月初，他们连䑸八十余入闽，这是蔡牵向清军发动的第二次主动出击。恰好此时浙江温州镇总兵胡振声率兵船二十四艘至闽运送造舟木料，闽浙总督玉德遂檄令胡振声迎击，可是福建水师却不给予支援，致令振声陷于孤军作战，在浮鹰洋面被蔡、朱联军火攻，坐船被焚毁沉没，胡振声及把总冯光陞、兵弁八十一名均告阵亡，这是自有“海事”以来清军损失最大的一次。此事自然引起了嘉庆极大的震怒，这样，双方进一步接战便不可避免。

九年八月，蔡牵和朱渍乘上次获胜之势，主动攻入浙省，而李长庚对此亦做好准备，率各镇水师于定海北洋迎战。蔡、朱以一百一十艘战船，一字排开阵势；李长庚亦不示弱，督兵冲贯其中，将蔡、朱船队分割为二，命众镇将击朱渍，自率兵专攻蔡牵，实行各个击破。蔡牵败退后却归咎于朱渍没有尽力应援，朱渍不服，遂率队离去，蔡朱的联合，遂告破裂。九年冬，李长庚再败朱渍于甲子洋。十年夏，又败蔡牵于青龙港。蔡牵由于在浙闽洋面屡遭败绩，无所依托，遂决计夺取台湾，以便在那里建立据点。这样，嘉庆朝的“海事”，便向着攻城掠地的方向发展，蔡牵与清政府的直接抗争，亦随之有所加剧。

嘉庆十年（1805年）十一月，蔡牵亲率战船一百多艘进攻台湾，在淡水登陆，向清政府发动了自有“海事”以来规模最大的一次军事进攻。应该指出，蔡牵的这次行动，区别于过去单纯的海上剽动，一是他打击的对象主要是清政府，在这一点上是与苗民起义、白莲教起义有一致之处。二是他自称“镇海王”，自署官属，独树一帜，表明他开始有了和清政府作长期抗争的打算。三是他在台湾登陆后，即与当地原有的反清会党实行松散的联合，相互呼应，因而一时声势大振。蔡牵首仗攻克洲仔尾，全歼守备陈廷梅部。十一月二十三日，又攻入凤山，击毙千总苏明荣等。为了阻止清政府从大陆调兵增援，蔡牵沉大船六艘，堵塞了进台的海口通道鹿耳门。在这一切部署停当后，蔡牵于十二月率众万余，围攻台湾府城及其外围屏障安平镇和嘉义城。清台湾镇总兵爱新泰死守府城，知府马夔升死守嘉义，以等待大陆援兵的到来。

嘉庆在接获蔡牵攻扰台湾的奏报后，立即决定将剿办蔡牵之事升级，其表现是：一，所有军火、粮饷、器械、船只等项，照军兴例动帑经理，一切均责成该督经办，不得稍有贻误，而不像过去那样靠官员和商人的捐助。二，仿“教事”中悬重赏擒“首逆”的办法，著“传知水陆文武各员弁，能将蔡逆擒获，必重加恩赏，并晓谕台湾士民，悬立赏格，俾知奋勉”。三，正式派出军事统帅，负责剿办，以“赛冲阿久历行阵，于剿捕事宜素为谙练”，将他任命为钦差大臣，迅速驰赴闽省，悉力督剿。“该处提镇自李长庚、许文谟以下各将弁，均受该将军节制调拨。”这一切都表明，嘉庆已郑重其事地对待蔡牵了。

在此之前，总统闽浙水师的提督李长庚已闻警出动，率师数千渡海赴台，于十二月二十日抵达鹿耳门，但为沉船所阻，未能登岸。遂绕道安平镇入鹿耳门，迫使蔡牵退保洲仔尾。十一年二月初，许松年、王得禄败蔡牵于洲仔尾，而蔡牵的主力舰船六十多艘，反被自己的沉船堵住了出海口，困在北汕海口，危在旦夕。

嘉庆亦随时密切关注着战情的发展，二月初曾谕李长庚：“蔡牵本系积年洋盗，若复窜重洋，办理殊为棘手。

今朕特谕李长庚，蔡逆一犯全责成该提督擒捕，倘能擒获该犯，即公、侯、伯崇封，朕所不靳；设蔡逆竟于海口逋逃，伊自思当得何罪？恐不止革职拏问已也。”这实际上是逼李长庚立军令状了。对于玉德，嘉庆早已窝了一肚子气，此时见玉德赴台不力就更火了，“玉德，著降为二品顶戴，拔去花翎，先示薄惩，以观后效”。由于此时“苗事”、“教事”已先后底定，嘉庆遂得以全力对付“海事”，为了确保万无一失，除先前已派赛冲阿为钦差大臣赴台剿办外，于十一年二月底又加派“剿教”主帅之一的德楞泰为钦差大臣，率护军统领扎克塔尔、温春、提督薛大烈，并带领巴图鲁侍卫章京五十员，驰驿前往剿办。为了保证大军渡台粮运军需的顺畅，嘉庆还特意选派“才猷练达，屡著劳绩”的江西巡抚温承惠经办军饷，这些部署表明，嘉庆已把对蔡牵一战，作为大仗来打。

蔡牵所部被北汕口内被困，动弹不得。此时，李长庚出北汕，许松年出南汕，对蔡牵实行夹击，志在必得。但在这关键时刻，“风潮骤涨，沉舟为风浪掀起飘去，贼夺门出。官兵追截其船十余，卒以闽师不助扼各港，故贼竟遁去。”其余在台岛各路作战的反清会党，亦先后为赛冲阿所镇压。这样，蔡牵企图攻占台湾作为基地的计划，到十一年三月即告失败。

嘉庆本来设想是毕其功于一役，因而对这样的战果并不感到满意。下令将李长庚、王得禄、邱良功等革去翎顶。

在广东方面，自朱渍与蔡牵分裂后，一度传说他的坐船被击沉没，溺海死，但其后查明并无其事，而是回到了粤东洋面，继续活动，但一度准备在澄海受抚。只是由于新任两广总督那彦成所推行的招抚政策，遭到了广东巡抚孙玉庭的极力反对，因而没有得到实施。

在一意主剿的思想确定后，嘉庆又作了一系列新的军事部署。一是严防朱濆入闽，以防止蔡、朱的再度联合，特别是严防他们再度窥伺台郡。二是鉴于台湾局势已趋于稳定，令德楞泰毋须渡台，另以赛冲阿调补福州将军，负责现有剿捕事宜，陆路镇协各营，除督抚提三标外，均归将军统辖。三以台湾一镇，远隔重洋，从本年开始，令将军、总督、巡抚、水陆两路提督，轮往查阅营伍，事竣必须专折奏闻。四是更新闽浙水师战船，使清水师在海战中处于有利地位。嘉庆认为："海洋捕盗，全赖船只驾驶得力，方于捕务有益"，因而立即批准了温承惠、李长庚提出的建造大同安梭船六十艘的计划。其规格，"梁头以二丈六尺为度，务期料实工坚，足资冲风破浪"，每艘造价银四千两，除准领原拟定造的米艇价值应销银二千六百余两外，每只尚不敷银一千三百余两，准先于司库借项应用，统在道府以上各官养廉内分年摊扣归还。与此同时，又以过去蔡牵以重金通过闽商订造大船为教训，规定嗣后新造、拆造商船，"梁头均不得超过一丈八尺"。确保水师在战船装备所占有的优势。五是针对乾隆末年以来，水师疏于训练，对操驾等基本功全不熟习，严正指出："是名为舟师，实不谙习水务，又岂能责其上紧缉捕?！若水师不能操舟，即如马兵不能乘骑，岂非笑谈?！战船出没风涛，呼吸之间，一船生命所系，若非操驾得力，有恃无恐，焉能追驶如意?！此于水师捕务关系不浅。"遂命令沿海各督抚通饬所管舟师，勒期实力训练，务令所有弁兵，于"转帆、捩舵、折戗、驾驶及泅水出没各技艺，人人娴习，择其优者派充舵工，专管操驾"。并规定嗣后水师各营，俱不准雇用舵工。

以上这些措施，对于促进"海事"的底定都十分正确和必要。但有一个问题，嘉庆处理起来却颇伤脑筋，这就是地方文武不协、总督与水师提督不协、闽省派系与浙省派系不协。这些矛盾，在玉德任闽浙总督时，即已积累很

深。阿林保于十一年五月到任后，不仅未能站在至公的立场予以化解，反而受种种谮言的影响，使自己也被卷进漩涡里去而不能自拔。他对于李长庚先抱有成见，随后又错误地总结玉德革职的教训，产生了“长庚不去，则督威不立”的想法，因而想方设法对李长庚进行人身攻击。面对着有关李长庚“剿捕不力”的谮言，嘉庆在开始时也曾公开地为李长庚进行辩护，如他在十一年六月的上谕中说过：“或言李长庚有不尽力之时，缘海上风涛难测，往往两舟相望不过数丈，而为风浪阻隔，始终不得相近。李长庚以一人尾追，忽南忽北，喘息不遑，前无拦截，旁无协助，或风势不便，或众寡不敌，暂为迟缓，姑作自全，亦情势所有。”嘉庆当时还没有深入了解李长庚，却以皇上的身份为一名并不相知的小臣作如此具体的辩护，实不多见。其目的无非是企图化解矛盾，使地方文武能协心同心，共靖海疆。可是阿林保虽说到任未久，却对李长庚咬住不放，连疏密劾，必欲革去李长庚而后快，致使嘉庆曾一度有所动摇。不过嘉庆可贵之处，在于处事慎重，他并未完全偏信阿林保一面之词，而是取兼听并观的态度，于八月初就此事密询于浙江巡抚清安泰。要“清安泰留心密查，是否有心怠玩，抑系另有别情”。就在这个时候，李长庚奏报拿获蔡牵部另船盗首李按。但嘉庆对此并不感到高兴，只是冷冰冰地覆旨说：“李长庚追捕蔡牵日久，未经奏有捷音，此次不过小得胜仗，其歼擒者只系另船伙匪，且奏称行抵三盘，已失盗踪，若果紧蹑，何致失踪？是官兵距贼较远之明证。”很明显，嘉庆这番不冷不热的话，已不同于上次为李长庚做的辩解。不过嘉庆仍不急于对李长庚的“怠玩”下结论，他还需要时间作进一步的观察，也想在听到清安泰的回禀后再作处理。

李长庚自闻知种种诬言得以辩证，益加感奋，全力效命海疆。十二年春，在粤洋大星屿大败蔡牵。十一月，再败蔡牵于闽洋浮鹰山。十二月，率福建水师提督张见陞追牵入南澳，将蔡牵逼至黑水外洋。当时蔡牵仅剩大船三艘，小船十余艘，其坐船舷蓬又被炮毁，而闽粤水师战船，则数十倍于蔡牵。李长庚自谓已稳操胜券，遂亲自以火攻船挂蔡船后艄，正欲跃登时，不料蔡船尾部突发一炮，正中李长庚咽喉、额角，淌血倒下，翌日殒命。当时清军兵力仍占有绝对优势，只要继续围攻，完全可以使蔡牵部将全军覆灭。但张见陞庸懦怯阵，遥见总统船乱，竟急令闽师首先撤出战斗。这样，蔡牵才得以化险为夷，从容撤往越南外洋休整。

十三年（1808 年）正月，当李长庚阵亡的奏报传到嘉庆手中，“览奏为之心摇手颤，震悼之至”，在谕中痛惜地说：“朕于李长庚素未识面，因其在洋出力，叠经褒嘉。不意其功届垂成，临阵捐躯。朕披阅奏章，不禁为之堕泪。李长庚虽已身故，而贼匪经伊连年痛剿，残败已极。今殁于王事，必当优加懋奖。”著加恩追封为三等壮烈伯，赐谥“忠毅”，赏银一千两经理丧事，于原籍福建同安县官为立祠，春秋祭祀。其灵柩护送到日，特派福建巡抚张师诚亲到同安代为赐奠。但张见陞临阵脱逃一节，由于阿林保的包庇，竟得以蒙混过关，不仅未予深究，反而以“追剿蔡牵出力人员”，下部议叙。可见当时地方派系之间有着很深的嫌怨，这对于“海事”的底定，自然是不利的。

随后，嘉庆任命李长庚部将、南澳镇总兵王得禄为浙江水师提督，负责追剿蔡牵；又命粤省水师提督钱梦虎，专办朱渍。十三年五月，蔡牵离开越南外洋，经粤洋返抵闽洋，但其旧部如王铎、王准、郭秋等，此时大多已投降，其义子蔡二来亦为清兵擒杀，因而原在闽洋的基础，实已荡然无存，只好北入浙洋，另图发展。七月在舟山普沱北洋与朱渍再度联合，但旋即为复任的浙抚阮无所败，

蔡、朱重新分裂。朱濆自率所部，经闽返粤，但被金门镇总兵许松年盯住不放，“追至长山尾，了见贼船四十余，知其最巨者为濆所乘，并力围攻，濆受炮伤，未几毙”。嘉庆以许松年“克歼渠魁，赐花翎，予云骑尉世职”。而朱濆余部，由其弟朱渥率领，继续活动于闽粤洋面。

蔡牵自与朱濆再度分裂后，势力更加单薄，且清政府断绝岸上接济的措施愈来愈严，因而船上的粮食、食水、火药等物资亦愈来愈匮缺，不得不经常化整为零，甚至不断变换坐船，改易旗帜，以逃避清军的追捕。嘉庆为了协调闽、浙两省的剿捕力量，适当调整了人员配备，调王得禄任福建提督，擢邱良功任浙江提督。十四年七月，又提升陕西巡抚方维甸任闽浙总督，而将阿林保调离。这样，原来积累很深的派系之争，亦得以解决。自后“闽、浙将帅无间”，“两省合力，同心灭贼”。十四年八月，王得禄与邱良功合围蔡牵于定海渔山，经过了两天一夜的激战，蔡牵始终被死死缠住，未能突围，铅丸弹药均已用尽，便用番银作炮子点放，先是邱良功左腓受矛伤，王得禄赶来接战，额与腕均为炮伤，但清军坚持不退，并投掷火斗、火罐，焚毁蔡船尾楼，又用船冲断其后舵，使蔡船完全失去了控制，动弹不得。“牵知无救，乃首尾举炮自裂其船，沉于海”。淹毙。事后嘉庆帝论功行赏，王得禄著加恩晋封二等子爵，赏双眼花翎。邱良功锡封三等男爵。当时有人为之鸣不平，邱良功却坦然说：“海疆肃清，已为快事，名位轩轻何足计。”如果不除去过去闽浙间派系之见，这种情况是不可能出现的。故“论者谓贼之生死在闽浙之合与不合，前此贼屡因于浙而闽不协力，至是闽浙合而贼遂歼矣”。可见闽浙之协调行动，实“海事”底定的一个重要关键。

蔡牵死后，朱渥见大势已去，遂率众在福建归降，并呈缴海船四十二艘，铜铁炮八百余门。嘉庆为了加速“海事”的扫尾工作，遂乐于允准，谕示说：“今朱渥真心悔惧，率众投诚，与始终怙恶者不同。朕仰体上天好生之德，加恩予以矜全，准其投首。著查照旧例，分别遣散回籍安插，交地方官查传乡保亲族严加管束，如再犯法，定行加倍治罪。”蔡、朱两大部，随着朱渥的投诚，总算基本上得以解决。

剩下来的问题，就是活动于粤洋的原安南夷艇的余部了，当时共有五帮，即“林阿发、总兵保、郭学显、乌石、郑乙”。那彦成督粤时以招抚而获罪；吴熊光督粤时，以“高州府之吴川、雷州府之遂溪，为通洋盗薮，宜塞港以清其源”，但也未能彻底解决问题。自蔡、朱两大部失败后，粤帮的声势亦渐趋衰微，再加上嘉庆于十四年调派百龄督粤，他采取了两个方面的严厉措施，一是改粤粮、粤盐水运为陆运，其南澳厅及琼州隔海者，以兵船护送。对硝磺各厂，亦改商归官，使其在外洋无可劫，乃冒死拨小船入掠内河，官兵即可随时歼捕。二是筹饷大练水师，惩贪去懦。原水师提督孙全谋失机，立即劾逮治罪。由此，“每一檄下，耳目震新，巡哨周严，遇盗辄击之沉海，群魁夺气，始有投诚意”。百龄则剿抚兼施，以剿促抚。先是迫使郭婆带与郑乙帮之张保仔火并，郭“将张逆伙党杀毙不计其数，擒获三百余名，夺获张逆匪船十一只”，于十四年十二月“率其伙众五千余人，大小船九十余只，大小炮四百余位，一并收入平海内港，赴官呈献投诚”。百龄则吸取了那彦成的教训，不敢擅自作主，遂请示办理。嘉庆传谕，“著即准其投首，加恩赏给把总，令其随同捕盗。”这些话，只能由嘉庆开口，否则即会惹来麻烦。从当时的实际情况看，百龄的措施固然得力，但主要还是形势的变化，越来越不利于洋盗，因而过后不久，郑乙妻亦“屡蹙于官兵，遂于十五年二月诣省城乞降”，并劝其部首领张保仔率众投首。百龄亲自出虎门口外收验查办，

计投诚帮船共有二百七八十号，伙党一万五六千人，炮千余门。这是自有“海事”以来，清政府接受投诚人、船、械数最多的一次，连嘉庆对此也不大放心，但张保仔既然是自动送上门来，也没有却之之理，遂在谕中指示说：“其意仍不过为谋食起见，并非真知大义，自悔前愆。但现在既将船只炮械悉数呈缴，并将家口先行送省登岸，其情节尚无虚伪，若必拒而不许，转致生反侧之心，亦非宁谧海洋之道，且人数既众，亦不忍概予骈诛。”嘉庆感到担心的，倒是这二万多人在投诚后如何妥为安置？所以他在上谕里只好直截了当地提出：“伙党有二万余人之多，安置实属不易，既不应按口给粮，又无给产养赡之理。伊等为求食而来，若无从得食，势必仍去而为匪。……必须妥为筹划，俱令口食有资，不再滋事。”此话容易说但很难做，嘉庆自己别无良策，就只好推给百龄，命他“设法安插”，“悉心经理，据实奏闻”。作为封疆大吏，办法总会是有的，虽然尽行安置不无困难，但在嘉庆面前，百龄也只好认了。

自郭婆带、张保仔等相继投降后，粤洋形势便大有改观。百龄又不失时机地檄令各镇，于十五年六月“合剿乌石帮于儋州洋，尽俘其众。又降东海帮林阿发等三千四百余名”。至此，粤洋宣告肃清，嘉庆命加封百龄太子少保衔，赏戴双眼花翎，给予二等轻车都尉世职。同月，闽浙总督方维甸、福建巡抚张师诚奏到，蔡牵余部陈赞携同蔡牵义子小仁及文幅等投诚，共计投出首伙一千三百余名，船六只，大小炮五十余门并鸟枪器械四百余件。嘉庆立即谕示照准，并从宽发放。至此，持续了十多年的闽、浙、粤三省“海事”，终于平定。不过，嘉庆对待“海事”的底定，并不像“苗事”、“教事”那样，大肆宣扬所谓“蒇功”，也没有大张旗鼓地对满朝文武、上上下下进行封赏。可见在嘉庆的心目中，“海事”之于“苗事”、“教事”，还是有区别的。他只是在“海事”底定时，在谕中颇为自得地讲了这么一段话：“国家经理大事，当扼其要领，譬如治病，当究其病源，如剿教匪，则坚壁清野为要；靖洋匪，则杜绝岸奸为要。”如果说，在“剿教”中推行坚壁清野之策，嘉庆是经过了很长的一段摸索之后才坚定起来的话，那么“靖海”则显然不同，从一开始嘉庆即已把杜绝岸上接济，作为对付洋盗的一项重要策略了。不过，魏源在写《圣武记》的时候，对嘉庆这项成功经验，作了一点重要的补充。他说：“然亦适应安南守约束、杜艇匪之后耳！不然，接济之令能行于内地，而不能禁于属吏，以彼漏卮乘我内蠹，虽欲不整戈船、骛大海，其可得乎?!”魏源的这点补充，看来是符合实际的。由此可见，洋盗的兴衰，极大地影响着安南局势的演变，因而我们在考察嘉庆洋盗问题时，对此不应忽视。

第六章　镇压起义

一

林清，直隶大兴县宋家庄人，生于清乾隆三十五年（1770年），卒于嘉庆十八年（1813年），终年四十四岁。他的祖先世居浙江绍兴，以务农为生。父名先本，因觅到直隶大兴县黄村巡检司书吏一职，携家北迁，定居宋家庄。林清年少时，不务正业，常遭其父的捶挞。十七、八岁时（时值乾隆五十一、二年），开始自谋生路。先是进了北京西单牌楼南首路西的九如堂药铺，经过三年的学徒生涯，略懂一些医药的知识，后来到三里河一家药店当了伙计，每月能挣得六千京钱，也进一步学到些医病配药的本领。后来因为身生疮毒，被老板赶出店门，流落街头，在朋友的帮助下，他找到了一个更夫的工作，在北京的顺城街头熬过了一个个漫漫长夜。此时，正值乾隆皇帝八十寿辰，统治阶级穷奢极欲的情景处处映入林清的眼帘，从街道两旁达官贵人深宅大院里传出的酒宴喧闹声又时时在耳边回旋。这又使生活在社会下层的林清对贫苦阶层人民的穷困和统治阶级的穷奢极欲，有所了解。

由上述情况来看，林清不善于处世和生活，胡乱花光手里的每一分钱，因而连遭失业，生活贫困，不得不屡次变更职业，成为一个生活在社会下层的无固定职业的游民。但是，长期的生活磨难又使他饱尝了无数的艰辛，耳闻目睹了吏治腐败、民不聊生的情景，对当时社会的黑暗状况有了一定程度的了解。加之幼年的时候，他就听说过明朝末年李闯王攻占北京、崇祯皇帝吊死煤山（今景山），康熙十二年（1673 年）底白莲教首杨起隆率领上三旗奴仆造反、震惊朝野的故事；他在江南的时候，还常听人们讲起当地人民反抗清廷虐政的动人故事，也亲身接触了南方的秘密会社天地会，接受了天地会提出的“反清复明”思想；加之他又十分熟悉几年前才结束的五省白莲教大起义的事情；所有这些，促使林清渐渐产生了要摆脱贫困、对统治阶级反抗和仇恨的心理。

嘉庆十一年（1806 年）五月，林清经董国太的族人董伯旺（又作博望）介绍，拜宋进跃为师，加入了京畿荣华会，开始了他一生中的重要时期——从传徒敛钱到利用民间各种秘密集社进行反清活动。

当时我国的北部存在着数量众多的民间秘密宗教组织。例如，在京畿和直鲁豫三省，就有荣华会、红阳教、白阳教、大乘教和八卦教等属于白莲教系统的各种组织。它们虽然一直在各地频繁活动，但还没有发展为整个教派的有组织的暴力行动。

嘉庆十二年（1807 年），荣华会的首领顾亮病死。次年（1808 年），荣华会成员陈懋林被其弟在直隶保定府告发，会内主要头目宋进跃等人被杖责后发配边疆，郭朝俊被吓得不敢管事，使荣华会处于瘫痪状态。当时林清虽然也被牵连进去并在保定受到审判，但在受杖责之后获释。他回京后，立即联合刘呈祥和众教徒，逼迫郭朝俊交出了教主大权，自任教主。随后，林清即着手整顿荣华会，竭力扩大这一民间秘密宗教组织。他亲自走村串户，以行医为名进行传教活动。据他的外甥董国太说：“他索日总是

劝人入教，口能舌辩，人都说他不过，要人的银钱，说是种福（按即“种福钱，”又称“根基钱”），将来一倍还十倍，就信了给他的钱，我也从没有见他还过。”可见，林清传教收徒开始是为了敛钱。不过，他的确拥有比同时代其他秘密宗教首领要远一些的眼光。他针对乾嘉时期土地已成为社会最尖锐的问题这一现实，提出了“凡输百钱者，得地一顷”的口号。缺乏土地的农民纷纷加入到他的队伍中来，他的这些宣传，正迎合了当时当地一些无地少地农民的心理，确实具有一定的吸引力和号召力，把一些无地少地的农民发动了起来。加之，林清略懂医药，常给一些贫苦农民免费治病，要求入会者日渐增多，方圆几十里的贫苦农民，争先恐后来到宋家庄拜林清为师，并向他交纳“种福钱”。交纳三五十个钱的，希图将来得地三五十亩；交纳三五百文的，则希图将来得地三五顷。虽然林清提出的土地口号非常笼统抽象，远比不上明末李自成起义的“均田”主张以及太平天国制定的《天朝田亩制度》那样系统、具体，却依然打动了缺少土地的农民的心。因此，他的势力日益壮大起来。在此基础上，林清又竭力倡兴白阳教，力图将分散在京畿的红阳教（在通县附近活动）、白阳教（在直隶新城和固安县活动）、大乘教（在直隶雄县西北的八个村活动）等联合起来。

雄县西北八个村的大乘教，是直鲁地区大乘教的一个支派，其首领杨宝在这个地区活动了三十多年。刘进亭（后来成为林清起义军的重要首领之一）是他的徒弟中最有名的一个。刘自己还收了三十余个徒弟。嘉庆初年，他们加入了固安县张四胡子领导的白阳教。嘉庆十六年（1811 年），大乘教在清政府的镇压下被迫解散，杨、刘就加入了荣华会。

乾隆三十六年（1771 年），新城县的白阳教首王四收张四胡子为徒。嘉庆初年，张又集合了辛家村的李得（即

李五）等四股势力一百余人，壮大了白阳教的队伍。

以上各教派分立于京畿地区，各股人数虽不多，但互不统属。为了把他们统一起来，林清做了大量的组织工作。

嘉庆十四年（1809 年）以后，林清经常到雄县和固安走访刘进亭和李五，同他们一起讨论民间秘密宗教的信仰、仪式等问题，发泄对清廷腐朽统治的不满。经多次的交往，三人之间建立了日趋紧密的关系。林清因其善辩的才能和反清的思想得到刘、李二人的钦佩和赞赏，他不仅顺利地接管了大乘教、白阳教，而且以后不断得到十分富有的李五和广大教徒的资助，增强了自己的经济实力。正如董国太所说："……教内的人都凑钱与林清行礼。林清先前贫困，与我同居，因系甥舅，日用都是我家帮贴的。自做了教头，才有钱使用，就不须帮贴了。"随着教徒的增多，林清的家境日趋富裕。但是，他并没有一味地敛钱肥私。为了继续扩大教会的势力和影响，林清不置买地亩，而是"分散穷人，已有多年"。相传他家还设有谷仓十七个，专门用来接济教内外缺食少粮之人，"有告贷者，辄给之，乡村仰食者万余家。"颇有宋代梁山泊好汉将所得弃若粪土的气派。荣华会内存在有等级制度，例如，每当新教徒入会时，林清和会内的众头目都按等级顺序坐定。然后由新教徒依次给众头目磕头，最后才能给林清磕头，无论是谁"都不敢叫林清名字"，只能"称为'林爷'"。但是林清"待同会的人并不厉害，从没有行强打架的事。人有不是来告诉他，他不过传到这人嗔斥几句"，此事即算了结。因而有更多的群众加入进来，进一步壮大了荣华会的势力。

嘉庆十五年（1810 年）前后，林清又通过他的朋友、通州荣华会首领屈四，与当地的一支白阳教取得联系，使他们很快接受了他的领导。这样，除了李老领导的红阳教外，林清初步完成了统一京畿各个教派的任务。

随着经济地位的变化和荣华会势力的增长，林清的思想也发生了一个关键性的转折：见拢的人多了，就想赶走紫禁城的皇帝，推翻清朝。为此，他自称能预测到未来发生的事，能审祸福，明吉凶，说他“在八卦内算出本朝（按指清朝）是‘木立斗世田’，不怕南来一只虎，只怕北来一只鸡。”这是接受和发挥了天地会的反清思想。乾隆年间天地会内就有“木立斗世清该绝”之说（按：“木”、“立”、“斗”分别是“十八”、“六十一”、“十三”的变体，“世”是“卅二”的变体），暗示清朝统治经过顺治十八年、康熙六十一年、雍正十三年，到乾隆三十二年即将垮台。林清即借用这一过去在民间颇为流行的传说，表明自己要依靠八卦教的组织力量，等待时机，掀起一场反对清朝统治的斗争。在这一目标的指引下，林清又将京畿地区统一后的教派称为白阳教，为应“白阳劫”，以便起事。几乎与林清同时，河南滑县人李文成、冯克善也在积极从事秘密宗教活动。

林清在京畿荣华会的势力进一步壮大之后，认识到自己的力量依然很薄弱，要壮大反清势力，还必须联络直鲁豫三省交界地区的八卦教，及时提出了“八卦总该归一”的口号。

嘉庆十六年（1811 年）二月，林清在徒弟支进才的陪同下，首次来到滑县，但李文成手下人认为他无勇无谋而又妄自尊大，都不理睬他，结果无功而返。四月，林清第二次来到滑县。在牛亮臣的竭力劝说和鼓动下，李文成和冯克善等人才热情地接待了林清，彼此倾吐了反清的夙愿。共同的阶级利益和奋斗目标，使三人结为兄弟，成为“刎颈之交”。林清首先推崇李文成是八卦教主，要求直鲁豫三省的八卦教徒都尊奉他。接着，经林、李、冯三人合谋，李文成率众人到九宫教首梁健忠家讲论，严厉斥责他

平日只知吃斋静坐，收敛钱粮，胸无大志，所传教义不真。年逾古稀的梁健忠势力不敌，论理不过，只得让出卦主席位，并把教内的花名册也一并交出了。李文成将九宫教重新改为震卦教，正式当了卦主，“震卦为七卦之首，各听约束，其后兼理九宫，统领八卦。文成见清大悦，奉清为十字归一。于是八卦九宫，林、李共掌。”

这次会见之后，林、李、冯三人分别在各自的地区大力动员群众入会，发展组织。林清派他的徒弟徐安国在直隶长垣、东明，山东金乡、曹县和定陶一带发展八卦教。经过几年的努力，当地教首崔士俊、朱成贵也都接受了林清和李文成的领导。冯克善于嘉庆十七年（1812 年）以传授拳术为名，收了山东德州宋跃隆父子为徒，“众遂奉克善为离卦头目”。不久，他又将拳术和枪法传给了牛亮臣的儿子牛文成，以及河南浚县李大成等人，使离卦的势力得到扩大。李文成在河南也大力招收教徒。他谆谆嘱咐入教的徒众说：“你们好生用功，一劫能造万劫之苦，一劫也能修万劫之福。”显然，这是借助宗教语言向教徒指出：如果起义失败了，人们将会遭受更加沉重的苦难。相反，如果起义成功了，人们就会推翻黑暗统治，赢得光明，进而使梦寐已久的幸福乐园得以实现，充分显示出李文成对自己反清事业的正义性是十分执着而自信的。在经济上，李文成和林清一样，也提出了反映河南地区广大农民愿望和要求的土地问题：“入教者俱输以钱，曰种福钱，又曰根基钱，事成偿得十倍”，“每钱百文，许地一顷；粮食数石，许给官职。填注号簿，并开写合同、纸片，交与本人作据”。这种宣传方法，在当地效果显著，入教的人数越来越多，“相从者众”，只滑县一带就有大小男妇三千八百多人加入了震卦教。

嘉庆十八年（1813 年）七月，林清、李文成和冯克善等在河南道口召开了起义前的最后一次会议。会议决定首

先实行大联合，在反清的大旗下，正式将京畿地区的白阳教（坎卦教）和直鲁豫三省交界地区以震、离二卦为核心的八卦教联合起来，定名为"天理教"。根据这一决定，他们又四处散发写有"天理示署先天祖师刘、后天祖师林"（按即说明林清是八卦教始祖刘佐臣的天赐接班人）的黄纸，在各地极力扩大天理教的组织势力和影响。因此，天理教就成为他们发动和组织群众进行战斗的一面旗帜，从而在京畿和直鲁豫三省部分地区发生了一场暴风雨般的反清武装斗争。

二

在此次会议中，林清等人还讨论了起义的口号、计划、目标等内容。会议的中心议题就是策划反清起义，具体商讨了起义的口号、目标和计划。

第一，以《三佛应劫书》中的劫变思想作为起义的理论根据。

《三佛应劫书》，全名为《三佛应劫统观通书》，是天理教首领之一的于克敬奉献给林清的。此书在起义失败后被清廷销毁，故其内容已无从稽考。据一些史料的零星记载，此书传自石佛口王氏（明末闻香教主王森的后代），主要宣传过去、现在、未来三际思想，未来由弥勒佛掌教，大地建成理想世界。书中大肆宣扬"清朝以（已）尽，四正文佛，落在王门。胡人尽，何人登基，日月复来属大明，牛八原来是土星"，这里不仅十分明显地带有反清复明的意图，而且暴露了王氏登基为帝的野心。林清对这一宗教信条进行了改造，把"未来"的希望提早到"现在"来实现。他向教徒大肆宣称："弥勒佛有青洋（阳）、红洋（阳）、白洋（阳）三劫，此时白洋（阳）应劫。""若逢未来佛出世，即得好处。"林清是借用宗教的语言，以“应劫”来鼓动广大农民群众参加反清行列。

为了做好起义的舆论准备工作，林清还用书里“十八子明道”的话比附李文成，李遂号“盐霜十八子”，自称“李自成转世”。很明显，林清等人彻底摒弃了石佛口王氏，以及虚无飘渺的“牛八”，而是要以李自成为榜样，领导农民起来革命，不仅要推翻清朝统治，而且要建立农民政权。

第二，分封“三皇”、“八宫王”、“六十四卦伯”，并确定各自夺取的地区。

林清在这次会议中被众人说成是“太白金星下降”，应该做天皇；李文成和冯克善分别被推举为人皇、地皇。会议还做出了决议，将来起义成功后，天下由人皇李文成统治，林清和冯克善则作为文、武“圣人”，共同辅佐李文成。“三皇”之外，每卦又另立一宫王。八个宫王是：兑宫王刘国明、震宫王宋克俊（即宋老秀）、巽宫王王修治、艮宫王刘宗顺、坤宫王冯相林、坎宫王尹老德（死后由其子尹振继任）、乾宫王寿光德、离宫王王道隆。宫王之下，又设立八个卦伯，八宫共设六十四伯。他们均受“三皇”的领导。

林清等人还袭用了旧有的官僚机构的名称，在起义过程中，设有丞相、大元帅、大将军、总兵、总先锋、先锋、都兵总管、督粮官、前部总头领等官职。这说明林清起义是把宗教组织形式与军事组织形式密切结合在一起的。

“三皇”之称号，深深触动了嘉庆帝的神经，他为之感叹道：“自古乱贼称王称帝者有之，从未闻有僭上古三皇之号者。是世道人心日趋污浊。”这是林清起义的一个重要特点。

起义军以“三皇”为最高领导，以八卦为组织单位，分别由八宫王指挥作战，这就使这次起义的指挥比较统

一，斗争步伐也比较一致，在一定程度上克服了白莲教起义时各自为战、独立行动的弱点，加强了战斗力。

会议上制定了这样的起义计划：九月十五日，直隶、山东、河南、山西（山西因准备工作不好，实际上未有人参加起义）四省八府六十四县同时起义。先由林清占据直隶，李文成攻克河南，冯克善夺取山东，然后李、冯等部半月内到京，和林清领导的京畿起义军会合，共同赶走清朝皇帝。连嘉庆也看出，这次起义“其心总在图谋社稷，与从前三省（白莲教起义）迥不相同”。这就是说，在嘉庆帝眼里，白莲教起义不过是一群群“往来奔窜之贼”，并未构成肘腋之患，而林清起义一开始就把斗争矛头直接指向了他这个最高统治者，成了整个朝廷的严重威胁。

第三，议定旗号、标志和口号。

会议议定起义的旗帜上写有“大明天顺”的字样，标志均为白色，每个起义者都要用白布裹头系腰，以和清军相区别。口号则规定有明号、暗号，明号是“奉天开道”，暗号是“得胜”二字。“奉天开道”四字绣在起义者随身带的小旗上，作为号令；“得胜”二字则是起义时的口令，即起义者相遇时，凡能说此二字就可认为一家，不致被误杀。

在道口会议上，林清因考虑到自己的兵力单薄，没有能力夺取京城，于是要求李文成派兵援助。李的部下“请绝之不与，伪军师牛亮臣固请与之”。文成耐心说服自己的部下，指出：“大事骤起，非广为树敌，何以持久？林清富迩京畿，与之兵，为我牵制官军，使我无北顾之忧，策之上者也。”“众曰‘善’，遂许助精兵一千，诡作商贾，于九月十五日至京助战。”文成于是再三嘱咐林清说：“必俟滑兵至，公乃发，毋轻举。”最后双方约定：李文成派部下王进道领兵一千先期进京。他们每人脑后剃去发辫一绺，身上斜背着小包袱为暗记，林清派人在北京花市接应

他们。

道口会议后，林清、李文成和冯克善即分遣部属赴各地集训教徒，组织起义。

京郊的起义准备工作也在紧锣密鼓地筹划。

直隶省顺天府大兴县宋家庄，林清内室里，案桌上摆着瓜果梨枣等供品，供奉着“真空家乡、无生老母”的牌位，在若明若暗的烛光下，天理教坎卦卦主林清正在与一个二十多岁的小伙子相对而坐，侃侃而谈。

小伙子姓陈名爽，生得虎头虎脑，是天理教坎卦的一名小头目，一向被林清视为得力助手，林清向陈爽原原本本诉说了滑县之行的情形，陈爽越听越高兴，迫不及待地说：“好啊，南北一起动手，还愁大事不成？李大哥说的有道理，要想不受官府欺，就得改天换地，重造乾坤！”

林清拂了一把络腮胡子，郑重地望了一眼写在白绢上的“真空家乡、无生老母”的牌位，满怀信心地说：“官逼民反，自古以来就是这个理。有无生老母的保佑，此次举事定能马到成功。不过，要大家齐心协力才成啊！”

“那当然那当然！”陈爽连声点头。

“那，教友们都有什么想法？”

“这还用说吗？都盼你早点回来，早日起事。只有把吃人不吐骨头的皇帝贪官都轰下台，咱们穷苦人才有出头之日。”

林清听罢，点头赞赏：“不错，天下八卦本一家，理当同甘共苦，同生死、共患难，各卦主在河南商议，二八中秋，黄花落地，一起举事！”

陈爽磨拳擦掌，急切地追问：“啥时辰动手？”

林清起身拨了拨烛心，使屋里亮堂了许多。接着又换上一把草香，慢悠悠地说：“二八中秋。”

“中秋不是过去了吗？”陈爽不解。

“不，是闰八月十五。”

“因出扫帚星，皇帝不是把今年的闰八月改为明年的闰二月了吗？”

“改？要知道天命难违。嘉庆可以把今年的闰八月改为明年的闰二月，天意可改不了。咱们还按历法闰八月十五日起事。”（注：扫帚星是一种彗星，是随太阳系运行的一种天体。远离太阳时，是一个发光的云雾状小斑点，接近太阳时，状如一只大扫帚。古人缺乏科学知识，认为只要彗星出现，必然会有灾祸降临人间，人们因此将彗星称为妖星。朝廷为此心惊肉跳，天下百姓却欢欣鼓舞，将彗星的出现当做改朝换代的先兆。）

林清关心地询问：“武器打造得怎么样？”

陈爽回答：“各地教友早都有所准备，已经分头锻造了一些，有的已秘密发放到教友手中。”

“事不宜迟，要抓紧时间。”林清站起身，在屋中来回踱了几步，沉思着说：“到时候与山东、河南同时起兵，咱们靠近京都，更要精心准备，加紧演练。到时候，一点差错都不能出！”

陈爽打听：“听人说山东、河南教友成千上万，人多势众。大哥，咱们的人马太少啦！”

林清答道：“这不要紧，河南的弟兄要派一千名精兵来北京助战，估计近几日内就会到达。这样一来，咱们就成了虎生双翼了！”

陈爽击掌叫好：“嗨，天下教友是一家嘛！”

“要紧的是，与各地的教友抓紧联络，按时起事！”

“好，我马上就去，把大哥的意思告知各路好汉，按约起事。”陈爽转身告辞。

林清和陈爽约定：明日去京城有要事办。陈爽早早准备去了。

在北京宣武门外报子街胡同里，有一座普普通通的四合院。一大早，林清和陈爽挑着菜蔬，踏着露水，风尘仆仆赶到城里，敲响了院门。

朱红大门轻轻地启开了，一个身穿绸布长袍、文里文气的年轻后生从门缝里往外扫了一眼，急急忙忙开门出迎，恭恭敬敬地作揖说："林大叔，你们有事进城来了？"

林清也立即还礼，微微笑道："福昌，令尊近日没有回家来吗？"

"没有。前几日有信来，父亲过两天要送家母一道回京，但不知可否能成行。"

"又来打扰你们了。"

"哪里，我们本来就是一家人嘛。林大叔，一家人不说两家话，您不要客气。"

陈爽听林清介绍过福昌，所以也就没有说客气话，跟着主人走进四合院。进了大门，迎面是一座用水磨砖砌成的雕花影壁墙。影壁墙旁，摆有两盆夹竹桃，小小的院落显得格外清幽。

陈爽以为已经走到了头，主人又折向西边，随手打开红漆四扇雕花屏门，恭恭敬敬地对客人说："请。"

走进屏门，里面又是一个长方形的院落。穿过院落，走进中门，进入一个更为宽敞的院落。院子重重叠叠，陈爽从来没有进过这样的人家，抬眼望去，只见院子四周的房子都带有走廊，院里青砖铺地，两株桂树花开正盛，整个小院弥漫的都是桂花的清香。

福昌引两位客人沿着青砖铺成的小径，径直走进会客厅，泡茶点烟。又吩咐仆人：今日来的是贵客，中午要好好款待。

陈爽坐在太师椅上，打量着湖绿色的高丽纸卷帘、洁白的纸糊天窗、朱红色的硬木家具和博古架上的各种古玩摆设，望着福昌的背影，有点不放心地向林清耳语："这种人家靠得住吗？"

林清答道："放心吧。不是一家人，不进一家门嘛！"

福昌转身到外面准备去了，林清向陈爽介绍说："福昌是独石口都司曹伦将军的儿子，年纪与你的大小相当，眼下正在紫禁城里供闲职。"

没等林清把话说完，陈爽便"忽"地一下从椅子上跳起来："依我看，当官的没有几个好东西。咱们走吧，为什么要和这号人来往？"

"坐下，我告诉你。"林清耐心开导说，"曹伦父子虽然出身官宦人家，但和别的官儿不一样，福昌更不同于一般宦门子弟。"

曹伦是汉军正黄旗人。清军进入关内、定鼎北京后，对汉人深为戒备，但后来又不得不任用一批汉族官僚。曹伦出身于书香世家，接人待物坦诚正派，所到之处，有口皆碑。五年前，曹伦应召出任江苏高邮州牧。州衙门内务总管上通皇亲国戚，下连地皮无赖，强夺财产，占人妻女，无恶不作。曹伦身为州牧，虽忍无可忍，却又无可奈何。一日，总管的一名亲信又闯入集市，调戏一名卖艺的小女子，当众强拽衣服，接吻搂抱。姑娘的父亲苦苦哀告，被打得皮开肉绽，死去活来。正在这时，一名中年汉子上前喝斥这帮家伙休得无礼，这帮家伙哪里肯听，反而围上去对汉子拳打脚踢。汉子被迫自卫，从一个家伙手中夺过刀，挥手将总管的亲信斩为两段。其余打手见状，吓得鬼哭狼嚎逃走了。等到总管闻讯，派兵前来缉拿时，那汉子已经投案自首了。

曹伦闻讯，当即开庭审讯。大堂外面门庭若市，许许多多的百姓赶来，诉说汉子杀人事出有因，恳求从轻发落。

曹伦很快问清了案由，十分作难。从心里讲，他很赞赏汉子路见不平、拔刀相助的义举，但又深知总管不是等闲之辈，哪敢轻易得罪。前几任州牧都是因为看不惯总管骄横跋扈，或无意中得罪了总管，不是被治罪丢官，就是被贬往别处。总管已经传过话来，打死他的亲从，如同打狗欺主，对凶手务必严加惩办，并要究拿同党。曹伦虽然对汉子存有同情之心，却又深知强龙不压地头蛇，一时不知如何是好。

杀人者是大兴县粮署差役，姓林名清，从京城来高邮经运河水路押运官粮，正遇恶奴欺凌民女，哪能置若罔闻，不管不问。

总管前呼后拥，乘轿来到大堂上，气势汹汹。曹伦见状，拍着惊堂木，高声问道："林清，你知罪吗?"

林清不卑不亢，大义凛然："为民除害，何罪之有?身为父母官，不主持公道，反倒为虎作伥，是何道理?"

一席话问得曹伦脸上一阵红一阵白，心里更加钦佩林清。因总管在场，话不宜多说，便命令将林清押进大牢，名为继续审理，实为暗中保护。

总管咄咄逼人："看来州牧大人对付不了这个杀人凶犯，还是由我带回府里处置吧!"

曹伦和颜悦色，连连摆手："总管息怒。国有国法，民有民规，对付区区一个莽汉有何难?只是此案重大，应该仔细审讯，再作处置也不迟。总管若是信得过我，还是由我来办吧，毕竟我是一州之牧，名正言顺嘛。请，到内室品品茶吧!"

总管虽是一肚子不高兴，也不好再说别的，小坐了一会儿，便愤愤然地走了。

曹伦之子福昌此时也在高邮，得知林清的为人和作为后，一再向父亲恳求，应将林清无罪释放。

曹伦默然不语，示意儿子不要多说话。几日之后，林清在狱吏帮助下，撬开门窗，逃出监牢。曹伦闻讯，派出兵马手执武器火把，摇旗呐喊，四处追捕，一无所获，只好收兵回营。

总管心怀疑虑，经过察访，方知是曹伦之子买通了狱

吏，偷偷放走了林清，但又苦于拿不出真凭实据，便挖空心思寻找别的借口。曹伦不久即以对百姓约束不严等过错被罢了官，离开高邮回到北京故里。罢官后，家中仅有祖产院落一座，生活非常清苦，夫人的衣服补丁一块又一块，曹伦出门时，竟找不出一件像样的衣服。虽遭同僚们白眼和耻笑，曹伦却丝毫没有悔意，在堂前写下一条横幅：淡泊明志。

林清对曹伦救命之恩深怀感谢，从此二人结为莫逆之交。林清见曹伦生活清苦，有时竟到了难以为继的地步，感慨万端地说："不要说是你做了几年州牧，如今就是一个知县任上几年，也早已是家产万贯了。像你这样的官实在是太少啦！"

曹伦平静地回答："祖上留下一句治家格言——清白做人、以诚处世。依我看，什么官位、都不过是身外之物，人生一世，做人比做官更重，我可不愿为了区区几两银子和官位，丢了祖上几世传下来的清名和家风。"

二人越说越投机，林清歉意地说："都怪我连累了你，叫你吃了苦。"

曹伦哈哈大笑："此言差矣。世无公正之道，你能见义勇为，实在难得。我敬仰都来不及，何来后悔？如今我这里是门前冷落车马稀了，你能常来走走，也是我求之不得的啊！"

从这以后，林清每次进城，都要在这里落脚。不久前，曹伦染了伤寒，高烧不止，卧床不起。林清闻讯，也深为忧虑，到处寻访医生和药方，还不辞劳苦从山里采来草药，曹伦服后很快病愈，曹伦感激不止。

林清看准机会，向曹伦说道："曹大哥，向无生老母祈祷吧，能保你从此祛病消灾，万事如意。"

曹伦不知这是天理教的诀言，也就跟着祈祷。

曹伦病愈后，受到前军统领的担保和举荐，又一次出任官职，被任命为独石口都司。上任之前，他专程到大兴县拜访林清，见林清正在召集教徒传授天理教义，不禁大为惊诧。他知道这是朝廷严令禁止的邪教，怕林清会因此遇祸。

林清把曹伦迎进屋后，坦诚相告："曹将军，有些话我没有给你说明白，请多加原谅。实言相告，我是天理教坎卦卦主，你可以向官府告发。"

曹伦听罢，着急地说："哪里话，你我交往非一时一夕，看我是那种鲜廉寡耻、卖友求荣的小人吗？不过，这种事事关重大，以后要多加小心才是。"

彻夜长谈，曹伦对天理教的教义和主张略知一二，虽然他并不十分赞成，但对奸佞当道的政局深为不满。林清所主张的"等贵贱、均贫富"的天理也打动了他的心。

虽然曹伦没有成为天理教的一员，但也乐于经常给林清提供方便、予以资助。林清进城联络教友，召集密会，购置武器，刺探军情，曹家的四合院便成了秘密联络点。

按照林清的吩咐，陈爽一身短打扮，戴一顶耷拉着沿的大草帽，到隆福寺与宫中太监、同是天理教徒的刘得财接头。隆福寺里，人群熙熙攘攘，善男信女进庙烧香拜佛，态度虔诚；游手好闲之徒闲游乱逛，沾花惹草。庙前有说书卖唱的、摆摊算卦的、耍猴弄棒的，吸引了众多的游人。

在隆福寺前的一条小街上，店铺林立，酒肆相连，酒保、伙计们用笑脸高声招呼着路上的行人；酒徒们的猜拳行令声此起彼伏，南腔北调。隆福寺院门两侧蹲着两尊高大的石狮子，睁大眼睛盯着这喧嚣的尘世，默不作声。

陈爽由西而东，穿过小街，靠在一座石牌坊前，摘下破草帽扇着风，趁势歇歇脚。

一个蓬头垢面，上了年纪的乞丐伸出两只瘦兮兮的脏手，可怜巴巴地哀求："大爷，您老人家行行好吧。"

陈爽叹了一口气，取下肩上的褡裢，摸了半天找出几个碎钱，给了老人。然后头也不回地走向小街尽头处的一家鸟店。

鸟铺前挂满了各种各样的鸟笼，有茶褐色小巧玲珑的百灵，有花言巧语的鹦鹉，有举止文雅毛色纯净的画眉，还有的珍禽奇鸟叫不出名字，一个个争奇斗艳，在笼中发出婉转悦耳的叫声。鸟铺的一角放有十几只小笼子，关着十几只小头短尾的褐色鹌鹑，在笼中又蹦又跳，摇尾耸翅，做出互不相让、决死格斗的架式。

“掌柜的，生意好啊？”陈爽走进鸟铺，没去注意搔首弄姿的鹦鹉，径直走向鹌鹑笼子，对正在摆弄鸟笼的店主打起招呼：“这鹌鹑好精神！”

店主人抬起头，放下手中的活，面带笑容迎过来：“客官，买一只鹌鹑斗一斗吧？”

“是要斗一斗，上真空家乡。”陈爽一边回答，一边伸出食指和中指，指尖向上，划了一个弧。

店主见了，也做了个同样的架式，问道：“小兄弟，面生的很啊，请问从哪里来？”

“京西宋家庄。”

“一家人，请！”店主人喜出望外，忙把陈爽迎进内室。

五年前，林清为了方便与教友联系，特意在隆福寺开设了这个鸟雀铺。店主人泡好茶，端给陈爽，问道：“尊姓大名？”

“不敢不敢，姓陈名爽。”陈爽连忙施礼。

店主笑着说：“久仰久仰。林大哥每次来都曾提到你的名字，可惜老朽出不了门，无缘见面。今日一见，果然才貌出众。这回林大哥有何吩咐？”

陈爽饮了一口茶，觉得又涩又苦，“啐”了一口，问道：“刘公公这两日来过吗？”

“没有，什么事?”

“有要紧事。黄花落地，大劫当临。”

“什么劫数?”

“过几日就知道了。林大哥要见太监刘得财。”

“大哥现在哪里?”

“宣武门外报子街。”

“那好。刘得财公公不常来，不过，刘金公公今日约定要来。”

正说之间，一个身材不高的人走进来，随随便便问：“掌柜的，有鹌鹑卖吗?”

店主起身迎接。陈爽见来人身着宫廷服装，腰系红带，语调尖细，生得白白净净，没有胡子，猜测可能是位太监，惊喜地问道：“是刘得财刘公公?”

“不不，是刘金公公。快请坐，刘公公。”店主回答。

“啥公公不公公。”来人脱掉宫帽，坐了下来，尖着嗓子说：“别再这样叫，难听死了。”

当太监的人不喜欢被人们称为太监，也不愿意让人叫公公或老公。他们净身以后，便成为断子绝孙、不男不女的人。被人叫做老公，听起来像骂八辈子祖宗。

陈爽没见过刘金，却也听说过其人其事。听店铺主人介绍后，便伸出食指中指打了个手势。

刘金当即笑吟吟地念了一声“无生老母。”

“嗬嗬，一家人不说两家话。”陈爽高兴地轻轻在刘金胸前擂了一拳。

“你们说话，我到外面看看。”店主离开内室，到外面放风。

“有什么吩咐，尽管说。”刘金问。

“我要见刘得财师傅。”

“怎么，信不过我?”刘金不高兴地说。

“不是信不过你，是事关重大，非得找刘师傅商量

不可。”

“就不跟我商量?”

“是林清大哥要请刘得财师傅。”

“啊，明白了。我这就回去请刘师傅。”

见刘金性格直爽，陈爽愈加喜欢，打趣地问：“老弟，你不怕事?”

“要是怕的话就不会入天理教了！你打听打听我刘金算不算一条好汉?”刘金拍着胸脯说。

“好，那你记着，明日你与刘得财师傅一起到宣武门报子胡同曹家院去，林大哥有要事吩咐。注意，千万要守密。”

“知道了。”刘金兴冲冲地走了。

第二天一大早，刘得财与刘金就借故出了紫禁城，赶到报子街曹家宅内，在前院客房见到林清，二人甩下马蹄袖，向林清行了个双腿安。

林清说明了与李文成在河南九月十五日起事的盟约，问起紫禁城内清军防务的情况。

刘得财说：“去木兰围场猎狩去了，镶黄、正黄、正白三旗禁卫军都跟去了，紫禁城内防务空虚，这个时候动手，倒是个好机会。”

刘金快人快语：“对，打了紫禁城，咱也出口气，先收拾孙德功那小子。”

刘得财想了想说：“不过，硬碰怕是不行，得想个办法。”

林清深思道：“是要想个办法。不过，宫中接应的事可要全靠你们谋划啊!”

左思右想，刘得财出了个主意：“要教友扮成商贩，趁机混入紫禁城，走东路和西路，如何?”

刘金知道，刘得财所指的是紫禁城的东大门东华门和西大门西华门，这里是宫廷各色人等出入的地方，容易混进去。刘金大腿一拍："对呀，走东华门西华门，我来接应！"

"我打头阵！"陈爽也自告奋勇。

再三商议，决定分兵两路，东路由刘得财、刘金引路，西华门由太监杨进忠、高广福引路，并让宫里另外十几名教友在各处接应。

林清吩咐陈爽："你明日就去房山找李五，你们二人打头阵进入宫中，我安排教友在京畿各地一起响应。"

刘得财与刘金正要告辞，曹伦大步走进来。两个太监见他身着官服，腰佩宝刀，急忙躲入暗中。陈爽警惕地向林清问道："他是什么人？"

林清来不及回答，惊喜地站起来，拱手相迎："曹将军，到底把你盼回来啦！"

"适与夫人同归。福昌告诉我诸位在此，这就过来了。"

林清连忙招呼刘得财和刘金："快过来吧，跟曹将军见见面。"

刘得财与刘金走出来，向曹伦行了单腿礼："给曹将军请安。"

"好好，既然是朋友，请不要客气。"曹伦亲亲热热地打招呼。

林清告诉曹伦："正有事要跟您商量一下。"

"什么事？"

林清直言不讳："民不聊生，大劫在即。无生老母命我天理教九月十五日南北一同举事，普渡天下众生出苦海。"

曹伦听罢，半天不语。最后，像是拿定了主意，双手攥紧剑柄。

刘金见状，急忙岔开了话题："林大哥，您别开玩笑了。"

“曹将军不是外人，不妨事的。”林清答，“即使曹将军不赞成，也决不会把我们卖掉。”

曹伦“刷”地一声抽出剑来，正色喝道：“如此说来，诸位是看不起我？”

刘金与刘得财急忙闪到林清身边，护着林清说道：“将军息怒，凡事好商量。都是兄弟，不要伤了和气。”

陈爽一时摸不清头脑，一只手握紧了腰间的短刀，不知如何是好。

曹伦大步跨入院中，手起剑落，将一棵几寸粗的桂树砍为两段，义正辞严地说：“诸位若信不过我，鄙人愿以此树为誓。拯救百姓于水火，乃天将大任，我辈当一往无前。只要林清大哥发话，吾愿竭尽全力而为之，即使是上刀山入火海也在所不辞。”

陈爽悬着的心终于放了下来。

刘金听后，转忧为喜，立即双腿跪地，叩了个响头：“曹将军如此仗义，我等真不该以小人之心，度君子之腹，差点误解了曹将军，惭愧惭愧。”

林清拉着曹伦的手说：“曹将军，有您鼎力相助，我们便如猛虎添翼。有无生老母保佑，有众教友齐心协力，我们何愁大事不成？”

说话之间，福昌也走进客厅。听到林清说到河南将派出一千人马到京畿助战，担心地询问：“山高水远，关卡重重，不知是否有意外发生，倘若到时候援兵来不了怎么办？再说，李文成会不会改变主意？倘若援兵不到，我们仓促起事，就难免声势不足。依我之见，此事应周密打算，援兵来时，仍按原定日期举事；倘若不来，就推迟几天。”

“推迟几天？”林清反问。

“嘉庆皇帝过两天就要回銮，到时候文武臣僚出城迎驾，京城空虚，城内城外一起动手，不是天赐良机吗？”

林清扳着指头算了算："按约定的日子，河南派来的弟兄们也该到了，不知为何至今还不见踪影。不过，我知道李大哥的为人，是不会轻易改变主意的，几天前，他还派养子刘成章来通过消息呢？常言说，君子一言，驷马难追，起义日期延后，岂不是失信了吗？闰八月，嘉庆劫日到了，我们还是按约行事吧。到时候三省并举，方能成就大事啊！"

曹伦点点头，没再说话。

林清决心已下，吩咐众人："各位兄弟分头准备吧，万万不可误了大事！"

三

嘉庆十八年（1813 年）七月至九月初，正当起义的准备工作进入高潮时，社会上也逐渐传开了一些起义的风声。京畿大兴、宛平二县境内就流传着"若要白面贱，除非林清坐了殿"，河南流传着"若要红花开，须待盐霜来"，"专等北水归汉帝，大地乾坤只一传"的歌谣。但是，北京城里的王公大臣、官僚们由于长年囿于舒适、安逸的生活之中，对此却好像完全没有看到和听到一样。有人将林清同太监的联络活动情况报告了清廷步军统领吉纶，可是这位京城警备的最高长官却训斥说："近日太平乃尔，尔作此疯语耶！"天理教首领祝现的族兄祝嵩山得知林清即将起义的消息后，叫其侄祝海庆立即报告豫亲王，但豫亲王置若罔闻，加以隐庇。卢沟司管河巡检陈绍荣在九月十日，"赴东南乡一带巡查，见该地不种麦子，传询乡民，俱云害怕，不敢种麦，再加诘问，辄纷纷躲避。"后来陈绍荣也将林清要"造反"的消息密报宛平县知县陈钜钏，陈当即又向顺天府府尹呈报，但得到的回答却是："总须访问确实，此时断不可混拿，恐轻举妄动，激变良民。”因而陈钜钏也对陈绍荣说：“此时断不可拿，只好劝谕无事而已。”候选员外郎安顺也对告密的家奴斥责说：“你疯了，满口胡说！现在太平之时，断无此事，莫说一个林清，就是百个林清也不敢闹事，真是胡说。”统治阶级坐在即将要爆发的火山口上还一味粉饰太平。

然而，山东、河南天理教的宣传鼓动却引起了清朝地方官吏的注意，并受到严厉地镇压。

嘉庆十八年（1813 年）二月，天理教首领徐安国受林清之命来到山东金乡县，通知当地教首崔士俊说：“今年九月以后白阳劫就要来临，届时老教首要送给每个徒弟一面小白旗，插在门上，准备起义。”实际上是要他做好迎接起义的准备。七月，崔士俊在金乡城西茂林椎牛、设酒享客达八昼夜之久。除了当地的天理教徒外，金乡的县役、营兵也都前来赴宴，热闹异常。他一开始就把这次活动与反清结合起来，公开称林清为教内的总教师，说林高居“云城”，即远望为云，近观为城。崔士俊为了鼓动与会者入教，还宣传天理教活动的地区非常广泛：南至黄河北至燕，东至大海西至山，其间数万人俱习天理教。他强调说，总教师林清发布的命令是“大令”，全体教徒必须无条件地绝对服从；徐安国发布的命令是“小令”，也要服从。崔士俊还自称为“天下都招讨兵马大元帅”，封其婿李敬修为后军都督，并定于七月二十八日开科取士，铨选官吏。李敬修则宣称：“金乡有乡绅宅，异日即为我第也。”这些有鼓动力的宣传虽鼓舞了群众，但也将机密过早的泄露了出去，以至金乡知县吴堦对他们进行了一次突然袭击，与会者全部被捕。吴堦从崔士俊口中得知他们的总教师是“刘林”（实指林清），“居京南二十里外”，就向清廷火速报告，请兵擒捕。这一事态割断了京畿和山东天理教徒之间的联络。

夜深了，嘉庆皇帝打了几个呵欠，放下奏章，走近龙

床，正要叫人服侍睡眠，忽听外面脚步声急促，人语喧喧。

一名太监进殿报告，军机处遣兵部送来六百里急报，称有要事启奏。

“来人现在何处？”嘉庆皇帝忙问。

太监答道：“在中门外候旨。”

清宫中凡传递重要文书，都要由军机处用银印加封，再交兵部发往驿站传递，速度快慢由军机处司员视情况而定。马上飞递，一般日行三百里。既然是六百里飞报，一定是特急文书，发生了什么大事。

嘉庆皇帝睡意全无，叫人立即把急件送上。拆开看时，是河南代理巡抚高杞的急奏：滑县天理教聚众谋反，攻进滑县县城。

最担心的事情终于发生了。一旦一个地方起事，势必会此起彼伏，嘉庆皇帝只觉得头晕目眩，惊出一身虚汗，他马上传谕叫来随行的内阁大臣，商讨对策，并要立即派人到河南查明详细情况，准备班师回朝。

滑县起义爆发后，滑县的老百姓听说真主降世，个个兴高采烈，扶老携幼到城里瞻仰真主容颜，祈求保佑。李文成热情接待，嘘寒问暖，并邀请四方耆老，商量策略。百姓们高兴地唱道：寒霜举义旗，黄花遍地开。砸了县衙门，百姓乐开怀。

山东西南地区天理教也一同响应，进行了起义：道口会议后，天理教首领徐安国受林清、李文成之命，来到山东西南地区，积极策划反清起义。他鼓励教徒说：起义后“若得了功，能识字的就给官做，不识字的就给地种”。在他的具体指导下，这一地区的起义准备工作也逐渐进入了高潮。九月初九日傍晚，二百余名天理教徒在朱成贵、刘允中率领下，潜伏在定陶城下。次日黎明城门一开，起义者出其不意地冲进城内，砸开监狱，释放犯人。接着在巷

战中杀死了定陶外委张廷力，然后直冲县衙门。县令贺德瀚急忙出来迎战，被砍了脑袋。与此同时，曹县的天理教徒也在李克让的领导下，杀进县衙内，杀死知县姚国旃及其家属、幕僚等二十八人。曹县营参将刘凤阶听到县城失守的消息后，匆忙带了二百兵丁前往镇压，半路与起义军相遇交火，结果全军覆没，刘凤阶“仅以身免”。起义声势迅猛发展，仅长垣至滑县交界的二三十里处，起义军的营寨连绵十余里不绝，旌旗蔽日，声势十分浩大。当地的官僚、地主们面对着这不可遏制的形势，到处拼凑乡勇、团练，妄图拼死抵抗。在金乡，知县吴堦强令六十岁以下、十六岁以上的男子都要操练拳棒和长枪，以防守县城。他还把城外的小村并入大村，组织团练，筑堡据守。起义军进攻金乡不克，转而扫荡各村的地主武装，先后攻破了十七个村堡，剿灭了大批团练和乡勇。直隶总督温承惠忙向清廷“飞书告急”。嘉庆闻讯，命令温承惠为钦差大臣，带兵会同河北镇总兵色克通阿由北面防御，山东巡抚同兴在东面堵截；令代理河南巡抚高杞紧守西南两路，防止起义军偷渡黄河向南发展，同时派兵堵住太行山谷；令大同镇总兵张绩在太行山外扼要处所驻扎，严防起义军进山；令徐州镇总兵沈洪带兵“迅速由东南迎头北上，正可并力兜围”；命两江总督百龄带兵驻扎徐州，防止起义军向江南逃跑。当时嘉庆对这次起义的严重性认识不足，只把它看做是地方性的小起义，属“疥癣小疾”，虽也指令要迅速“剿灭”，但兵力的调动和部署都着重在“防堵”、“夹击”。只是到了九月十五日林清起义军进攻紫禁城的事件发生后，嘉庆才从昏愦中惊醒过来，意识到了事情的严重性，转而全力镇压这次起义。

滑县起义后，由于清兵的围追堵截，李文成的队伍未能迅速北上，而林清在北京对此一无所知，仍按原计划进行起义。

九月十四日，陈爽、陈文魁等率领大部分起义者潜入北京，傍晚分别到前门外鲜鱼口的庆隆戏园、城内的店铺以及太监杨进忠家住下。一时找不到住处的，就在永定门外的坟地里呆了一宿。十五日晨，又有一部分起义军战士在李五的率领下，从固安、雄县混进京城。正午，攻打紫禁城的起义如期发动了。但是，在预定召集的二百人中，有的未联络上，有的进城较晚，还有的一时找不到带队头目，结果准时到达集合地点的，总共不到一百人。他们大多扮作行商小贩，挑着藏有刀械的柿子筐来到集合地点，接着就向紫禁城行进。

由陈爽、刘呈祥等率领的东路队伍约二十余人，聚集在南池子的一个酒铺里。早已在那里等候的太监刘得财，当即把他们带到了东华门。走在最前面的陈爽等七、八人，都披着长衣服，到了门口就径直向里走。守卫官兵上前阻拦，他们立刻从腰间拔出刀来，在刘得财、刘金玉的指引下向里冲。守卫官兵追进门内，一面关门，一面大喊“捉贼”。这时，只有陈爽、王世有、龚恕、祝真和刘金玉五人冲了进去。紧跟在后面、正要往里冲的李士安（李老的儿子）和他率领的十余个起义战士，一看形势不利，赶紧分散。押后的刘呈祥和其余战士也因无法攻破坚厚的宫门，只得各自散开，出城隐匿起来。陈爽等五人进了东华门后，兵分两路：龚恕、刘金玉由刘得财带领直冲苍震门，准备先杀死总管太监常永贵；而陈爽等三人则杀进了熙和门。在熙和门，正遇见从修书馆里出来的送煤人（他们每日担煤入东华门，送给修书馆烧用，因其面目黧黑被馆中人呼为“煤黑子”）。送煤人不知缘故，大喝道：“你们怎么拿着刀？难道要造反？”陈爽等笑着说：“是要造反！你问这个干吗？”送煤人抄起扁担就打了过来，双方扭成一团。由于送煤人的大嗓门，惊动了熙和门守卫，急忙将门紧闭。不巧，侍卫那伦晚来一步，即被关在门外。

那伦是康熙朝内大臣明珠的后代，仰恃祖辈功劳过着奢侈腐化的生活。“少时家巨富，凡涤面银器日易其一；晚年贫窭，一冠数十年，人争笑之。”后来进宫当了侍卫。此时，他正在太和门值班，听到起义军闯进宫内的消息后，感到自己升官发财的机会来到了，急忙持枪奔向熙和门，有人劝其“缓行”，他还冠冕堂皇地说：“国家世臣，当此等事，敢不急赴所守耶！”等他赶到熙和门时，门已关闭。正在彷徨间，陈爽等人已赶到门下，双方刀来枪往，不几个回合，那伦就作了起义者的刀下之鬼。礼部侍郎觉罗宝兴正从上书房出来，目睹此景，胆战心惊，又看到陈爽等人手中拿着明光闪闪的大刀，正向他奔来，吓得出了一身冷汗，犹如丧家之犬，拔腿就往回跑。在景运门值班的署护军统领杨澍增和镶白旗护军校图敏，都闻声提刀跑出，并传集守卫官兵出来迎战。杨澍增将临时拼凑起来的百余名清兵分为两部分，一部分守住苍震门，将冲进去的龚恕、刘金玉打倒后活捉。刘得财急忙隐蔽起来。刘金玉急中生智，立即边喊“捉贼”，边举棍朝龚、刘二人身上就打。不料，他的举动早已被人看得一清二楚，立即被捕。另一部分清兵由杨澍增亲自带领至东华门捉拿起义军。杨赶到东华门时，见门已关闭，除留十多名帮助警戒外，率领其余清兵回身追捕陈爽等人。这时又传来了西华门有起义军闯进的消息。他随即带人奔赴景运门、隆宗门，把城门关堵起来。此时，被吓得魂不附体的觉罗宝兴已将消息报告皇次子旻宁（即后来的道光皇帝）。旻宁慌忙下令取撒袋、鸟枪、腰刀迎战，同时传令各个城门立即戒严。在紫禁城内孤军奋战的王世有、祝真先后战死；陈爽在苍震门以北和两名清兵交手，刚击倒其中一个，就被前来支援的清兵包围起来，他孤军奋战，砍伤官兵多人，终因寡不敌众，多处受伤而被俘，至此，东路的进攻完全失败。九月二十日，伤势日重的陈爽被清兵绑赴市曹，寸磔处死，为反清大业贡献了自己的生命。

起义军攻打西华门的经过是这样的：九月十四日晚，太监杨进忠在自己家中会见了刘第五，约定次日以头缠、腰系白布带为接应信号，十五日晨，陈文魁、刘第五率领的西路队伍约五十人，在宣武门外菜市口集合后，都装扮成卖柿子、白薯的小贩，把刀藏在筐内。正午，杨进忠、张太和高广福前来接应，全队迅速把筐子翻倒，取刀在手，一齐抢进西华门内，并立刻把门关闭，以拒官军。然后，太监张太带领刘老二（天理教头目刘进亭之子）等几个起义战士从马道跑上城墙，将写有“大明天顺”、“顺天保民”的小白旗插上城头，作为向城外起义战士和河南援兵发出的信号。另一部分则由杨进忠和高广福带领，先冲进尚衣监，除躲藏的几个老妇人外，杀害了所有的人。后又入文颖馆，“杀供事数人”。当时编修官陶梁正在室内校点书籍，听到砍杀声后即出门观看，突然一名起义者举着带血的刀问他：“金銮殿在什么地方?”陶梁这才如梦初醒，大惊失色，急忙回身向室内跑，起义者穷追不舍。眼看就要追上，正巧陶的仆人提着茶壶到来，赶紧用自己的身体挡住他，被起义军砍了数刀。陶梁逃脱后，立即钻到室中的一个大书柜中，不敢出来，侥幸保住了一条性命。

杨进忠接着又将起义者带到隆宗门，和先期到达那里的刘进亭等十余人会合，准备进攻养心殿。这时，从不远处又传来了急促的脚步声和喊杀声。杨进忠定睛一看，隐约看到杨澍增带领几十名清兵正向隆宗门追来，急忙溜回菓房，躲藏起来。

起义军攻进皇宫，打乱了统治者的方寸，犹如晴天霹雳，猝不及防，乱作一团。平时作威作福、神气十足的王公大臣、皇子后妃们，一个个被吓得魂飞魄散，抱头鼠窜。礼亲王昭梿、庄亲王绵课、贝子弈绍等人还算胆大，居然要进宫救援。可是一进神武门，便不约而同地转到皇

宫西北角的城隍庙前不敢前进。继而看到聚集的官兵不满百人，余皆仆隶，更使他们不敢妄动。随后来到的成亲王永理，喝得醉醺醺的，虽然凭着酒劲口出狂言："何等草寇，敢猖獗乃尔！贼在何处，俟吾手击之。"但也不敢前进一步。这时，掌握火器营事务的镇国公弈灏提议说："是日火器营官兵，皆聚集箭亭，以备拣出征（按指去河南滑县镇压李文成起义），可招而至也。"众人犹如捞到一根救命稻草，齐声高呼："君言大是。"弈灏随即前去调兵。与此同时，惊魂未定的旻宁也急令总管太监常永贵传话，命令各营步军及火器营兵等各携枪枝、弓箭和腰刀，速至各处搜捕捉拿起义者，以解救宫内危急局势。

起义军来到隆宗门时，见门已关闭，于是找来两根杉篙，猛力撞门。里面的清兵从门缝里射箭抵挡，刘进亭等十多人在门外猛力攻击。这时，镶黄旗护军校德楞额怀揣门上的合符从门外一间北屋走出，马上被几名起义战士围住砍了三刀，当即昏倒阶下，形同死去（第二天拂晓才又苏醒过来，侥幸保住了性命）。在双方僵持不下之际，有五六名起义者从门外诸廊房爬上墙头，准备从西大墙跳进院内打开隆宗门。站在养心殿石阶上焦急等待援兵的旻宁见此情景，吓得手足无措。他身边的常永贵提醒说："若不用鸟枪拦打房上、地下之人，无所施力。"旻宁只得硬着头皮瞄准起义军放了一枪，一名起义者被打落在地，但其他人却丝毫没有害怕的样子，依然站在墙上。其中一名小头目还手执白旗召唤门外的起义者，不幸又被旻宁的冷枪击中。不久，成亲王永理、镇国公弈灏等人率火器营兵千余人，庄亲王绵课率百余人并数十名矛手，陆续开进神武门。礼亲王昭梿顿时来了精神，也在后面督率官兵前进。队伍中有一个副都统超勇公海兰察的儿子安成畏缩不前，昭梿就上前抚着他的脊背鼓励说："君乃勋巨世荫，不可有坠家声。"安成只得随队前进。这时，从慈宁宫伙房传来了阵阵枪声。原来是庄亲王绵课正率兵追杀起义者。他先用箭射倒一名起义战士后，就指挥官兵枪、箭并发，其他几名起义战士抵挡不住退至隆宗门。庄亲王绵课、安成和弈灏先后追至隆宗门下。这时，起义军头目李五正将门外值宿者的被褥抢到房檐下，准备纵火焚门，绵课等人指挥清兵向起义者猛烈攻击。在强大敌人的反扑之下，有几名起义军战士被俘，剩下的李五等数人势孤力薄，不得不迅速南撤。在武英殿东的御河旁边，有几名起义战士奋勇抗击追赶的敌人。但因清兵人多势众，无法抵挡，他们有的战死，有的纵身跃入御河，宁可死也不愿成为清军的俘虏。死也不愿落在清军手中。其他被打散的起义者，有的匿于城堞、草丛中，有的藏在夹道子里或五凤楼上，准备伺机打击敌人。李五本人也在宫内一名工匠的指引下，藏进御刻石槅间。还有几名起义战士在高广福的带领下，手执写有“奉天开道”的小白旗奔上南面的紫禁城头，高呼着口号迎击追捕的敌人。高广福不幸被弈灏一箭射中，自城楼跌地摔死。其他的起义战士在力战之后纷纷跳出城外，有的被摔死，有的被俘，逃得性命者都迅速离开了北京城。

天色渐晚，留在宫墙上的起义战士依然昂首挺立于城头。清兵一窝蜂似地在城下拥来拥去，但没有一个人敢往上冲。礼部尚书穆克登阿忧虑地对礼亲王昭梿说：“天已昏黑奈何?”昭梿强振作精神说：“今十五夜，有月光照耀，盖安众心也。”穆克登阿仍不解其意，说：“月光终不及日。”昭梿“即指心以示”穆克登阿，穆乃改口说：“月光固皎如昼也。”以此为清兵打气。为防止起义军乘黑夜突围，昭梿亲率火器营兵数百人屯于西华门侧，成亲王永理又命护军统领石瑞龄、义烈公庆祥、散秩大臣鯀怀、副都统策凌等人分守四个禁门，加派庆额及其所管正蓝旗护军营弁兵守卫西华门。半夜时，太监张太由城堞蛇行至东

华门，伏于马道上，被奕灏擒获，清廷始知是宫中的太监把起义军引进了紫禁城。到了下半夜，起义者正打算火烧午门上的五凤楼，借机突围。不料霎那间，雷声大作，暴雨如注，焚楼突围计划无法实施。在清军的枪林弹雨之下，起义者只得四散隐蔽。

十六日天明以后，清兵仗着人多势众，在昭梿、永理等亲王的率领下，四处搜捕起义者。经历了一天激烈战斗的起义者，这时尽管已经饥疲不堪，许多人还负了伤，但一旦被清兵发现，无不拼命抵抗。当清兵搜捕内务府衙门时，藏在那里的一个起义战士出其不意地一跃而出，挥刀砍中一名郎中的肩膀，随即逃走。另一名战士在五凤楼被宗室果齐斯欢发现，他毫不畏惧地挺刃搏斗，直至力尽牺牲。还有一个叫张文得的起义战士，原来藏在一个夹道子里。当看到一名起义者被一个头戴水晶顶大花翎子的官员在追赶中踢掉了他手中的刀而被杀死后，当即奋不顾身地向这个官员扑去，顺手拾起同伴掉在地上的刀将官员砍倒。接近中午时，庄亲王绵课率领长枪手数十人来到昭梿面前，两人“筹画兵食”，决定派人到街中购买饼饵。午间，绵课亲将饼饵散给清兵，“数人共一枚，不足充饥”，昭梿立刻“修书寄家中，命运米数十石以供军食”，至晚米至，饥饿了两日的清兵才得饱餐。日落时，在御书处巡视的一个火器营兵听到石隙中有人说话，赶紧报告昭梿，昭梿立刻带兵前去搜捕。藏在其中的李五等人即以饥饿疲惫之躯与敌人顽强肉搏，有的战死，有的被活捉，李五本人身受重伤，当晚壮烈牺牲。至此结束了西路的战斗。虽然这次起义失败了，但起义者这种英勇不屈、浴血奋战的大无畏精神却永远值得人们钦佩、颂扬。

在击溃了进攻紫禁城的起义队伍之后，清廷上下仍然提心吊胆，惶惶不可终日。十六日黄昏，紫禁城内谣传起义军正向西长安门发起进攻，礼亲王昭梿即命传集官兵，

“列队以待，兵士有惊诧者”，昭梿大怒，欲将其“正法，众乃帖服”。过了一会儿，见是古北口提督马瑜率兵来京，一场虚惊才算过去。十七日晚间，紫禁城外又盛传京城西南隅的太平湖“业已接战”，“西长安门已破”。守午门的清将策凌得此消息首先开门逃跑，宫内的亲王和大臣们也吓得变了脸色。一直折腾到下半夜，并没有发现一名起义军战士，真是草木皆兵。十八日，昭梿、绵课率兵在宫中搜查时，发现了编修官陶梁。这位老爷已在大书柜中躲了三天三夜，连吓带饿，此时已奄奄一息了。

紫禁城之战发生时，嘉庆帝正驻跸热河（今承德）。十六日，他接到皇次子旻宁《枪毙贼匪折》后，得知起义者攻入紫禁城内而惊恐万状，“垂泪览之……笔不能宣”，马上启程回京。当他行至白涧行宫，虽然又从王大臣的奏折中得知起义基本被镇压，略微放心，但预感到起义对清朝统治的严重威胁，急令吏部尚书英和先行回京处理善后事宜。接着又连下三道谕旨，其中一道谕旨赞扬旻宁“身先捍卫（禁宫），获保安全，实属忠孝兼备”，特晋封为智亲王，加倍给予俸银一万二千两；另一道谕旨称：“贼匪擅入禁门，步军统领吉纶、左翼总兵玉麟毫无觉察，其罪甚重。吉纶、玉麟俱著革职。”第三道谕旨命令陕甘总督那彦成“驰驿兼程来京陛见，并酌带勇干将备听候差委”。显然，嘉庆帝为了避免刚刚扑灭的五省白莲教起义重演，决心以最快速度扑灭北京和滑县正在燃烧的起义烈火。十八日，嘉庆帝为安靖人心，故作姿态草拟了《罪己诏》。十九日，当他路经烟郊时，“讹言有贼三千，直犯御营”。他的扈从大臣、兵丁都吓得面如土色。嘉庆帝只得强振精神，为他们打气，下谕旨说：“不必惊惧，倘贼果至，汝等効死御之，朕立马观之可也。”结果又是一场虚惊。当天，嘉庆帝回到北京，王公大臣迎驾于朝阳门内。君臣相见，如丧考妣，呜咽失声。他在诸臣簇拥之下进入紫禁城

后，即颁下《罪己诏》。他在《罪己诏》中自称“朕以凉德，仰承皇考付托，兢兢业业，十有八年，不敢暇豫”，“我大清国一百七十年以来定鼎燕京，列祖列宗深仁厚泽，爱民如子，圣德仁心，奚能缕述?”再三表示“突遭此变，实不可解。”他最后虽然不得不承认这次起义“祸积有日”，惊呼它“酿成汉、唐、宋、明未有之事，较之明季梃击一案何啻倍蓰！思及此，实不忍再言矣。”但又把“当今大弊”归结为“因循怠玩”四字，教训诸大臣说：“若愿为大清国之忠良，则当赤心为国，竭力尽心，匡朕之咎，移民之俗；若自甘卑鄙，则自当挂冠致仕，了此一身，切勿尸禄保位，益增朕罪。”几天之后，嘉庆帝和文武大臣回过神来以后，就开始向起义群众挥舞起手中的屠刀。

四

直鲁豫三省交界地区农民起义的消息传到京师，嘉庆帝立即布署了紧急应对措施：派直隶总督温承惠为钦差大臣，带兵由北面包抄，令山东巡抚同兴在东面堵截，又令河南巡抚高杞紧防西南两路，“勿使渡河奔窜，亦勿令窜入（太行）山谷”。不久，再派大同镇总兵张绩“前往山外扼要处所驻扎”，徐州镇总兵沈洪率军迅速由东南迎头北上，“并力兜围”，两江总督百龄带兵驻扎徐州，防止起义军向江南逃跑。不难看出，这种兵力调动和部署主要是为了防堵。直至九月十五日林清起义军进攻紫禁城的事件发生后，嘉庆帝才认识到问题的严重性，转而全力镇压这次起义。

嘉庆帝由于在川楚农民起义刚开始时镇压不力，总结了教训，于九月十七日改以陕甘总督那彦成为钦差大臣，总管一切军务，同时把能征善战的陕西提督杨遇春和清军

2 万余人调往河南。此后不久，嘉庆帝又派托津为监军，驻守直隶开州督战。这样，温承惠在北，同兴在东，高杞在南，杨遇春在西，逐渐形成了对起义军的严密包围。与此同时，清廷还命令地方官吏组织乡勇，坚壁清野，使“贼众被剿奔窜之时，因所至有备，不致肆行裹胁”。

九月下旬，清军开始向直鲁两省的起义军大举进攻。十月上旬，先后攻下了山东起义军的主要据点定陶、扈家集、曹县。同时，各地官吏选乡勇，办团练，坚壁清野，配合清军将分散在山东各地的许多小股起义军击破。在直隶南部的开州、东明、长垣一带，由于起义队伍过于分散，不懂得集中兵力对付敌人，结果从十月初至十一月初，在清军三次攻势之下，接连失去一个个据点。至此，山东、直隶地区的起义军主力基本被消灭，只剩下河南滑县、道口、桃源三个据点。

道口（今河南滑县）在滑县西北 18 里，西面紧靠卫河，是滑县附近最大的起义据点，李文成特派冯克善、徐安国等在此防守。十月初九日，温承惠、高杞等人率领清军从卫河西直扑道口，遭到起义军的迎头痛击，狼狈逃回。刚从陕西进抵河南的那彦成得此消息，屯兵卫辉（今汲县）不敢前进，受到嘉庆帝严旨痛斥。嘉庆帝警告那彦成：“今日之旨，是汝生死关头，信与不信，凭汝自议，掷笔付汝，好自为之。”那彦成被迫率杨遇春等向道口一带移动，先攻占新镇、罗家寨、周潭村、丁栾集等据点，对道口形成步步紧逼之势。李文成鉴于清军强大的攻势，命令徐安国伺机转移，前往太行山开辟新的局面（后由于清军严密堵截而未能实现），并令冯克善准备突围，前往山东联络天理教徒，以支援河南起义军。

十月二十一日，道口起义军分两路进攻清营，那彦成派杨遇春、格布舍分路迎战。清军在枪箭的掩护下，用马队冲锋，步队继进。起义军英勇还击，与敌酣战竟日。冯

克善乘混乱之机，“独骑白马，持大刀，弃滑奔山东去”。

冯克善出走后第四天（即十月二十七日）清晨，那彦成、杨遇春指挥万余清军分7路进攻道口，同时派兵伏击滑城援军。徐安国率万余起义军民全力抗击，打退清军的多次冲锋。最后，清军使用大炮的威力，突破了起义军的防线，攻占道口，并放火烧城。徐安国率左右杀开一条血路，直奔滑城。这一仗，起义军伤亡万余人。

冯克善奔往山东后，由于当地起义已遭镇压，准备转往山西蒲州（治今永济西）一带发动教徒，再图起义。不幸的是，当他十一月十九日走到直隶献县三角村时，为知县侦知逮捕，后被解京处死。

道口陷落以后，镇守桃源的天理教首领刘国明感到，桃源乃弹丸之地，起义军兵力薄弱，如一味固守，必遭全军覆灭，便于十月三十日乘夜暗率众退守滑城，与李文成等紧急会商下一步的对策。

清军攻占道口后，随即把起义军的大本营滑城作为进攻的目标。面对清朝大军压境而起义军援军不至的紧急形势，李文成决定亲自前往山东，以聚集直鲁起义军余部往援河南起义军。在刘国明等人的陪护下，李文成乘坐大车秘密离开滑城，率部分起义军向开州、东明等地进发。尽管当时三省交界地区的起义已经失败，但由于李文成在群众中有很高的声望，故这支队伍经过的地方仍有不少贫苦农民参加进来。不久，便由出发时的1000余人激增到4000多人。李文成等转移的头几天，清军既未摸清他们的真实动向，更不知道李文成就在其中。直至十一月初十日，那彦成才从一个俘虏口中得知确切消息后，赶紧向嘉庆帝做了汇报。不久，嘉庆帝命清军加紧对这支起义军围追堵截，务要生擒李文成以泄忿。

十一月初，李文成等人在长垣县境内稍事休整，适逢“四川提督奉调带兵赴滑县围剿，经过东明……因恐贼匪东窜，即在东明县属郝士连村扎营”。李文成意识到前往山东之路断绝，为避免自投罗网，遂当机立断，改由豫北向直隶进军。途中再次受到清军和乡勇的堵截，被迫退到辉县西北60里群山环抱的侯兆川，占领了川北面的司寨，准备向山区发展，与尾追之敌周旋。但由于清军早已执行嘉庆帝“勉力防堵，勿令入山”的谕令，防范甚严，起义军无路可退，只得在司寨与清军决一死战。

司寨东面靠山，西南有河，四周围墙耸立，是一个易守难攻的山寨。李文成率领起义军刚一进寨，尾追不舍的清军总兵杨芳部就占领了寨北的一些村镇和侯兆川北面的咽喉白虎岗。十一月十九日清晨，杨芳派400名清兵到寨前挑战，而以大部队埋伏于岗前的山坳之中。清军佯装败退，将起义军引入伏击圈，双方展开激战。起义军虽英勇顽强，但伤亡甚众，只得退守阵地。次日清晨，清军再次发起进攻。经半天激战，清军将寨墙轰塌了一段，乘势冲入寨内。起义军“据险掷石，枪炮齐发，官军死伤甚众”。当杨芳亲自督军包围李文成所在的碉楼时，刘国明持刀跃出，将两名清兵接连杀死后壮烈牺牲。此时，杨芳趾高气扬的高喊：“有能擒李文成来献者，受上赏；文成若投出，余贼皆免死。”双足已被刑断的李文成无畏地高呼：“李文成在此！欲杀即杀，断不肯降！”最后举火自焚，壮烈殉难。剩下的数十名起义者也群相拥抱，让烈火吞没了自己的身躯，充分显示出英勇献身的大无畏精神。

李文成牺牲后，清军全力围攻起义军的最后一个据点滑县县城。

早在李文成离开滑县之前，他就组织和领导当地军民进行了下列战备工作：第一，把道口屯粮运至滑县城内，足够一年之用；第二，清除清军奸细，绝敌内应；第三，训练士卒，部署兵力，将城西、北、南三门堵闭，只开东门出入，门内安放大炮。李文成率部分起义军从滑城转移

后，守城重任就由大元帅宋元成、军师牛亮臣及李文成之妻张氏等肩负起来。

十一月初，滑县县城被清军团团围住，清军还在城外建立炮台，掘挖地道，并将林清的首级悬挂于营帐外，企图瓦解起义军的军心。为加强防守力量，起义军加紧赶制了4门大炮、11杆大鸟枪，还从地下刨出600斤硝磺制造弹药。起义军不断抛下断碑巨石，压塌清军地道，使敌千总以下多人毙命，又采用以地道制地道及水灌等方法，对付敌之地道战术。由于滑县系河南四镇之一，历来为军事要地，城墙坚厚，易守难攻，加之起义军防守顽强，清军围困月余，始终未能攻破。

十二月，那彦成在嘉庆帝限期攻占滑县的严令威逼下，命杨芳等加强攻势。初九日，清军在城西南角挖的地道越过城墙根，西门的地道也已进到城内。次日，清军发起猛烈进攻，但多次冲击受挫，狼狈退回。正当起义军集中全力抗拒扑城之敌时，一声巨响，把西南和西面的城墙轰塌了一大段。清军从缺口冲入城内，起义军拼命抵抗，牺牲了三四千人。接着，起义军在街巷和清军展开肉搏战，“自卯至酉”，“阅七时之久”，最后起义军大部战死，少数被俘，滑城沦于敌手。

在这场惊心动魄的战斗中，起义军中的女英雄、李文成的妻子张氏，表现得十分英勇。城破之时，牛亮臣、徐安国劝她“诡作被难妇女出城”，她毅然表示：“城亡与亡，不死者非英雄!”接着，挥刀参加巷战，击杀多名清兵，最终与女儿一起自尽。

滑城陷落，标志着京畿和直鲁豫三省交界地区农民大起义的最后失败。

第七章　猝死热河

嘉庆帝在位期间，虽然内忧外患接连不断地出现，但经过他二十多年的苦心经营，平息了天理教紫禁城之变，肃清了广东、福建、浙江三省海盗的骚扰，镇压了陕西、江西、安徽、云南等地木工、农民、少数民族的起义，斥逐了英国阿美士德使团的无理行为，维护了清王朝的尊严，且不时免征百姓赋税，兴修河道，抗灾赈济等等，倒也能够守住父祖留下来的不世基业，把偌大的大清江山打点得社会安定，百姓安居乐业。他高高兴兴地度过了六十大寿，心满意足，决定围猎木兰，痛痛快快地享受一番。

嘉庆二十五年（公元 1820 年）七月，嘉庆帝按往年惯例来到木兰围场秋狝。秋狝全过程分为两个阶段。首先进驻热河避暑山庄，在此处边消夏边处理政务，大约占整个秋狝时间的三分之二。第二阶段即秋凉以后，再行北上赴木兰围猎，会见各蒙古王公大臣，加强与周边民族的和睦关系。在嘉庆皇帝看来，木兰秋狝主要是习劳练武，避免八旗由安逸而荒疏武备，同时也为款洽周边民族，并不是盘游畋猎，游玩欢览，而是遵从祖制家法，绍统守成的重要举措。七月十八日清晨，嘉庆帝自圆明园启銮。因皇后钮祜禄氏年老色衰，嘉庆帝让她留在宫中，随行的只是几位年轻的妃嫔。其他随行的除御前大臣、军机大臣及总管内务府大臣等外，还有皇次子智亲王绵宁，皇四子瑞亲

王绵忻，皇长孙贝勒奕纬。命肃亲王永锡，大学士曹振镛，协办大学士兵部尚书伯麟，吏部尚书英和等留京办事。一切都很正常，当时谁也没有想到，嘉庆帝的这次离京，竟是他人生道路上的最后一段旅途。

嘉庆帝一行，自圆明园往北经汤泉，第一天抵达位于顺义县西北之南石槽行宫，二十日驻跸密云县行宫。直隶总督方受畴奏称："深州（今河北深县）地方，秋禾多有双穗至十一穗者"，并摘取了二十茎作为样本进呈。方受畴本想拍拍嘉庆帝的马屁，进呈祥瑞让嘉庆帝高兴一番，在秋狝开始时取个好兆头。不承想马屁拍到了马腿上，嘉庆并不欣赏这一套"天人感应"的把戏，他认为"国家以丰年为瑞，何必以双歧合颖诩为美谈。"二十三日，嘉庆驻跸喀喇河屯行宫，下午，他略感不适，时有轻微发烧憋气。因出古北口后，塞外凉意扑面而来，早晚温差较大，大概偶染暑热。他对如此小恙，也没有放在心上。二十四日是前往热河行宫旅途的最后一天。这天天气晴好，嘉庆帝一行拂晓动身，经西平台、双塔山、元宝山之大三岔口，进入广仁岭，这是通向热河行宫的理想之路。广仁岭御道又称石筒子道，康熙末年，自山梁顶凿开修成一宽敞通途，赐名"广仁岭"。后来乾隆帝为了纪念乃祖这一创举，专门于此建一碑亭。

一路之上，满汉王公大臣一般骑马，只有嘉庆帝坐轿。可能是精神不太好，嘉庆帝在轿中时而瞌睡，时而沉思，很少下来走动改骑。车驾行至广仁岭的时候，周围山峦林木苍郁，峡谷幽雅深邃，流水潺潺相伴，路径平坦，前面一片开阔，真给人一种"山重水复疑无路，柳暗花明又一村"之感。嘉庆帝顿觉心旷神怡，谕令停轿。他走下轿子，呼吸一下新鲜空气，活动活动筋骨，吩咐道："马匹侍候。"侍卫们牵过马来，嘉庆帝兴致勃勃地说："朕要策马越过广仁岭。"皇次子绵宁见父皇年事已高，一路上身体又不太好，连忙说："父皇还是坐轿吧。"近侍太监也劝说道："皇上还是坐轿的好。"这位近侍太监对嘉庆帝的饮食起居和身体状况了如指掌。嘉庆帝这时已经六十一岁了，别看平时没有什么病，但由于贪恋女色，纵欲过度，身子已被淘空了。他的眼皮已非常松弛而且肥厚，他的手掌肥厚柔软却没有什么力量，他的大腿已毫无弹性，他的腰部叠起几层皮囊，他的腹部肥嘟嘟的，他的双乳松软且向下耷拉着。这一切都是高血压和冠心病的症状。像他这样六十多岁的老人，体态肥胖，血压、心脏和肺活量都承受不了跑马这种剧烈运动。嘉庆帝没有听从绵宁和近侍太监的劝告，跨上骏马奔驰而去。他用力夹住马肚，让骏马撒开四蹄，纵横驰骋于塞外江南的怀抱，把所有烦恼的事情都抛之脑后，尽情享受大自然的壮丽景色。不多时，嘉庆帝便到了热河行宫。由于跑了一阵马，出了一身汗，嘉庆帝觉得周身有说不出的轻松，呼吸也畅快些。他不知道，他路上感染上了暑热，好好休息一下，应该没有什么大碍。可是由于他的固执，肆意地骑马狂奔了一段，出了一身汗，被凉风一吹，一下子就中暑了，最后竟要了他的老命。

吃过晚饭后，嘉庆帝准备就寝时，身子突然感觉十分地不舒服。他以为是白天骑马颠簸的缘故，腿部和手臂有刺痛。四肢酸软乏力，胸口烦躁郁闷，十分难受，尤其不能平躺。忙碌了一天，嘉庆帝十分疲惫，渴望尽快入睡，可痰气上涌，又无法睡得安稳，处于一种似睡非睡似醒非醒的状态。睡到半夜，嘉庆帝感受到全身发冷，就像要掉到冰窖子里一样，冷气从心里直往外冒。他知道自己是中暑了，受了风寒，于是让近侍太监去熬碗热汤。可是喝过热汤以后仍不减心中的寒冷，于是就在身上盖起棉被，蒙头大睡，可还是睡不着，只好半坐半卧着。越是睡不着，大脑皮层的活动就越活跃。这时，脑海中浮现出亲政后的

一幕幕往事：想起自己在父皇大丧之日诛杀和珅，是何等的果敢和英明；想到官员的贪黩和怠玩是如何侵蚀大清帝国的根基，自己的心里就有说不出的难受，自己亲政之初就整顿吏治，可腐败就像韭菜一样，割了一茬又长一茬，越反越多，是自己心中永远的痛；再就是河患不断一直是困扰自己的一块心病。朦朦胧胧之中，他仿佛又看到许多被杀害的天理教徒哭叫着向他索命……就这样，似睡非睡，迷迷糊糊，一直挨到天明。

七月二十五日清晨，嘉庆帝从朦胧中醒来，由于一夜没睡好，他的脸面显得苍白浮肿。昨晚的症状仍不见好转，身体变得更加虚弱，不断的痰涌使呼吸变得更加困难起来。嘉庆帝的妃嫔们及皇次子绵宁、皇四子绵忻来请早安，嘉庆帝已不能下床行动了。上午，嘉庆帝病情加重，胸口闷痛，说话断断续续，十分困难，但他头脑却异常清醒，仍然带病坚持工作，“以詹事府少詹事朱士彦为内阁学士，兼礼部侍郎衔；翰林院侍读学士顾皋为詹事府詹事”。这是嘉庆帝一生最后处理的一项政务，也是他发布的最后一项人事任命。道光帝即位时，召见顾皋，握着他的手，大恸不已，盖怀念先皇帝临死当天对顾重用之情，这是后话。时至午后，嘉庆帝的病情快速恶化。从表象看，痰涌堵塞气管，呼吸更加困难，已经无法说话，时而清醒，时而昏迷，处于一种弥留状态。皇子、皇孙和王公大臣们都心急如焚，但又束手无策，惟有在西间佛堂祷告苍天，期望上苍能够保佑人间的帝王渡过难关。那些平时养尊处优的太医们，关键时刻就派不上用场了，虽使出浑身解数，也阻挡不住死神的步伐，抑制不住嘉庆皇帝病情的恶化。其实，嘉庆帝的病情，与他母亲魏佳氏一样，都是偶染风寒，只要静心调养，避免刺激，是没有什么大碍的，但由于没有引起足够重视，导致病情加重，最后送了性命。

正当嘉庆帝生命垂危处于弥留之际，热河上空突然电闪雷鸣，电光闪闪，像一支支锐利的冷剑，劈开天幕，自长空直刺而降；阵阵惊雷在山庄行殿周围炸响，似乎要劈碎整个避暑山庄。天发雷电，风云异色，给皇帝病危增添了一种恐怖神秘的气氛。妃嫔、皇子、皇孙、王公大臣、太医、太监和侍卫们，都被这巨雷霹雳震呆了，他们惊惶失措地围拢在嘉庆帝的床边护卫着他，在大自然的淫威面前，人间帝王显得是如此脆弱和不堪一击。嘉庆帝睁着恐怖的眼睛，他的躯体在霹雳声中战栗，他的灵魂在霹雳声中出壳。在闪电的映照下，他已完全失去了往日人间帝王的风采，更像一个被死神逼上绝路的行将就木的老人。他眯着失神的眼睛，抬起手，艰难地比划着。大臣们都知道这是吩咐后事的手势，让他们拿来鐍匣，找出密诏，宣布皇太子继位。可一时仓促，鐍匣怎么也找不着。突然，似有一个火球闪进烟波致爽殿，整个大殿被白亮的电光照个透彻，同时，一个炸雷崩响在烟波致爽殿上，整个大殿像被几条恶龙抓起来腾到天空，突然间又摔到地上，大殿的门窗被炸得粉碎，殿体在风雨中摇晃着。响雷过后，众人再看嘉庆皇帝，已溘然长逝了。紧接着大雨倾盆而下，与皇子、皇孙、王公大臣的哭声汇成一支悲壮的安魂曲，宣告清王朝嘉庆时代的结束。

嘉庆二十五年（公元 1820 年）七月二十五日晚上七时左右，嘉庆皇帝崩逝于避暑山庄烟波致爽殿，享年六十一岁。由于嘉庆帝弥留和逝世正处于热河雷暴时刻，且卧病只有一日，于是有关他的死亡便和雷电联系起来，出现了因雷击而猝死的传闻。

七月二十五日下午，嘉庆帝病情恶化，他用手势比划着，托津、戴均元心领神会，知道皇上欲宣布密立诏书。两人仔细摸遍嘉庆帝全身，也找不到密诏。接着监督内侍打开皇帝自京城带来的十几个箱子，真可谓翻箱倒柜，里

里外外全都搜遍，也是一无所获。这时，嘉庆帝已经停止了呼吸，驾鹤西去了，在避暑山庄的王公大臣和侍卫们都陷入混乱和恐怖之中。

嘉庆帝临终前既没有交代，又找不到建储密诏，立储问题是否会演变成兄弟残杀、争夺皇位的悲剧？嘉庆帝一生共有后、妃、嫔十四人，其中皇后二人，即孝淑皇后喜塔腊氏与孝和皇后钮祜禄氏；贵妃二人，即恭顺皇贵妃钮祜禄氏与和裕皇贵妃刘佳氏；妃四人，即华妃侯佳氏、庄妃王佳氏、恕妃完颜氏、信妃刘佳氏；嫔六人，即恩嫔乌雅氏、简嫔关佳氏、逊嫔沈佳氏、荣嫔梁氏、淳嫔董佳氏、安嫔苏完尼瓜尔佳氏。嘉庆帝共有五个儿子，分别是：和裕皇贵妃刘佳氏生皇长子；孝淑皇后喜塔腊氏生皇次子绵宁，即后来的道光皇帝；孝和皇后钮祜禄氏生皇三子绵恺和皇四子绵忻；恭顺皇贵妃钮祜禄氏生皇五子绵愉。嘉庆帝共有九个女儿，分别是：简嫔关佳氏生皇长女；孝淑皇后喜塔腊氏生皇次女和皇四女庄静固伦公主；孝和皇后钮祜禄氏生皇七女；恭顺皇贵妃钮枯禄氏生皇八女和皇九女慧愍固伦公主；和裕皇贵妃刘佳氏生皇三女庄敬和硕公主；华妃侯佳氏生皇六女；逊嫔沈佳氏生皇五女慧安和硕公主。这九个女儿，除皇三女庄敬和硕公主和皇四女庄静固伦公主长大成年出嫁外，其余七人均早逝。

皇长子，生于乾隆四十四年（公元 1779 年）十二月二十九日，生母是和裕皇贵妃刘佳氏，于乾隆四十五年（公元 1780 年）三月初六日去世，名义上是两岁，实际上只活了三个月，没有取名。嘉庆期间亦未给任何封号，其穆郡王封爵，则是嘉庆二十五年（公元 1820 年）道光帝即位后，为了悼念这位大阿哥而追封的。

皇次子绵宁，生于乾隆四十七年（公元 1782 年）八月初十日，生母是嘉庆帝的结发妻子孝淑睿皇后喜塔腊氏。他是嘉庆帝的唯一嫡子。嘉庆二年（公元 1797 年），孝淑睿皇后喜塔腊氏病逝后，嘉庆帝把对爱妻的恩爱全部倾注到绵宁身上，寄以厚望，并于嘉庆四年（公元 1799 年）四月初四日，遵用密建家法，亲书绵宁之名，密缄鐍匣，内定为皇储。三十多年来，嘉庆帝尤其对绵宁的教育培养格外关心，时常让他代替自己祭祀天地祖宗，出巡陪伴左右，耳濡目染，体会为君之道，治国之术。当绵宁进入而立之年时，历史并没有为他提供多少显示才能的机会。如何树立绵宁在满朝文武大臣中的威信和影响，以便他将来能够按部就班地顺利继承皇位，这一直是令嘉庆帝寝食难安的大事。嘉庆十八年（公元 1813 年）天理教徒攻打皇宫终于给绵宁提供了一个展示自己才能的大好机会，绵宁抓住了这个机会，表现得十分勇敢，讨得嘉庆帝的欢心，最终得以继承皇位。是年，绵宁正跟随父皇在热河打猎，因猎物稀少，收获不大，嘉庆帝心中不快，让绵宁、绵恺提前返京。绵宁返京不久，九月十五日正在上书房读书，忽报天理教徒自东华门攻进皇宫。绵宁躲在上书房不敢出来，至午后，以为天理教徒已被消灭，事态已经平息，准备赴储秀宫向皇后钮祜禄氏等人请安时，另一路天理教徒攻进了西华门。不久隆宗门杀声震天，撞门声大作。当时，绵宁虽说已年过三十，但一直在宫里生活，养尊处优惯了，根本没有经过血与火的锻炼和洗礼，吓得心惊肉跳，不知如何是好。当时情况十分危急，有五六名天理教徒已经从御膳房矮墙爬上内右门西大墙，若再向北去，就能到达储秀宫，乃是皇后钮祜禄氏等后妃居住的地方。如果天理教徒攻进储秀宫，嘉庆帝的后妃受辱，那大清帝国的脸面何存。在这危急关头，经身旁总管太监常永贵提醒，绵宁用手中鸟枪连续打倒墙上两名天理教徒，其他的也就无法再上墙了。天理教徒被清军镇压后，嘉庆帝论功行赏，重奖绵宁。他考虑到绵宁年过三十，既无战功，又无政绩，默默无闻。此次开枪击毙天理教徒，正好

树立了自己在嘉庆帝面前的威望。所以，嘉庆帝把头功给予绵宁，称赞他“实属有胆有识，忠孝兼备”，“身先捍卫，获保安全”，晋封他为智亲王，增俸银一万二千两，号所御枪曰“威烈”，真可谓用心良苦。难能可贵的是，绵宁居功不自傲，表现了一个未来帝王的广阔胸襟。他在如此厚赏面前谦称：“事在仓促，又无御贼之人，势不由己。幸叨天、祖、皇父、皇母鸿福，却贼无事。子臣年幼无知，于事后愈思愈恐。所有恩纶奖谕之处，子臣有何谋何勇？实不敢当。”嘉庆帝对于绵宁这样自谦更是赞赏不已，心中甚慰。嘉庆帝驾崩时，绵宁已三十九岁，所以，无论立嫡立长，都非绵宁莫属。

皇三子绵恺，生于乾隆六十年（公元 1795 年）六月二十二日，生母是孝和睿皇后钮祜禄氏，她在后来虽继为皇后，但毕竟是侧室福晋，所以绵恺算不上是嫡子。绵恺学习不刻苦努力，品质亦不甚淳朴，嘉庆帝对他的印象不太好。不过在嘉庆十八年（公元 1813 年）“癸酉之变”中，他曾随同皇次子绵宁狙击天理教徒，也曾受到过嘉庆帝的褒扬，但绵宁由此而受封为亲王，而绵恺却无此厚赏，可见嘉庆帝对绵恺是有看法的。嘉庆二十二年（公元 1817 年）正月，嘉庆帝又一次指责绵恺说：“朕闻三阿哥则经年累月，诗文俱置不作……阿哥等日在书房，并无他事，又无旗务管理，若仅卯入申出，不肯留心学问，岂不竟成佚旷。”这时绵恺已是二十四岁的成人了，受到要父皇这样的训诫，可见绵恺是如何的不成器。在嘉庆帝的心目中，绵恺根本没有继承皇位的可能。嘉庆帝驾崩时，绵恺已二十六岁，如果找不到建储密诏，他将是绵宁继承皇位的最大竞争对手。

皇四子绵忻，生于嘉庆十年（公元 1805 年）二月初九日，与三阿哥绵恺是同母兄弟，但出生的时间比绵恺晚了十年之久。从嘉庆元年（公元 1796 年）到嘉庆十年

（公元1805年）之前的这段时间里，嘉庆帝的众多后妃，竟没有一人生育过子女，这可能是嘉庆帝在嗣位和亲政后，被“教事”、“苗事”、“海事”等弄得焦头烂额，无心依恋宫闱的缘故吧。嘉庆帝嗣位后所得的四个子女，全部在嘉庆十年以后出生的，这不知是巧合，还是由于上面所述的原因。绵忻质性聪明，人品也较三阿哥绵恺善良质朴。他在嘉庆二十四年（公元1819年）正月得以封为瑞亲王，实与他在学业上的迅速进步大有关系。嘉庆帝驾崩时，绵忻才十六岁，尚未成人，继承皇位的可能性不大。

皇五子绵愉，生于嘉庆十九年（公元1814年）二月二十七日，生母是恭顺皇贵妃钮祜禄氏。钮祜禄氏是嘉庆帝晚年最宠幸的妃子，嘉庆帝晚年所得的四个子女中，有三个是她生育的，而绵愉则是嘉庆帝子女中最小的一个了。老来得子，嘉庆帝自然是无比娇惯和宠爱这个最小的儿子，但由于这位五阿哥年龄太小，在嘉庆帝在世时没有什么封号。嘉庆帝驾崩时，他才七岁，所以继承皇位的可能性更小。

通过以上分析可以看出，在嘉庆帝的五个儿子中，无论是立嫡还是立长，都是非皇次子绵宁莫属。现在，鐍匣无影无踪，势态对绵宁极为不利，他又不好将心里的想法提出来，为了避嫌，他只好袖手旁观，决不参与，以示清白。如何结束这段令人难受的皇位真空呢？这副重担，不得不落到当时职务最高，为人最持重而且最有办事能力的大学士戴均元、托津身上。围着嘉庆帝的遗体，大家六神无主，都痛哭流涕。皇次子绵宁更是哭得像泪人儿似的，他急切盼望这时候有人站出来帮他说句公道话，既合乎家法又能对他有利。对大臣们来说，只顾哭泣也无济于事，如果不找出鐍匣，宣布皇太子继位，就不能为嘉庆帝发丧，现在天气已经热起来了，遗体老摆在避暑山庄也不是事儿，必须早作决断，这样好把皇上遗体运送回京。

正当众人沉默观望之时，总管内务府大臣禧恩（睿亲王多尔衮后裔）带头表明了自己的态度，开口帮皇次子绵宁说话。禧恩提出，既然找不到鐍匣，诸皇子中，二阿哥绵宁年长，且为皇后所生，又有平定天理教反叛的功勋，自然应该由二阿哥绵宁继承皇位。这个建议不无道理，却受到戴均元、托津的非议。戴、托二人，作为枢密大臣，根本原则是谨遵祖制家法。他们并不反对绵宁继位，而是考虑到既没有皇帝口谕，又找不到传位密诏，由陪伴诸臣推选登基，违背了祖宗家法，名不正言不顺，难以使满朝文武信服，因而犹豫不决。禧恩坚持己见，为之力争，强调国家不能一日无主，且时间拖久怕有变故，在这非常时期应该处事从权，既要坚持原则性，又要讲究灵活性。其他大臣都显得焦躁烦虑，有支持禧恩意见的，也有赞成戴均元、托津二人看法的，一时之间，没有定见。皇次子绵宁心里也是备受折磨，他本想有禧恩出来替自己说话，别人很快就会响应，这样自己就顺理成章地继承皇位，不承想戴均元、托津十分迂腐，死抱着祖制家法不放，他心中恨死了戴、托二人，但嘴里又不好说什么。

众人就一直在嘉庆帝的遗体旁边争论不休，后来终于有人想出了一个折衷方案：立即派人进京面奏皇后钮枯禄氏，一方面报告嘉庆皇帝殡天经过；一方面报告避暑山庄找不着建储密诏，看看是否藏在乾清宫“正大光明”匾后等等。七月二十五日晚上，决定由总管内务府大臣和世泰偕首领太监等人，六百里加急驰驿，直奔圆明园。和世泰重任在肩，不敢懈怠，便连夜赶路。皇后钮枯禄氏是他的亲妹妹，正好借此机会，共同商讨继统问题与今后对策，探讨一下若找不到建储密诏，皇后的两个儿子皇三子绵恺和皇四子绵忻有无继承皇位的可能。

从七月二十五日晚至二十七日凌晨，和世泰等人衣不解带，马不停蹄，终于抵达圆明园，东方开始泛白。他们顾不上鞍马劳顿，疲惫不堪，立刻叩开圆明园禁门，叫醒了正在睡梦中的钮然禄氏，和世泰拜见皇后，泣不成声，断断续续地将嘉庆皇帝殡天的全部经过，以及禧恩与戴均元、托津等人在皇位继承人上的分歧奏明皇后。皇后闻奏，一方面为皇帝驾崩而五内俱焚，另一方面又为嗣君未定而心焦。她意识到，承传帝祚更为国家根本大计，更是当务之急。找不到建储密诏，皇位空悬，隐藏着极大的危险，目前最紧要的就是要立即找到建储密诏，宣布皇太子继位。所以她只得强忍悲痛，命留京王公大臣到乾清宫"正大光明"匾后仔细寻找，又命在皇帝寝宫中认真搜查，结果并无鐍匣。

钮祜禄氏皇后出身世家，是礼部尚书恭阿拉之女，为人贤惠机敏，且顾大局，识大体，富有政治头脑。她将当前的形势仔细地分析了一下，北京皇宫内与避暑山庄都找不到鐍匣，看来再找到建储密诏已不大可能。这将怎么办？避暑山庄护灵的王公大臣，包括皇次子绵宁在内，把球踢过来，本意为何？是否在最后时刻，希望她出面做出决断。然而，她能够做出决断吗？做什么决断呢？清朝祖制规定，后妃不得干预朝政，更不能在皇位继承人上说三道四，指手划脚。但现在面临非常时期，继统出现危机，国无主君，旷日不决，她将无以告慰嘉庆帝于九泉之下。到底由谁来继承皇位呢？是皇次子绵宁？还是自己的两个儿子？历史把钮祜禄氏皇后从幕后推向前台，需要她最后决断。钮祜禄氏皇后不愧是统率后宫、母仪天下的国母，此时表现了果断无私的美德。七月二十七日这天，钮祜禄氏皇后下了一道懿旨，内容如下：

> "我大行皇帝仰承神器，俯育寰区，至圣至仁，忧勤惕厉，于兹二十有五年矣。本年举行秋狝大典，驻避暑山庄，突于二十五日戌刻龙驭上宾。惊闻之下，悲恸抢呼，攀号莫及。

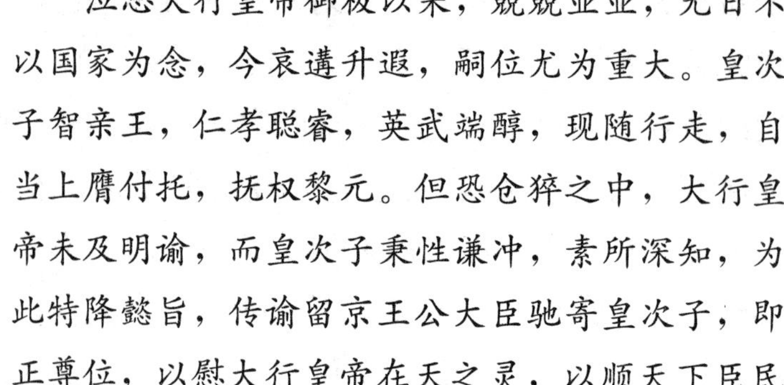

泣思大行皇帝御极以来，兢兢业业，无日不以国家为念，今哀遘升遐，嗣位尤为重大。皇次子智亲王，仁孝聪睿，英武端醇，现随行走，自当上膺付托，抚权黎元。但恐仓猝之中，大行皇帝未及明谕，而皇次子秉性谦冲，素所深知，为此特降懿旨，传谕留京王公大臣驰寄皇次子，即正尊位，以慰大行皇帝在天之灵，以顺天下臣民之望。”

皇后这一举措，清代从未有过先例，也不符合祖制，这是不得已采取的权宜之计。

这是一篇光明磊落、顾全大局的表态声明，说明她对先皇意愿的完全理解和尊重。她深知，绵宁是嘉庆帝最宠爱的已故皇后喜塔腊氏的嫡子，自幼勤奋好学，自己的儿子绵恺各方面都不如他。嘉庆帝临朝理政，经常命其伴随左右，观摩学习帝王之道，为君之术。根据其二十年熏陶磨炼，她早已看出皇上属意于他。尤其是绵宁在皇宫内枪击天理教徒，论功行赏，嘉庆帝故意夸大他的作用，让他立了头功，加封智亲王，明白人一眼便知。皇后是个有政治头脑且顾全大局之人，加上她对皇上的忠心和爱心，她便毫不犹豫地发出上述懿旨。

这也是一个冷静明智、客观正确的抉择。如果钮枯禄氏存有私心，既然皇宫和避暑山庄两处都找不到鐍匣和建储密诏，凭着与皇帝几十年的笃厚深情和在宫中的崇高威信，她完全可以假托帝意立亲生儿子绵恺或绵忻为帝，王公大臣们也没有什么异议。当然，万一这样做了，而后密诏出现，立的是绵宁，她将身败名裂，贻笑千年。可是她没有这样做，出于对大清江山社稷的责任感和使命感，出于对先皇意愿的理解和尊重，她终于理智战胜了感情，战胜了自我，超越了自我，做出了正确的抉择，赢得了满朝的尊重，并将永垂千古。这真是皇后大事不糊涂。

留京王公大臣将皇后懿旨交和世泰携带，和世泰来向妹妹辞行时，兄妹俩的手紧紧地握在一起，和世泰对妹妹做出的果敢抉择感到欣慰和支持，皇后交给和世泰一件鼻烟壶，托他转交绵宁，表示对他的信任和支持。带着皇后的伟大抉择，二十七日，和世泰等人又跨马急奔，驰骋在返回避暑山庄的驿道上。

在避暑山庄，皇子皇孙及随从大臣们为寻找嘉庆帝建储密诏而争得面红耳赤，吵得口干舌燥，一夜下来都有点疲惫不堪，无精打采了。第二天（七月二十六日）上午，正当大家一筹莫展，无计可施之时，忽然，有一个近侍小太监从怀里拿出一只小金盒。真是踏破铁鞋无觅处，得来全不费功夫，在场的王公大臣情绪都为之一振。

小金盒完全不同于祖制规定的鐍匣，它体积小，便于揣在怀中。为什么会有小金盒？前面讲过，密立皇储，缄藏鐍匣，自雍正帝起，皆置于乾清宫“正大光明”匾后。乾隆帝密书二份，一份放在匾后，一份随身携带。至嘉庆帝时，鉴于鐍匣置于乾清宫匾后易出差错，危险太大，改用小金盒贮存建储密诏，随身携带，不置匾后。这就是为什么留京大臣未能在“正大光明”匾后找到建储密诏的缘故。

小金盒又怎么出自近侍小太监的怀中呢？这是事出有因。七月十八日，嘉庆帝带着妃嫔和皇子皇孙、王公大臣们赴热河避暑山庄，一路上风尘仆仆，心情欠佳。最后一天，他改轿乘骑，策马翻越广仁岭，由于马上颠簸，身体不适，怕小金盒丢失，故把它收藏在了近侍小太监那里。这是国家重大机密，没有皇帝发话，近侍小太监根本不敢私自打开或交给任何人。眼见王公大臣们因找不到鐍匣心急如焚，且皇帝已经归天，再保存它已无必要，隔了一夜，终于将小金盒献出。也有传说，戴均元、托津于皇帝箱箧索觅，不见鐍匣密诏，便将避暑山庄侍卫太监以下所

有人员集中搜身，最后从近侍小太监身上搜了出来。

在场众人的目光一下子都集中到这神秘的小金盒身上，它里面有没有建储密诏？可是小金盒安装固锁，没有钥匙，时间已经来不及再去找钥匙了，托津情急，当众将锁拧开，打开金盒。现场的气氛顿时变得凝重紧张，众人都屏住呼吸，眼睛死死盯着小金盒。果然不负众望，小金盒里真有嘉庆帝亲手御书的建储密诏。在场所有人都跪伏在地，托津当即宣读建储密诏："嘉庆四年四月初十日卯初立皇二子绵宁为皇太子。"悬在心头的一块石头终于落地，众人有说不出的轻松，皇次子绵宁更是长长地出了一口气，紧锁的眉头一下子舒展开来。先前不赞成绵宁继位的大臣们立即见风使舵，纷纷拥戴智亲王绵宁即皇位，总算避免了一场继统危机。

绵宁即位当天，连续发布几道谕旨，宣布他受命继位，向全国发丧，以及筹办"恭奉梓宫回京"事宜。

七月二十九日寅刻（凌晨三时至五时），和世泰返抵山庄，带来了钮枯禄氏皇后的懿旨。和世泰当即宣读钮枯禄氏皇后懿旨，并将皇后送绵宁的鼻烟壶转交给他。这是多么大的支持！绵宁的最后一个顾虑消除了。正如他自己所说："子臣跪聆之下，字字铭泐肺腑，永矢弗忘，叩头祗领，恭谢慈恩。"绵宁万分感动，关键时刻皇后没有偏袒自己的儿子，而是坚决地站在他一边。倘若本来就没有建储密诏或者根本找不着密诏，则皇后的支持必起决定作用。现在已经找到了建储密诏，又有皇后的支持，绵宁觉得自己可以名正言顺、理直气壮地荣登皇帝宝座，而没有丝毫的愧疚感，大臣们也再不敢非议什么了。为了表示他对钮枯禄氏皇后的感激和尊重，他立即尊封钮祜禄氏为皇太后，虽然他只比皇太后小六岁，但侍奉如生母，倍加尊敬。甚至后来皇太后钮祜禄氏与自己的亲侄女、道光帝的皇后钮祜禄氏有隙，制造出清宫史上有名的用药酒秘密毒

死道光帝皇后的深宫疑案，道光帝也一直强忍悲痛，隐忍不发，不敢对皇太后心存怀疑。皇太后钮祜禄氏一直受到道光帝绵宁的精心照顾，一直活到道光二十九年（公元1849年）十二月十一日，享年七十四岁。她死后不到一个月，道光帝也驾崩，所以有人说道光帝就是因为为她办丧事而累死的。道光帝绵宁所做的一切都是为了感谢钮祜禄氏皇后当时在他继承皇位上的支持。当然这是后话了。

接到钮祜禄氏皇后懿旨的当天，绵宁复奏皇太后，报告已经找到了小金盒，“维时御前大臣、军机大臣、内务府大臣，恭启鐍匣，有皇父御书‘嘉庆四年四月初十日卯初立皇二子绵宁为皇太子’硃谕一纸。该大臣等合词请遵大行皇帝成命，以宗社为重，继承大统。子臣逊让，至再至三，该大臣固请不已。本日恭奉懿旨，命子臣即正尊位”，只好从命。同时将小金盒里所藏嘉庆帝建储密诏呈报皇太后过目。这些虽为表面文章，然而它关系到大清政权的顺利交接，所以还是要慎重其事，给天下百姓一个圆满的交代。

由于等待从北京运来楠木棺椁，至八月十二日嘉庆帝梓宫（即安放皇帝遗体的内棺、外椁）才离开避暑山庄，由一百八十人分班轮流抬送，二十二日抵达安定门。绵宁先进城拜叩皇太后钮祜禄氏，两人相见，悲伤哀恸，但互为默契，坦然相对，感情融洽。拜见后，绵宁夏至东华门跪迎，引梓宫经景运门进入乾清宫安放。接下来便是一系列祭奠仪式。钮祜禄氏皇太后见到嘉庆帝的遗体放声痛哭，好在按照丈夫的生前遗愿立绵宁为帝，没有什么对不起嘉庆帝的地方。皇贵妃刘佳氏、如妃钮祜禄氏、恩嫔乌雅氏等妃嫔也一个个哭得死去活来，特别是如妃钮祜禄氏是嘉庆帝晚年最宠爱的妃子，对嘉庆帝有着很深的感情，一边哭一边诉说着皇上的恩情，如泣如诉，哽咽难言，真是叫人心疼。

嘉庆二十五年（公元 1820 年）八月二十七日，绵宁正式登基即皇帝位，以明年（公元 1821 年）为道光元年号。为示与同辈兄弟区别，将自己名字中的“绵”改为“旻”，即道光帝旻宁。这样，道光帝旻宁便成为清朝的第八代君主、入关后的第六位皇帝。在这里需要指出的是，清室在嘉庆帝之前，历来都不是嫡子继承大统，但嘉庆帝却得以实现了，这样嘉庆帝在天之灵可以感到快慰了。

嘉庆帝猝死热河及其后出现的鐍匣风波和继统危机，虽然由于钮祜禄氏皇后等人从国家利益的大局出发，处置果断公正，没有演变成血腥的宫闱争斗、兄弟残杀，但也局势紧张，激变的可能性随时存在。当时在找不到鐍匣建储密诏的情况下，戴均元、托津等，对拥立皇次子绵宁继位的合法性表示怀疑，虽然问题最后圆满解决，风波平息，然而绵宁心中一直耿耿于怀。起码他认为，在帝位继承这个至关重要的大是大非问题上，可以考验人们对他的忠诚程度。事实上，当时以立不立他为标准，已形成意见相左的两部分大臣。对拥戴有功的内务府总管大臣禧恩，道光帝旻宁自然重重有赏。是禧恩首先旗帜鲜明地提出绵宁应继位，且为之争辩，所以，绵宁在避暑山庄宣布继位，即任命禧恩为御前大臣、领侍卫内大臣，宠幸有加；而对态度暧昧，不拥戴自己继位的戴均元、托津等人则视为他走向皇帝宝座的障碍，后以撰拟遗诏有失误之语为由，罢军机大臣职，一直不受重用。

道光帝即位后，一面着手处理政务，一面仍继续抓紧办理皇考嘉庆帝的丧葬大事。九月初十日，将大行皇帝梓宫从禁内乾清宫奉移于景山观德殿殡宫暂安，同时拨银十万两，对原建于太平峪的陵寝工程进行最后的增饰，并正式宣布将嘉庆帝的山陵定名为昌陵。十月，恭上皇考大行皇帝尊谥曰：“受天兴运敷化绥猷崇文经武孝恭勤俭端敏英哲睿皇帝”，庙号“仁宗”，世称“仁宗睿皇帝”。道光元年（公元 1821 年），昌陵增饰工程全面竣工，将大行皇帝梓宫从景山观德殿奉移山陵。三月二十三日行大葬礼，决定将嘉庆帝永远安葬于昌陵地宫。

第八章　宫廷生活

一

清朝初起时，后宫还没有确定皇后、皇妃等名号，皇帝的妻室概称之为“福晋”。康熙以后典制大备，规定每帝册立皇后一名，居中宫。皇贵妃一名，贵妃两名，妃四名，嫔六名，其下是贵人、常在和答应，没有定数，分居于东、西十二宫。这些妃、嫔，都是从八旗旗人家的女儿中选出，清代称为“选秀女”，每隔三年，由户部主持，举行一次，应选者都是13岁到17岁的少女，只有参加过选秀女而未被选中的，才可以由其家自行婚配。嘉庆皇帝就曾因一名满洲宗室没等选完秀女，便将女儿私自聘人而大发雷霆，同时也责令户部将这一活动按期举行而不要拖延，以免耽误了女孩儿们的婚事。

清廷还规定，皇帝的祖母称为“太皇太后”，母亲称“皇太后”，而先朝的妃、嫔则称为“太妃”、“太嫔”。乾隆帝将皇位传给嘉庆帝以后，还曾有过这些太妃、太嫔必须年在五十岁以上才可与嗣皇帝相见的规矩。

嘉庆的第一位皇后，即孝淑睿皇后，姓喜塔腊氏，是副都统、内务府总管和尔经额之女，乾隆三十九年(1774)，也就是颙琰被秘密立为太子的第二年，乾隆帝册

封她为嫡福晋（即正妻），当时颙琰生了一子，取名绵宁，这就是后来的道光皇帝。颙琰受禅，她理所当然地成了皇后，可惜好运不长，仅仅在第二年也就是嘉庆二年二月就死了。除绵宁外，她还生有二女，一女早殇，一女嫁给了玛尼巴达喇。

孝淑睿皇后死后，根据太上皇的敕谕，颙琰又册立了第二位皇后，即钮祜禄氏，礼部尚书恭阿拉之女。早在颙琰还是皇子时，她就被选入宫，颙琰即位后被封为贵妃，她是在太上皇死后的嘉庆六年（1801）才被颙琰正式册为皇后的。颙琰死后，她又被道光皇帝尊为皇太后，一直活到道光二十九年（1864）的十二月，其时年已七十有四，她死后不到一个月，道光帝也驾崩，所以有人说道光就是因为为她办丧事而累死的。她生有二子，即三阿哥绵恺和四阿哥绵忻。颙琰初时对三阿哥还好，凡事往往是由二阿哥（道光帝）、三阿哥一同跟随，待遇至少在表面上相差无几。在“禁门之变”中，二阿哥因表现英勇而使颙琰赞不绝口，三阿哥则黯然失色。在颙琰死前一、两年，三阿哥屡受贬斥，颙琰说他读书不肯用功，又因颙琰过生日时在兴隆寺行宫接受众人祝贺时未收到三阿哥贺折，责备他年已20多岁，心地太不明白，被罚月银半年，连跟随他的师傅也受降级处分。这到底是三阿哥本人的问题，还是与他的生母也有些关系，就不得而知了。

除此而外，颙琰还有皇贵妃一名，姓钮祜禄氏，是嘉庆即位之后被选入宫的，称为如妃，她是皇五子绵愉的母亲。

二

嘉庆帝共生有五个儿子，他完全遵从其父乾隆的做法来管教他们。他的儿子象他幼年时一样，自6岁入上书房，由他亲选师傅，教授诗书。

上书房设在皇上所住的乾清宫左边、乾清门的右阶之下。距皇上如此接近，就为的是让皇上能随时监督，以至坐在乾清宫内，就能听到皇子们的诵读之声。嘉庆亲自规定他们的上课时间和课程。按照旧例，每到夏天，因天气炎热，从入伏那天开始到末伏，皇子们只有半天功课，散学也没有固定的时刻，嘉庆认为末伏已在立秋之后，天气已日渐凉爽，而节气一到夏至就开始炎热，所以规定此后从夏至到立秋前为半课，不必以入伏出伏为限，并规定了散学时间。如今的中小学生尚有暑假，当年皇子们却在最热时也须坚持半日读书，嘉庆的督课的确够严紧的。

嘉庆曾对皇子们忆及当年乾隆皇帝不准他们兄弟仿效汉族书生习气、妄取别号的事，并大加发挥来教训皇子。他说：自从朕受到皇考教导之后至今几十年，始终凛遵而不敢忘。如今皇子在书房读书，朕尚未发现有另取别号的事，但皇孝教导，意义深远，所以朕还要再三申明，以后皇子们长大，取上一二字来镌刻图章，也无不可，只是不要自署别号，竞尚虚文。皇子们应该以“正学”（这里指汉族传统的儒家经典）为务，明确读书的目的是加强自身修养，以能够通达事理，不要学那些汉族文人学士以风雅自命的坏毛病。他令人将自己这通议论记下来贴在上书房，让皇子们时时看到，就象当年乾隆皇帝对待他们时一样。

嘉庆仿效其父，将“国语骑射”作为皇子必须掌握的传统，他每每于政事之暇，把皇子们招呼到面前观看他们练习射箭，并让师傅中的善射者参加，谁能射中靶心，他亲自奖励布帛或翎枝。据说，皇二子绵宁也就是后来的道光帝在林清发动的“禁门之变”中能亲手射死几名教徒，就是在嘉庆的督责之下自幼习射的结果。

嘉庆十三年（1808 年）湖南湘潭人周系英奉命入直

南书房，嘉庆曾对人说，这批保荐的人中，周系英是他最中意的一个。不久，上书房出缺，按照规定，已入南书房的人是不能再补上书房之缺的，嘉庆却特地将周补了缺，并对他再三叮嘱：做阿哥们的师傅，不仅要教授他们读书作文，还须教他们做人，居心以忠厚为要。周系英提出建议说，书房课程，旧例是讲八韵诗，臣认为还应该让阿哥加读《资治通鉴》，这才能以史为镜，了解古今的治乱兴衰，知道民间百姓的疾苦。嘉庆对他的建议很表赞同并采纳了。

嘉庆晚年，阿哥们渐渐长成，对功课也日渐松懈。二阿哥绵宁和三阿哥绵课，此时已不再有专门课程。当嘉庆得知二阿哥隔几日还撰作几篇诗文，三阿哥却经年累月将诗文弃之不作的时候，又把他们叫来，说自己当皇子时，没有一天不作文章，就是如今日理万机，还常常在百忙之中抽暇写诗为文，御制诗文按日月编排，也已卷帙繁富。现今阿哥们整日在书房，又没有别的事，只是早人晚出，而不肯留心问学，日久岂不将时间都旷废了？而且人之心志，不专于此，就肯定移于彼，要是再沉醉到别的什么事情上，关系可就非同小可了。所以，一定要每日将心思用在作文上，这不仅可以陶冶性情，增长知识，而且每天有事可做，也可以收心，日久必然获益匪浅。他要求二阿哥、三阿哥以后每天必须作诗，隔上三五日必作文一篇，不可间断。还以“业精于勤”来勉励众阿哥们，让他们永志不忘。

清朝皇帝在要求皇子们尊重师傅这点上，是很严格的。师傅入门，皇子要行礼揖拜，而师傅立而受之。皇上还一再要求师傅们对阿哥不妨过于严厉。嘉庆壬戌状元金生先人直上书房时，连皇子们偶有嬉笑都要板起脸来训斥，就象民间塾师训斥弟子一样，嘉庆帝也从未有过不悦的表示。

嘉庆从不允许皇子们对大臣们专横无礼。他曾以圣祖康熙训斥皇子要守规矩，若敢凌辱大臣、侍卫，受凌辱者应据实向皇上报告一事为例，来教训诸阿哥们，并要皇子左右随从人等，遇有皇子逞性作威之事，一定要如实奏明，以便皇上处治。清代皇帝没有过于荒淫无道的，这与他们自幼所受的严格训导，显然不无关系。

嘉庆对皇子师傅们的管束，也同样是非常严格的。十五年七月的一天，颙琰发现上书房师傅周系英、果齐斯欢和秦承业，都没有上班，立即找来二阿哥（即道光帝绵宁）和三阿哥，问他们是不是因下雨路途难行，他们曾劝阻师傅不要来了，抑或有别的原因，二个阿哥回答说，他俩昨日一早就到书房，一直到晚上才散归，久候各师傅未到，不知是什么原因。嘉庆于是派军机大臣将三人叫来查问，三人说，昨日雨大，他们居住的澄怀园门外积水太深，无法行走，所以未来。嘉庆责怪说，昨早间虽有积水，但各部院衙门都照常工作，有些大臣年纪很大，也都来了，澄怀门与宫门近在咫尺，怎么至于不能上班？显然是怠惰偷安。嘉庆还援引当年乾隆皇帝严惩上书房师傅旷班的例子，将周系英降级，并罚俸一年；果齐斯欢因为是宗室，免受责处，但也罚俸一年；秦承业已经年老体衰，命他退出上书房。总师傅王懿修，督管不严，也有责任，令其不必在上书房行走。嘉庆还命人把这次事件和处理结果载入宫史，并另外抄写一份，交到上书房，让各位师傅引以为戒。

三

嘉庆皇帝为自己树立勤政爱民、躬行节俭的形象，大约坚持了20年。前面提到，他过50岁生日时，不允许为他搭棚唱戏，大肆铺张，但其实花费也甚为可观，譬如赏给仪亲王、成亲王、庆郡王各银一万两、定亲王八千两、荣郡王六千两，让他们为他从容备办贺礼，又花耗二万四千余两白银，将西华门一直到南海淀几十里地的铺面、牌坊、寺门、楼房修整一新，以肃观瞻，等等。当然这些花费与乾隆帝寿辰所耗巨资相比，则是小巫见大巫了。而十年以后，当嘉庆二十四年（1819 年）颙琰的六十大寿来临之时，他的国家比他初当政时甚至更为混乱，吏治也更为腐败，他已明知再无回天之力。虽然还强打精神，镌刻“庄敬日疆”、“健行不息”两枚玉玺，但实际上，谁知他是因担惊受怕一生而已精疲力竭，还是已预感到来日无多，竟一反自己一直拼命标榜的种种美德，而决心仿效其父乾隆的行迹，为自己大做起寿典来。

颙琰心里想大办，口头上却还要装模作样一番。早在生日前一年，各部院衙门就已动手筹备，打算在从西直门到圆明园的 20 多里路两旁，分段建设经坛，请和尚念经，祈求福祇，他说这虽非出于本意，但大臣对他如此“情殷爱戴”，不答应自然不好。而北京城和近郊的绅士，还有各省候补、候选、降调人员和因犯过失被革职的官员等一帮人也请求建立经坛，颙琰却以“徒事虚縻”而没有同意，说是待到他七十大寿时再办不迟。寿典举行前一月，嘉庆从圆明园出发回宫，正赶上秋日晴和，沿途经坛已经建成，并有各种彩屏、花坛、戏台点缀其间，不由龙颜大悦，立即下令将 13 处经坛，每坛再赏银一千两，并命令以此为例，到他七十寿辰时也如此办理。虽然市面上也有人议论，说西山上有伏藏之贼，准备在嘉庆生日庆典时下来举事，但也没能挡住嘉庆大肆操办的兴致。

据当时人的回忆，嘉庆帝六十寿典时，从京城到西郊圆明园的几十里路两旁，棚坊楼阁鳞次栉比，其华丽辉煌，决不亚于乾隆帝当年的八旬盛典。今即撮其大略，从圆明园起，罗列如下：

从畅春园到圆明园的宫门前，用五色锦绘彩墙一座，上结“万寿无疆”4字。过小东门，东为清梵寺，寺内由诸皇子建庆祝经坛和演剧彩台。再往前是直隶九府臣民庆祝地区，路旁有通州进鱼的回民百余人。再往前，是漕运旗丁百余人，夹路都是彩廊，又有葡萄长亭，用绿彩紮成，中间是为皇上设的御座。接着又有儿童唱甘肃、凉州一带民歌，有御膳房官员设的庆祝经坛，有算法人员设的庆祝经坛，还有歌台，前面连接杏花林，周遭花栏60丈，有长草、方草、六角等各种亭子和包衣昂邦的庆祝龙棚。再前的关帝庙旁有松亭和百余丈长的松墙，有牡丹园，园下有荷池，池底是用木板拼搭的。

再往前有一个巨大的万寿宝阁，阁为三层，前立彩坊，坊左右有彩屏，彩屏下有彩狮6只，每只高一丈二尺。还有大彩墙结“天子万年”四字。这一带是苏州臣民的庆祝地界，内中也有皇棚，棚内设御座，棚后陈设各种文物、古玩、盆花，又设各种园林小景，曲廊横亘，还鳌有一大彩墙，长四丈，上结五个大“寿”字。再往前，是江南的江、常等十三府庆祝地界，所设万寿图屏上用金字书写了各体“寿”字一万个，再往前，又是皇棚，以及各省臣民的庆祝地界、彩棚、彩坊、戏台等等，难以悉数。

出圆明园到西直门一路，亭台楼阁不断，有福建、山东、江西、河南、广东和广西六省臣民的庆祝地界，有耆老接驾棚，还有演奏十番清乐的戏棚。在四川、陕西、湖广、贵州、云南六省臣民的庆祝地界，搭设起五彩重台，台上以绢制群仙，下面陈设各种古玩。还有各色彩灯悬于灯楼之内。

进入西直门，有九门提督隆俄多所建的过街大彩坊，有吏部、户部尚书及以下诸臣所建的庆祝经坛，再往前，是西四旗前锋统领、护军统领及以下诸臣所建的庆祝经坛，临街的彩坊前，结佛教的须弥座，座上搭起万寿景命亭，亭后设金字书写的百寿字围屏，亭外所结的彩墙有十七丈。往前又有五彩重台，台下演剧，上放飞鸟。过北草厂之后，又有放生彩台，每日放鸟雀无数。然后是内务府参领以下护军以上、正黄旗满洲、蒙古、汉军都统以下各官员所建彩台和庆祝经坛。

过新街口之后，更多的是在京各部官员所建的经坛、经棚、鼓亭、彩坊、演剧台等等，不一而足，尤以东四旗都统以下所建百老献寿台为最壮观，台共九级，有百人扮成老者各拿金"寿"字层累而上，由此过帽儿胡同、石牌胡同、毛家湾、直到西安门，有市民夹道设置的灯廊百余楹。

进入西安门，路左即今西什库有上三旗 30 家包衣（包衣即满语的家人、妇仆之意）人在此唪经，庆祝万寿，前面夹道新栽百余株松柏，还有济贫钱棚。又有包衣妇女千百余人在路旁接驾。经过广储司官员、内务府官学教习和官学生、古北口大粮庄头等等各自搭设的经坛、彩台之后，就到了北海的金鳌玉鳌桥（此桥跨中南海、北海之间，今已不存）。

从金鳌玉蛛桥绕过团城进入北海，迎面是上三旗内大臣请来的千余喇嘛所立的庆祝经坛，梵声震地，经幡拂空，蔚为壮观。往北有宫内众太监设的接驾龙牌仪仗。过石桥，进雪池，红门夹道，灯廊数百楹，道旁难以尽数的彩坊、经棚，一直接到景山。

登上景山向南望去，皇宫的金顶在阳光下闪闪发光，北边的五龙亭波光森动，绣幙相连，笙歌四起，云霞万色，一时间京城内外，金碧相辉，锦绮相错，其富丽繁盛之景，真是难于尽数。除了上述从圆明园到京城的一路之外，在海淀，有道教真人张继宗在永宁观所建金篆醮坛，翰林院编修高舆率浙江三百多老人在万寿寺所建千佛道场；在地安门外，有养心殿、武英殿、御书处、景山玻璃

厂等处官员在药王庙所建经坛；在正阳门（即前门）内，有太医院诸臣、提督四译馆等处诸臣在衙门内所设经坛；正阳门外在清代是汉族人民的居住区，有士民商贾万余人在珠市口搭设的经坛。在郊区，还有两淮商人从黄山召集的僧众所建经坛。总之是到处树坊立木，张灯结彩，万户千门，繁丝脆竹，深坊小巷，绣阁珠簾，足足热闹了几十天。到处经棚所写楹联，一派歌功颂德，诸如："文德武功，兼帝王而大备；心宗性学，贯圣智以纯全"，又如："皇极建，而岁月日时无易；圣德大，而禄位名寿并隆"。云云，与国匮民穷，"盗贼"蜂起，一片衰败的社会现实，构成了极其鲜明的对比。

嘉庆皇帝走了，一生中他曾树立了勤政爱民、躬行节俭的形象，而到了晚年，或许是预感来日不多，仿效起其父乾隆的行迹，为自己做起寿典来。乾隆的八旬寿辰，耗银达 1，114，297 两，嘉庆这次盛典所耗银两，也不在其下。他曾希望在他七十、八十岁时，寿典也能照这次的成例操办，却不承想六十岁盛典过后仅一年，他就驾崩于承德的避暑山庄，他给道光皇帝留下的，是比当年从他父亲乾隆手里接下来时更破的烂摊子。

附 录

政治生涯

立储亲政

乾隆帝曾立过两位皇太子，不幸的是都幼年夭折了，乾隆帝为此十分伤心，命令大臣不准提立太子之事，直到乾隆三十八年，乾隆帝 62 岁了，已无法回避这个问题。永琰是乾隆的十五子，原本没有多大希望被选为太子，但乾隆的理想太子人选两个嫡子永琏和永琮早夭，这时乾隆帝在世的皇子只有 6 位，两个儿子永瑆（嘉妃生）、永瑢（纯妃生）被过继他人，可选择的只有 4 位，都不太成器，相对而言永琰为人比较忠厚，学习比较努力，行为举止也比较得体。最终他在乾隆三十八年（1773）被秘密立为皇储。五十四年（1789）又被封为嘉亲王。

乾隆帝即位时发誓不会超过其祖父康熙的在位时间，于是他在乾隆六十年（1795）九月，公布了永琰的皇太子身份。第二年正月初一日，乾隆帝禅位称“太上皇帝”，永琰即位，改名“颙琰”，改元嘉庆。其后，朝政仍被太上皇乾隆帝控制，颙琰暂时居住在毓庆宫（后改名“继德堂”）。随着太上皇乾隆逐渐衰迈，受乾隆宠信的和珅逐渐揽权，嘉庆帝投鼠忌器，只能不露声色，韬光养晦，和和珅巧妙周旋。

嘉庆四年（1799）正月初三，乾隆太上皇死后，嘉庆帝开始亲政。他以迅雷不及掩耳之势在国丧期间拘禁、诛杀了乾隆晚年宠幸的贪官、权臣和珅，罢黜、囚禁和珅的亲信死党福长安等人，但没有进一步扩大化，维护了王朝的稳定。

镇压起义

乾隆末年以来，国内阶级矛盾尖锐，大清帝国已经开始由盛转衰，国内起义此起彼伏。乾隆刚退位时川、楚、陕等地就爆发了白莲教大起义，到乾隆去世前，朝廷多次派兵围剿，起义军虽然受到一些打击，但仍然如火如荼。嘉庆亲政后，他通过诛杀和珅，缓解民怨，并把几年来镇压起义不力的责任推给和珅，说他欺罔擅专，以至将领在他的庇护下虚冒功绩，坐糜军饷；另一方面更易统兵大员；奖惩分明，逼将领用命；严密军事部署；实行剿抚兼施的两手政策，分化瓦解起义军；推广寨堡团练，坚壁清野的做法，割断了起义军与人民的联系，经过六年艰苦努力才在嘉庆十年（1805）将起义镇压下去，在历时九年多的战争中，白莲教起义军占据或攻破州县达 204 个，抗击了满清政府从十六个省征调来的大批军队，歼灭了大量清军，击毙副将以下将员 400 余名，提镇等一、二品大员二十余名，清政府耗费军费二亿两，相当于四年的财政收入。这次起义使清王朝元气大伤，此后清朝的统治逐渐走向衰落。

由于清政府对民众的压榨加剧，东南沿海部分民众被迫下海为盗，从乾隆五十九年起蔡牵在东南海上劫船越货，封锁航道，收取“出洋税”，后来进一步发展成为反清起义。清政府命浙江水师提督李长庚赴闽造舰，铸炮负责镇压起义，后来李长庚阵亡，直到嘉庆十五年（1810），起义才被镇压。

嘉庆十八年（1813），趁嘉庆帝离京前往热河围猎，北京防务空虚，北方爆发天理教起义，部分天理教徒在太监接应下冲进皇宫，当时正在宫内的皇次子绵宁用鸟枪打死了两个天理教徒，镇国公奕灏调来火器营、健锐营兵入宫，义军终因寡不敌众，被全部消灭。获悉事变后，嘉庆帝下发罪己诏，同时严令对冲进皇宫的起义军血腥屠戮，并诱捕在城外的头目林清等。随后，各地的天理教起义陆续被镇压下去。

力挽狂澜

在政治上，面对乾隆末年的种种弊端，嘉庆帝也在努力扭转：乾隆末年权臣当道，言路闭塞。嘉庆帝首先“诏求直言，广开言路”，鼓励大家向皇帝提意见，翰林洪亮吉上书直言不逊，激怒了嘉庆帝，先判处斩首，后改判流放伊犁。第二年京师大旱，无论如何祈雨就是不下，嘉庆帝最终决定赦免洪亮吉，结果下诏当晚天真的下雨了。更值得一提的是嘉庆帝决定结束文字狱，还褒奖起复了部分乾隆朝以言获罪的官员。

乾隆后期吏治败坏，贪污腐败严重。对此，嘉庆帝一方面继续重用乾隆后期重用的王杰、朱珪、董诰等清廉的老臣，他还听从老师朱珪“身先节俭，崇奖清廉”的建议，限制地方向他呈送宝物，“诏罢贡献，黜奢崇俭”，平时生活也比较节俭，五十大寿禁止民间演戏庆贺，六十大寿又禁止给他送金珠玉器。另一方面，他“整饬内政，整肃纲纪”，除和珅及其党羽外还陆续惩治了大批贪官：嘉庆五年，处死了向粮道、卫弁索取数万两银钱的漕运总督富纲，十一年四月十六日，革去勒索钱财的河东河道总督职务，十一年九月，查处了直隶司书王丽南侵吞帑银31万两大案，获银万两以上的斩首，万两以下的遣戍黑龙江。十四年五月，巡漕御史英纶以贪污卑污处以绞刑，七月处死贪污救灾款并杀害前来查赈官员的安徽山阳县知县王伸汉，为此还革职流放了两江总督铁保、江苏巡抚汪日章。

对于官员的玩忽职守之风，嘉庆帝首先从自己做起，学习先帝，勤于政事。每天一大早就起身阅读祖宗实录，

批阅奏章，早饭后还召见大臣，并对拖拉延搁的现象严斥不贷。十三年四月，皇孙出世，内阁考虑到嘉庆帝正高兴，怕送奏折影响他，他知道后就对这种做法进行了斥责。嘉庆八年（1803）闰二月二十日，嘉庆帝在从圆明园回宫时在神武门遇刺，随从上百名侍卫只有几位反应过来出手相救，所幸嘉庆帝未受伤，刺客陈德当场被擒，后被凌迟处死，两个儿子也被处绞。事后嘉庆帝惩罚了失职的官员，侍卫，加强了紫禁城的门禁制度。十五年正月嘉庆帝斥责部院衙门因循怠玩，二十三年十一月，嘉庆帝又下令查部院疲玩现象，十二月初九规定了部院行查时间逾限处分：嗣后逾限 11—20 案，罚俸 6 个月；逾限 21—40 案，罚俸 2 年；逾限 40—60 案，降一级留任。他还多次要求地方官员对民情“纤悉无隐”，据实陈报，力戒欺隐、粉饰、怠惰之风。

嘉庆时期人多地少的矛盾愈发严重，人民普遍吃不饱饭。对此嘉庆帝能采取的只是限制烟草，茶叶等经济作物的种植；鼓励渔猎活动，弥补口粮不足；进一步推广精耕细作，土豆玉米等高产作物的种植等治标不治本的措施。其实当时东北大片土地没有开发，但满族统治者出于维护统治等原因，禁止汉人迁居东北，嘉庆帝也未改变这一政策。

嘉庆时期皇族堕落严重，他们受国家包养，不思进取，犯法后还不受司法制裁。嘉庆帝一方面严惩皇族不法行为；一方面还亲自作了《宗室训》用于教育皇族。另外，这个时期八旗生计问题也愈发困难，由于八旗子弟由国家供养，“以清语骑射为本务”，不仕不农不工不商，时间一长便腐化堕落，一无所能。对此，嘉庆帝也只能延续祖先的做法，一方面用政府的钱替八旗子弟还债。一方面感化教育。嘉庆帝还试图采用“京旗移垦”的办法，把部分北京的八旗子弟迁往东北，但由于遭到八旗子弟的抵制而很难推行。

虽然嘉庆帝很努力地来解决各种社会问题，但收效甚微。主要原因一是乾隆末年以来清代社会已弊端丛生，积重难返。二是嘉庆帝受时代的局限，束缚于传统观念、祖宗家法、王朝利益，不敢、不愿，也没有能力从体制上做根本性的调整，其对内政头痛医头脚痛医脚式的整顿，不可能从根本上扭转清王朝的衰落。三是嘉庆帝个人的性格过于仁慈和谨小慎微，对贪污腐败等问题的打击力度不够，一些力所能及的改革也没能推行。

对外交往

英国从雍正朝开始就不断对中国输入鸦片，嘉庆年间嘉庆帝多次重申和进一步严格鸦片禁令，在一定程度上抑制了鸦片泛滥，但坚持海禁闭关却阻碍了对外贸易的发展。

在对周边国家交往中，嘉庆时中国实力虽然有所衰落，但仍以“天朝上国”自居。嘉庆七年十二月，越南新国王阮福映上台之后，请求改“安南”国号为“南越”。因为中国历史上曾存在过一个“南越国”，地域包括两广和越南北部，他怀疑安南国企图混淆古今，居心叵测，于是加以拒绝。越南国王反复请求，于是嘉庆帝赐名“越南”，一直延用到今天。

在和西方国家的交往中，嘉庆帝坚决维护国家主权。嘉庆十三年七月，英国以帮助葡萄牙防御法国侵占澳门，保护英国贸易为口实，派兵船 9 艘入侵广东香山鸡颈洋面，英军 300 人公然登岸，占据澳门三巴寺、东西炮台等处，又驾舢板 3 艘驶入省河，至省城外十三行停泊，要求在澳门居住。两广总督吴熊光令他们回黄浦候旨。嘉庆帝得报后，谕示吴熊光对英军严加诘责，并命令他们驶离。

英军迟迟不动，清军封锁水路，断绝英军粮食供应，英军才在十月间撤离。事后，嘉庆帝以吴熊光在英军侵占澳门时表现怯懦，罢免其总督职务，不久又遣戍伊犁；广东巡抚孙玉庭也被革职，后来嘉庆帝还谕示加强了澳门炮台。

嘉庆二十一年（1816），英使阿美士德访华，双方在礼仪问题上发生分歧，在嘉庆帝接见时，由于赶路紧急，载有官服与国书的车辆仍未抵达，加上路途劳累，他坚持稍事休息。结果负责带领觐见的官员不得要领，向嘉庆帝谎称英使生病。嘉庆帝以为英使傲慢，龙颜大怒，于是取消觐见，并下令驱逐使团，“贡品”，国书也不要了，第二天嘉庆帝气消了点，赏了使团一些礼物，收了“贡品”，并送上敕谕一道。嘉庆帝的做法一方面暂时抵制了英国的侵略企图，但闭关锁国，盲目自大的传统观念，也使其对外来事物采取盲目排斥态度，失去了一次融入世界的机会。

重农抑商

嘉庆帝重农抑商，他多次申禁开矿。嘉庆帝在位时期正是19世纪初，英国的工业革命已经进行几十年了，但嘉庆帝对此一无所知，继续严守先君之制，重农抑末，压制各地工矿业发展，闭关自守，清朝只能沿着衰微的道路继续走下去。

嘉庆帝和先帝一样重视治河，赈济灾民。尽管镇压白莲教起义用了两个亿的军费，他还是为南河工程拨了4000余万两的治河款。他亲政后除了他死的那年外，年年都蠲免灾区的钱粮，六十大寿还普免全国积欠钱粮，大约有两千一百多万两白银，四百多万石米。

嘉庆帝在内乱频仍、外患渐逼中，倾力企图维护清王朝的稳定巩固，然而不可逆转历史的发展趋势，使清王朝的败落于嘉庆末年已完全表面化，并从此日渐走向衰亡。

生活逸事

惩治和珅

历史上确有和珅这个人，官至领侍卫内大臣、议政大臣、文华殿大学士、首席军机大臣。他权倾朝野，一人之下，万人之上，俨然是“二皇帝”。有人说，和珅没有什么才能，只会阿谀逢迎，所以他不断遭到像刘墉、纪晓岚这样正直大臣的反对。其实并非如此。

历史上的和珅既没有贵族家庭背景，也没有进士出身学历，史书记载：和珅“少贫无藉，为文生员”。他连个举人都没有考取，是怎样“宠任冠朝列”的呢？这是许多人所关心的问题。

和珅出身满洲，聪明机敏。他生于乾隆十一年（1746），比乾隆小35岁，钮祜禄氏，满洲正红旗人。家原住在北京西直门内驴肉胡同，父亲曾任福建副都统。和珅十来岁时，有幸进咸安宫官学，学习儒家经典和满、蒙文字，受到良好的教育。乾隆三十五年（1770），他参加了顺天府乡试，没有考中举人。但和珅因为出身满洲，做了宫廷三等侍卫，开始出入宫廷。这个差事给和珅接近乾隆提供了机会，是他人生的一个重要起点。嘉庆四年（1799）正月初三日，乾隆崩于紫禁城养心殿。嘉庆帝颙琰在乾隆死日亲政。嘉庆在办理大行皇帝乾隆大丧期间，采取断然措施，惩治权相和珅，举朝上下，大为震惊。

乾隆做了四年太上皇，仍紧紧把持着朝政大权。这时的和珅依然受宠，但是毕竟形势发生了变化。和珅采取了“四手”斡旋在乾隆与嘉庆之间：第一手是紧紧依靠太上皇乾隆，第二手是讨好嘉庆皇帝，第三手是限制嘉庆皇帝的权势，第四手是防止嘉庆日后对自己进行惩处。所以他在乾隆和嘉庆之间、在嘉庆面前和背后，都表现了“两面派”。

和珅竭尽全力限制嘉庆，培植任用自己的亲信。嘉庆即位时，他的老师朱珪当时任广东巡抚，向朝廷上了封表示庆贺的奏章。和珅就到乾隆面前告朱珪的状，不过乾隆没有给予理睬。嘉庆元年（1796），乾隆准备召朱珪回京，升任大学士，嘉庆写诗向老师表示祝贺。和珅又到乾隆那里告状，说嘉庆皇帝为笼络人心，把太上皇对朱珪的恩典，算到自己身上。这一次，乾隆真的生气了。他问军机大臣董诰："这该怎么办？"董诰跪下劝谏乾隆说："圣主无过言。"乾隆才作罢。不久，和珅还是找了个借口，怂恿乾隆将朱珪从两广总督降为安徽巡抚。和珅还将他的门下吴省兰派到嘉庆身边，名义上是帮助整理诗稿，实际上是监视嘉庆的举动。嘉庆二年（1797），领班军机大臣阿桂病故。和珅只知进、不知退，便成为领班军机大臣。这时的乾隆，已年老体衰，记忆力很差，昨天的事，今天就忘，早上做的事，晚上就糊涂了。和珅真正成了乾隆的代言人，也就更加为所欲为。

和珅自作聪明，作茧自缚，自坏其事。颙琰当皇子时，被定为储君。和珅密知此事，于乾隆公布嘉庆为皇太子的前一天，送给颙琰一柄如意，暗示自己对嘉庆继位有拥戴之功。嘉庆笑在脸上，恨在心里。但因和珅是乾隆的宠臣，老奸巨滑，朝廷上下，各种关系，盘根错节，不便动手。嘉庆在乾隆死后短短的15天里，就把一个被先帝恩宠30年的"二皇帝"加以惩治，举措得体，干净利落，取得胜利。

嘉庆惩治和珅采取的步骤主要有：第一，欲擒故纵。嘉庆继位后，太上皇还健在。他面对一个老谋深算，并深受太上皇宠爱的和珅，采取了欲擒故纵的策略。和珅的一举一动，他看在眼里，不动声色。有些大臣在他面前批评和珅，嘉庆说："我还准备让和珅帮我治理国家呢！"嘉庆

向太上皇奏报的一些军国大事，也经常让和珅去代奏、转奏，以此向和珅表示信任，稳住了和珅。

第二，调虎离山。乾隆驾崩，和珅失去靠山，死期也就不远了。当天，嘉庆一方面任命和珅与睿亲王等一起总理国丧大事，一方面传谕他的老师署安徽巡抚朱珪来京供职。初四日，嘉庆发出上谕：谴责在四川前线镇压白莲教起义的将帅玩嬉冒功，并借此解除和珅死党福长安的军机处大臣职务。嘉庆命和珅与福长安为太上皇昼夜守灵，不得擅离，切断他们与外界的联系。这实际上削夺了和珅的首辅大学士、领班军机大臣、步军统领、九门提督的军政大权。

第三，突然出击。正月初五日，给事中王念孙等官员上疏，弹劾和珅弄权舞弊，犯下大罪。初八日，嘉庆宣布将和珅革职，逮捕入狱，在朝野掀起政治大波。嘉庆进行了一系列的人事调整。如初八日，嘉庆命令从即日起，所有上奏的文件，都要直接上报皇上，军机处不得再抄录副本，各部院大臣也不得将上奏的内容事先告诉军机大臣。并命宗室睿亲王淳颖、定亲王绵恩、仪亲王永璇、庆郡王永璘等分别掌握军政大权。

第四，制造舆论。嘉庆命各直省和在京大员，就和珅事件向朝廷表态。直隶总督胡季堂首先表态，他在奏折中指责和珅丧心病狂、目无君上、蠹国病民、贪黩放荡，真是一个无耻小人，请求将其“凌迟处死”。嘉庆立即批示，在京三品以上官员讨论这个意见，若有不同意见，也可以自行向皇帝上奏。实际上，就是以胡季堂的意见定下基调，并通报各省督、抚，要他们都表明态度。

第五，惩办和珅。初九日，在公布乾隆遗诏的同时，将和珅、福长安的职务革除，下刑部大狱。命仪亲王永璇、成亲王永瑆等，负责查抄和珅家产，并会同审讯。初十日，嘉庆御批“实力查办以副委任”，全面清查和珅大案。十一日，在初步查抄、审讯后，嘉庆宣布和珅二十大罪状：主要有欺骗皇帝、扣压军报、任用亲信、违反祖制、贪污敛财等。十八日，在京文武大臣会议，奏请将和珅凌迟处死，将同案的福长安斩首。嘉庆四年正月《上谕档》中记载：嘉庆谕示“和珅罪有应得”，就是说怎么严惩和珅都不过分，但考虑到他曾任领班军机大臣，为了朝廷体面，赐他自裁。据说和珅在狱中，自知生命不久，对着窗外元宵明月，感慨赋诗道：“对景伤前事，怀才误此身。”在电视剧《宰相刘罗锅》中有这样的镜头：和珅得到嘉庆皇帝赐给他的三尺白绫，在狱中自尽。福长安以阿附和珅，令其到和珅死所跪视和珅自裁，并革去军机大臣、户部尚书职，逮下狱，籍其家。

第六，讲求策略。嘉庆说，和珅得罪的是先皇，所以要在皇父大丧期间，处治这个先皇的罪臣。和珅被诛后，其党羽皆惶恐不安。有的朝臣上疏，力主穷追其余党。嘉庆并没有这样做，而是在除掉和珅后，马上收兵。对和珅的亲信，除伊江阿、吴省兰、吴省钦等人给予处分外，其他由和珅保举升官者或给和珅送贿者，概不追究。嘉庆宣谕：“凡为和珅荐举及奔走其门者，悉不深究。勉其悛改，咸与自新。”此谕一下，人心始安，政局稳定。嘉庆对和珅的惩治，动作迅速，干净利索，宽严适当，十分成功。这是嘉庆皇帝一生处理重大政治事件中最为精彩的一笔，也是他作为政治家的惟一杰作。

但是，嘉庆定和珅的第一大罪是：在宣布皇太子前一天，和珅向他送如意以示拥戴之功。这表示和珅要投靠新主，其心不能算恶，既不叛君主，也不反社稷，此条构不成杀头之罪。嘉庆将此定为和珅第一大罪状，表明嘉庆胸中没有大格局，掌上没有大手笔。这是嘉庆亲政之后，平庸性格的一次表露。

嘉庆惩治和珅的原因主要有：第一，因为和珅“富可敌国”，扳倒和珅，可以缓解嘉庆面临的财政压力。

所谓“和珅跌倒，嘉庆吃饱”，就是这个意思。和珅被抄家时，抄出藏金32000多两，地窖藏银200余万两，取租地1266顷，其他还有取租房屋1001间半、各处当铺银号以及各种珠宝、衣物等，其总家产折合白银，有的说约1000万两，有的说2000万两，有的说达到了8亿两。当时清政府财政年总收入约7000万两。还有违制的珍珠、大珠、手串、大宝石等，实际数字已经无法考据。大量的财富使和珅过着帝王般奢华的生活，娶出宫女子为妾，仅巡捕营在和宅供役者就达1000余人。他在承德丽正门外、北京北长街会计司胡同等处，都建有住所。和珅在北京什刹海畔，建造起豪华宅第，也就是恭王府的前身。府内甚至仿乾隆皇帝宁寿宫，建起楠木房，称为锡晋斋。还有违制修建的垂花门和皇宫用的宫灯、多宝阁等。和珅还在北京海淀建有宏大秀美的淑春园，是今北京大学校园的一部分。和珅不仅享受着姬妾成群、锦衣玉食的生活，还梦想着死后像皇帝一样风光气派。他在河北蓟州（今蓟县）修建了巨大的坟墓，规格超过亲王，民间称之为“和陵”。

第二，为缓解官民之间的矛盾。

嘉庆元年（1796），发生白莲教起义，清军连连失利。嘉庆三年，清军抓住四川农民军首领王三槐，王三槐的口供说“官逼民反”。嘉庆意识到，正是因为地方官吏皆如和珅似的贪暴，所以屡屡激起民变。嘉庆帝总结说：“层层朘削，皆为和珅一人。”又说：“朕所以重治和珅之罪者，实为其贻误军国重务。”所以，嘉庆杀和珅，以谢天下。

第三，为解决君权与相权的矛盾。

和珅“权高震主”，嘉庆说：“朕若不除和珅，天下人只知有和珅而不知有朕。”他甚至怀疑和珅蓄意谋反，所以要杀掉和珅。当相权威胁到君权的时候，君主必然采取行动。从嘉庆的先祖来看，也不乏先例。皇太极继位之后，幽禁了二大贝勒阿敏、三大贝勒莽古尔泰，大贝勒代善屈从，皇太极得以从四大贝勒“并肩共坐”到“南面独坐”；顺治亲政后，追罪死后的摄政睿亲王多尔衮；康熙亲政后，擒拿辅臣鳌拜；雍正登极后，杀了隆科多和年羹尧；乾隆继位后，也采取了一些措施。所以，嘉庆执掌朝纲后，必然惩办权相和珅。

不过，嘉庆对和珅的功绩和才能还是肯定的。嘉庆十九年（1814 年），在和珅被杀 15 年之后，清国史馆将编修的《和珅列传》（稿本）送呈嘉庆审阅。嘉庆见记载简略，只记录了和珅的一堆官阶履历，很不满意。他朱批道：“和珅并非一无是处”，他“精明敏捷”，任职 30 年，还是做了很多的事。只是和珅贪鄙成性、怙势营私、狂妄专擅、贪婪专权，才不得不加以重罚。嘉庆惩治和珅案没有株连，也没有扩大化，这是嘉庆的聪明之处；但他只把和珅当作个案处理，而没有当作制度性的弊端去解决，进行制度性的改革，这是嘉庆的平庸之处。

和珅的问题不仅仅是个案，而是成了社会现象，可以叫做“和珅现象”。和珅这样一个出身“少贫无籍”、乡试不中的生员，由普通的宫廷侍卫，32 岁成为军机大臣。以后更是青云直上，富贵常葆，登峰造极。这个问题值得研究。“和珅现象”的出现是老年帝王专制的必然。乾隆自诩“十全老人”、“十全武功”，意骄志满，倦怠朝政。他喜欢阿谀逢迎，那就必然滋生和珅这样的人。所以说“和珅现象”的责任在乾隆皇帝，和珅是乾隆朝君主专制腐败机体上的一个毒瘤。当时，乾隆皇帝身边有四种

人——后妃、太监、皇子、朝臣，后妃不能代他处理军政要务，太监不能陪他和诗品画，皇子太近怕其“觊觎大位”，大多朝臣又不会像和珅那样曲意逢迎。因此，和珅有着后妃、太监、皇子、直臣既不能取代，也不可或缺的独特作用。乾隆皇帝对他既喜爱又依赖，自然遇事会替他撑腰。

钟情戏曲

嘉庆帝好听戏，而且兴致很高。嘉庆帝固然一生勤于政务，但爱好戏剧也是不争的事实，亲政初年，洪亮吉上疏指责他“恐退朝之后，俳优近习之人，荧惑圣听者不少”。嘉庆帝一怒之下，把洪亮吉发配新疆。其实，洪亮吉所说也不是空穴来风，嘉庆是清朝迄此时为止对戏剧最为痴迷的一位君主。根据史料记载，早在嘉庆元年正月，刚刚登上皇帝宝座的嘉庆帝一连看了十八天大戏。当时父亲乾隆虽然退位，但在和珅辅佐之下大权独揽，嘉庆帝无事可做，所以，狠狠地过了一次戏瘾。嘉庆四年太上皇驾崩，嘉庆帝成为名副其实的一国之君，大权独揽，忙得一塌糊涂，加上他崇尚节俭，又要为臣民做表率，已不能像以往那样随心所欲地听戏了。不过嘉庆皇帝精通戏曲，无论筹备排演新戏、分配角色，还是舞台调度，他几乎事事过问，称他为清宫戏剧导演也不为过。宫廷唱戏，集中在年节庆典期间，这时候连天大戏，从早到晚，演个不停。其他日子里，皇帝不能随便举行大规模的唱戏活动。更何况此间国事如麻，动乱较多，实际上并没有多少闲情逸致听戏，嘉庆帝偶尔以此调剂一下情绪，更多时间是茶余饭后叫来太监清唱几段，然后再指点一番，并没有因此耽误国政。

爱好打猎

嘉庆帝还喜欢打猎，对木兰秋狝有着很高的兴致。

“木兰秋狝”指的是秋天在皇家猎苑木兰围场进行的行猎活动，这一制度确立于康熙时期，借以训练军队，联络蒙古王公，当然也带有行乐的目的。而且随着时间的推移，行乐的目的越来越突出。木兰围场在承德北部一百多公里的地方，本来是蒙古王公的领地。这里地势起伏，草深林密，野兽出没，尤其以鹿为最多。但当时道路难行，官兵马匹不足，缺乏棉衣，群臣也不愿意长途跋涉，所以每次秋狝都遇到很大的阻力。很多时候，嘉庆帝也不得不妥协。再加上此时生态环境恶化，加上围场官员管理不善，木兰围场猎物稀少。所以，除了嘉庆十五年行围较为满意以外，每次的收获都不大。

第八卷

俭廉勤政，鲜有作为

——清宣宗道光皇帝爱新觉罗·旻宁

道光一生大事记

道光十四年

1834 年，律劳卑事件。

道光十九年

1839 年，林则徐查禁鸦片。

十八世纪七十年代，英国开始把鸦片大量输入中国。到了十九世纪，鸦片输入额逐年增多。英国资产阶级为了抵销英中贸易方面的入超现象，大力发展毒害中国人民的鸦片贸易，以达到开辟中国市场的目的。十九世纪初输入中国的鸦片为 4000 多箱，到 1839 年猛增到 40000 多箱。英国从这项可耻的贸易中大发横财。由于鸦片输入猛增，导致中国白银大量外流，并使吸食鸦片的人在精神上和生理上受到了极大摧残。如不采取制止措施，将要造成国家财源枯竭和军队瓦解。于是，清政府决定严禁鸦片入口。

1839 年 3 月，清朝钦差大臣林则徐到达广州，通知外国商人在三天内将所存鸦片烟土全部缴出，听候处理，并宣布："若鸦片一日未绝，本大臣一日不回，誓与此事相始终，断无中止之理。"林则徐克服了英国驻华商务监督义律和不法烟商的阻挠、破坏，共缴获各国（主要是英国）商人烟土 237 万多斤，从 6 月 3 日至 25 日，在虎门海滩当众销毁。

道光二十年

1840 年，鸦片战争。

1840 年 6 月，侵华英军总司令懿律率舰只 40 余艘、士兵 4000 多名，陆续到达中国南海海面。6 月 28 日英舰封锁珠江海口，第一次鸦片战争正式爆发。

道光二十一年

1841年，广州三元里起义。

与清朝统治者相反，沿海各地人民始终坚持了反抗侵略的斗争。1841年5月广州北郊三元里一百零三乡人民群众围歼英军的战斗，是人民群众自发抗英的高峰。

道光二十二年

1842年，签订南京条约。

1840年7月初，英军侵占浙江定海，8月初到达天津大沽口外，直逼京畿。道光皇帝连忙撤去林则徐的职务，任命琦善为钦差大臣。年底，琦善在广州与英国侵略者谈判。英军却于1841年1月7日突然在穿鼻洋发动进攻，攻陷沙角、大角炮台。1月中旬，琦善被迫答允英国全权代表义律提出的割让香港、赔偿烟价600万元、开放广州等条件。琦善私允英军条件，违背了清廷的指示精神，后来受到严惩。但在26日，英军却不待中国政府同意就占领香港。清政府得知沙角、大角炮台失守后立即对英宣战。2月下旬，英军攻陷虎门炮台，水师提督、爱国将领关天培与守军数百人壮烈牺牲。5月，英军逼近广州城外，清军全部退入城内。下旬，新任靖逆将军奕山向英军乞和，与英国订立了可耻的城下之盟——《广州和约》，规定由清朝方面向英军交出广州赎城费600万元。

英国政府不满足义律从中国攫取的利益，改派璞鼎查为全权公使，增调援军，扩大侵华战争。1841年8月下旬，璞鼎查率英舰自香港北犯，26日攻陷厦门。9月英军侵犯台湾。10月攻陷定海、镇海、宁波。1842年5月，英军继续北犯，6月攻陷长江口的吴淞炮台，宝山、上海相继失陷。接着，英军溯江西上，8月5日到达江

宁江面。腐败无能的清朝政府命令盛京将军耆英赶到南京，于29日与璞鼎查在英国军舰上签订了中国近代史上第一个不平等条约——《南京条约》，第一次鸦片战争到此结束。

家庭成员

后妃

皇后

孝穆成皇后，钮祜禄氏，户部尚书、一等子布颜达赉女。宣宗为皇子，嘉庆元年，仁宗册后为嫡福晋。十三年正月戊午，薨。宣宗即位，追册谥曰孝穆皇后。初葬王佐村，移宝华峪，以地宫浸水，再移龙泉峪，后即于此起慕陵焉。咸丰初，上谥。光绪间加谥，曰孝穆温厚庄肃端诚恪惠宽钦孚天裕圣成皇后。

孝慎成皇后，佟佳氏，三等承恩公舒明阿女。宣宗为皇子，嫡福晋薨，仁宗册后继嫡福晋。宣宗即位，立为皇后。道光十三年四月己巳，崩，谥曰孝慎皇后，葬龙泉峪。咸丰初上谥。光绪间加谥，曰孝慎敏肃哲顺和懿诚惠敦恪熙天诒圣成皇后。有一个女儿，端悯固伦公主，早殇。

孝全成皇后，钮祜禄氏。清朝苏州驻防将军、乾清门二等侍卫、世袭二等男、赠一等承恩侯、晋赠三等承恩公钮祜禄·颐龄之女，满洲镶黄旗人。嘉庆十三年（1808）二月二十八生，清仁宗孝和睿皇后的侄女。道光元年七月封为全嫔，三年十一月二十五册晋全妃，五年四月十三晋全贵妃，十三年八月十五晋称皇贵妃摄六宫事，十四年十一月立为皇后。二十年正月十一（1840年2月13日）崩于紫禁城钟粹宫，寿三十三。十七日宣宗赐谥孝全皇后，当年十一月葬入清西陵慕陵龙泉峪地宫，后与宣宗合葬。经过咸丰、同治、光绪三朝累次上谥，谥号全称为：孝全慈敬宽仁端悫安惠诚敏符天笃圣成皇后。有一个儿子奕詝，即咸丰帝。两个女儿，端顺固伦公主、寿安固伦公主。

孝静成皇后，博尔济吉特氏，刑部员外郎花良阿女。后事宣宗为静贵人，累进静皇贵妃。孝全皇后崩，文宗方十岁，妃抚育有恩。文宗即位，尊为皇考康慈皇贵太妃，居寿康宫。咸丰五年七月，太妃病笃，尊为康慈皇太后。越九日庚午，崩，年四十四。上谥，曰孝静康慈弼天抚圣皇后，不系宣宗谥，不祔庙。葬慕陵东，曰慕东陵。穆宗即位，祔庙，加谥。光绪、宣统累加谥，曰孝静康慈懿昭端惠庄仁和慎弼天抚圣成皇后。有三个儿子，奕纲、奕继、奕䜣。一个女儿，寿恩固伦公主，下嫁景寿。

皇贵妃

庄顺皇贵妃，乌雅氏。笔帖式灵寿之女。道光十五至十六年间入宫充琳贵人，十七年十一月初六日降为秀常在，十九年七月二十三日，晋为琳贵人。二十年十一月诏封琳嫔。二十二年五月晋琳妃。二十六年十二月，晋琳贵妃。文宗尊为皇考琳贵太妃。穆宗尊为皇祖琳皇贵太妃。同治五年薨，命王公百官持服一日，谥曰庄顺皇贵妃，葬慕东陵园寝。德宗朝，迭命增祭品，崇规制，上亲诣行礼。封三代，皆一品。生三个儿子，奕譞、奕詥、奕譓。一个女儿，寿庄固伦公主，下嫁德徽。

贵妃

彤贵妃，舒穆鲁氏，郎中玉彰之女。道光十一年入宫封彤贵人，道光十二年四月初二日，晋彤嫔。十三年八月十五日，晋彤妃。十六年十二月二十日，晋彤贵妃。二十四年九月十日，降为彤贵人。三十年正月，文宗晋尊为皇考彤嫔。咸丰元年三月，行册尊礼。十一年十月，穆宗晋尊为皇祖彤妃。同治十三年十一月，再诏晋尊为彤贵妃。光绪三年丁丑卒。时年六十有一。有三个女儿，寿禧和硕公主，下嫁扎拉丰阿；其余两个殇。

佳贵妃，郭佳氏。道光十五年，赐号为佳贵人。道光十六年十二月二十日，册封佳嫔。二十年七月二十三日降为佳贵人。三十年正月，文宗晋尊为皇考佳嫔。咸丰元年三月，行册尊礼。十一年十月，穆宗晋尊为皇祖佳妃。同治十三年十一月，再诏晋为佳贵妃。光绪十六年庚寅四月初六日亥初一刻卒，年七十五岁。无子女。

成贵妃，钮祜禄氏。道光八年二月进宫，初赐号为成贵人，不久降为余常在。十六年十月初一日，仍封为成贵人。二十五年十月初五日封成嫔。道光二十六年十二月，册封成嫔。二十九年六月十五日降为贵人。三十年正月，文宗晋尊为皇考成嫔。咸丰元年三月，行册尊礼。十一月十月，穆宗晋尊为皇祖成妃。同治十三年十一月，再诏晋尊为成贵妃。光绪十四年戊子三月三十日卒，年七十六岁。无子女。

妃

和妃，纳喇氏，卿衔成文女。初以宫女子，事宣宗潜邸。嘉庆十三年，子奕纬生。仁宗特命为侧室福晋。道光二年十一月，册封和嫔。三年十一月，晋和妃。十六年丙申四月初四日卒。有一个儿子，奕纬。

祥妃，钮祜禄氏，郎中久福之女。初赐号为祥贵人，道光三年二月二十二日传旨，十一月二十五日，册封祥嫔。五年四月晋祥妃。十七年降为祥贵人。三十年正月，文宗晋尊为皇考祥嫔。咸丰元年三月，行册尊礼。十一年辛酉正月初六日卒于承德避暑山庄，时年五十有四。十一月，穆宗追晋为皇祖祥妃。有一个儿子，奕誴。两个女儿，一个早殇，一个是寿臧和硕公主，下嫁恩醇。

常妃，赫舍里氏。道光九年赐号为常贵人。道光三十年正月，文宗晋尊为皇考常嫔。咸丰十年八月二十三日，受英法联军惊吓，卒于圆明园绮春园。咸丰十一年十月，穆宗追晋为皇祖常妃。无子女。

嫔

珍嫔，赫舍里氏。满洲镶蓝旗人，广东按察使荣海之女。道光二年十一月初二日入宫赐号为珍贵人。道光四年九月七日晋珍嫔，道光五年四月十三日，册封珍嫔。八月八日口谕内阁，奉皇太后懿旨，诏晋珍妃。六年十一月二十二日传谕，降为珍嫔。道光九年十一月前卒，年二十四岁，不知葬于何处，待考。无子女。

豫嫔，尚佳氏。道光十年为玲常在，二十年六月初二日降尚答应。三十年正月，文宗晋称为皇考尚常在。咸丰十一年十月，穆宗晋尊为皇祖尚贵人。同治十三年十一月，再晋尊为豫嫔。光绪二十三年八月二十八日卒。无子女。

恒嫔，蔡佳氏。道光十四年入宫，初赐号宜贵人，后降为宜常在，道光十八年八月十三日降为蔡答应。三十年正月，文宗晋称为皇考蔡常在。咸丰十一年十月，穆宗晋尊为皇祖蔡贵人。同治十三年十一月，再晋尊为恒嫔。光绪二年闰五月初六日卒。无子女。

顺嫔，失其氏，道光四年入宫，初赐号顺常在，九月后封顺贵人，道光九年降为顺常在。三十年正月，文宗尊封为皇考顺贵人。咸丰十一年十月，穆宗晋尊为皇祖顺嫔。同治七年戊辰三月十九日卒，年六十岁。无子女。

恬嫔，富察氏，为宣宗潜邸侧福晋。道光二年十一月，册封恬嫔。二十五年七月十九日卒。无子女。

贵人

平贵人，赵氏，初入侍宣宗潜邸为格格，嘉庆二十五年九月初五日，封为平贵人，道光三年三月二十五日卒。

定贵人，孙氏，初入侍宣宗潜邸为格格，嘉庆二十五年九月初五日，封为定贵人，道光二十二年十二月十四日卒。

李贵人，李氏，内务府六库郎中善保之女。道光二十年三月入宫，封意常在，十二月降为李答应。三十年正月，文宗晋称为皇考常在。咸丰十一年十月，穆宗晋尊为皇祖李贵人。同治十一年二月十八日卒。

那贵人，那氏，正白旗托永武管领下，原蓝翎长那俊之女。道光二十年二月十七日入宫封琭常在，十一月晋琭贵人，二十一年三月十八日降禄常在，二十五年十一月初四日降那答应。三十年正月，文宗晋称为皇考常在。咸丰十一年十月，穆宗晋尊为皇祖那贵人。同治四年七月二十日卒于寿安宫，时年四十岁。

常在

蔓常在，道光十一年四月前已入宫，封为蔓常在，十三年八月前卒，未葬入慕陵妃园寝。

答应

睦答应，赫舍里氏，满洲正黄旗。道光二年十月封为睦贵人，十年十二月二十三日，晋封为睦嫔。十一年九月十一日，降为睦贵人，不久又降为睦答应，十五年上半年前卒。

官女子

刘官女子，刘氏。道光十三年九月封刘答应，十五年降为刘官女子，二十二年前卒，未葬入慕陵妃园寝。

皇子

皇长子，爱新觉罗・奕纬，隐志郡王，母为和妃那拉氏，时为旻宁藩邸使女。生于嘉庆十三年（1808）四月二十一日。嘉庆二十四年正月，嘉庆帝封其为多罗贝勒，道光帝登基后降居皇子位。道光十一年四月卒，享年25岁，谥“隐志”。咸丰即位后，又追封多罗郡王。

皇次子，爱新觉罗・奕纲，顺和郡王，母为孝静成皇后博尔济吉特氏，时为静嫔。生于道光六年十月二十三，次年二月即殇。

皇三子，爱新觉罗·奕继，慧质郡王，母为孝静成皇后博尔济吉特氏，时为静妃。生于道光九年十一月初七，同年十二月即殇。

皇四子，爱新觉罗·奕訡，即咸丰帝。母为孝全成皇后钮祜禄氏，时为全贵妃。生于道光十一年六月初九，卒于咸丰十一年，不予赘述。

皇五子，爱新觉罗·奕誴，过继给惇恪亲王绵恺，为惇勤亲王，母为祥妃钮祜禄氏。道光十一年（1831）六月十五生，道光二十六年（1846）正月过继敦恪亲王绵恺为嗣，降袭为多罗敦恪郡王，咸丰十年（1860）正月晋封和硕敦恪亲王，光绪十五年（1889）正月十九卒，年59岁，卒后谥“勤”。

皇六子，爱新觉罗·奕䜣，恭忠亲王，母为孝静成皇后博尔济吉特，时为静妃。生于道光十二年十一月二十一，文宗继位奉宣宗遗照封奕䜣为恭亲王。光绪二十年任总理衙门大臣，并总理海军，会办军务，内廷行走。光绪二十四年四月初十薨，年66岁，谥曰“忠”。

皇七子，爱新觉罗·奕譞，醇贤亲王，母为庄顺皇贵妃乌雅氏，时为琳贵人。文宗即位后封醇郡王，年十岁。同治十一年晋封亲王。次子为光绪皇帝。光绪十六年十一月二十一日卒，年52，谥“贤”。

皇八子，爱新觉罗·奕詥，钟端郡王，母为庄顺皇贵妃乌雅氏，时为琳妃。生于道光二十四年（1844）正月二十六日。道光三十年（1850）正月咸丰帝即位，封为多罗钟郡王。卒于同治七年（1868）十一月初四，年25岁，谥“端”。无子，以恭忠亲王奕䜣子载滢为后，袭贝勒。又以醇贤亲王奕譞子载涛为后，袭贝勒，加郡王衔。

皇九子，爱新觉罗·奕譓，孚敬郡王，母为庄顺皇贵妃乌雅氏，时为琳妃。生于道光二十五年（1845）十月十六日。文宗即位后封孚郡王。穆宗即位，命免宴见叩拜、奏事书名。同治三年，分府，仍在内廷行走，命管乐部。十一年，授内大臣，加亲王衔。德宗即位，复命免宴见叩拜、奏事书名。光绪三年二月薨，谥曰“敬”。无子，以愉恪郡王允禑四世孙奕栋子载沛为后，袭贝勒。卒，又以奕瞻子载澍为后，袭贝勒，坐事夺爵归宗；又以贝勒载瀛子溥伒为后，封贝子。

公主

皇长女，端悯固伦公主（1813—1819）。生于嘉庆十八年（1813）七月初三日，母为继妃佟佳氏，即孝慎成皇后。嘉庆二十四年（1819）十月二十日殇，时年7岁。追封为郡主，葬许家峪园寝。嘉庆二十五年（1820）九月追封为端悯固伦公主。

皇次女，生于道光五年（1825）正月十三日，母为祥嫔钮祜禄氏。七月十四日即殇，未命名，无封。

皇三女，端顺固伦公主（1825—1835）。生于道光五年（1825）二月二十日，母为全妃钮祜禄氏，即孝全成皇后。道光十五年（1835）十一月初八日殇，年11岁。追封为端顺固伦公主。葬陈家门园寝。

皇四女，寿安固伦公主（1826—1860）。生于道光六年（1826）四月初六日，母为孝全成皇后，时为全贵妃。道光二十一年（1841）16岁，指配德穆楚克札布，不久封为寿安固伦公主。十月初三日下嫁。咸丰十年（1860）闰三月初三日卒，年35岁。葬京师郊外园寝。同治元年（1862）三月德穆楚克札布请移葬藩部，不许。额驸德穆楚克札布（？—1865），奈曼部郡王阿完都瓦第札布之子。道光二十三年（1843）三月赐用紫缰。道光二十八年（1848）九月袭封奈曼部札萨克郡王。道光三十年（1850）十一月授御前大臣。咸丰元年（1851）三月赐用黄缰，十月授蒙古都统。咸丰十年（1860）赐用亲王补服。同治四

年（1865）正月乞病归藩，六月卒。晋赠亲王，赐祭葬如亲王例。

皇五女，寿臧和硕公主（1829—1856）。生于道光九年（1829）十月十九日，母为祥妃钮祜禄氏。道光二十一年（1841）封为寿臧和硕公主。道光二十二年（1842）年14岁，指配恩祟，道光十二月初三日下嫁。咸丰六年（1856）七月初九日卒，年28岁。额驸恩崇（？—1864），初名恩醇。咸丰七年（1857）正月荐授满洲副都统，寻兼内务府总管。咸丰十一年（1861）避穆宗载淳讳改为恩祟。同治元年（1862）四月免去内务府总管职。同治二年（1863）五月署汉军副都统。同治三年（1864）再兼署内务府总管，不久即卒。无嗣，以从子为嗣。

皇六女，寿恩固伦公主（1830—1859）。生于道光十年（1830）十二月初七日，母为孝静成皇后博尔济吉持氏，时为静妃。同治二十四年（1844）二月封为寿恩固伦公主。指配景寿。道光二十五年（1845）四月下嫁。咸丰九年（1859）四月十三日卒，年30岁。额驸景寿（？—1889），富察氏，一等公工部尚书博启图之子。道光二十四年（1844）赐头品顶戴，在上书房读书。后袭封一等诚嘉毅勇公。咸丰五年（1855）七月荐授蒙古都统。咸丰六年（1856）正月授御前大臣，赐用紫缰，寻授领侍卫内大臣。咸丰十年（1860）八月护驾热河。咸丰十一年（1861）七月与怡亲王载垣等为赞襄政务大臣之一，十月削职，仍留公爵及额驸品级。同治元年（1862）二月任蒙古都统，三月授御前大臣。同治三年（1864）七月仍赐紫缰，十月授领侍卫内大臣。十三年（1874）十二月命管神机营事务。光绪十五年（1889）六月去世。谥端勤。

皇七女（1840—1844），生于道光二十年（1840）七月初二日，母为彤贵妃舒穆鲁氏。道光二十四年（1844）十二月二十日殇，时年5岁。未命名，无封。

皇八女，寿禧和硕公主（1841—1866）。生于道光二十一年（1841）十一月二十六日，母为彤贵妃舒穆鲁氏。咸丰五年（1855）十一月封为寿禧和硕公主，指配札拉丰阿。同治二年（1863）十月下嫁。同治五年（1866）八月初二日卒，年26岁。额驸扎拉丰阿（？—1898），钮祜禄氏。父为熙拉布，官至副都统。扎拉丰阿初名瑞林，指婚后赐改今名，字鹤汀。初充御前侍卫，同治十二年（1873）正月授汉军副都统、荐官至护军统领。光绪十四年（1888）十一月累迁都统，管神机营事务。光绪十五年（1889）正月赐朝马，十月赐用紫缰。光绪二十年（1894）正月赐用固伦额驸补服。光绪二十四年（1898）五月卒。

皇九女，寿庄固伦公主（1842—1884）。生于道光二十二年（1842）二月十三日，母为庄顺皇贵妃乌雅氏，时为琳妃。咸丰五年（1855）十一月封为寿庄和硕公主，指配德徽。同治二年（1863）十一月下嫁。同治四年（1865）正月德徽卒。光绪七年（1881）十月晋封为寿庄固伦公主。光绪十年（1884）二月十四日去世，年43岁。额驸德徽（？—1865），博罗持氏，父裕恒，世袭诚勇公。德徽曾授散秩大臣。无子，以从子为嗣。

皇十女（1844—1845），生于道光二十四年（1844）三月十七日，母为彤贵妃舒穆鲁氏。次年正月二十日早殇，无名无封。

重要辅臣

林则徐

介绍名片

林则徐（1785—1850），汉族，福建侯官人（今福建省福州），字元抚，又字少穆、石麟，晚号俟村老人、俟村退叟、七十二峰退叟、瓶泉居士、栎社散人等。清朝后期政治家、思想家和诗人，中华民族抵御外辱过程中伟大的民族英雄，其主要功绩是虎门销烟。官至一品，曾任江苏巡抚、两广总督、湖广总督、陕甘总督和云贵总督，两次受命为钦差大臣；因其主张严禁鸦片、抵抗西方的侵略、坚持维护中国主权和民族利益深受全中国人的敬仰。

一生经历

林则徐的父亲林宾日原名林天翰，字孟养，号旸谷，嘉庆侯官岁贡生，是当地的教书先生，于邻居罗氏的地方开设书塾。而林则徐的母亲陈帙，为闽县岁贡生陈圣灵之第五女。林宾日陈帙夫妇一共生育十一名子女：长子林鸣鹤（早夭）、次子林则徐、三子林霈霖及八名女儿。

虽然林宾日为私塾教师，中了秀才后又可领取公粮。但家里人口众多，有时候三餐都无以为继。林母陈帙瞒住丈夫，偷偷以女红这项手艺帮补家计，她也将此剪纸手艺传于女儿，才能维持家庭生活。

家计虽不用代劳，但林则徐每天到书塾之前，都先会为母亲姊妹的工艺品拿到店铺寄卖，放学后，则再到店铺收钱交回母亲。贫苦的童年，使他日后升至高官时都保持清俭的习惯。

在科举时代，林则徐的父母指望自己的儿子能在仕宦之途上发达。林则徐性聪颖，在 4 岁时便由父亲“怀之入塾，抱之膝上”，口授四书五经。在父亲的精心培育下，他较早地读了儒家经传。

嘉庆三年（1798），14 岁的林则徐中秀才后就到福建著名的鳌峰书院读书，受教于具有实学的郑光策和陈寿祺。在父亲和亲友的影响下，开始注意经世致用之学。

嘉庆九年（1804），20 岁的林则徐中了举人。父亲的淳淳教导使林则徐的学业取得了惊人的成就。就在揭晓成绩排名的那一天，他正式迎娶郑淑卿为妻，自此林则徐在郑淑卿在世时都没有纳过妾，终其一生情深不渝。年底，新婚燕尔的林则徐离开家人前往京师参加会试但名落孙山。回乡后就在福州北库巷开设“补梅书屋”开班授徒，等待下一次的会试。

嘉庆十一年（1806）秋，应房永清之聘到厦门任海防同知书记。这里的鸦片烟毒引起他的注意。同年，受新任福建巡抚张师诚的赏识招入幕府。他在张幕中获知了不少清朝的掌故和兵、刑、礼、乐等知识以及官场经验，为他日后的“入仕”准备了些必要条件。

同年年底，张师诚推荐林则徐父亲林宾日为乐正书院主持，林家经济得以改观。后林则徐又在这年参加京师会试，可惜仍是落第，他依然留在张师诚处当幕僚。

嘉庆十六年（1811），林则徐会试中选，赐进士，选翰林院庶吉士，开始进入了官场，实现了父母所斯望的入仕做官。

嘉庆十九年（1814）授编修。此后历任国史馆协修、撰文官、翻书房行走、清秘堂办事、江西乡试副考官、云南乡试正考官、江南道监察御史。在京官时期，他矢志做一个济世匡时的正直官吏。于是，他“文学而潜修”。为了通于政事，“益究心经世学，虽居清秘、于六曹事例因革。用人行政之得失，综核无遗”。在京师为官七年中，他广泛搜集元、明以来几十位专家关于兴修畿辅水利的奏

疏、著述，写了《北直水利书》。书中明确指出“直隶水性宜稻，有水皆可成田”，“农为天下本务，稻又为农家之本务”。认为只有发展华北水利，提倡种稻，就地解决漕粮，才能合理解决南粮北运及由此产生的漕运积弊问题。

嘉庆二十五年（1820）任浙江杭嘉湖道。他积极甄拔人才，建议兴修海塘水利，颇有作为。但他感到仕途上各种阻力难以应付，曾发泄“支左还绌右”“三叹作吏难”这样的苦闷。终于在次年七月借口父病辞职回籍。林则徐为人民做过许多好事，但由于性情过于急躁，请人写“制怒”大字悬挂堂中以自警。

道光二年（1822）四月复出，到浙江受任江南淮海道，未履任前曾署浙江盐运使，整顿盐政，取得成效。林则徐受到道光皇帝的宠信，很快跨入官场上青云直上时期。

道光三年（1823）正月，提任江苏按察使。在任上，他整顿吏治、清理积案，平反冤狱，并把鸦片毒害视为社会弊端加以严禁。

道光七年（1827）六月任陕西按察使、代理布政使，在任一月即调任江宁布政使。等待交接期间，陕南略阳一带发生水灾，遂留陕暂理原职，赴略阳察看灾情，安置受灾百姓，同时还参与了县城移建事宜。

道光十年（1830）秋任湖北布政使，翌年春调任河南布政使，擢东河河道总督。从六月到次年七月，林则徐先后任湖北、河南、江宁布政使。面对关系到河道民生重大问题，决心“破除情面”，“力振因循”，以求“弊除帑节，工固澜安。”为了治理黄河，亲自顶着寒风，步行几百里，对备用的几千个治水商梁秸进行检查，还将沿河地势，水流情况绘画张挂，便于了解和治理。

道光十二年（1832）二月，调任江苏巡抚。从这一年起到十六年间，他对农业、漕务、水利、救灾、吏治各方面都做出过成绩，尤重提倡新的农耕技术，推广新农具。他在实践活动中认识到："地力必资人力，土功皆属农功。水道多一分之疏通，即田畴多一分之利赖。"林则徐这种农耕思想，是在实际考察中体验出来的。

道光十七年（1837）正月，升湖广总督。面对湖北境内每到夏季大河常泛滥成灾，林则徐采取有力措施，提出"修防兼重"，使"江汉数千里长堤，安澜普庆，并支河里堤，亦无一处漫口，"对保障江汉沿岸州县的生命财产，做出了不可磨灭的贡献。

道光十八年（1837），鸿胪寺卿黄爵滋上疏主张以死罪严惩吸食者，道光帝令各地督抚各抒己见。林则徐坚决支持黄爵滋的严禁主张，提出六条具体禁烟方案，并率先在湖广实施，成绩卓著。八月，他上奏指出，历年禁烟失败在于不能严禁。警告："若犹泄泄视之，是使数十年后中原几无可以御敌之兵，且无可以充饷之银。"九月应召进京，在连续八次召见中，力陈禁烟的重要性和禁烟方略。十一月受命为钦差大臣，前往广东禁烟，并节制广东水师，查办海口。

道光十九年（1839）林则徐正月抵广州。他会同两广总督邓廷桢等传讯洋商，令外国烟贩限期交出鸦片。采取撤买办工役、封索商馆等正义措施，挫败英国驻华商务监督义律和烟贩的狡赖，收缴英国趸船上的全部鸦片。四月二十二（6月3日）起在虎门海滩销烟，20天中销毁鸦片19179箱、2119袋，共计2376254斤。在此期间，林则徐注意了解外国情况，组织翻译西文书报，供制定对策、办理交涉参考。所译资料，先后辑有《四洲志》、《华事夷言》、《滑达尔各国律例》等，成为中国近代最早介绍外国的文献。为防范外国侵略，林则徐大力整顿海防，积极备战，购置外国大炮加强炮台，搜集外国船炮图样准备仿制。他坚信民心可用，组织地方团练，从沿海渔民、村户

中招募水勇，操练教习。七月因义律拒不交出杀害中国村民的英国水手，又不肯具结保证不再夹带鸦片，他下令断绝澳门英商接济。义律诉诸武力，挑起九龙炮战和穿鼻洋海战。林则徐亲赴虎门布防，督师数败英军。十一月遵旨停止中英贸易。十九年十二月实授两广总督。此时他已觉察英国正蓄意发动侵华战争，以所得西方消息五次奏请令沿海各省备战。

道光二十年（1840）六月，鸦片战争开始后，英军攻粤闽未逞，改攻浙江，陷定海，再北侵大沽。道光帝惊恐求和，归咎林则徐在广东"办理不善"，屡次下旨斥责。九月林则徐被革职，留粤备查问。但仍奔走察看要隘，筹募壮勇守卫广州，反对钦差大臣琦善畏敌求和。继而向主持粤战的奕山上防御建议，不被采纳。

道光二十一年（1841）三月受命赴浙江协办海防。在浙积极筹议战守，提供炮书，帮助研制新式炮车和车轮战船。五月道光帝以广东战败，归咎前任，林则徐被革去四品卿衔，从重惩处，充军伊犁。途经镇江，授老友魏源以《四洲志》及有关外国资料，嘱撰《海国图志》。旋因黄河在河南开封祥符决口，酿成水患，奉旨往河南黄河工地治河，工竣仍戍伊犁。

道光二十二年（1842）抵伊犁。他协助办理垦务，亲历南疆库车、阿克苏、叶尔羌等地勘察，行程三万里，所至倡导水利，开辟屯田。又绘制边疆地图，建议兵农合一，警惕沙俄威胁。

道光二十五年被重新起用署陕甘总督，次年转任陕西巡抚。

二十七年升云贵总督。曾先后平息、镇压西北、西南民族冲突和人民起义，整顿云南矿政。二十九年因病辞职归籍。

三十年九月（1850）奉旨为钦差大臣，赴广西镇压农民起义。十月抱病起程，十一月病逝于潮州普宁县行馆。清代著名思想家、史学家魏源闻讯，写挽联对其一生人品和功绩，作了全面和崇高的评价："品望重当朝，犹忆追陪瞻雅范；褒荣垂史乘，徒般景仰吊遗徽。"

咸丰元年（1851），咸丰帝赐祭葬，谥号"文忠"，晋赠太子太傅。林则徐逝世后，全国哀悼，福州建祠奉祀。

林则徐虎门销烟的事情大家都很熟悉，"苟利国家生死以，岂因祸福避趋之"，他为了国家和民族大义，不计较个人境遇的形象令人难忘。他的另一幅对联也传至今日："海纳百川，有容乃大；壁立千仞，无欲则刚。"显示了他的胸怀。

林则徐50多岁的时候，还写了一个"十无益"。他将一些常被人们看作有益的东西，分别做了界定，也就是说，如果不满足某种条件，一些看来有益的事情，很可能没有益处。我们通过林则徐的界定就会发现，世上没有绝对之物，任何事物的效能都是有条件的。这"十无益"既是林则徐自己的修行标准，也是他教育孩子的原则。

一、存心不善，风水无益

儒家把"人"等同于"仁"，认为人之为人，在于为仁。仁者何也？善也！天地正气，人心仁善，这是亘古不变的宇宙运行、万物生长的"万有引力定律"。如果心存不善，逆天而行，无疑是自取灭亡。"风水无益"，即谓如若为人不善，多行不义，其不仅上愧祖宗，更是下损子孙。所谓心存不善，无好后果。若因一己之不善，害祖宗声誉，殃及子孙，岂不是罪加一等，十恶不赦?!

二、父母不孝，奉神无益

人生于世有三种最伟大的"爱"。一为"亲人之爱"，一为"爱人之爱"，一为"朋友之爱"，或者简言之，亲情、爱情、友情。亲情温馨，爱情缠绵，友情z真挚，而如果要辨明三者之间哪一种最为无私，莫过于亲人之

爱——父母之爱！父母对于我们的爱，比山高比海还深，父母对于我们的恩，我们三生也报答不了！百行孝当先。一个人无论你取得多么伟大的成就，头上戴了多少光环，但是如果对父母不孝，所有的荣誉都将黯然失色。“奉神无益”，如果对父母不孝，无论你对神是多么虔诚，多么的敬仰，一切都是假的。孔子说，敬鬼神而远之；又说，孝悌也者，其为人之本欤！父母之圣，神明犹所不及。如要敬神，何必舍近求远！

三、兄弟不和，交友无益

兄弟在这里可以理解为包括堂兄弟姐妹在内的兄弟姐妹。兄弟姐妹倘且不能与之和睦交好，何必言友。许多人（包括我）有这样的经历，就是于外交友彬彬有礼，坦诚相待；于内与兄弟姐妹却难以倾心相交，甚至恶言相向，实在令人惋惜。如今提倡优生优育，许多人少了兄弟姐妹，若有幸能有一二兄弟或姐妹，岂可不好好珍惜？

四、行止不端，读书无益

孔圣人说，古之学者读书为己，今之学者读书为人。意思说古代的读书人读书是为了自己，今天的读书人读书是为了别人。为人若何？为父母、为市场、为金钱名利、为工作职业，读书成为一种工具，读书沦为达到他人的目的的一种手段。现在我们要认识到读书不是为了别人而读，读书是为自己而读！为己若何？修学储能，内修仁德，外修礼仪。用现代人马克思的话来说，就是实现人自身的全面、自由的发展。简单说，读书是为了修身正行！如若读了满腹圣贤之书，但依然“行止不端”，学识上是大学生，品行上却是小学生，可谓读书无益，枉读诗书了。

五、作事乖张，聪明无益

“作事乖张”乃谓为人处事不讲情理，偏执、不驯服，处处与众迥异。有句话说，人不怕你聪明绝顶，就怕你不讲道理。如果为人不善，居心不良，“聪明”就会为虎作伥，成为作恶的工具。雄狮百万能伏，国贼一个可畏。难怪孔子说“弟子入则孝，出则敬，谨慎而亲仁，泛爱众，学友余力，则志于文”，学做人在求智慧之先，圣人一片苦心，可见一斑。

六、心高气傲，博学无益

博学为何？通古至今，纵横捭阖，只为修己身。若以读书为装点门面，以博学作夸耀之本，心高自傲、不可一世，以为莫己若者，纵然读尽天下古今之书，上知天文，下知地理，又有何益？徒增一恨耳！

七、时运不济，妄求无益

这里不是宣扬宿命论，不是奉劝人知足而止、不思进取。有句话说，谋事在人，成事在天。所谓时势造英雄，人要成事，不仅仅要知己之所能为，更要知彼之所能为否。时运不济，就是客观条件还不足以成为满足实现主观要求的条件，妄然求取，非但无益，而且有害。毛泽东不是说过，要实事求是吗？要让主观的愿望同客观现实统一，要把“求”同“时运”结合起来，学会等待时机，切莫大胆妄为。

八、妄取人财，布施无益

青年毛泽东再《讲堂录》写到：货色两关打不破，其人不足道也。货者，财也。钱财是身外物。仗义疏财，是豪杰的行为；爱财如命，难成大器。毛泽东一生不爱钱、不拿钱，不碰钱，前辈之风，后人真是难以企及。君子喻于义，小人喻于利。无功不受禄，妄取人财，与谋财害命差之不远。妄取人财，拿来布施，无异于先饱私囊后，借花献佛博取善名，典型的伪君子！然而君不见现实社会中多少所谓企业家、实业家，借造假造劣来赚取巨大利润，后又拿出“九牛一毛”来做慈善，名利两得，不亦卑

鄙乎！

九、不惜元气，医药无益

身体发肤，受之父母，当惜爱之。外躯内气，养身莫过于养气。孟子说，“吾善养我浩然之气。”毛泽东又说，不为浮誉所惑，则所以以养其力者厚，不为流俗相惑，则所以制其气者重。如何养气？唯有制欲。色欲、食欲、财欲，人生于世，天下无处不有欲。若纵欲而行，伤身十分，更是有伤元气，虽灵芝妙药，服之无益。君子食无求饱，居无求安，以养浩然之气，诚哉斯言！

十、淫恶肆欲，阴骘无益

此句言如若生活放纵奢侈，荒淫无度，虽然屡屡行善多积阴德，也是枉然无益。阴骘，即积阴德之意。俗话说，勿以善小而不为勿以恶小而为之。若有骄奢淫恶之恶行而虽有善行亦无益于己，无济于事。达人先自达，以身作则，严于律己，从艰苦朴素开始。

穆彰阿

介绍名片

穆彰阿（1782—1856），字子朴，号鹤舫，郭佳氏，满洲镶蓝旗人。出身于满族官僚家庭，父广泰，官至内阁学士、右翼总兵。穆彰阿，嘉庆进士。历任内务府大臣、步军统领、兵部尚书、吏部尚书、大学士、军机大臣等职，一时权倾内外。鸦片战争时阻挠禁烟运动，诬陷林则徐等抵抗派，与英美等侵略者谋求议和，与之订立不平等条约，后被革职。

一生经历

嘉庆十年（1805），穆彰阿中进士，选庶吉士，累迁礼部侍郎，历任兵部、刑部、工部、户部侍郎。

道光初年，受到道光帝的信任，由内务府大臣擢左都御史、理藩院尚书，两署漕运总督，继授工部、兵部、户部尚书等职，并自太子少保晋太子太保，充上书房总师傅，拜武英殿大学士。

道光七年，(1827)，入军机处学习行走，次年授军机大臣，蝉联十年，至道光十七年又升任首席军机大臣。“终道光朝，恩眷不衰”，前后担任军机大臣凡二十余年。

在禁烟运动和鸦片战争期间，穆彰阿主张维持鸦片走私现状和对外妥协投降，在道光帝的对外决策中起着很恶劣的作用。鸦片战争爆发前，他包庇鸦片走私和官吏层层受贿，阻挠禁烟，对于道光帝授予林则徐以钦差大臣的大权，深为嫉妒；战争爆发后，他极力打击以林则徐、邓廷桢为代表的抵抗派，主张向英国侵略者求和。

他先赞同琦善对英军妥协求降，以后更支持派遣耆英等为代表与英国侵略者签订南京条约，继而与美国、法国等签订其他不平等条约。在林则徐被任命为钦差大臣派往广州查禁鸦片时，穆彰阿虽不敢公然反对和出面阻挠，暗地里却伺机进行破坏。当英舰北上大沽口进行威胁时，他看到道光帝“意移”，即由主战动摇为倾向于妥协，便以“开兵衅”的罪名加给林则徐，表示赞同和议，促使道光帝“罢林则徐，以琦善代之。”而当琦善在广州向侵略者委曲求全，擅自与义律谈判赔款与割让香港的问题败露以致被革职锁拿回北京等候审判时，他又示意直隶总督讷尔经额等出面要求道光帝对琦善从轻处理；到奕经被任命为扬威将军派往浙江主持战事，他又保举琦善随军“戴罪立功”。

另一方面，他颠倒黑白，混淆是非，在鸦片战争和战后推波助澜，为英国侵略者张目，连续制造冤案，阻挠抗英反侵略斗争的进行，林则徐、邓廷桢的被远戍伊犁，在台湾坚持抗英斗争的姚莹、达洪阿被革职押解进京，都与他从中陷害有关。在战争进行期间，他持消极态度，反对对英军侵略进行自卫反抗，江浙每一败仗警报，他就“相

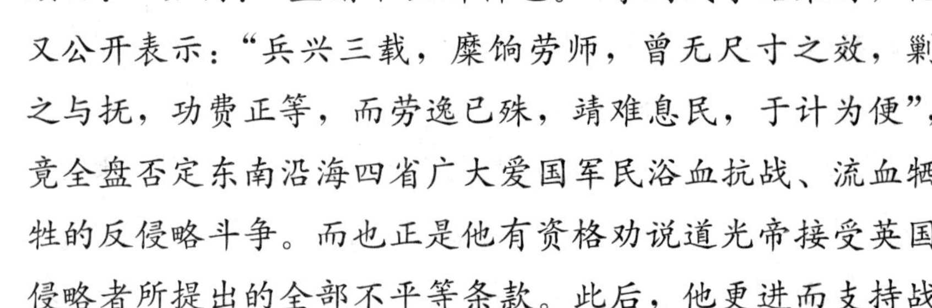

顾曰：‘如何！’盖谓不出所料也。”等到战争结束时，他又公开表示：“兵兴三载，糜饷劳师，曾无尺寸之效，剿之与抚，功费正等，而劳逸已殊，靖难息民，于计为便”，竟全盘否定东南沿海四省广大爱国军民浴血抗战、流血牺牲的反侵略斗争。而也正是他有资格劝说道光帝接受英国侵略者所提出的全部不平等条款。此后，他更进而支持战后一系列不平等条约的签订。

道光三十年（1850），道光帝死去，咸丰帝即位。为了邀结人心，起用林则徐、姚莹等人以镇压刚刚兴起的太平天国农民起义，同时对被时论所丛诟的穆彰阿、耆英分别予以革职永不叙用和降为部属，谕旨中指责穆彰阿“保位贪荣，妨贤病国。小忠小信，阴柔以售其奸；伪学伪才，揣摩以逢主意。……其心阴险，实不可问！”命令下达后，“天下称快！”

咸丰三年（1853），穆彰阿捐军饷镇压太平军，被授予五品顶戴，三年后死去。

纵观穆彰阿的一生，他排斥林则徐是事实，主张对英国妥协也是事实。在人们心里留下的一直是投降派、卖国贼的形象。

然而，有两点我们必须注意。首先，鸦片战争真正的失败，屈辱条约的签定以及对林则徐等主战派的打击等等，主要责任在于道光皇帝。因为，无论是战争的决定权还是不平等条约的签定以及高级官员的任免，决定权都在皇帝手中，穆彰阿最多也只是起了推波助澜的作用。其次，穆彰阿的主要“罪行”，在于他主张“和议”，不意味着他反对禁止鸦片。

当初（道光十八年即1838年），道光皇帝接到了黄爵滋的《严塞漏卮以培国本折》，感觉非常好，命各地重臣讨论，然后让军机大臣等草拟了新的“禁烟章程”。

道光十九年（1839），由大学士领衔，军机处等官员

会同有关部门共同拟就了包含39条内容的法律草案，真正的主持人正是穆彰阿。该草案后来得到皇帝认可，正式颁布实施了。一年以后，有人提出了不同意见，建议对该“章程”的内容加以修改。其最主要的观点，就是认为对吸、贩鸦片的人的处罚过于严厉了，应该适当加以放宽。持这一观点的人，就是当时的礼部尚书贵庆。道光皇帝对贵庆等人的建议拿不定主意，就下令让朝臣讨论是否需要将原来的法律章程加以修改。穆彰阿等人研究了贵庆等的主张后，向皇帝上了奏折，发表了自己的看法。

在《军机大臣穆彰阿等奏为遵旨会议贵庆奏改禁烟例文折》中，穆彰阿对贵庆的要求放宽处罚的观点进行了反驳，其中有两点值得关注。首先，坚决反对贵庆提出的对吸鸦片人减轻处罚的主张。当初，清政府对吸鸦片者的处罚是“枷”与“杖”，既枷号示众及体罚。后来，新的处罚措施是规定了一年半的期限，在期限过后，凡是抓到吸食者，则要“绞监侯”即死刑缓期执行。贵庆以为这种惩罚过于严厉，理由是对那些无知的百姓似乎不该这样严厉处罚也不好这样严惩。

穆彰阿等人反驳说，新的处罚规定实行一年多以来，各地效果不错，并没有遇到太大障碍。同时，将吸鸦片的人判处“绞监侯”是明文规定在一年半以后，现在期限还没有到，轻易就改变法律，一来是没有看到结果，就不能判断该法律是否可行；二来容易造成混乱，使人们以为政策有所变动，使本来正在戒烟的人又心生侥幸，最终导致前功尽弃。

这样的观点是正确的。尽管我们不一定赞同清政府对吸鸦片者采取如此严厉的处罚措施。但是结合当时的历史条件和客观环境，一项措施在执行的中间就加以变动，确实可能造成非常严重的后果。穆彰阿提出的可能前功尽弃的警告，并非危言耸听。

其次，穆彰阿驳斥了贵庆的关于下级官吏借死罪威胁小民，可能激起民变的观点。贵庆认为，在福建、广东一带，吸鸦片的人很多，甚至到了“十人九瘾”的程度。如此众多的吸鸦片者本来就很难禁止，如果当地的基层官吏动辄以死刑相威胁，万一造成烟民铤而走险引发暴乱，那就得不偿失了。

穆彰阿等人首先指出，对于那些下级的官吏借禁鸦片讹诈好人的行为，新的禁烟条例有明文规定，即按照“诬良为盗”罪处罚——发边疆充军；对于勒索财物的，要判处“绞监侯”；对于失查的上级官员也有相应的处罚规定。其次，穆彰阿等人指出，福建、广东两省吸鸦片的人很多是事实，但该两省到其他各地贩卖鸦片的人也很多，不一定就都是吸鸦片的成瘾者。以两省吸鸦片者众多可能引起动乱为理由就减轻处罚，那么贩卖的人也很多，是否对贩卖罪也要减轻处罚，是否因为害怕这些人的横行，从而修改法律。

穆彰阿的观点无疑是正确的。因为对吸食者及贩卖者的打击是相辅相成的。在当时，吸鸦片的人数很多，贩卖又非常猖獗，如果不用重法加以遏制，禁烟就一定会流于形式，最终彻底失败。此外，穆彰阿等人在该奏折中还提到了关于如何对待吸鸦片人的问题，即对吸食者是否应该歧视，对其后代是否歧视等问题。

穆彰阿等人在奏折中最后指出：政策与法律的制定，固然要根据当时的实际情况，做到“因时制宜”。但是，政策法律一旦颁布，就必须全力实施、执行，绝对不能因为要照顾什么人的习惯或者特点而更改。鸦片泛滥已经造成了很大的危害，要想消除这种危害是非常不容易的。唯一可行的是按照新的政策及法律条文，全力禁烟，绝对不能轻易改变政策修改法律，造成混乱。

因此，穆彰阿在对外妥协、排挤林则徐等严禁派方面确实罪孽深重，但在禁烟方面，也确实有正确的立场和态度，至少在国内禁鸦片方面，穆彰阿起到过积极的作用。

历史评价

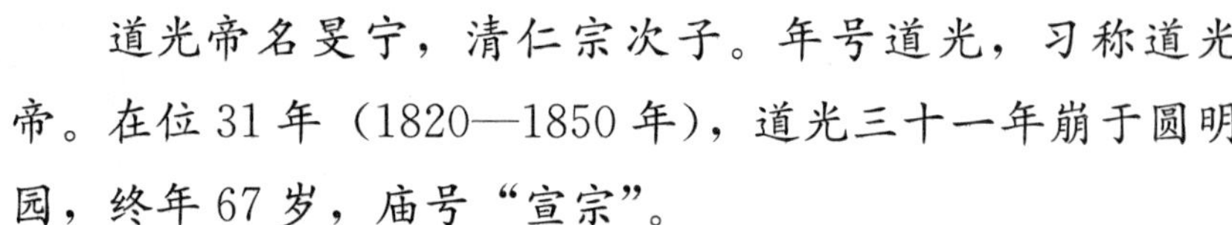

道光帝名旻宁，清仁宗次子。年号道光，习称道光帝。在位31年（1820—1850年），道光三十一年崩于圆明园，终年67岁，庙号“宣宗”。

道光帝自幼好学、聪敏，即位时正值清王朝日趋衰落，吏治腐败，武备废弛，内外交困。故极力提倡节俭，改革盐政，部分弛禁开矿，并整顿吏治。但由于腐败成风，阻力过大，奏效甚微。对鸦片之害，他最初力主抵抗，但因他本人对时势无知，主要大臣懦弱无能，战略动摇无定，反而迫害禁烟主力，不能抵抗列强的侵略，酿成百年遗憾。

才智平庸的道光帝徒以俭德著称。他处于历史转折的关键时刻，“守其常而不知其变”。来自东南海上的鸦片流毒和英军入侵，使他寝食不安。他想严厉禁烟，也曾下决心抗击侵略者，但他不知英国来自何方，不知殖民主义为何物。平素无知人之明，临危无应变之策，以至战守茫然，毫无方略，只能在自恨自愧中顿足叹息，结果忍辱接受英国的城下之盟，签定了近代史上第一个不平等条约《中英南京条约》。

道光帝柄政30年，事必躬亲，朝纲独断，但内政事物，如吏治，河工，漕运，禁烟等均无起色。勤政图治而鲜有作为，正是他一生的悲剧所在。

道光皇帝正传

第一章　新帝诞生

一

在嘉庆帝的故事里，我们知道嘉庆帝猝死热河，次皇子绵宁在一片紧张的氛围中继承了皇位。他又有怎样的成长经历呢？下面我们且从他的出生讲起。乾隆四十七年八月初十日（1782 年 9 月 16 日）清晨，东方露白，曙光初现，清宫大内撷芳殿中所，经过一番紧张而又兴奋地忙碌，大清皇室的又一个皇子降生人世。他就是后来大清王朝的第八代君王道光皇帝——绵宁。

绵宁的降生，给皇室带来了不小的愉悦。此时，绵宁父、祖俱在。其祖乾隆，时年七十二岁，已是年过古稀；其父颙琰（即后来的嘉庆皇帝）时年二十三岁。对乾隆来说，古稀之年，喜得“龙孙”；对颙琰而言，则是长子早丧之后，又添贵子。所以，祖、父两人欣喜之情，不言而喻。

不仅如此，绵宁的降生，对乾隆、颙琰乃至大清江山，还有一层更重要的意义。乾隆即位之后，一直为至关重要的立储问题所困惑。封建王朝时代，册立皇太子是一件非同小可的大事，历代皇帝均为此煞费苦心，乾隆也不例外。

乾隆四十四年（1779 年），颙琰的嫡福晋，后来的孝淑睿皇后生有一子，但尚未命名，就于次年身亡。颙琰对其长子的夭折，当然悲痛，而在乾隆看来，则不仅是一个普通“龙孙”的夭折，而且损失了一个皇太孙。如果联系到乾隆早年两次立储，皇太子两次早夭的经历，如今好不容易立了颙琰为皇太子，而颙琰的长子又是早夭，为身后的江山社稷考虑，乾隆的心头不能不罩上一层阴影。所以，在颙琰长子夭折后两年降生的绵宁，即可为颙琰平复长子丧失后的悲痛，又可为乾隆减少帝统继承上的隐忧。因此，整个清宫的喜庆气氛是可想而知的。

绵宁呱呱坠地后，史书记载：“生有圣德，神智内足，天表挺奇，宸仪协度，颀身隆准，玉理珠衡”。对于一个皇子的溢美之词，人们固然无法判断其真伪虚实，难以窥出绵宁初生时的容貌长相。但我们据此可以知道，做为一个初生婴儿，绵宁的健康和发育，起码是正常的。加之，绵宁的生母是嘉庆的嫡福晋，在其兄长早夭后，形同长子，这一嫡长子的优势也使得绵宁在乾隆后期和整个嘉庆一朝始终处于长期受宠的优越地位。

随着年龄的增长，绵宁的“聪明天亶”，使得“圣业益精”，由此“两朝恩眷，日加隆焉”。

二

清朝，做为少数民族入主中原的王朝，为了适应和改变少数民族与中原民族在文化上的巨大反差，实行有效的统治，格外重视皇子的教育和培养，为历代皇子制定了一套完整的课读制度。

按照清朝祖制，皇子读书一事有着比历代都严格的制度。根据与道光同时代的史学家赵翼的记述，皇子们到六岁就要入学，上学的地方称上书房。每天五鼓时分，天还

未亮，就必须进入书房，开始学习。除夏至到立秋这段时间，因天气炎热，可于中午散学外，其余均为全日制，至薄暮时，方能散学。为防止皇子逃学和师傅懈怠，管门太监还要对教学时间，按时登记，从备察核。学习课程，上午为儒家经典、政治、史事、诗词文章，下午为满文、蒙文、骑射、技勇。

绵宁于乾隆五十二年（1787 年），在由钦天监择定的良辰吉日里，由宫内府太监手提白沙灯导引，进入上书房。

上书房的师傅都是皇帝从翰林院里挑选才品兼优者充当。绵宁先后从师四位。先是编修秦承业和检讨万承风，后是礼部右侍郎汪廷珍和翰林院侍读学士徐颋。这四人都是乾隆和嘉庆年间进士，满腹经纶，可谓名士宿儒。

绵宁天资聪颖，努力好学。史书说他能“目下十行”，恐有溢美。在上书房里，绵宁先后学习了四书、五经等典籍，还阅读了《资治通鉴》、《通鉴揽要》、《纲鉴撮要》、《贞观政要》等著作，同时还对《圣祖圣训》、《庭训格言》、《三帝实录》、《开国方略》等进行了系统的学习，从中培养帝王之基，吸取统治之道。此外，诗词文章，也日见精进。从收集绵宁登基以前所写诗文的《养正书屋诗文全集》看，全集共四十卷，其中诗词部分二十八卷，收作品共二千七百五十五首；文章十二卷，收文一百七十一篇。绵宁诗作，大都是有关政事典仪、较晴量雨、望捷勤民、治河转薄一类的记事之作，而留连景物者，不到十分之一。绵宁的诗文，就整体格调和韵律而言，虽然和传世佳作之间有一段距离，但大都朴实无华、自然流畅。

绵宁之父嘉庆皇帝一再强调：八旗满洲，以骑射为本，要以弧矢威天下。所以，绵宁在习文的同时，还要进行刻苦的武功训练。

其武功如何，从三件事中可了解大概。

乾隆五十四年（1789 年），乾隆皇帝率领众皇子、皇孙和他一起前往木兰围场行围射猎。这天，大队人马驻在张三营行宫。乾隆心血来潮，想看看皇子、皇孙们的艺业武功，就来到了较射场地，端坐台上，令诸皇子、皇孙依次较射，比个高低。这年，绵宁才年仅八岁。轮到绵宁较射时，绵宁从容不迫，拉开小弓，搭上小箭，一箭射出，正中靶心。紧接着第二箭，再发再中。乾隆喜动天颜，大为高兴，当场谕令：绵宁如能再中一箭，即赏穿黄马褂。绵宁遵照老皇祖谕令，不慌不忙，拉开架势，又搭上一箭，一箭射去，又中箭靶。然后，绵宁收起弓箭，跪倒在乾隆面前，等候听赏。乾隆心中大喜过望，却故意装做不解地问道："你想要什么？"绵宁不答，仍长跪不起。乾隆终于忍不住大笑起来，命随行人员速取黄马褂，赏赐绵宁。但因事出仓促，一时找不到小马褂，乾隆不得不拿了一件大黄马褂，将八岁的绵宁裹住，一抱而起，亲昵异常。

按说，一个八岁儿童，较射弓箭，连中三元，已是不易之事，特别是三发三中后，长跪不起，请赏黄马褂，逼迫其皇祖兑现这份当时人们很难得到的殊荣，足见其年纪不大，却心计不小。

乾隆五十六年（1791 年），八月中秋刚过，天清气爽，风和日丽，年已八旬的乾隆皇帝，率领着文武百官和宗室王公，又一次兴致勃勃地前往木兰（承德府以北四百里处）举行秋狝大典。所谓秋狝，是清朝皇帝和宗室王公在秋季举行的大规模的行围狩猎和军事训练活动。这时的绵宁年方十岁，满身稚气，也被老皇祖带同前往。一日，在威逊格尔围场，高宗乾隆与众王公纵马驰骋，尽情射猎。十岁的绵宁在旁观看一时性起，摩拳擦掌，跃跃欲试。正巧，一只受惊的小鹿从前方不远处窜出。绵宁见状，急忙弯弓搭箭，射中小鹿。乾隆一见此情此景心中大喜。虽说

前年绵宁连中三元的事，乾隆仍记忆犹新，但不能与此次同日同语。前年射的是定点死靶，这次射的却是奔跑中的活鹿，难度大不一样。乾隆欣喜之下，立命随从人员取来花翎、黄马褂，赏给绵宁。事后，乾隆仍不能忘怀此事，并手书御制七律一首：

尧年避暑奉慈宁，桦室安居聪敬听。
老我策骢尚武服，幼孙中鹿赐花翎。
是宜志事成七律，所喜争先早二龄。

这首诗说的是乾隆十二岁的时候，曾经随同祖父康熙前往木兰围场行围，康熙搭弓放箭，将一只黑熊射中倒地。康熙为锻炼小皇孙的胆量，即命乾隆前往再射。乾隆来到近前，不料黑熊并未射死，仅是受伤倒地，见有人近前，突然立起，扑向乾隆。乾隆面对危险，毫不惊慌，镇定自若，虚与周旋。康熙在一旁见事不妙，急忙又发一枪，将黑熊击毙。乾隆十二岁随祖父行围，只是遇受伤的熊而没有慌乱，但绵宁随祖父行围，却引弓获鹿，论本领，绵宁当在老皇祖乾隆之上，更何况“所喜争先早二龄”，即绵宁在比乾隆小二岁的时候，就有如此令人瞩目的表现，怎能不令乾隆于欣喜之余，赋诗记盛呢！

乾隆皇帝是一位颇有作为的帝王，他创造了大清王朝的全盛之势，号称十令武功。他的好恶，他的倾向，对颙琰立储，对绵宁的政治生涯有着举足轻重的影响。

道光二年（1822 年）正月，道光和署陕甘总督朱熏就士兵训练和军队素质问题，有过一段比较详细的奏批。

朱熏奏道：向来绿营兵丁，步箭三四力弓居多；马弓则不过两力。临阵不能杀贼，即技艺娴习，亦属无益。

道光批示：“现在，除东三省外，皆染此习，可恶之至。”

朱熏奏道：“臣所属的骑兵和步兵训练，均以六力弓为标准。”

道光批示："人之气力，强弱不一，以六力为准，原属旧制。如果马上、步下均能达到四五力弓。且能有准，就可制胜。"

朱熏奏道："绿营鸟枪兵，虽施放娴熟，但临阵时，往往枪口过高，实在是因为射击时前、后手不稳造成的。"

道光批示："此乃绿营通病，原因不是手不稳，而是在于技艺生疏。"

朱熏奏道："请皇上批准另外制造每支十五斤重的枪，发给士兵操练。"

道光批示："鸟枪并不是炮，不必弃轻从重。我从小就开始练习鸟枪，深知此法。每支五斤至七八斤重都可以，关键在于士兵的技艺如何。如果都以每支十五斤重为标准，反而显得笨重，并不适用。打枪之法，全在随机智巧，并不是靠臂力的大小决定的。你所说的道理，近于迂腐。"

上述君臣奏、批，姑且不论谁是谁非。但从中不难看出，绵宁对军器的性能、使用和操练还是颇有见地的。

通过严格地培养和训练，绵宁已被塑造成为文武兼备的准帝王形象了。

三

嘉庆登基之后，大清王朝逐渐走向衰弱，农民起义连绵不绝，此伏彼起。特别是嘉庆十八年（1813 年）九月发生的天理教农民大起义，在京城近畿的直隶、山东、河南等地，攻城掠地，闹得天翻地覆。由林清率领的北路义军竟然图谋京城，攻入紫禁城内，直接震撼了清廷的统治，史书称之为"禁门之变"。因为这年是癸酉年，又称为"癸酉之变"。

这年八月，嘉庆皇帝依照祖制，前往木兰围场，举行

秋狝大典。长期从事秘密反清活动的天理教首领李文成、林清决定，乘嘉庆离京之际，于九月十五日，在河南、直隶两省同时举事。先由林清率领少数义军潜入京城，事发后，抢先攻占紫禁皇城，随后，由李文成率大队义军北上应援。

嘉庆前往木兰秋狝，本来绵宁一同前往。九月初，木兰一带秋雨连绵，嘉庆被迫减围，并命绵宁先期回京。所以，林清义军进攻紫禁城时，绵宁已在京城，正逢其变。

九月十五日，义军二百人，手持白旗，腰缠白布，兵分两路，向紫禁城逼进。一路由祝现、屈五率领，直奔东华门；一路由李五、宋进才率领，扑向西华门。东华门一路虽有太监刘金、刘得才（该两人均为天理教徒）接应，但因事机不密，被护军发觉，所以，只有十余人进入东华门，其余逃散。西华门一路在太监杨进忠（天理教徒）的导引下，八十余人顺利进入西华门。义军全部入宫后，将看守杀死，关闭了西华门，一路入内，闯进尚衣监、文颖馆，会集于隆宗门外（大门已关）。直到这时，正在上书房读书的绵宁才接到义军闯宫的报告。绵宁急命内监速取鸟枪、撒袋、腰刀，匆匆出门临敌。只见义军战士手执白旗，正由门外廊房攀上高墙，企图进入养心门内。绵宁见状，在养心殿阶下，忙举枪射击，连续击毙两名义军战士。另有一种说法，说宫内太监与天理教义军相通，递给绵宁的枪弹并不是实弹，绵宁举枪射击，没有命中，发现鸟枪中装的是空弹，慌急之中，取下衣服上的铜扣，充作子弹击出，才击毙义军战士。其余义军只好退下，不再翻墙。这时，闻讯赶来的清军禁旅陆续云集，大内才得以暂时安定。绵宁又果断地采取如下几项紧急措施：一、急草奏章，飞报远在围场的嘉庆皇帝，奏报事变情形。二、严命关闭禁城四门，令各路官军人宫“捕贼”。三、至储秀宫安抚皇母，嘱皇三子绵恺小心守护。四、亲自率领兵丁前往西长街、西厂一带访查。五、派谙达侍卫在储秀宫、东长街布置，以防不测。由于绵宁的精心部署，举措有力，经过二天一夜，镇压了义军这次攻打皇宫的起义。

九月十九日，嘉庆回京，见顺利“平叛”，龙心大悦，盛赞绵宁有胆有识，忠孝兼备，可嘉之处，达到了“笔不能宣”的程度。遂发恩旨，封绵宁为智亲王，每年增加俸银一万二千两，并命名绵宁所用鸟枪为“威烈”。从此，绵宁的地位远在其他皇子之上。

四

嘉庆四年（1799 年）正月，已经禅位给嘉庆皇帝的太上皇帝乾隆去世。又过了三个月，经过长期的培养和观察，嘉庆皇帝决定由绵宁来治理大清江山。四月初十日，嘉庆遵照秘密建储的家法，手书一道硃谕，将绵宁立为储君，并将硃谕封入鐍匣，悬置于乾清宫“正大光明”匾额之后。从此，绵宁成了嘉庆的秘密接班人了。

这时的绵宁已是十八岁的一个勇武青年。嘉庆将其秘密立为储君之后，培养和教育更加精心。这主要体现在三个方面：第一，督促学业。为激励绵宁勤学苦读，嘉庆为绵宁园中读书之处亲题“养正书屋”扁额，并在闲暇之时，至养正书屋考课。春天一到，则命绵宁前往南苑行围射猎，夏季炎热，又命绵宁到凉爽宜人的瀛台攻读诗书，以使绵宁早日具备帝王之学。第二，历代封建帝王大都为立储继统而煞费苦心，宫廷内部，为争当太子，争夺皇位，往往勾心斗角，内乱不已，清代也不例外。嘉庆为防微杜渐，避免内争，采取了“防止窥测，杜绝猜疑”等诸多办法，顺理成章地稳定了绵宁的皇太子地位。嘉庆十三年（1808 年），绵宁的嫡福晋（后封为孝穆成皇后）死去，嘉庆特命使用金黄色座罩，以与其它皇子福晋相区别，这

一不同寻常的举动，无疑为绵宁的地位罩上了金色的光环。嘉庆十八年（1813 年），绵宁与其弟共同镇压了林清发动的禁门之变。绵宁受封智亲王，每年加俸一万二千两；三弟绵恺则仅被传谕褒奖；贝勒绵志也仅晋升郡王衔，每年加俸一千两。这样，绵宁的地位得到了明显地提高。第三，让绵宁直接参与重大的国务活动。清代的不少国务活动是象征性的，并没有多大的实际意义，但其重要性是不可低估的。绵宁被立为储君后，嘉庆前往寿皇殿展拜列祖列宗，命绵宁随行；前往高宗乾隆的裕陵举行敷土大礼，本该嘉庆亲临，也让绵宁“恭代”；郊、坛的祈年、祈雨等祁报活动，亦多由绵宁代之；有关陵、庙的祭祀活动，也由绵宁代行。嘉庆二十三年（1818 年），嘉庆皇帝已屈晚年，最后一次出巡盛京，参拜清祖三陵（即清先祖的永陵、努尔哈赤的福陵、皇太极的昭陵），又命绵宁随行，在列祖列宗面前，意味深长地对绵宁进行传统教育，令其牢记大清江山缔造艰难，守成不易的道理。

在嘉庆的循循善诱和精心塑造之下，绵宁日渐成熟，只待历史为其提供君临天下的机会了。

五

嘉庆二十五年（1820 年）七月，嘉庆皇帝又一次来到木兰围场，举行秋狝大典。随行人员除文武群臣外，尚有皇次子绵宁和皇四子绵忻。

七月二十四日，嘉庆皇帝因偶感中暑，圣躬不愈。二十五日晚，病情突然加重。而这时却到处都找不到装有储君名字的小金盒，大臣们陷入一片恐慌之中。经过商量之后，一致同意先向嘉庆帝的皇后钮祜禄氏禀告，而后由她定夺新帝人选。

嘉庆帝的故事中已经提到，关键时刻嘉庆帝的近侍小太监拿出了小金盒，和钮祜禄氏的深明大义化解了这场危机，绵宁和平地继承了皇位。

八月十日，遵照高宗乾隆关于“绵”字为民生衣被用品的经常用字，难以回避，将来承继大统的皇帝，要将“绵”字改为不常用的“旻”字的成命，绵宁改为旻宁。

八月二十七日黎明，大驾卤薄全设，百官齐集于朝，内大臣，执事各官行罢朝贺礼，绵宁御太和殿，即皇帝位，告祭天地、太庙、社稷，颁诏天下，以明年为道光元年。

第二章　吏治整改

一

早在“康乾盛世”年代，清朝治吏治败坏的情况就已十分严重。

道光并非庸君，是一个想有作为的皇帝。道光继位前就已经察觉到清王朝的衰败和吏治败坏。道光继位后力图振兴清王朝，使自己成为一个汉高祖、唐太宗式的有为之君。“朕寅成大宝，日理万机，孜孜焉，惴惴焉，尝恐用人行政或致阙失……试思汉高祖之大度，唐太宗之英明，运筹决胜，亦必须萧曹房社辅助而成也。”道光希望在他统治时期出现一个繁荣昌盛的局面，名垂青史，为爱新觉罗家族树立楷模。正因如此，道光继位后，勤于政务，事无巨细，亲自过问，批阅奏章，夜以继日。为了不误国事，他要求各部门即使在年节、素服期间，奏章也要随时呈送。他一方面自己勤于政事，另方面就是要求他的臣属同他一样勤于国事，期望能收到以身便臂，以臂颐指的工效。道光想有所作为，首先着眼于建政，针对吏治败坏“积弊相沿，挽回无术”的情况、把整饬吏治作为“第一要事”。

道光说：“为政首在得人，安民必先察吏。”他考察官吏的标准是：

第一，实心奉公。道光把官员能否“实心实力”、“勿尚空谈”、“不采虚名，务求实际”作为考察官吏的首要条件。他特别强调一个“实”字，只有多于实事少空谈，才能奉公着力，扭转那种只说不做，言行不一的虚伪作风。这就是道光的“为政之道”。道光在强调实心奉公的同时又极力反对奢华挥霍及假公济私情事。他在道光十六年曾指出：“朕综理庶政十六年来，训诫臣工，惟求实心实政，力挽瞻顾徇庇之风，使内外臣工皆能振刷精神，破除情面，勉副朕意，何患不纲纪肃清，日臻上理耶!”他对一些忘公济私或假公济私的官员，查出后，均予处分。道光十六年，太监张进忠因违禁赌博被捉，总管太监张尔汉向内务府大臣、步军统领耆英恳求释放，首领太监许福善从旁帮说。耆英私送人情，答应帮忙，遂令所属员弁将聚赌太监留供取保，予以释放，解回当差。事情被揭发，耆英受到惩处。

第二，要诚实，敢于直言。道光针对当时官场之弊“总在蒙蔽不实，处处皆然”的状况，要求官员敢说真话，即使对皇上，也不要说假话，不能取巧奉承。他说：“直陈无隐，可谓国之柱石。”道光把直言、诚实与治国、施政联系在一起，认为“为政之道，首戒欺蒙”。各级官员只有诚实不欺，才能上情下达，杜绝各种弊端。所以他一再指出：“诚实二字，万毋自弃。”一些官员为了迎合道光“希图见好”，结果受到申斥。如唐冕被道光特选为福建投察使，福建巡抚颜检为了讨好道光，就在奏折中吹捧唐冕“通达治体，实心可靠”。对此，道光斥为“谈词”。江西学政王宗诚因农业丰收在望，奏颂“此皆仰赖圣德”，道光斥责说：此种“侈谈无理之论”，“矫情颂扬朕德，尤属近谄，嗣后不应若是”。

第三，要任劳任怨，不避嫌怨，奉公执法。道光认为

吏治败坏不能改变的一个重要原因，是“地方文武视身家太重，国计太轻”，如果大臣能“视国事如家事，以民心为己心”，那什么事都可以办好。他进一步指出，官吏要以国事为重，还必须发扬不辞劳苦、任劳任怨的精神，特别是在遇到挫折，甚至受到谤怨时，更要任劳任怨。他还要求官员在处理一些重要事情或棘手案件时，要“不避嫌怨”，秉以公心，坚持下去，“不要日久生怠”，“务期水落石出”。对发现的冤假错案，要立予纠正，以期“无枉无纵，各得其实”，“断不可惑于救生不救死之说，也不可因大概情形业已入奏，即续得实情亦必稍为牵就，以符前言，则大谬也”。他认为，“能平反冤狱较之实心缉盗尤有利于吏治”。道光的上述认识和指示，虽不能根本改变官僚集团的腐败状况，但也曾起到了一定的积极作用，纠正了一些冤假错案。道光四年，山西榆次县民阎思虎将赵二姑强奸，案发后，知县当堂逼认为和奸，草率定案，以致赵二姑忿激自杀。赵家亲属赴京控告诉冤，道光降旨交山西巡抚邱树棠亲自提审。但是，邱树棠并不认真复查，仍以和奸草草了事结案。经御史梁中靖参奏，道光复令将原案人证卷宗提解刑部审讯，才把案情查实，确系阎思虎强奸酿命，属于淫杀，严惩了案犯，赵二姑得到了平反昭雪。此外，道光还要求督抚考查地方官政绩时，把有没有冤狱，冤狱是否得到纠正，作为检验官员实心奉公的一个重要依据。

第四，言行一致。要求官员不能只是口头上讲实心奉公，还要身体力行，言与行一致。道光指出：“知之匪艰，行之维艰，言顾行，行顾言。”他认为，立法并不难，行之却不易。要改变官员“知之者众，实践者鲜”的情况，做到言行一致，才能对吏治有所裨益，才是察吏的最根本依据。

道光察吏训臣的核心，一个是“实”字，另一个是

“公”字。察吏的过程就是整饬吏治的过程。

为了有理有据地对官员进行甄别，道光重新公布了嘉庆五年仁宗关于三年考绩的谕旨：

“近年以来，六部堂官所拔识之司员，大率以迎合己意者为晓事之人，以执稿剖辩者为不晓事之辈，以每日伛谒卑词巧捷者为谨慎，以在司坐办口齿木纳者为迂拙，遂至趋承卑鄙，乞怜昏夜，白昼骄人，仕路颓风，几不可向。朕思转移风气之方，须立矜式观摩之准。现已届京察之期，各部俱应慎重选举，以公心办公事，勿有丝毫私意，问心无愧斯可对君。此旨着通行晓谕，各录一通，悬于公署，朝夕观摩等因，钦此。

对官员定期甄别，规定三年一次考核。“各直省每届三年大计，由该督抚详加考核”。对那些贪官恶吏，一经发现要随时参奏，“勿得稍有姑容，以肃官常”。对一些不称职的官员，也不要“任其尸禄，有害民生”。

在甄别中，首先汰除精力衰颓，难望振足者。甄别自中央六部开始，因“六部为纲纪庶务之地，责任匪轻。欲剔弊厘奸，必劝勤惩惰，岂容年力衰迈才具平庸者，溷迹其间无所区别，既不足以淬人才，尤非所以整饬部务，不奖贤能，何以理庶务，不去衰庸，何以拔真才”。道光的这个认识和决定无疑是正确的，因为只有将中枢机构整治好，才能对地方官员进行甄别和考察，才能使吏治败坏的状况有所改观。六部中又以礼部先行。第一个被汰除的是“精力就衰，不能办事”的礼部郎中罗宸，继之是福申；“目力昏眊，才具平庸”的员外郎佛楞额，“心地糊涂，不堪供职”的堂主事张景泗，都被勒令休致。除了中央六部进行甄别，地方各级官员仅因精力衰颓不能振足而被黜斥的就更多。所谓“精力衰颓”，并不是只就年龄而言，主要的是指那些只有虚名而不实心办事的官员。对那些能实心办事，即使年老，仍然倚重，他们有了过失，只要能够改正，还是同样使用。道光指出："官官相护，朕所恶也；舞文取巧，朕所恶也；言行不实，朕所恶也。至用人行政，偶有小失，审度未能周妥，一经发觉，立即秉公办理，不稍回护，是无私心也，朕必宽其既往，仍望其将来识之。""即或偶而失实而所奏尚属因公，亦必曲加宽恕，从不遽加谴责"。

其次，对那些"谨慎自守，遇事瞻顾不全，以沽名邀誉，置身于无过之地为得计"的平庸之辈，淘汰掉。对地方官员甄别，特别注意对各府主管官员的考察。为此，道光公布了雍正六年谕旨：

"知府一官管理通郡，有察吏之责，如知府得人，则察吏以安民，于地方实有裨益，但知府内仅有系循分供职，不能察吏而有素无过犯不至于参劾者，此等人员若令久任地方，于属员贤否必不能详察周知，于吏治无益，钦此。"

以上汰除对象，是道光为了提高官员的素质而采取的措施之一。对于那些贪赃枉法，危害地方的官员，道光查出后，一一进行惩处，这是他在整饬吏治中实行的理谕和律惩相结合的措施。

道光登基以来所遇到的吏治败坏情况，极为严重，他采取的措施表明他整顿吏治的决心十分坚决。

吏治败坏由来已久，而且长期无法改变，甚至不断加深，原因很多，其中一个重要的因素，则是官官相护，主要表现为失察包庇。

道光十年（1830 年）十月，揭发出户部犯有失察过失的官员达二十二人。一些中央及地方大员对其所属官员应察而失察的累计达二万零二百九十八名。道光对这些犯有失察过错的大吏，分别予以降级处理。而这只是被发觉的失察事件，其他尚未查及的不知还有多少。在当时像吏部吃“通贿”，户部吃“平粜”，兵部剋扣军饷，刑部吞没赎款，工部在兴建工程中渔利，就是“清苦”的礼部，也在科举考试时容情受贿等等腐败现象，在中央机构中随处可见。

为了解决上述弊病，道光除了训诫、律惩以整肃吏治外，还努力使一些规章制度健全起来，重申已有的律令，并采取了一些相应的措施。

第一，限定衙门差额，裁减冗员。州县吏役是地方一害。他们平日朘剥百姓，鱼肉群众，为所欲为，人民敢怒而不敢言。而各地吏役又大量超过额定编员。道光规定，各级州县差役数以八十名为限，所有额外增置的书役等人员，一律裁汰。按此规定，仅各直省就裁撤了吏役达二万三千九百余名。

第二，控制捐输，限制督抚属员随意提补。“清制，入官重正途。自捐例开，官吏乃以资进。其始固以蒐罗异途人才，补科目所不及，中叶以后，名器不尊，登进乃滥，仕途因之殽杂矣”。清政府中叶以后，由于财政日益支绌，当时的补救之策除了变相加赋外，还有大开捐纳。捐纳有常捐，有大捐。常捐只损出身虚衔，大捐则卖知府以下的“实官”。出银买官的地主商人，到任后拼命搜刮，在其任职期间不仅要收回捐官所用的银钱，还要“将本取利”，榨取更多的钱财。捐官，是清代入仕的一个简捷途径。不仅没有功名的地主商人可以捐官，就是有了功名，地位较低的官吏，也可用银钱买取较高级的官阶，更增加了官僚集团的腐败。为此，道光规定，现任官员不准加捐职衔，以堵截官场日益滋长的腐朽之风。同时规定，各省督抚遇有提调要缺时，应先尽正途（即科举人仕）人员题补；不准属员充当幕僚，不准署正印；严禁佐杂人员代官视事，不准佐杂应升人员超越职位任事；不准将幕僚保列，以杜冒滥。还规定，钦差大臣查办事件时，随带的司

员，不能以现任大员的子弟充当、派往。各省州县官不准随意回省谒见上司，以杜彼此牵攘。道光的这些规定，目的是想刹住官官关连的私情关系，以澄清吏治。

第三，加强宗人府管理。宗人府专门管理皇室宗族事务。鉴于宗室日趋衰败，宗室子弟成为寄生虫，各种事件不断发生，道光加强了对宗人府的管理，先后两次拟定条例，责成宗人府严格对宗室的管理。从道光四年开始，宗人府还把闲散宗室移往边疆地区进行屯垦，以减少他们对京师社会的危害。

除了上述的整顿外，道光还拟定有关赈灾的细则，加强管理赈灾工作，以防止官员从中贪污。

道光在整饬吏治时首先进行的是察吏训臣，以做一个好官员的标准，进行理谕；对一些不合格的官员进行甄别；充实健全规章制度，其目的在于破除旧习，制止吏治败坏情况的继续发展。同时，又提拔有才干的官员，为建立有效的新的官僚机构在努力。

二

道光对官吏进行甄别考核，只是整顿腐败的官僚机构，以图振兴衰败王朝的一个步骤。要治理国家，就要发现、选拔治理国家的人才。对此，道光的认识还是比较明确的："国家以贤才为宝。"继位后，他一直把用人是否得当，提高到直接影响国家兴衰的高度加以重视。"为政首在得人"，得人才能治国。正因为他看到了用人与治国的关系，更加感到发现人才的困难。知人难，得人尤难。在吏治败坏的情况下，道光就更加迫切地希望求得一批忠于清王朝的干练之才，将那些衰朽庸才、贪官墨吏替换掉，以改变统治机构的现状，辅佐他治国兴业，成为"有为之君"。这是道光急于求贤的政治原因。

道光在用人上有两点认识值得一提。

第一，懂得人在认识上有局限性。人的能力是有限的，帝王也不例外，“是以圣王在上宵旰劳勤，不敢以一人治天下，也不欲以天下奉一人，旁求贤才赞助枢要，一德一心，使世祚永固，万国咸宁，诚得治天下之要道也”。

第二，相信人才的存在，要善于发现人才。道光认为国家广大，有许多人才未被发现，使他们失去为国效力的机会。“天下之大，兆民之众”，“岂无遗才?”为了聚敛人才，他几次颁发有关求贤选才的诏书。

道光元年（1821 年）登基不久即颁发诏谕，令各府州县保举孝廉方正及荐举才品优长的读书人。但是这一诏谕未被地方官员予以足够的认识，他们满足于维持现状，把举才视为可有可无之事。有的敷衍应付，以平庸之辈充数，甚至还有的官员从中受贿作弊。道光严厉斥责了这种情况，责令督抚催促所属悉心查访，不得以任何藉口应付搪塞，如果仍然不认真执行或随便找人充数，定予以重惩。

除诏谕各地荐举贤才外，具体有以下几种选材途径。

第一，荐送。由督抚从所属府道州县现任官员中荐举。将那些为官廉正，洁己爱民，一心为公，办事认真并受到民众赞誉的官员，由督抚写具考评意见，具折保奏，等待皇帝任命调用。为了解除督抚担心因荐举之员出了差错而受到牵连的顾虑，道光特别指出，所保人员如因公出现差错，不追究保荐人的责任，不加议处；但如因所举之人本来品德不端，补放后行私获罪，则要由推荐人负责，对荐举之人进行议处。这样既可保证荐举人才的素质，又加强了保荐人员的责任心。

道光年间被荐送的人员中，确有一些干练之才，如尚书刘鐶之举荐的名儒唐鉴，授广西知府，四川总督蒋攸铦推荐的川东道陶澍，擢升按察使。对陶澍，因其在入觐论

奏时"侃侃多所举劾"，道光不大放心，密谕巡抚孙尔准考察陶澍为人品德。孙尔准经过认真考查，向道光写了一份有关陶澍德政的详细奏报，极力保荐，陶澍获得重用，擢升两江总督。为官期间在治理河道和其它任职中政绩显著。陶澍临终前遗疏举荐林则徐继为己任。除林则徐外，陶澍还举荐了不少人才。

道光在选才求贤中，对于有功有才的下级官吏甚至普通士兵，也能不拘一格地提拔信用。道光九年（1829 年），杨发、田大武被提拔就是一例。杨发、田大武本是普通兵士，在道光八年（1828 年）平定张格尔叛乱中，奋力生擒叛首张格尔，战功卓著，兵部拟补杨发为甘肃宁远堡守备、田大武为陕西抚标左营守备，带领引见。道光在接见二人后批示兵部："该二员年力精壮，均堪造就，著交杨芳随时训练，策励成材，用示朕培养人才之至意。"

第二，考绩。清沿明制。京官称京察，外官称大计，由吏部考功司掌握。道光年间的考绩，不仅选才，也进行弹劾。道光七年（1827 年），给事中吴杰奏请京察中应举劾并用，经道光批准后诏谕饬行。道光十五年（1835 年），复令京察外随时可以纠参，以补不足。

第三，科举选拔。清代以科举为"抡才大典"，虽多沿明制，但在慎重科名、严防弊端等方面，周全的立法远超过前代。道光重视人才的选拔，除按规定期间开考外，还加开恩科。由于科举是封建时代知识分子的主要出路，竞争也异常激烈，科场中也弊端丛生。道光为了通过科举选拔真才，同时也为了笼络知识分子，每届考期，先发申谕，选择主考官。规定主考官不得以年老荒谬之员滥行充数，不得仅就荐卷决定取中与否的依据，"务得真才拔萃"，受贿作弊的监考官员，必将绳之以法。同时，公布考场规则，以资遵循，堵塞科场舞弊之风。道光朝正科十举，恩榜五开，也反映了道光想聚敛人才的愿望。

第四，育才。道光年间主要通过两个途径来培育人才，一是重视书院。清代学校，沿袭明制，京师名国学，并设八旗、宗室等官学。各省设有府、川、县学。除此之外，还在各省设有书院，最初设在省会，以后府、州、县相继建立。书院多数只是准备科举的场所，具有培养人才基地的作用，但因清代中叶以来政治的衰败，对书院重视程度，早已减弱，各种弊端也不断发生。道光从育才着眼，继位后重视书院建设，下令整顿各直省书院，严禁长期不到书院课业的官员照样领取年俸。课业不得兼充，各司所长，以保证课业讲授质量。修缮损坏的书院房屋。粤西省城秀峰、宣城两书院，人多开支大，入不敷出，准予置买田亩，每年所得租谷粜价，供书院支用。河南省城大梁书院落成，道光加赏御书匾额。道光对各地书院给予了物质和精神上的双重支持与鼓励，反映了他对书院育才的期望，这是他重视培育人才的一个方面。另一个途径，是重视在实践中培育人才，这特别体现在当时最急需的治河专门人才的培育上。

道光十二年（1832 年）九月，发布诏谕，让中央各部从所属官员中，不分满汉，选正途出身，勤奋聪敏清廉者保送一人，由吏部发往东南两河学习，每期二年。学习各种治河之事，但不准承办重要工程，也不准经营钱粮。二年期满，由河道总督写出考评文字，送部引见，以备选用。曾任河督的张井，原来并非出身于河员，程祖洛保荐其办事实心奉公，不避艰险，得到道光的赏识，不断升迁。道光四年（1824 年），简署东河总督。由于其刻苦学习治河之术，认真负责，道光六年（1826 年），调补江南河道总督。在其治河经历中，成绩显著。张井是在治河实践中培养出来的治河专门人才中的一个代表。

道光求贤佐治的办法：荐选、考绩、科举、育才，并不是始自道光，历代帝王都采用过相似或相同的方法，道

光只不过是继承和发展了这些作法，这从一个方面反映了他本贤佐治和执政初期励精图治的精神。

道光为了振兴王朝，有所作为，更好地使在职官员发挥作用，还采取了以下两个方面的措施。

第一，倡直言以纳谏。道光继位后多次倡导直言，表示自己要“虚怀纳谏”。他认为自己日理万机，虽不辞劳苦，但不敢自信无一阙失。另外，国家之事，用人行政得失，国计民生各事，都要各官出主意，谋划策。因此，他要求官员们不仅能提出时政之弊，还要能提出切实改进的办法，这比只讲空话要好得多。这个要求可以堵塞一些只会纸上谈兵的人从中取巧，也为有真才实学的贤才以用武之机。道光对遇事敢直言不讳，不人云亦云，能表白自己独立见解的人，极为称赞。为了听取各方面的意见，博采众议，道光还打破封建礼仪规定，阅览那些因地位低下、不能直接上条陈的人写的奏章。道光二年（1822年）九月八日，四川平武县贡生唐开兰呈《迩言》一策，道光得悉后，命有关部门官员呈览，并因此事发出指示，今后各衙门遇有类似奏呈事件，一定要附章上奏，不准压抑。道光十五年（1835年）六月六日，安徽举人朱凤鸣呈递封章，违背了制度，受到处罚。道光采取了宽容的态度，他作了批示，出于开通言路，爱惜人才的愿望，免予追究。为了广开言路，对言官的指陈，如有不实之处，也谅解了他们，不予处理或减轻处理。道光八年（1828年）三月十六日，给事中托明奏参安徽怀来县知县添派差役，按月苛敛，危害民生。道光派人前往调查。经查明，托明所奏不完全符合事实，有不实不尽之处。对此，道光作了如下批示：“民隐，言官之所当言，虽言之不实，朕不再罪之。然亦不可不加审察，滥行入奏，尤不可因有此旨，概行缄默，反失朕听言从实，欲周知民间疾苦之本意也。”在要求言官据实指陈的时候，强调不能因噎废食，不要因怕负

责任而取缄默态度。道光在处理“所奏不实”的情事方面，再次表现出宽容的态度。道光十一年（1831 年）六月二十日，御史徐培深奏参山东信阳县知县恩福巧夺民财，形同市侩。经查核，所奏不实，道光指示，对御史徐培深“毋庸议”。因言官可以风闻言事，不可能件件查实后再上奏，虽不应捕风捉影，亦不要怕出错而缄默不言，如言官怕失实而保持沉默，就违背了道光”听言从实，察吏安民”的本意。道光反复要言官不要因所奏有所出入受到批评而缄默，是道光把直言作为察吏安民的一个途径，是他整顿吏治的组成部分。是否能直言以陈，也就成为判断是否是贤才的一个依据。因此，凡是言事有功的人，即行擢升。道光十五年（1835 年）八月二十四日，冯赞勋、金应麟、黄爵滋、曾望颜等官员，因遇事敢于直言，“明白晓事”均被擢升。道光希望大臣们能理解他鼓励言官是为了广开言路的本愿，遇事要敢于直言以陈。将个人得失抛掉，只要有益于国计民生，就应确切直陈，不应隐讳不语。不要因自己不是言官而缄默，也不要把谏言当作向上升迁的阶梯，更不应一得到升阶，就想保住禄位，免惹是非。这种沽名钓誉在前，缄口保位于后的作法，完全有悖于朝廷用人图治的原意。道光曾诚恳地表示：“朕总理庶政，一秉大公，即听言一节，採望诸臣切实敷陈，不惮再三告诫，期以察天下之治，勿非徒博纳谏之虚名，其有徇隐姑容、前后易辙者，尤当深以为戒，言行相顾，始终不谕。朝廷收谠言之益，国家著直陈之效，朕实厚望焉。”道光这番发自内心的话，不仅是对直言的褒奖、鼓励，也从一个方面反映了他励精图治的心愿。道光十六年（1836 年）十一月十三日，他又发布上谕，指出国家设立科道等官，是为了广开言路，以期兴利除弊、摘伏惩奸，于国计民生两有裨益。正因如此，所以科道中每有奏陈，都认真对待，“虚衷采纳”。对有些人借鼓励进谏的机会，进行挟嫌诬陷，查实后，也会予以严惩。惩办诬陷，正是为了更好地广开言路。

道光以真诚的态度纳谏，与他求贤佐治的思想是一致的。应该看到，道光作为封建帝王，由于其阶级局限性和自身的弱点，在他执政的三十年中，也确实信用了一些善于奉承的官员和阴狠狡诈的好宄，对此，历史上有过一些不同的议论。

《清史纪事本末》第四十卷，关于道光时曾任军机大臣的曹振镛有如下记载："振镛在内阁，专伺人主意旨，而素不学。每奉命衔文，得试卷稍古雅者，辄不介事，摘卷中一二破体字，抑之劣等，于是文体日颓，而学术因此不振。又带最厌言官言事，振镛也教以此法，遇章疏中有破体字、疑误字者，摘出交部严议，于是科道相戒，不敢言事，而言路雍塞。遂使三十年中，吏治日婾，民生日困，酿成内外兵祸，开千古未有之变局，皆振镛一人之罪也，然帝深信任之。"

曾振镛（1755—1835 年），字俪笙，安徽歙县人，乾隆四十六年（1781 年）进士，历任乾隆、嘉庆、道光三朝，官至武英殿大学士，上书房总师傅、军机大臣，得到道光的器重。曹振镛得宠于道光皇帝的因素，一是曹振镛是"老臣"，服官五十余年，历三朝；二是崇节俭，处处注意"撙节"，防止糜费，与道光倡导的节俭精神相吻合；三是有才干，尤其"学问见长"。在道先朝十四年政务中，"清恭正直，历久不谕"，循规蹈矩，"克驯赞事"。而他的弱点，也是显而易见的，挑剔微疵，造成学风欠佳的后果。但不能把学风不正的后果归结成言路闭塞，更不能因此而说道光朝的衰败，"皆振镛一人之罪也"。恰恰相反，道光信用他，正是在早期励精图治中拨贤知任。以信用曹振镛来否定道光纳谏一事，和历史事实不相符。

道光纳谏，还可以从御史陈庆镛的升降一事中反映出来。道光二十三年（1843 年）四月四日，御史陈庆镛奏劾鸦片战争中犯有罪过受到惩处后又被起用的琦善、文蔚、奕经，认为道光起用这三个人是"刑赏失错，无以服民"。在鸦片战争中，琦善被"褫职逮治，籍没家产"，道光二十三年（1843 年），又以三品顶戴授热河都统。宗室奕经以扬威将军督师浙江，让其收复定海、镇海、宁波三城，结果大败而归，曾以劳师糜饷、误国殃民罪，被逮京圈禁，后与琦善同时被起用，以四等侍卫充叶尔羌帮办大臣。文蔚随奕经出兵，结果造成大宝山惨败，朱贵牺牲，被褫职下狱。后以三等传卫充领队大臣。这三个罪臣治而不罪，复而起用。陈庆镛的奏劾是对道光用人行政失当的一种批评，引起朝野震动。道光采纳了陈庆镛的意见，将启用三人的成命予以收回，仍将三人革职，令其闭门思过。但是，事隔数月，琦善、奕经、文蔚三人与另外两个在鸦片战争中负有罪责的奕山、牛鉴均被起用，而陈庆镛曾因事降调，解职回籍。道光起用琦善等人，是基于道光的"罪在朕躬"，把鸦片战争战败的责任归咎于自己，另外，认为琦善尚属"年轻"可为（琦善当时五十三岁，正是壮年），再加上穆彰阿等当权大臣的保荐庇护所至。陈庆镛的"解职回籍"，与参劾奏章是否有关？陈庆镛在道光二十三年奏劾，道光二十五年（1845 年），迁给事中，道光二十六年（1846 年）乞归，在咸丰朝复被起用，这中间似没有必然的联系。陈庆镛的降调，多少也受到朝中当权者的报复，这还可从穆彰阿庇护琦善抑制林则徐的事实中得到启示，其中包含着民族偏见。道光对陈庆镛的态度，也是民族偏见所造成的后果，原因并不完全在于道光纳谏的虚伪。

应该看到，道光也表现出了其他封建帝王所具有的爱听好话，喜欢奉承的一面。尽管他倡导直言，也批评过唯

唯诺诺的官员，但恭维毕竟比逆耳之言容易接受，只要不过分露骨，或出现在不适当的场合。前述的曹振镛的长期被信用，除了已提到的几个因素外，就是曹振镛遇事“多磕头少说话”。再如，穆彰柯、潘世恩身为军机大臣时，也好顺承旨意，无之为他。当时有人写了《一剪梅》云：

仕途钻刺要精工，京信常通，炭敬常丰，莫谈时事逞英雄，一味园融，一味谦恭。

大臣经济在从容，莫显奇功，莫说精忠，万般人事要蒙胧，驳也无庸，议也无庸。

八方无事年岁丰，国运方隆，官运方隆，大家赞襄要和衷，好也弥缝，歹也弥缝。

无灾无难到三公，妻受荣封，子荫郎中，流芳身后便无穷，不谥文忠，便谥文恭。

上述讥讽，反映了当时官场的腐败和庸俗风气，也从侧面说明，即使道光为励精图治而求贤纳谏，也起到了十分有限的作用。道光的求贤纳谏，从当时的条件看，有其积极的一面，也有其局限性造成的消极一面。但是，应该看到道光的纳谏还是他求治的表现。

第二，笃勋旧，奖贤良，以示重贤不忘。道光一方面选拔一些新的干练之才，另一方面就是对历代被称颂过的圣贤或良臣——儒家名宿和年老的功臣、重臣进行大力表彰，以此为在朝官员及文人士子树立楷模。这也反映了道光求贤的思想基础——重儒。重儒就是重治。道光二年（1822 年），诏刘宗周。道光三年（1823 年）汤斌，道光五年（1825 年）黄道周，道光六年（1826 年）陆贽、石坤，道光八年（1828 年）孙奇逢“从祀先儒”。是后复以宋臣文天祥、宋儒谢良佐，“入祀文庙”。道光重视古儒，有其政治目的，不是仅仅崇奉儒学的成就。他认为，儒道纯精的人，如果没有躬身实践的表现，即便是起到巩固封建统治的作用，还不能算治世贤人。

道光在整顿吏治时，求贤若渴，特别对鸦片战争以后的军事人才，更为重视。他一再强调，只要才能出众，民众拥护，又能“洞悉夷情”，深通韬略的人，不拘资格，即可升调，也可破格使用。他命令各省督抚提镇，在水师及各镇武弁中挑选对训练军队认真，人品优良，忠于职守的人，不限名额，秉公保奏，准备调用。道光还签于清水师战斗力薄弱的教训，要在各镇中挑选一部分中下级军官充实水师。这些事虽未能实现，但反映了道光图治的愿望。

道光为求贤佐治作了不少努力，虽然也得到了一些比较清廉、干练之员，但更多的人让他感到失望。道光十七年（1837 年）三月三十日他曾讲道：“自古得人则治，当今更觉为难。”“欲求一堪膺重寄者，不可多得。”道光朝人才难得的原因何在呢？

第一，世风日下，官僚机构腐败。高级官员不肯认真察吏、除滞拔优；地方官员不肯爱惜民力，任意苛剥。遇到事情先考虑保住自己的身家。道光在给两江总督陶澍的谕旨中，称赞他为人“爽直、任事勇敢”。道光希望他的臣属都能像陶澍那样正直公忠。可惜朝中像陶澍这样的官员太少了。

第二，拔不当人，各地举荐的多不是干才。道光十五年（1835 年）十二月四日，道光在一份谕旨中对一些督抚保举人才不认真遴选、滥竽充数之事作了批评。如荐举出来的直隶正定镇总兵海陵，是一个“性耽安逸，难望振作”的庸才。广东南昭连镇总兵萨龄阿，是一个连日常事务都“不能整饬”的无知蠢才。高州镇总兵岳万荣，在四川建昌镇任内，利用职权，为自己的儿子万嵩龄更换籍贯，收人本标，提升为外委之职。上述几人均是由副将经荐举而提升为总兵的人。由于这些人才学或品德低劣，很不称职，只能“自滋咎戾”。对吏治不仅无益，反而造成损害。

第三，迷信科举正途。道光虽采用了多种选拔人才的办法，但主要还是依靠科举，并视之为“正途”。八股取士的制度自明以来，早已弊端百出。一些人虽出身科举正途，但往往是个庸才。更有不少人把科举视为作官的阶梯，为官后，只图私利，并不真心为国为民办事，更何况科场中还有很多弊端。道光虽对科学考试作了种种规定，但科场中舞弊之风根深蒂固，加上吏治腐败已达到不可收拾的程度，所以种种弊端仍不断发生。道光十六年（1836年）武科考试中发生了“庆廉事件”。庆廉是兵部员外郎容恩的胞侄，容恩是兵部掌印司员。庆廉本是残废，平日连走路也感到困难。按照清王朝规定，录用旗员首先重视骑射，八旗子弟应试，先要通过骑射合格考试，方准入场会考。容恩凭借职务之便，贿赂监考官员，以庆廉“手疾”为名，免考其马步箭，又打通监射的王大臣，未加复查就按照上报原册，准予考试，结果中了武进士。庆廉违制冒考的事情虽然被揭发出来，道光取消了庆廉的武进士资格，有关包庇、徇私的官员也同时受到处分，但科场舞弊等各种弊端并没有因此而绝迹，仍不断发生。

第四，道光在求贤纳谏上做不到言行一致，说得多，做得少。曾给受利赞扬的冯赞勋，也因遭到诬陷而被革职。当御史富隆额奏请究查捏造浮言一事时，道光认为这样做会“促使进言之人心存畏葸，瞻顾不前”，故而“著无庸议”。这种言与行的脱节，使道光的求贤实际效果受到影响。

三

道光继位后，虽然通过整顿吏治，清除腐败，严惩了一批贪官墨吏、王公显贵，但是官僚机构的腐朽，已达到病入膏肓，医治无术的地步。酷吏贪官，比比皆是，为非作歹，欺害百姓。这已不是仅仅惩治少数几个宄官所能改变的，而是封建制度衰落腐朽的反映。所以，在道光整饬吏治的同时，吏治败坏仍在继续，仅举几例：

虐待囚徒，监狱遍地。道光十四年四月查出广东州县私设班馆监狱，非刑凌虐“犯人”。清代监狱，设有内监以禁死囚，外监以禁徒流（犯）以下，女监以监女犯。徒以上锁收，杖以下散禁，轻罪人犯及干连佐证，准取保候审。但州县因惧怕候审人在外延误审讯，往往设有班馆、差带等名目。这种未确定犯罪与否，但又被看押在班馆（即如看守所）的人，成为贪官酷吏敲诈勒索的对象。

广东番禺县在该县衙前后左右一带布满班馆。顺德县衙的东边，有一个名叫“知遇亭”的地方，凡被虐待将死的人，便被差役抛在这里等死；西街全是差役们设的私馆，标名为：“一羁、二羁……”直到“八羁”。香山县衙内有五所大班馆，另还有十余所私馆。三水县署内有左右班馆各两处，该县典史还在大堂侧面私设一处。

各地县衙用各种残酷手段对待被关押的人。有的把人关押在囚笼内，人站在这种囚笼里连腿都不能弯曲；也有的把人关在烟楼处，用火烟从下面熏灼。尤其惨不忍睹处，吏役用三尺余长的铁杆竖立在地上，顶住犯人喉颈，锁镣铐住手脚，形似盘踞状，称之为“饿鬼吹萧”；又有将人倒悬墙上，鞭鞑拳殴，称之为“壁上瑟琶”；或将犯人一个手指与一足趾用绳子前后牵吊，谓之为“魁星踢斗”，残酷无比。吏役以折磨犯人为趣事，并以此向犯人家属敲诈勒索。吏役勒索洋银，动辄以“尺”称，一百元称之“一尺”，常常开口十余尺、数尺不等。对实际没有触犯法律而又家境殷实的人，为了敲诈，就捏造案情，拘禁在班馆内，然后索款，公开称之为“种松摘食”。犯人初入狱时，监狱禁卒率领旧监犯将新犯拳殴三次，谓之

“见礼”，然后向其索要，动以千百计，称为“烧纸钱”。旧犯在狱内，其中有大哥头，他向新犯人勒索来的钱财，与典史狱卒同分。新犯人如果不给钱，加重凌虐，坚持不给钱的人，有的就被打死。管监为了逃避追查，令倒填年月日，假称病故，以掩盖痕迹。

各地官吏贪赃枉法之事，更是枚不胜举。四川仁寿县令恒泰，接受贿赂，将强奸逼认为合奸，又将无辜通为巨盗，然后凌虐致死。甚至有的人被抓来，先重责二三千小板，然后再审，结果人被杖毙，不知何由。有的地方以抓“啯匪”为由，吊铐刑讯，甚至用镬煮人。有的吏投随意抓人，将人抓去，先站木笼，官也不察不问，任其肆虐，直至毙命。草菅人命，州县习以为常，上司各官也见怪不怪了。“狱囚不死于法而死于问刑之官”。

各地蠹役尤横，大州县千余人，小州县亦数百人、百余人不等，遇有民间诉讼事件，差役多方勒索，涉讼人往往因此破产，就是缉捕盗窃案件，差役也向事主索取“发脚钱”，甚至竟叫乞丐导至窝家诈赃，以饱私囊，真贼反令远飏。遇有纠纷事件，则对双方都施以诬词，以达到逐户苛索目的，牵累许多无辜之人。官场之为非作歹，黑暗腐败，可窥见一斑。

道光十五年（1835年）四月十八日，还查出湖南宝庆府邵阳县除监狱外，私设卡房三所，分别叫作外班房、自新房、中公所，每年三卡内“病毙”者，不可数计，被当地称为“四大寇十八路诸侯”害人。该县差役在册的有千余人，白役、散班却有两千余人。

对此，道光曾亲自过问，屡下诏谕。道光元年谕：“私设一切非刑，概行禁止。”道光五年又谕：“饬禁禁卒凌虐监犯。”各州县酷吏遍地，似狼如虎，“于心忍乎，于法平乎！”道光气愤地说：“深为可恨，此等劣员不顾天理，不念人情，置百姓疾苦于度外，视国家法度如泛常，听任书役如狼如虎，扰害闾阎，灭尽天良，所谓以不忍人之心，行不忍人之政者，安在?”但吏害成灾，冤狱遍地，几纸诏谕并不能改变现状。

除了酷吏害人，遍设监狱外，案件累积如山，案情错判也是屡见不鲜。安徽泾县民人徐飞陇被伤身死，悬案数载，死者家属两次京控，一直没有审明。道光六年，浙江省署黄岩县知县刘俨，在一命案验尸时，发现被害人曾得齐尸伤不符，也不追查，在上司的庇护下，使受害者冤沉海底。七年，山西交城县民人李积庆故意杀害胞兄，该县知县陈星珠未能审出实情，压案不办，不了了之。更有甚者，有的案件竟拖达三十余年之久。道光十三年揭发出来的四川庆府县梁贵一案，自嘉庆三年监禁后，在监三十五年，直到道光十三年，经提讯，确认无罪释放。道光得知此案情况后说道：“梁贵一无罪之人，缧绁半生，殊出情理之外。”类似情况尚有许多，久不清理。直隶深州人田兰馨京控一案，也达三十年之久，方才讯明奏结。在结案中错断之事还时有发生。“各省屡有斩绞错误之案”。道光二十五年，查出错结之案，四川有六起，河南有五起。二十六年查出，直隶、奉天、陕西、甘肃、云南各有五起错结之案。这只是查出的假错之案，由于官官相护或怕追查上司失察的责任，极力进行包庇隐瞒的还不知有多少。面对赃官酷吏造成的冤狱遍地的现实，道光深表感叹地说：“是多设一官，百姓即多受一官之累。”

贪赃受贿。有的公开索取，有的变换名目搜刮，官场中贪赃受贿公开成风。当时官员升迁要给上司各官送别敬银已成为不成文的规定，实际上是上下级官员间公开的行贿受贿。据载：补授陕西一个粮道出京上任时，竟用去别敬银一万七千两，“上任后每年年节寿诞均要给上司送礼，数目可观：将军三节两寿每次送礼八百两，又表礼、水礼八色，门包一次四十两。两都统每节送礼银二百两，水礼

四色。八旗协领每节送银二十两。抚台分四季致送，每节一千三百两，逢节或寿诞还要送表礼、水礼、门包……每年仅送礼，就要用去近二万两白银。直隶道员徐寅弟，以过节做寿为名，接受“馈送”，他的下属蒋兆璠一人就送了白银两千四百两。徐寅弟管辖二府、四十八州县，“既经受收陋规，必不至蒋兆璠一人”。这些用于送礼的银两，当然不是出自官员自己的腰包，无非是“朘剥小民脂膏”，受害的还是老百姓。另外，像山西巡抚王兆琛一次受商人节规钱就达一万四千余两；霍州知州一次受贿达一万余两。还有像汾阳知县曹文锦、山阴知县金作节、河律知县程震佑均公开受贿。有的官员因受贿还闹出种种笑话。扬州一名知府审理一件诉讼案，原告为使官司打赢，先给知府送银五十两，但是，在堂审时，竟被打了五十大板，原告感到自己原本有理，又向知府送了银两，不该受此委曲，就向知府伸出五指，那知知府竟斥责说：“被告比你更有理!”也伸出五指又翻了一番，表示被告贿银一百两，比你多一倍，所以要打原告五十大板。

监守自盗，也是贪赃的一种手段。道光五年，广东管库官员假造文领，描摹印信，两次冒领库银一万二千两之多。各地库亏之案“层见叠出，甚至盈千累万”，侵吞官帑，私饱囊橐。道光二十八年，查出历任运司出借公款银达九万三千九百三十余两。二十九年，又查出浙江各属库存正项动垫银亏达二百八十四万六千八百余两，亏仓谷一百一十万九千五百余石，米三千余石。道光二十三年，震动朝野的库银盗窃案被查出。户部银库管库人员监守自盗，自嘉庆五年，先后被盗出库银九百二十五万二千余两之多。

道光整饬吏治的决定是无可非议的，正是因为他看到了官僚机构的腐败，已严重危及着王朝的统治。为澄清吏治他投入了大量的精力和时间进去，下达了众多的诏谕，采取了不少措施，包括撤换昏庸无能、严惩赃官酷吏等等。其态度和行动是认真的，但终不能将吏治整顿好，吏治败坏的情况继续发展，道光在诏谕中不断显露出他焦急的心情。但是，道光看到的只是吏治败坏的表面现象，他认识不到吏治败坏的根源，就在于他要维护的封建制度。

第三章　节俭皇帝

一

道光登基后，为了改变每年入不敷出和财政拮据的情况，道光三年在给户部的上谕中提出要“澄源节流，撙节糜费”的理财主张，“节流”“开源”，改变财政拮据的局面。

道光是中国历史上著名的节俭皇帝。纵观二千余年，二十余朝，数百君王，就节俭而言，堪与道光相比者，为数不多。对此，史家看法，颇有歧异，有称其节俭者，有称其吝啬者，甚至有人称其为“小气皇帝”。

早在登基之前，道光就较深的接受了儒家的传统俭德思想，深知大清王朝创业非易，守业维艰，为君者必须崇俭去奢，节用爱人，方能使王朝万世不衰。

登基之后，道光的节俭思想有了进一步地发展，并将其做为治国方策的重要内容，予以发挥和阐释。道光元年（1821 年）的《御制声色货利谕》和道光十一年（1831 年）的《御制慎德堂记》算得上是道光节俭思想的代表作了。

《御制声色货利谕》是元年十一月八日颁发的。此谕长达近千字，分别阐述声色、货利两个方面的危害，并引经据典，确立君臣应当遵守的基本原则。

此后，道光帝为了进一步阐述节俭的道理，于十一年（1831 年）五月二十八日发表的《御制慎德堂记》中再次指出：关于崇俭去奢一事，“懂得这一道理，固然不容易，然而真正做到，就更不容易了。大清江山，创业艰难，后世子孙，坐享其成，尽享奢华，既使不再增加什么奢华内容，也应该觉得心里不安了。如果还不满足，把富贵享乐看做是自己应当得到的，那简直就是不堪理谕之人了，又怎么能保住大清江山呢！”这里，道光是把崇俭去奢做为巩固政权的大事来考虑的，道光为此要求君王人臣要做到“饮食，不必追求珍异，穿戴不必讲究华美，耳目不要为欲望所诱惑，居住不要迷恋奇巧”，“不要做没有好处的事，以致损害了有好处的事，不要一意追求奇珍异物，轻视常用之物”，要懂得“一丝一粟，都出于民脂民膏”的道理。进而主张“无为而治”，使天下均受其福。最后，道光还着重阐明了节俭与悭吝的关系。道光认为，提倡节俭，并不是一切都坚持悭吝。“比如拯救饥民，赈济灾区、除暴安良等事关国计民生的大事，抓紧实行还来不及，怎么可以悭吝呢！”所以，坚持节俭，是“永久图治之道”，务必慎之又慎，切切牢记。

只要我们翻开道光朝的历史典籍，随处可见体现道光皇帝节俭思想的言行。纵观道光的节俭思想，虽然没有超出封建节俭道德的一般性伦理观念，但做为一代君王，言行一致，躬身实践，也是难能可贵的了。

道光倡行节俭，首先从自我做起，从帝王的宫廷生活开始。主要体现在以下几个方面：

减膳。做为一代帝王，天天山珍海味，宴会不断，谁也奈何不得。道光皇帝却能体察国情，主动减膳，以省糜费。特别是鸦片战争爆发以后，军费开支浩大，国库日益空虚，道光带头减少膳食，由过去的花天酒地，改为每日

只点四盘菜肴。这四盘菜肴，按照过去规定，有两盘是赏给军机大臣的，其余两盘赏给内廷主事。现在，军机的两盘照常不误，内廷的两盘则不再赏给，而将这两盘留作晚膳之用，晚膳就不再另外点菜了。一次，时逢皇后过生日，这是宫中的隆重庆典之一，理应大排筵宴，朝臣与内廷共同志贺。道光则破除旧例，当面谕令内务府总管大臣："近来，好久没有赏赐内廷食物了，这次皇后圣寿，到时候多予备些面条，多加点卤，让内廷人员吃个饱。"内廷大臣奏道："既然皇上如此开恩，那就额外多杀几口猪。"道光说："杀四口猪就足够了。"大臣又奏："按照惯例，应是十口猪。"道光又道："现在是什么时候？花销、开支如此紧张，怎么能报销十口猪呢？"

节衣。这里仅举二例：一，道光穿衣，不仅不追求华美，甚至倡导继续穿用缝补后的破衣服。道光的套裤因长期穿用，膝盖处破了一个洞，道光没有将其扔掉，而是命有关司事人员用一块绸布补上，继续穿用。朝臣见皇上如此，也纷纷仿效，在自己的膝盖处补上一块绸布，其实并不是所有大臣的套裤都已穿破，不过是讨皇上开心而已。但是，道光倡导节俭，却是真心实意的。一次，道光召见军机大臣，正好军机大臣曹振庸靠近皇帝御座，道光一眼看到曹振庸套裤上有补缀的痕迹，就问道："你的套裤也打补丁吗？"曹振庸回答说："换一件新的，要花不少钱，所以，打了一块补丁"。道光听了，自然十分高兴，一时来了兴致，又问道："你打一块补丁需要多少银子？"皇上会问起这等细节小事完全出乎他的意料，他愣了半天才回答说："需要三钱银子。"（这种事，曹振庸恐怕也未必知道需要多少银子，不过是虚应而已）道光一听，却认认真真地说："你们宫外的价钱实在太便宜了，宫内补这样一块补丁，要有五两银子呢！"二，道光有一件黑色的狐皮端罩。端罩，是一种非常高贵的礼服，狐皮端罩，自然更显珍贵。这件端罩，里面的褃缎过于肥大，穿用时下面出风（提褃缎露出一圈）。道光就命内侍取出端罩，在四周加上一圈狐皮，盖住出风的褃缎。内府闻知此事，向道光报告，加一圈狐皮，需一千两银子。道光一听，忙谕令内府，不要加狐皮了。第二天，道光向军机大臣们提及了此事。以后，军机大臣们又将此事张扬了出来，以致此后十余年间，京官们也相互效仿，所穿的衣裘没有出风的。道光的本意在于节俭穿衣，而朝臣们的刻意模仿，则将道光的节俭思想扭曲变形了。

裁仪仗。每年八月，道光都驾临圆明园。由圆明园回宫时，均要大排仪仗，鼓乐齐鸣，王公大臣还要齐集三座门前，恭迎接驾。道光认为这一仪式太繁琐浪费了。九年（1829年）七月二十八日，距离驾幸圆明园的日子（八月初七日）还有八天，道光就提前下达谕令，排仪仗、作乐、接驾等事，均属"繁文缛节"，并无可取之处，命自本年为始，以后每年八月的进宫、回园之时，"将仪仗、作乐及王公各大臣接驾之处，俱行停止"。十年（1830年）四月十六日，道光准备前往天坛，举行祭天仪式，皇城銮仪卫上奏，"此次前往天坛祭祀，请按照旧例，予备玉辇、礼轿侍候"。道光批示道："前往天坛祭天，心诚是关键，如果心存诚意，既使不乘辇，也没有什么不可以的。命銮仪卫以后遇有天坛祭天之事，将玉辇、金辇予备在天安门外即可，所有抬辇人员，或者另派差事，或者裁减。"

省车从。嘉庆死，道光须服丧二十七个月，这是清朝祖制。道光于二年八月决定，服丧期满后，于十月前往昌陵拜谒。但是，天公不做美，偏偏赶上昌陵所在的直隶顺天府天灾横行，全府所属二十四州、县就有十八个州县受灾。道光惟恐登基后的首次远行，会给所经地区带来困扰，所以，早在八月二十五日就指示总管内务府大臣："此次谒陵，必然动用很多车辆，以致造成民力困难。特

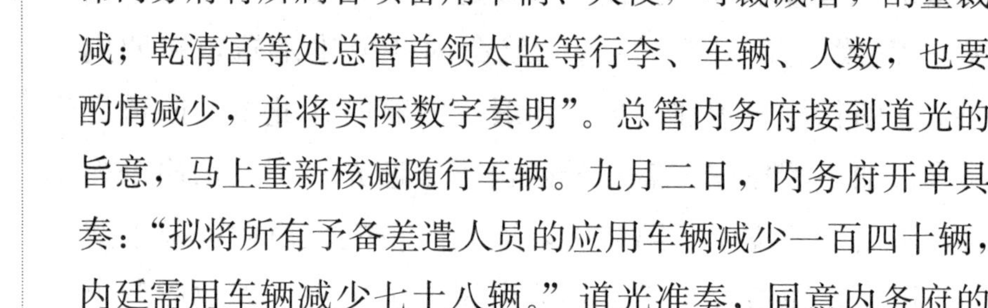

命内务府将所属各项备用车辆、人役，可裁减者，酌量裁减；乾清宫等处总管首领太监等行李、车辆、人数，也要酌情减少，并将实际数字奏明”。总管内务府接到道光的旨意，马上重新核减随行车辆。九月二日，内务府开单具奏：“拟将所有予备差遣人员的应用车辆减少一百四十辆，内廷需用车辆减少七十八辆。”道光准奏，同意内务府的减车方案。

当然，道光的上述作法，对挽救大清王朝的中衰之势未必会起到多大作用，但其严于律己、从自身做起的节俭行为，还是值得肯定的。

道光不仅自己从衣、食、出行等方面，力求节俭，而且对其他皇室人员也要求一切从简，崇俭抑奢。

早在道光登基不久的二年（1822 年）正月十二日，道光专门就皇室子孙的婚姻问题，向总管内务府大臣下达了一道谕旨，谕旨中说：“以后，皇子皇孙一经订婚，其福晋（指儿媳或孙媳）的父家置办嫁妆，不得追求奢华，务必一概从俭。将来一旦发现呈进的嫁妆清单中，如果有糜丽浮费之物，不仅将原物退回，而且还要予以处分。命内务府大臣将这道谕旨保存好，凡有皇子、皇孙指婚之事，就将这道谕旨交给福晋的父家阅看，严格遵守，不得违犯。向来旧例相沿的开箱之礼，即指婚后福晋应进呈给皇帝和皇后的各式衣服各九套，也不必予备。”在封建皇室当中，皇子、皇孙的订婚、结婚仪式，均是一件大事，总管内务府大臣均要做为重大活动，隆重进行。但道光的这道圣旨一下，情况都发生了变化。

封建社会，重男轻女。皇子皇孙的订婚、结婚仪式要从俭办理，公主们的下嫁仪式，当然更要从俭。本来清制规定，公主择定额驸（驸马）的订婚日，额附家要设宴九十席，宴请皇太后和皇后，呈进九九之礼，即向皇帝和皇后各进献九套衣服。道光也下令，停进九九之礼不准摆设

宴席。二十二年（1842 年），道光的五公主出嫁，道光要求内务府官员，从俭办理，所有备办嫁妆及一切仪式开销，不准超过两千两白银，如有超过，则由内务府大臣赔垫。并且，也没有赏给五公主府第。内务府只好将没收琦善的零散、破碎的房子，略加修理后，让五公主住了进去。尽管如此，承办婚礼的内务府官员，还是赔进去数百两银子。

我们承认，不论皇子、公主的婚姻再怎么简朴，仍然是民间普通婚姻所无法比拟的。但是，道光在皇室内部倡导崇俭抑奢，的确很不容易。

二

道光帝不仅较为严格地约束自己和皇室人员，崇尚节俭，而且通谕全国民人、旗人及各级官吏以俭为本，力戒浮华。

道光登基后一个多月，就下了一道谕旨：近来，社会风气，竞相追求浮华，特别是婚丧祭祀等事尤其严重。对于官员、士庶的婚丧祭祀活动，国家均有一定规制，理应遵守。如果争奇斗富，追求侈靡，互相夸耀，非礼越格，这是关系到社会风气和人心取向的大事，必须严格地重申禁令，以后，凡民间婚丧等事，一律按照大清会典规定的条款办理，不准追求浮华。

半年后，即元年（1821 年）四月十三日，针对各省地方官吏的奢侈现状，道光又颁发了一道饬禁奢侈积习的谕旨。他在谕旨中说：各省州县官吏，有存贮仓库、钱粮的责任，本应节省开支，洁己奉公，这样，才不会亏短公务。但目前各州县，纷给讲求奢侈，一意多方应酬，衙署内又大量豢养多余之人，恣行糜费，势必导致银钱紧张，于是就挪用公款，最后，无法弥合，只能入狱坐牢，后悔不及。特命各省总督、抚巡严格管理所属官吏，力行节俭，节约办公。

旗、汉女子所穿的服装，自来有别，旗装束衣紧身，汉装衣袖宽大。清入关后，旗、汉往来频繁，同化作用日益加深，旗、汉服装取向渐趋一致。但历朝清统治者则为维持固有旗、汉之别，严禁旗人女子改着汉装。道光不仅与先祖一样，坚持旗、汉之别，而且更注意俭约。他在十八年十一月的谕旨中指出：我从嘉庆实录中见到有关于镶黄旗都统查出该旗汉军秀女中有人缠足，并装用类似汉人衣袖宽大的服装，已被嘉庆训诫。此事距今数十年了，恐怕相沿日久，执行不力，使皇父圣旨成为具文，旗人重蹈复辙。特重申禁令，整顿我朝服饰。这样做的目的，不仅节省了物力，提倡了节俭，而且也便于活动做事。如果旗人妇女也像汉人妇女那样衣袖宽大，不仅不能做事，其费用则要超出数倍。所以这样，就是人心追求奢侈造成的。今命八旗满洲、蒙古、汉军都统、副都统等，随时详查，如发现有衣袖宽大和缠足者，立即将其家长指名参奏，按例治罪；如果经训谕之后，各旗不认真详查，一旦查出，定将该旗都统、章京等一并严惩，决不宽恕。

三

清朝财政，经过乾隆末年的肆意挥霍，以及嘉庆朝镇压人民反抗的巨大浩费，至道光初年，国库已经空虚无力，捉襟见肘了。其中，军费开支，用度浩繁，道光决心从节省军费入手，解决财政日益空虚的局面。

嘉庆二十五年（1820 年）十一月初一日，道光登基刚过两个月，龙椅还没有坐热，就命令军机处会同兵部一道筹议裁军事宜。他在上谕中首先指出："国家为老百姓设立军队，百姓交纳赋税以养军队，军队担任操防，以保卫百姓，两者相辅而行。”这里揭示了军队和人民的关系。过去，清军兵额，自有规定，至乾隆四十六年时，增至六十万余名，数量较多。嘉庆时，虽有酌减，但数量有限。怎么办呢？道光认为，清军现有六十余万，按照百分之二的比例抽裁，完全可以办到。命各督抚详察地方情形，无论当差和操防之兵，凡是可以节省的，就予裁减，不留冗兵，以省糜饷。

道光的命令发出以后，京城和各省纷纷采取行动，包括如下一些裁兵举动：

元年（1821年）一月六日，裁天坛翼卫官七十二员，兵一千零九十名。

元年一月十九日，裁陕西、甘肃绿营骑兵三千六百三十名，以步兵改补。

元年四月十三日，裁陕西提镇所属游击一员、都司五员、守备四员。

元年五月二十日，裁北郊大祀翊卫官二十八员，兵四百名；裁雍和宫翊卫官十五员，兵四十名。

元年七月初一日，裁贵州贵阳府分驻长寨同知属吉羊枝土千总。

元年九月初三日，裁贵州安顺府属土守备、土千总、土把总各一名，土外委二名。

三年（1823年）十二月初七日，裁贵州长寨同知所属中顺理土外委。

四年（1824年）二月二十五日，裁贵州归化厅属生苗枝土千总。

四年九月二十七日，裁贵州册亨州同属江边亭土外委、下分亭土把总。

四年十一月二十五日，裁贵州归化厅所属洛河枝土把总、册亨州同属上分亭土千总。

六年（1826年）十月二十九日，裁天津水师营参将、

守备各一名，千总二名，把总三名，外委六名。

七年（1827 年）十一月十七日，裁新疆额设守卡侍卫三十员；二十四日，裁贵州普安厅属土守备、平远州属土把总。

十一年（1831 年）十一月二十二日，裁古北口外吉尔哈朗图、阿穆朗图两处的千总、副千总，并裁盘山委置千总各二员。

十二年（1832 年）正月十二日，裁山东抚标及兖州等三镇兵额；二十二日，裁山西抚标及太原、大同二镇兵额。

十二年二月四日，裁云贵督抚镇协各营兵额。

十二年五月初一日，裁福建水陆各营及浙江部为骑兵、步兵。

十二年五月二十六日，裁广东、广西两省部分骑兵和步兵。

十二年六月二十六日，裁江苏、安徽各省的部分骑兵、步兵。

十二年十月三日，裁马兰镇标左营、右营经制外委两员；二十二日，裁贵州普定县属泷江土守备。

以上所列的裁兵活动主要集中在道光初年和十二年。初年，登基伊始，国库空虚，道光力图振作。但随后不久，国内局势动荡，各地人民频繁发动起义，特别是新疆张格尔叛乱，时间长，规模大，直到十年末才被粉碎，十一年才完全稳定下来。再加上全国各省灾情严重，致使财政形势日益紧张。仅道光十年和十一年两年，全国财政少收入多支出的数字，就达白银两千多万两。所以，道光不得不采取各种办法，千方百计节省开支，其中裁兵节饷就是一项重要内容。

当然，道光的裁兵活动数额有限，也不能解决根本性的问题，但比起横征暴敛、任意勒索百姓的贪婪之举，仍不失为一项德政。

四

清代经济经过康熙、雍正、乾隆三朝，得到了恢复和发展，耕地面积扩大，商品经济在农业中也有一定的发展。与农业紧密结合的家庭手工业，如作为农村副业的绩麻、纺线、养蚕、织布、缫丝都有了普遍的推广。在康、雍、乾时期，原来已经相当发达的杭州、苏州的丝织业，松江的棉纺织业，江西景德镇的制瓷业，广东佛山的铸铁业，四川的煮盐业，又都有了不同程度的发展，还出现了不少新的手工业部门和地区。商品生产的发展，促进了各地商业的繁荣。长江沿岸的无锡是著名的“布码头”，汉口是“船码头”，镇江是“银码头”。

但是，进入清代中期，经济繁荣的局面逐渐消失。自乾隆末年开始出现的衰败更为加剧。

经过嘉庆，到道光年间，社会经济进一步凋弊，商疲情况严重。现以与人民生活和清政府财政收入有直接关系的盐运为例，可以窥见一斑。

清代产盐地，除蒙古、新疆外，内地还有长芦、奉天、山东、两淮、浙江、福建、广东、四川、云南、河东、陕甘十一个地区。盐政属户部。清代食盐运销的办法有：官督商销、官运商销、商运商销、民运民销等，其中以官督商销为主。盐商有两种，一称场商，主收盐，是具有收购场灶全部垄断特权的专窗。一称运商，主行盐，是取得运销食盐特权的专商。其总揽者，称总商，主散商纳课。商人购盐，先请运司开单，持此单赴规定盐场购买。买后贮于官地，奉天称为仓，长芦称为坨。以贮盐地方为名的场商，分别又称：“坨商”、“垣商”（两淮），廒商（两浙）等。盐商购买的盐，要经过检查，方能出售，称

熟盐，未验查的叫生盐，不能出售。运商只能在指定引岸（亦称“引地”、“销岸”。指商人向政府购引后，凭引领盐至指定地区销售，独占区内食盐运销。这种独专地区，又称专岸）行销，因有垄断行销之权，利润极高。引有大引、小引。每一引盐，清初定二百斤，以后逐渐混乱，每引自二百四十斤至八百斤、二千数百斤不等，四川每引多至万斤。商人缴纳包括税款在内的盐价后，向有关部门领取引票，凭引票取盐运销。盐票又分长引和短引，长引销外路，期限一年，短引销本路，期限一季，限满缴销。后来行纳法，将各商所领盐引编成纲册，分为十纲。纲法使许多商人永远占有专利权证，每年照册分派新引，并可世袭经营，成为“窝商”。这些人不再自运，常将“年窝”（每年呈请政府朱批的凭单）转售他人，或典质于人，只凭一纸虚根坐收得利。

盐课是清政府主要的财政收入。盐课又分场课与引课。场课也称灶课，是向食盐生产者——盐户征收的。引课亦称正课，是向运销盐商征收。因为引课是盐税中的主要项目，故常称为正课。另外，还有各种附加税和其他名目的苛捐、规费等，统称杂课。清政府的盐税收入数目较大，因此十分重视。顺治初年，行盐一百七十万引，征课银五十六万多两。乾隆十八年，征盐税银计七百万两有余。嘉庆五年，为白银六百万两。道光二十七年，达到七百五十多万两。对清政府财政起着巨大作用。

但盐政的积弊很多，由来已久。康熙九年，两淮巡盐御史席特纳、徐旭龄曾指出：“两淮积弊六大苦：一、输纳之苦；一、过桥之苦；一、过所之苦；一、开江之苦；一、关津之苦；一、口岸之苦。”“商累实甚”。乾隆时将盐政公费等蠲除，但盐商的负担，并没有减轻。乾隆屡次游巡，“芦南供亿浩繁，两淮无论矣”。盐商供应乾隆费用当不在少数。遇有军需，各商又报效捐银。乾隆时金川两次用兵，伊犁屯田，后藏用兵；嘉庆时，平定川楚陕白莲教起义，淮、浙、芦、东各商捐献白银，自数十万、百万至八百万，“通计不下三千万。因其他事捐输……不可胜举。”盐商的困难，清政府也曾借贷数百万两以资周转。但借贷取息，一年数十万不等，“商力因之疲乏，两淮、河东尤甚”。商课“率皆拖欠”。商困，导致商倒，造成“民食缺少”。

盐政上的弊端，虽屡经治理，但成效不大。而且旧弊未除，新弊又生，也因造成盐销不畅，直接影响着清政府的财政收入。据道光四年统计，两淮纲食各岸分销数，仅湖广两省照额全销外，江西缺销盐八万二千八百另一引，江南安庆等府州缺销盐八万五千八百八十二引……各岸缺销额盐累计有二十万引之多。两淮盐务情况更糟，每年应销纲银一百六十余万引，道光十年，淮南仅销五十万引，历年课银亏损五千七百万两；淮北销二万引，亏银六百万两。为整顿两淮盐务，道光调江苏巡抚陶澍及户部尚书王鼎、传郎宝兴前往调查。陶澍在给道光的奏折中讲：两淮盐弊“一由成本积渐成多，一由籍官行私过甚，惟有大减浮费，节止流摊，听商散售，庶销畅价平，私盐自靖”。道光决定裁撤巡盐御史，盐务归总督管理。道光十二年，为了改变两淮官盐滞销、税收大减的局面，陶澍改纲盐法（“纲法”）为盐票法（即“票法”），在淮北试行，并订立了十条章程。立票给民贩行运，每票一张，运盐十引，每引四百斤，合银六钱四分，加上各种杂费，为一两八钱八分。各州县民贩，由州县开具公文赴场买盐。在各场适中地立局厂，以便灶户交盐，民贩纳税。民贩买盐纳税后，经卡员查验出场，分赴指销口岸。并严饬文武查拏匪棍。定运商认销法，以保畅岸，裁陋规，等等。这些规定，有利于食盐运销、售卖，在一定程度上既保护了商人的利益，又保证了政府税收。这个办法果然行之有效。“远近

辐辏，盐船衔尾抵岸，为数十年中所未有。未及四月，请运之盐，已逾三十万引。是岁海州大灾，饥民赖此转移庸值，全活无算”。利商利民于政府也有利。淮南、浙江、福建等地于十三年也一律改行票法，只是引额定银为二两五分一厘，“永不议加”。实行票法，盐商费用大为减轻，除盐价钱粮外，仅加运费一两，河湖船价一两，每引费用仅五两多一点，“减于纲盐大半”。政府税收不仅得到保证，且有增无减。

道光在盐政方面的种种努力，目的在于增加财政收入，收到了一定的效果，对商业的发展，起着一定的促进作用，但仍然是阻力重重，取得的发展仍然有限。如各地税卡林立，道光十年九月，贵州遵州府，例设税卡十九处，另在要隘处设立“子口”十四处，使商人望而生畏，不愿贩运。商业受阻，不仅直接影响着像食盐运销不畅带来的税收减少、拖欠等后果，而且，因水害不绝江河运输发生困难，严重影响着南粮北运和南北货物的交流。对此，道光不得不采取措施，力挽商疲。

第一，免除商欠。道光刚登基，“轸念长芦商力疲乏”，免去商欠银四十三万四千四百余两。道光三年三月，停扣两淮辛巳（道光元年）、壬午（道光二年）、癸未（道光三年）一纲一半赔得银，共计二百三十八万两。道光四年六月，因“芦商疲乏”，把前借水利帑本银一百五十万两，减本停利，宽至道光八年交清。道光七年三月，又“念商力疲乏，停止每年玉供折价银五十万两，复将商捐未解银五百余万两，全行豁免，其节年各项欠交银数，几及四千万两，准令分年带完”。体现了道光力改商疲的决心。

第二，排除障碍。首先调整管理机构。将长芦盐政衙门裁归督抚管理。其次，减轻商人额外负担。核定淮海办公银数，革除各种附加银两，以及盐场土棍压榨盐商的种种盘利，以利商人减轻成本，能使销售获利。

第三，招商运米。由于河道泛滥，漕运受到影响，道光三年命浙江暂弛海禁，以助漕运。招商人运米，给以优惠。如运奉天赈米船，可以附带商米，免税二成。又规定：如果有船户愿意将船带余米出售，允许当地百姓照市价收买。如果当地不能销售，由官府按市价收购，以便让运赈米船只早日清仓返归，再次装运。这样“该商既可藉以沾润，于该处市价民食亦有裨益”，是一举两得的好事。“于国课民食两有裨益。”鸦片战争后，道光进一步鼓励商人海运米石至京津。道光原本并不十分热心于海运，但因运河经常阻塞，漕运得不到保证，南粮北调受到威胁，粮食储备无法保障，道光只得鼓励商运，并采取措施排除运输和销售上的种种障碍。这既是一种出于实际所迫，也促使了对商业、商人的重视。道光对商米，不仅谕令：“公平收买”，而且派大员前往督办，以阻止“市侩”人等插手。道光二十六年三月曾谕令，江苏招商买米，由海运至天津售卖，“严禁关口留难需索，弁役借端累扰”。四月，又谕令天津道，应“按照市价公平收买”，严饬该员对“该商曲加体恤，严禁一切弊端”。十一月，再一次劝谕商人由海运米至津，官为收买。“此次商运米石一经到津，特派大臣前往克期收买，该处地方市侩人等概不经手，俾各商咸沾利益，毫无阻滞。如有运米较多之商，一俟收卖完竣后，该督抚即查明奏恳奖叙，候朕施恩”。道光重申六年制订的海运章程，规定每一条船准许商人八成载米，二成载货，由有关海关查明后，免税放行，“以恤商情而广储备”。道光一年三次申谕，从排除运售障碍，到政治上予以奖励；从运输官粮可以带私粮，到运粮可以带其他货物，都说明，鸦片战争后，道光提高了对商运重要性的认识。在行动上也给予了坚决的支持。道光二十九年，对一些“不肖州县”的浮勒、讹索，提出警告，他说：“查定律，折米一石纳银一两，其多者亦不过一两四五钱……

即以招商海运而论，二十七年成案，每米一石给银二两四线或六钱不等，统计大局入不敷出”。但为了有利于商业的发展，也只能如此。如果“不肖州县”肆无忌惮，随意增加浮收勒折，“病民肥己”，一经发觉或查出，“即指名参治，毋庸姑容”。进一步为商业发展排除障碍。道光这种扶持商业发展的态度，还是应该肯定的。

第四，在运输上提供方便。运输困难，也是造成商疲的一个因素。道光七年一月，准淮北商人照以前借马成案，一律借给底马，自请程之日起，限六个月完缴。为商人运销创造了运输条件。

除上述一些扶持商人、推进商业发展的措施外，道光还十分体恤商疲实情，实事求是地不收或少收商人的捐输。道光七年三月，长芦、山东各商因清政府出兵新疆平定张格尔叛乱，吁恳捐银四十万两。道光未予准允，“该商等素称疲乏，非他省可比，所请芦商捐银三十万两，东商捐银十万两之处，著不准行”。

道光并不是完全不要商人的捐献，恰恰相反，在赈灾、军需方面，他不仅接受了商人的捐献，而且还动员、鼓励捐输。如道光六年，粤东洋盐各商捐输银一百万两备新疆军需；道光二十一年九月，商民捐赀助饷及募勇造船铸炮者，还得到“逾格奖赏”。道光只是从体恤商疲出发，予以劝阻，目的还是为了恢复商力保证税收，在客观上促进了当时商业的发展。

尽管如此，道光年间商业的发展依然面临着困难。一些重要的码头，如嘉兴府东门外的宣公桥，苏州府胥门外的虎衖，浒墅关的市河，常州府的东西两埠，镇江府丹阳县的市河，丹徒县的月河、闸猪婆滩、都天庙、大闸口等处，“漕船讹诈，滞运累满”。为此，道光采用官督商运，以减少阻力。这个办法虽能减少一些“讹诈”，但同时也影响着商人的行动自由。

道光不仅致力于商业，而且对矿业也有所重视，作为理财的另一个内容。

康熙、雍正、乾隆、嘉庆四朝，对自然矿藏的开采，虽然也认为“天地自然之利，当与民共之，不当弃之”。然而，对于民间开发也没有积极倡导。偶尔有准许民间开采的谕令，不久即行禁止，张弛不一。所以如此，有认识上的原因，如迷信思想，怕破坏“风水”；生产不发展，缺乏科学知识，等等。但主要的还是由于康熙、雍正、乾隆几朝财政上比较充裕，每年田赋等收入，能够满足国家财政支出尚且有余。但是，到嘉庆、道光年间，由于“内乱外患，纷至沓来，军事浩繁，国用日削，始不得不重视于矿冶，固亦知非濬源无以治标也”。财政支绌，入不敷出，不得不“濬源”，开发财路以弥补不足。

道光登基初年，仍如前期一样，并不重视采矿业，还封禁了甘肃金厂、直隶银厂，只有云南的南安、石羊、临安、箇旧地方的银厂，每年课银也仅五万八千余两。其他地方的金矿，每年仅至数十两，银矿也只数千两，产量少得很。而且还旋开旋停，兴废无常，赋税收入极少。对铜、铅等矿业，因关系鼓铸，不能随便开采，只有经清政府批准者才能开发。因重视不够，这些厂矿无利可图，还需政府蠲除课税。道光八年十二月，贵州省妈姑福集等铅厂，因多年开采，峒老山空，砂丁采取不易，新发白岩子厂夏天雨水过多，礌峒被淹，招丁车水需不少费用，经营更加疲乏。道光为了鼓铸需要，只得减少征税，“所有该厂等应抽二成课铅，虽照滇省办铜一成之例，暂减一分……以纾厂力”。

鸦片战争以后，支用大增，财政拮据，道光为了广开财源，重视矿冶，放宽了矿禁。道光二十四年，在谕中说：“开矿一事，前朝屡行”，云南、贵州、四川、广西等省，除现在开采外，“准照现开各厂一律办理，断不可假

手吏胥，致有侵蚀滋扰阻挠诸弊。”在道光弛禁后，全国开始涌现一些厂矿。五月，广西开采北流县铁矿。当时，广西还有三处银厂：蕉木、南丹、桂红三厂。六月二十三日，道光指出，该三厂每年共抽正课银四五百两不等，为数寥寥。他说：“天地生财，以供民用，若不能变通尽利，则民用易匮而财货亦有弃地之虞。”他要求地方大员“劝谕商民试行采办，务在禁其扰累，去其烦苛，使民乐于从事”。他并要求“量为推广，此外各山场有可开采之处，一律招办”。倘若该官员等不能安然经理，或饰辞阻挠，或抑勒商民，或以课银无几为词，甚至假手吏胥侵渔图利，就要“随时撤回，指名参指，另派妥员实心筹办”。除了广西矿业外，贵州铜矿，有威宁等属的柞子、硃碛矿、猓布戛三厂，福集妈姑等十一厂，清平县属的永兴寨厂；水银矿有贵筑县属的红岩、白岩厂，兴义府属的回龙厂，八寨厅属的羊五加河厂。云南银矿有角麟、太和、息宜、白羊、东昇、白达母、石羊土革镇、铜厂坡、金牛、三道沟等厂；金厂有开化府、鹤庆府、永北厅等厂。还有正在奏请开采的金矿：夜郎通判所辖坤勇菁、三股墙、小凹子三厂；银矿有镇沅厅属的兴隆山、文山县属的白得牛寨，广通县属的象山三厂。湖南奏请开采的金矿，有辰州府属大油溪的烟包峒、陕老峒二厂。

这些厂矿的出现，促进了采矿业的发展。但由于经理不得其人，一些地方官员对兴办矿业毫无认识，有的只想藉名渔利，并无其实；有的只图省事，便以“矿工聚众，难免滋事”为藉口，要求停办。针对这种情况，道光在二十八年十一月谕中指出：“开矿之事，以天地自然之利，还之天下，仍是藏富于民。”责令各省督抚要认真查勘矿厂，酌量开发。并斥责那些寻找藉口搪塞应付的官员。“如果地方官办理得宜，何至藉口人众易聚难散？”指令四川、云贵、两广、江西各督抚，在所属境内确切勘测，并广为提倡采矿之事。其余各省督抚，也要在本地方留心查访，发现有可开采之矿，即可酌量开采，断不准畏难苟安，托词观望。

道光虽然较晚才意识到厂矿的重要性，而且开办的金银铅铜矿厂为数也不很多，为理财而进行的开源，其效果还不是很明显，但是，矿厂的举办，从客观上讲，无疑是有利于资本主义经济萌芽的发展。在有漫长历史的以自然经济占统治地位的中国封建社会里，作为最高统治者的道光，能够做到重农不抑商，弛矿禁而倡导厂矿，是顺应历史潮流发展的表现。

道光采取“节流”——提倡节俭、堵塞漏洞；“开源”——恤商兴矿，开拓财源等理财措施，目的在于扭转财政拮据，经费支绌的局面。道光争取财政好转的努力和他整饬吏治的努力一样，多少收到一点效果。例如，道光二十一年，全年实征为三千八百五十九万七千多两，支出为三千七百三十四万余两，结余为一百二十五万多两。二十五年，岁入为四千零六十一万多两，岁出三千八百八十一万多两，年结余一百七十九万余两。二十六年，年结余增长到三百八十多万两。这种情况虽然是由多种因素造成的，如灾害相对前期较轻，用兵减少等等，但“开源节流”还是发挥了作用。但是，在许多方面还存在不少问题和弊端，表现为：

第一，财政收入不足。道光一朝每年财政收入大致定为；地丁杂税银三千三百三十四万八千三十四两，盐课税银七百四十七万五千八百七十九两，关税银四百三十五万二千二百零八两，共四千五百十七万六千一百二十一两。但自道光继位后没有一年能按上述数字收足，“岁入每年多有缺少”。其中尤以占财政收入最多的地丁银缺少更多，“地丁各款全完省份甚少……不肖官员，以完作欠”，道光十九年，据部报告：“查明积年渐欠延欠频仍，综计……

拖欠有二千九百四十余万两之多”。因此，每年财政收入均达不到应收数字，一直到道光二十九年，年实征数字也只达到四千二百五十万四千零二十五两，距应征数字差近三百万两。

第二，粮食仓储不足。从中央到地方储仓，常出现粮食短缺，这是道光朝一直未能解决的问题。例如，道光三年四月，贵州省各属常平仓谷共计短缺二十九万石，江西各属短缺二十四万石。道光五年，湖北汉阳等府属各州县缺谷三万七千六百九十余石。山东东昌府属各州县卫存谷仅三四千石，甚至还有不及二千石者。道光七年，盘查湖北各州县仓谷，共亏缺二万二千九百七十四石。道光十五年底，统计各省现存谷仅只二千四百余万石，历年动缺谷一千二百五十余万石，亏缺征变谷二百七十余万石，粜缺、借缺谷二百十余万石，统计缺谷一千八百余万石，“几及额储之半”。从道光一朝三十年的仓储量看，其中有二十五年储量在三千万石以上，有五年只有二千多万石，其中道光七年二千一百五十五万石；二十四年二千二百三十七万石；二十九年二千五百七十二万石，比之道光五年前的储量，每年都差缺一千多万石。

第三，纰漏仍然很多。贪盗库银案件不时发生，挪缺现象依然存在，连道光也难以理解的是：在二十九年清查浙江银库时发现，“道光二十年以前虽有挪垫，尚不甚巨，二十一二年间兵差络绎，支应纷繁，各属挪缺有因，尚可理解；惟自二十三四年至二十五六七年等年复计征存未解银自三四十万两，递年增加至六七十万两不等”。是何原因？经查，各地官员从中作弊是根本原因，“旧者延宕，新者踵增，陈陈相因”。旧欠加新欠，“名为追补，实开新亏”。“各省节年积欠钱粮半由吏蚀官浸”，民欠“不过百分之一”而已。地方官把官亏说成民欠，“以邀豁免”，财政亏损只能愈演愈烈。

第四章　重视农业

一

清王朝自入关以来，一直很重视屯垦之事。最初是在直省，随后，在新疆地区进行屯田，后来又在东三省及蒙古、青海、甘肃、热河等地招民开垦。

道光年间，与新疆接壤的甘肃、青海等地，荒地极多，道光也谕令招民开垦，他在给鸦片战争中被发遣到新疆的邓廷桢的谕中，要他在甘肃“亲历周勘，设法招垦”。邓廷桢经过实地勘察，先后查出甘肃荒熟地一万九千四百余顷，又有番贡地约一千五百余顷，还有宁夏镇马厂归公地一百余顷。新疆、甘肃等地屯田开垦，虽然没有达到道光希望的“野无旷土，人尽力田”，但成效还是有的。

除西北地区外，东北地区也进行了屯田垦荒，清朝时因东北是清王朝的“发祥之地”，不准内地百姓前往，因此，关外土旷人稀，而蒙古族居住的地方，更为人口稀少，地域广袤，尤利于开垦。道光五年，曾迁移民七十七户，开垦了熟地三万三千一百余垧。由于道光过分谨慎地开垦东北地区，东北的屯垦进展不大。十二年，道光根据盛京将军裕泰提出的“科尔沁垦章八章”作出规定：垦地者必须用自己名字，垦荒数不能超过五顷，屯熟的地可以

典押给农民，按契约折价收费；地主到时无力赎回，可让农民继续耕种，限一年抵还；年满后，允许地主自己种或租给原来佃户，不得重新典押，或者给人垦种，农民交还土地以后，可以自己去开垦荒地，自行耕种；蒙古人种熟地，不得租人，等等。这个章程在于保证开垦荒地者的利益和政府的管理，以便开发更多的荒地。

道光年间经过屯垦，荒地变成熟地，从已报数字看，甚为可观。至道光十三年七月为止，乌拉凉山泉开垦地共有七万三千九百余顷。十四年二月，巴尔楚克的毛拉巴什赛克三一带荒地，累计开垦二万四千余亩，共招得种地民人三百六十余名，“实边储而壮声势”。八月，喀什噶尔屯田约二百余顷。二十年八月，乌鲁木齐所属各州县报垦地计有三万五千六百九十余亩。二十二年十月，惠远城东三棵树地方，可垦得地三万余亩。阿勒卜斯地方得地十七万亩。二十四年四月，围筑沙坦共得地一百三十九顷多，招募屯丁两千名。

上述数字，尚是不完全统计，当然还有地方官没有统计以及有意少报或不报的亩数。这些成绩的得来，是和道光的重视分不开的。道光为鼓励屯垦，也相应奖励了垦殖有功人员。道光在二十四年二月十二日说：“伊犁地区极边，兵粮民食必当计及久远，当以开垦为第一要务，出力人员格外加恩。庆辰以知府尽先选用，塔那泰以同知尽先选用，保山以同知尽先选用，伊津色以通判发往甘肃差委补用……此系朕破格加恩，嗣后能于应垦地亩随时经划，著有成效者，必当量加鼓励。布彦泰督率有方，赏加太子太保衔。”

道光除了对屯垦有功人员进行奖励外，为了“屯垦得以储饷，边陲得以巩固”，在二十六年八月指示疆臣，要他们“准今酌古，实力讲求”，并特地将“于理兵储饷，再三致意，曲尽边防要领”的唐朝陆赘的《缘边守备事状》一疏，分发给有关将军、督抚、提督等人，要他们“置诸座右，务宜触目儆心，反复寻绎斟酌，以求其当变通以适其宜”。正是道光对屯垦的重视与督导，才收到上述的一点成效。

道光在边境实行“寓兵于农”的政策，不仅减少了军饱支出，而且作为他着眼于巩固边疆的具体措施，客观上有利于边疆的开发和边防的巩固。

二

道光年间，清政府还着重对黄河、运河、淮河、永定河以及直隶水利工程进行了整治。

第一，治黄河。黄河是我国第二大河。它发源于青海省，东流经青海、四川、甘肃、宁夏、内蒙、陕西、山西、河南、山东九个省区，注入渤海，全长五千多公里，流域面积七十五万多平方公里。黄河可分为三段，从内蒙古的托克托县河口镇以上为上游，泥沙少，河水较清。从河口镇到河南的孟津县，是黄河的中游，流经黄土高原，由于高原上缺少植被保护，土层疏散，雨水将大量泥沙从各支流冲入黄河，河水变浊，使黄河成为世界上含沙量最多的“泥河”，素有“一石河水六斗泥”之称。从孟津县至入海口，是黄河的下游。黄河流入华北平原，水势变缓，泥沙大量沉积，河底高出地面，形成世界上少有的“地上河”。黄河束狭于大堤内，流路紊乱，多沙洲汊道，带来严重灾害。正是“三年两决口”，洪水和冰凌灾害频繁，给沿岸广大人民带来巨大灾难。

由于黄河不断泛滥，给两岸百姓带来了无尽的灾难。因此，道光十分重视黄河的治理。但治理不甚得法，因而收效甚微。最初采取加高大堤，加宽堤顶的办法。道光元年，命河督张文浩与豫抚姚祖同履勘河床。道光三年，江

督孙玉庭、河督黎世序提出“加培南河两岸大堤，令高出盛涨水痕四五尺，险要处堤顶加宽，以丈五尺及二丈为高度”的治理方案。这种水涨堤涨的治河办法，不能根本改变黄河成灾的状况。四年十一月，高堰十三堡决口，出现大水灾。道光把河道总督张文浩革职，另派严烺督工南河，并遣尚书文孚、江廷珍重新驰勘河床。五年，张井提出要疏通刷清河身的意见。道光极为重视他的建议，认为是一种治河良策。六年，道光复命张井与琦善、严烺会勘河口。张井提出了新的具体的治河方案：由安东东门工下北岸别筑新堤，改北堤为南堤，中间挑疏引河，把黄河水导流入海。张井的主张深得道光的称赞，命张井督南河，淮扬道潘锡恩为副督，协助张井具体规划治河事宜。琦善对张井的主张有不同的看法，并提出了修正意见。琦善认为，“改河非策”，应该启王家营减坝，将正河挑挖深通，放清水刷涤，再堵坝，引黄河水归入正河。经多次众议，最后采纳了琦善的意见，进行整治。十五年，以粟毓美为东河总督，他试用“抛砖法”来减少河水对坝的冲刷。在受到黄河水冲击的地方，抛下大量砖石，形成挡水坝，缓和了河水冲击的力量，有利于堤坝的稳固。他的办法行了数年，效果很好，而且节省治河费用一百三十余万两。二十二年，祥符堵塞，治理用银六百万两。二十三年，又任命钟祥为东河总督。二十四年，修筑东坝，又花费白银一千一百九十余万两。

道光一朝，治理黄河耗资巨大，由于治不得法，负责治理官员只顾眼前，不求根治，加之官员贪污盗窃，包工偷工减料，虽花去大量银钱，但黄河仍不断发生水灾。

第二，治运河。千百年来，运河是我国南北交通的大动脉，关系着南粮北运和南北诸省的物资交流。历代政府一直把运河作为漕运的主要通道。到清代，运河由于年久失修，加上黄河迁徙后，山东境内段水源不足，河道淤

浅，有些地方成为死河，不能通航，每遇大雨还经常漫堤成灾。为了保证漕运畅通，道光也很重视运河的修濬工作。道光元年，为弥补运河水量不足，采用巡抚姚祖同的建议，在正河旁旧河形内抽沟导水，提高运输能力。三年，又添筑戴村坝的官堤碎石坝四处。由于嘉庆年间黄河决口经常出现，使运河河床淤垫不断增高，借黄河水促进运河运输的弊病日益加深。七年，张井、潘锡恩提出修复北运河刘老涧石滚坝、中河厅南纤堤、扬粮二厅东西纤堤及堤外石工，移建昭关坝。道光准行。十四年，两江总督陶澍、巡抚林则徐，在湖顶冲的黄金坝及东冈筑两重盖水坝，增建圩埂二千八百八十丈，使水入湖。又建筑减水石坝两座，在湖的东堤，以分泄河水暴涨之势。在入运河处修复念七店古涵，作为水门，并建立石闸，以放水助运。十六年，复移建黄泥闸于迤上二百丈，改为正越二闸，以有利于漕运。十七年，移筑囊沙引渠沙坝在西河湄外，以资取蓄。十八年，在临清闸外，新筑了九处草坝，节节擎蓄，又在韩庄闸上朱姬庄迤南筑拦河大坝一个，使上游各泉及运河南注的水，拦入微山湖，又制定《收潴济运章程》六条。十九年，粟毓美又增高戴村坝。

第三，治淮河。淮河源出于河南桐柏山，东流经河南、安徽等省，到江苏省入洪泽湖。洪泽湖以上，河长八百多公里，流域面积十六万多平方公里。洪泽湖以下，主流出三河经宝应湖、高邮湖，由江都县三江营入长江，全长约一千公里，流域面积十八万多平方公里。较大支流北岸有洪河、颖河、涡河等；南岸有淠河等。下游有入海河道。1194 年（南宋绍熙五年），黄河夺淮入海后，河道淤高，迫使淮河南下，辗转大运河入江，从此淮河两岸，“大雨大灾，小雨小灾，无雨旱灾”。由于淮河河道淤高，造成流入淮河的各河，如沙河、东西肥河、洛河、洱河、茨河等也经常泛滥成灾。江苏、安徽两省受害尤深。治淮

河就要先治各河，有清一代经营于淮黄交汇的地区，花费钱财尤为可观。道光年间对治理淮河也非常重视。道光二年，修建高堰石工，由于施工草率，四年淮水暴涨，造成数处坍损。侍郎朱士彦在奏折中揭露了工程草率的情况："高堰石工在事诸臣惟务节省，办理草率。又因抢筑大堤，就近二堤取土，事后亦不培土补足。"割肉补疮，造成后患。道光命文孚查议，文孚经过调查，建议改湖堤土坦坡为碎石，在仁、义、礼旧坝地方，各增建石滚坝，以防特大洪水。十年，张井建议："淮水归海之路不畅，请于扬粮厅之八塔铺、商家沟各斜挑一河，汇流入江，分减涨水，并拆除芒稻河东西闸，挑挖河滩，可抵新辟一河之用。"道光对这个意见非常赞同，下令照办。十二年，移建信坝在夏家桥。十四年，改挑挖义字河头。

第四，治理永定河及兴修直隶水利。永定河是海河水系五大河之一，流经河北省西北部。上游桑干河源出山西省北部管涔山，东北流至今官厅水库。怀来县官厅以下称永定河，东南经北京市西郊，到天津市入海河，长六百五十公里，流域面积五万多平方公里。上流流经黄土高原，含沙量仅次于黄河，故有"浑河"、"小黄河"之称。下游淤浅，河道迁徙无定，故有"无定河"之称。清代筑"永定大堤"以固河床，后定名永定河，但其河堤经常决口泛滥成灾。道光三年，河由南八工堤尽处决口而南，直冲汪儿淀。十年，直隶总督那彦成提出修建方案，建议在大范瓮口挑挖引河，并将新堤南遥埝，加高培厚。道光批准了这个计划，并准予兴工修建。经过整治，十一年春天，河溜注方向改向东北，迳窦定，历六道口，注入大清河，水由范瓮口新槽复归王庆坨故道流动。十四年，宛平界北中、北下汛决口，大水由庞各庄循旧减河至武清的黄花店，仍归正河尾闾流注入海。良乡界南二工决口，水由金门闸减河入清河。为了减弱水势，爰挑引河，自漫口处迤下直至单家沟间段，修筑二万七千四百余丈以分散水压。二十四年，南七口漫工，在迤北三里多远的河西营为河头，挑挖引河七十余里，直达凤河，以减水势。道光年间在治理永定河时以消极应付为主要内容，缺乏有力的治灾措施。

海塘，只有江浙两省有，在海滨筑塘，捍御咸潮，以便沿海居民生活和耕稼。在江南，自松江的金山到宝山，堤长三万六千四百余丈；在浙江，自仁和至乌龙庙，直至江南金山界，塘长三万七千二百余丈。江南地区，平洋暗潮，水势比较迟缓。浙江则水势顺流而下，与溯江而上的潮互相冲突，形成激流巨浪，水势十分凶猛。清代整治海塘，改民修为官修，比较重视。道光年间也钜工累作，多次进行整治。道光十三年五月，拨巨款修筑，一次拨银五十一万二千余两。第二次，拨款十九万四千余两，十二月，又拨银九十二万二千两，累计一百十余万两，修补限内、限外制坍工程，并东塘界内，在前后两塘中新建鳞塘二千六百余丈。十四年，道光命刑部侍郎赵盛奎等对工程情况进行查验，又派左都御史吴椿往勘，并留在浙江会办修塘事宜。这一工程到十六年完成，累计修筑各工长达一万七千余丈，用银一百五十七万余两。

除上述治理工程外，在大江南北，远至新疆，均有水利工程动工，因此，每年都要拿出巨款用于治河和水利工程。这也反映了水灾的严重和道光对水利的重视。道光四年五月，"留江苏解部银十五万两浚太湖下游水道"；"命户部拨银一百二十万两，兴办直隶水利"；"修山东鱼台汛西岸河堤"；"修直隶千里长堤"。五年，"修复湖堤，约需银三百万两"。而其中尤以治理黄河用费最巨，每年治理黄河约"需银三百万两"。"每年东河南河岁请修防经费数百万金"。"东河南河岁修银三百八十余万两"。

除正常开支外，每逢大汛或大水之后，还要追加治理

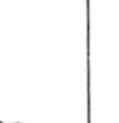

费用，名为“另案工程”。另案工程用费浩繁，经常是多于常年治河经费。“道光中，东河、南河于年例岁修外，另案工程，东河率拨一百五十余万两，南河率拨二百七十余万两。逾十年则四千余万。六年，拨南河王营开坝及堰、圩大堤银合为五百一十七万两。二十一年，东河祥工拨银五百五十万两。二十二年，南河扬工拨银六百万两。二十三年，东河牟工拨银五百八十万两，后又有加”。这种“另案工程”，几乎成为常例，并年年追加。“道光二十五年，东河另案共银二百五万八千七两有奇，南河另案，共银三百三十万四千八百八两有奇。二十六年，东河另案共银百九十四万七千百二十三两有奇，南河另案共银二百九十五万三千五百二十四两有奇。二十七年，东河另案共银一百七十九万八千九百八十七两有奇，南河另案工程，共银二百七十八万五千两有奇。合计约计东河每年百九十万两，南河每年三百余万两”。治河费用成为道光年间一项重要的财政支出，因此，道光在八年十月乙未的上谕中申令节支，“河工所需为度支之大端，近年例拨岁修银两外，复有另案工程名目。自道光元年以来，每年约需银五六百万两”。数目惊人，而且逐年不断增加，以至还有“另案外所添之另案”名目。庞大的治河经费，已成为道光朝财政拮据的一个重要的原因。

水灾是道光朝的大患。道光认真负责地防治水灾，可以说是“经营不遗余力”。为了防治洪水，在当时的情况下，道光动用了能使用的一切手段，包括行政上和财政上的，他罢斥了众多治河防洪不得力的河道总督和地方督抚，投入了大量的人力和财力，但事与愿违，收效甚微，各地仍不断发生水灾。究其原因，除客观自然因素外，大致有以下几点：

(1) 河道失修。每年虽投入大量银钱用于“河工”，但经费许多都被贪污、挪用，致使不少河道淤塞。一些防洪工程，也因多年“总未认真修理，任其塌卸剥落，以致为患甚巨”，一遇大雨，即刻成灾。这样的例子屡见不鲜。如道光二年，直隶水灾，就是“由于河渠淤浅，水无所归”造成的。不少官员对所管河道，平日即不修浚，又“漫不经心，疏於防范”，遇到大雨，发生水灾，也就成为必然。

（2）治河无方，“有防无治”。一些河道官员，只要河不决口，就算万事大吉，很少过问根治之法。因此，只注意加高堤坝、护卫堤岸或堵塞漏洞，做些表面工程，这在治理黄河上更为突出。“当秋伏大汛，司河各官率皆仓皇奔走抢救不遑，及至水流坝清，则以见在可保无虞，而不复再求疏刷河身之策，渐至河底日高，清水不能畅出，堤身递增，城郭居民尽在河底之下，惟仗岁请金钱将黄河抬於至高之处。……每年东河、南河岁请修防经费数百万金，在国家保卫民生，原不靳惜帑金，惟以此年年增培堤堰，河身愈垫愈高，势将河所底止。……一经下游顶阻，势必泛滥四出”。这种“增培大堤，接筑长堤，固是目前急务，第黄水出路不畅，若不急筹减落之法，仅恃增培堤岸，岂能抵御盛涨”，也致使水灾频发。虽然道光不断指出，“其弊皆由于有防无治”。“治河之道，疏瀹与修防并重”，但无济于事，仍然是“河底垫高，为患日甚”的局面。

（3）官僚机构腐败，中饱私囊，偷工减料。治河修堤偷工减料贪污中饱，已是司空见惯，道光也对此深知：“朕闻自嘉庆年间以来，各河督等习于安逸，往往不於霜降后逐段亲诣勘验，以致工员等将虚贮、花堆、克扣、偷减诸弊，视为固然。甚或有佐办春工时辄以不应修而修，转将应修处所暗留为大汛抢险地步，以便藉另案工程事起仓促，易滋侵冒。”为此，道光让各工大员“严饬通工员弁，仍不得籍公帑以肥私囊，尤须严惩奸胥而斥劣幕”。

虽屡有严谕，但仍不能制止此种情况发生。

更有甚者，河工官员不仅贪污、私分、挪用河工经费，甚至还将其作为应酬送礼的“钱库”。道光对此异常气愤，他在上谕中指出：“朕闻近来江南河工时有过往官员及举贡生监幕友人等前往求助，该河督及道府碍于情面，不能不量为资助，以致往者日众，竟有接应不暇之势。……该员等焉有自己出资之理，无非滥请支领剋扣工程以为应酬之费，于河务甚有关系，不可不严行禁止。因思此等游客，不能无因至前，往往向在京官员求索书信以为先容。……南河既有此弊，东河亦所不免，著东河总督通行严禁。”

有限的治河经费，一被贪污中饱、挪用，二被具体管工者偷工减料窃走，真正用于治河已很有限，再加上治河无方，河流决口，水灾不断，也就无法避免。

道光虽然常常告诫官员，“河防关系国计民生”，尽管他“不惜帑金”大力修防，但却是“万金虚抛”，以有限的经费去填贪盗的无底之壑。

鉴于不断发生的河患，河工人员治理的不得力，道光着力提拔治河人才。他认为：“河督第一重要。”除了前述不断调动不称职的河督外，他在道光六年正月提出：“将平素深知人员内有能胜此任者，不必拘定资格，核实保奏，以备简用。其厅汛各员内，如有习气过深，阻挠公事者，亦当秉公澄汰，以挽挠风而昭惩戒。”道光特别赞扬了张井、潘锡恩“皆非河工出身，亦俱能尽力图治”。

道光把选用河务人才放在首位，他“屡次开诚布公降旨垂询，原因河务紧要，必与该督和衷共济，相助为理，庶于公事有益”。但综观道光年间起用的河督大员，精通水利的干练之员并不多。有人论述说：“河患至道光朝而愈亟，南河为漕运所累，愈治愈坏。自张文浩蓄清肇祸，高堰决而运道阻，严烺畏首畏尾，湖河并不能治。张井创议改河，而不敢执咎，迄于无成，灌塘济运，赖以弥缝。麟庆、潘锡恩因循其法，幸无大败而已。吴邦庆讲求水利，而治河未有显绩。粟毓美实心实力，卓为当时河臣之冠，不独砖工创法为可纪也。东河自毓美后，朱襄、钟祥、文冲继之，祥符、中牟迭决，东河遂益棘也。”这一段评论恰当地评价了道光年间水政治理的情况。

三

在封建社会，由于科学技术不发达，生产能力低下。人们抗御自然灾害的能力非常微弱。各种天灾的侵扰与破坏，成为历代王朝非常头痛又苦于应付的大事。道光在位期间频繁不断的自然灾害，是其继位以来在内政上遇到的一大难题。三十年间，水灾、旱灾、蝗灾、震灾、风灾、霜灾、雹灾、瘟疫……人间能遇到的自然灾害，都交替发生，有时是几种灾害同时发生，从未间断。不但灾害多，而且受灾地区广泛，北自黑龙江，南达两广，东起沿海诸省，西达新疆等地，大江南北，长城内外，几乎是无处没有发生过灾情。小灾波及几县、几十县，大灾遍及数省上百乃至几百个县。在灾害严重的年代，有的地区不断出现“人相食”的悲惨景况。天灾，再加上吏治败坏造成的“人祸”，更加加重了灾情的蔓延和人民的痛苦。

自然灾害不仅给道光朝带来财政上的巨大困难，而且也反映了吏治的败坏，道光对此深感不安。他认为：“既已失经理于先，必应善补苴于后，虽曰天灾流行，然人定亦能胜天”。为此，道光采取了如下措施：抓防惩——及时预防，惩办不力的官吏；抓赈恤——拨款赈灾，安排流民。

为此，道光每年不得不拿出大量粮食和金钱，对灾区百姓进行赈济。救灾方法主要有赈济、蠲免、借贷、缓征

以及一些自救措施。

第一，赈济。包括赈济口粮、籽种、修屋费等。如道光元年（1821年）四月，拨江苏省海州等州县赈银四十五万六千两。道光二年（1822年）三月，拨江苏上元等二十一州县赈银五十四万两。九月，拨通仓米十万石赈直隶省被水灾民。道光三年（1823年）二月，河南、山东二省运通州粟米内拨出十八万石展赈。六月，因永定河溢，北运河又同时泛滥，加给直隶二县灾民二个月口粮，十四日，又谕令，因直隶通州等八十一州县农田被水淹，受灾之户五口以上者，给米四斗，四口以下者给米三斗，每米一石，折银一两四钱。二十三日，又将粤海关解部税银截拨四十九万两；九江关解部银截拨十五万两；临清关拨银六万两；天津关拨银二万两；山东拨捐监银十万两；河南拨捐监银三万两，地丁银八万两；河东秋拨应报河工经费项下拨银七万两，解赴直隶。道光说："直隶连年水涝，朕尽力拯济，虽重帑用之于百姓，不稍吝惜。"二十八日，统计直隶已有一百另八府厅州县受灾，为赈灾而截留漕米达四十万石，又拨奉天存仓粟米约二十万石留作备用。并在卢沟桥、黄村、东坝、清河四处办理赈务，每处以白银五万两，于八月一日开厂煮粥。八月十八日，又具体规定每月逢一、六日按人口定量发放赈米。

道光三年（1823年）的大赈济，是道光登基后针对遇到的最大的一次自然灾害，而采取的第一次大规模的赈济。这一年，除直隶外，江苏、浙江、江西、湖北、河南、山东等省的一百多州县也受灾害，也分别进行了赈济。对重灾的江苏苏州、松江地区，还加赈银一百万两。仅据《道光朝东华续录》所载，这一年清政府用于直隶、江苏、浙江、安徽等省灾区的赈款，就达四百余万两，粮食百万多石，还不包括地方自己可以动用的银两和捐银。

第二，蠲免。包括免除额赋、税课、捐支等等。据

《道光朝东华续录》等资料不完全的统计，由于灾害或其他原因。受到赈济、蠲免、缓征赋税一部分或全部的州县，道光二年（1822年），为二百八十八个州县；道光三年（1823年），为四百二十七个州县；道光四年（1824年），为三百二十一个州县；道光五年（1825年）、六年（1826年），为二百八十二个州县；道光七年（1827年），为二百四十六个州县；道光八年（1828年），为一百九十八个州县；道光九年（1829年），为一百八十三个州县；道光十年，二百九十个州县；道光十一年（1831年），三百五十个州县；道光十二年（1832年），为五百八十四个州县；道光十三年（1833年），为四百二十七个州县；道光十四年（1844年），为四百二十三个州县；道光十五年（1835年）。为四百二十四个州县；道光十六年（1836年），为四百五十六个州县，道光十七年（1837年），为四百四十个州县；道光十八年（1838年）；为四百六十个州县；道光十九年（1839年），为四百四十个州县；道光二十年（1840年），为四百七十个州县，道光二十一年（1841年），为四百八十九个州县；道光二十二年（1842年），为四百一十三个州县；道光二十三年（1843年），为四百四十一个州县；道光二十四年（1844年），为四百五十五个州县；道光二十五年（1845年），为四百九十七个州县；道光二十六年（1846年），为七百一十个州县；道光二十七年（1847年），为六百五十个州县；道光二十八年（1848年），为六百四十六个州县；道光二十九年（1849年），为四百一十个州县。道光朝三十年间，平均每年约有四百个州县受到赈济或蠲免、缓征赋税。

第三，奖励捐输，救济灾区。道光十二年（1832年）正月规定，凡捐资助赈三百两以上者，议叙，给予顶戴，有职人员，给予加级记录；捐资一千两以上者，给予职衔。道光十三年（1833年）三月，表扬了滦州等地区捐资

的“善举”。滦州等三十七州县“劝捐粮食自数石至数百石不等，劝捐钱自三四千串至万余串不等”。天津一县就捐银五万多两。这些捐输被称赞为“以民养民之善举”。道光十五年（1835 年），有的绅商一次性就将三万二千两赈济银捐出。二十九年（1849 年），苏州商捐制钱十万千文。除了个人捐资外，非灾区资助灾区也是一种形式。道光二十七年（1847 年），河南遭到特大灾害，江苏、安徽运粮支援，减轻了河南由于灾害造成的困难。这种“以民养民”的赈济方法，既利于灾区灾情的缓解，也缓和了政府财政上的困难。

第四，劝课农桑，多辟水田，进行自救。一是借给灾区籽种，二是抓住季节，抢播抢种。道光要求在北方“多辟水田”。让地方官在可以开辟水田的地方。劝导当地民人从事耕种水田。直隶省雨水多，灾区广，要在退水之地及时抢种和补种。种“一顷即有一顷之益”，于“国计民生实有裨益”。抢播抢种可以安顿民生，缓解灾害造成的困难。道光二十二年（1842 年）二月，道光对贵州巡抚贺长龄报告试种桑秧木棉，教民纺织以行自救一事，批谕说：“实力劝导，断不可中辍”。为了使北方灾区生产发展，道光二十三年（1843 年）七月，谕令将南方民间灌田使用的水车，交发府县，让地方官劝民仿制，试行灌溉。并告谕地方官员。开始时“未免惜费惮劳”，但只要行之有效，就能对“农功必有裨益”。这也是道光重视农桑的一种表现。

第五，以工代赈，兴修水利。道光十二年（1832 年），北京及直隶入夏以来经久不雨，旱情严重，到了七月，永定河溢，许多地区受灾。道光除拨钱粮进行救济外，还采取了“以工代赈”的办法，兴修水利。道光十三年（1833 年）正月，用以工代赈的办法，疏浚北京九门护城河道。七月，谕令直隶用以工代赈的办法兴修水利。道光二十八年（1848年），湖北水灾，九月，道先谕户部拨银六十万两赈济湖北水灾，同时谕令有堤各州县以工代赈修筑堤防。

从道光时期统计资料表明，道光年间自然灾害年年不断，为缓和灾情，道光进行了涉及面极广、数量极大的救灾、治灾活动。修河防、筹海运、蠲免缓征赋税积欠，多少体现了道光关心民瘼顾及民生的情况。

第五章　平叛治乱

一

道光年间，最有影响的一次平叛要属平定张格尔叛乱了。

张格尔，伊斯兰教白山派的和卓波罗尼都的孙子。

波罗尼都的父亲维吾尔族封建主玛罕木特，因反抗蒙古准噶尔部，连同他的两个儿子——大和卓波罗尼都、小和卓霍集占，被准噶尔汗策旺阿拉木坦拘禁在伊犁。乾隆二十年（1755 年），清军平定准噶尔达瓦齐分裂势力叛乱，进入伊犁，释放了被准噶尔拘禁的大小和卓。清政府让大和卓波罗尼都回到叶尔羌，统辖旧部，让小和卓霍集占留在伊犁。准噶尔部阿睦尔撒纳叛乱时，霍集占与其勾结。乾隆二十二年（1757 年），清政府平定了阿睦尔撒纳叛乱，霍集占畏罪逃往南疆，煽动其兄波罗尼都叛乱。乾隆二十四年，清政府平定了大小和卓叛乱，波罗尼都，霍集占被诛，清政府重新统一了新疆地区。乾隆二十七年，清王朝在新疆设置伊犁将军，统辖天山南北路，还在新疆各地驻扎军队，设置卡伦（即哨所），加强了对西北的统治。

张格尔曾在阿富汗喀布尔受过教育，在此期间，英国殖民者开始同他接触。为了恢复在新疆的世袭封建特权，张格尔卖身投靠英园。英国殖民者早就觊觎我国新疆，从19世纪20年代起，不断派遣间谍冒充传教士和商人，潜入新疆内地活动。张格尔的卖身投靠，为英国殖民者实现其侵略我国新疆的野心，提供了一个良好的机会。英国殖民者向张格尔提供顾问和军火，并帮助张格尔训练了一支叛乱武装。经过几年策划，张格尔自以为羽翼已丰，足以发动武装叛乱，便利用南疆地区因清办事大臣斌静的庸谬而造成的群众怨恨情绪，又借助布鲁特的力量，终于发动了持续数年的叛乱战争。

乾隆二十四年（1759年）平定回部大小和卓叛乱之后，为了缓和民族矛盾，清政府实行轻徭薄赋的政策，使当地维吾尔族得以休养生息。然而，随着时间的流逝，清政府派驻新疆地区的各级官吏贪婪腐败的本性恶性发展。嘉庆时，他们与当地维吾尔族官吏（伯克）狼狈为奸，“敛派回户，日增月甚”，除铜钱外，“又土产、毡裘、金玉、缎布赋外之赋，需索称是，皆章京、伯克分肥，而以十之二奉办事大臣”，致使回民和其他少数民族怨声载道。此后，不断发生回民反抗事件。与此同时，早已将势力伸入西亚地区的英国殖民者，别有用心地在浩罕（在今乌兹别克斯坦境内）等国培养了一批外逃的和卓后裔，利用他们与清政府相对抗。张格尔即是其中之一。张格尔野心勃勃，时刻梦想在南疆恢复和卓家族的统治，为此“以诵经祈福传食部落”，笼络和愚弄维吾尔族人民。嘉庆二十五年（1820年）秋，张格尔利用南疆维吾尔族人民对参赞大臣斌静的荒淫贪暴和残酷压迫极为不满之机，率数百名叛军潜入南疆，勾结维吾尔族上层人士比苏兰奇，向清军发起进攻，失败后慌忙向浩罕逃窜。道光四年（1824年）秋、五年夏，张格尔屡以小股袭扰近边，而清军屡捕不获。五年九月，清领队大臣色彦图率兵200人出塞巡逻，

未遇张格尔叛兵，回师途中，纵兵滥杀无辜，布鲁特部妇孺100余人，激起义愤。该部头目率部追杀，将色彦图等围歼在一座山谷里。道光帝得知后，感到边事日紧，一面迅速调兵遣将，加强清军的防御力量，一面告诫伊犁将军庆祥："现在张格尔窜逃未获，难保不乘间窥伺。"他令庆祥加强警惕，密切注视张格尔的行踪，做好随时出兵平叛的准备。

道光六年六月，张格尔纠集安集延（今乌兹别克斯坦安集延）、布鲁特（柯尔克孜）500余人，由开齐山路闯入大清，进至距喀什噶尔（今喀什）数十里的阿尔图什（今阿图什），以祭祀祖墓为名，煽动当地民众反清。新任喀什噶尔参赞大臣庆祥闻知消息，立即派兵进讨，消灭叛军400余人、生擒40余人。但张格尔突围逃走，喀什噶尔一带发生叛乱，以致"道路不通，万分紧急"。

张格尔深感自己微薄的力量无力与清军相抗衡，便遣使向浩罕求援，以出卖祖国权益为条件，"约破西四城（喀什噶尔、英吉沙尔、叶尔羌、和阗），子女玉帛共之，且割喀什噶尔酬其劳"。浩罕统治者穆罕默德·阿里汗利欲熏心，亲率万人进攻喀什噶尔，遭到清军的顽强抵抗。后因与张格尔发生矛盾，恐腹背受敌，率军退走，但有二三千浩罕兵被张格尔诱留，并被置为亲兵。七月底至八月中旬，张格尔叛军先后攻占了和阗（今和田）和英吉沙尔（今英吉沙）二城，接着全力进攻喀什噶尔城。守军在庆祥的指挥下，英勇作战，顽强抵抗了两个多月。终因援绝力竭，喀什噶尔于八月二十日被叛军攻破，庆祥自溢身亡。不久，叶尔羌（今莎车）也落入敌手。张格尔得意忘形，竟在喀什噶尔"自称赛义德·张格尔·苏丹，宣布为当地的统治者"，随即在南疆实行极其野蛮的统治，残暴程度比先前的和卓厉害千百倍。不久，广大维吾尔族人民认清了张格尔的嘴脸，转而支持清军，有的还积极参加了以后的平叛战争。

二

道光六年八月，张格尔叛军攻占和阗、英吉沙尔，并围攻了喀什噶尔，道光帝得知后立即发布谕令，严肃指出："刻下紧要机宜，总以严守东四城（阿克苏、乌什、库车、辟展）为要，阿克苏尤为适中扼要地方，更应加意固守。"实际上，此时张格尔叛军正向清军的主要集结地阿克苏挺进，并到达距阿克苏仅80里的浑巴什河，后又进至距阿克苏仅40里之地。在这形势危急之际，清军在杨遇春等人的直接指挥下，对叛军两面夹击，击毙和俘虏叛军1000余人，"大河以北，已就肃清"。张格尔又在浑巴什河以南裹胁回众，妄图再攻阿克苏。此时，清军已在阿克苏境内采取了严密的防范措施，并在河南岸搜剿叛军300余人，又一次使张格尔夺取阿克苏的阴谋化为泡影。

正当清军在阿克苏一带接连获胜的时候，清军于喀什噶尔城失守了。道光帝立即颁发谕令，提出"以密速进取喀什噶尔为急"，一面向叛军"扬言官兵驻守阿克苏、乌什，且不进剿，以懈贼心"，一面分奇兵断敌归路，以主力由英吉沙尔等处前进，"两路会合夹攻"。当时各路清军已会师阿克苏，长龄、杨遇春等人遵照道光帝的旨意，决定立即向战略要地柯尔坪（今柯坪）进军。柯尔坪地处阿克苏西南约300里，是清军进剿叛军、收复喀什噶尔的必经之路。正因为如此，张格尔派3000名叛军在柯尔坪恃险据守，并准备不惜一切代价将清军拦截至此。长龄、杨遇春派陕西提督杨芳率部前去剿灭。杨芳挥军分两路突袭该地，叛军拼死抗拒。副将胡超身先士卒，挥刀接连砍杀数名叛军，清军将士一拥而上，剿杀叛军过半。接着，清军又两路追杀，剿灭了全部叛军。

柯尔坪之战的胜利，使清军在整个平叛战争中迈出了极为重要的一步，具有巨大意义：第一，沉重打击了叛军的嚣张气焰，宣布了张格尔夺取南疆东四城、进而占领全疆迷梦的破产。第二，有利于促使被张格尔裹胁的回众反正，从而削弱叛乱势力。第三，打通了西进的道路，鼓舞了清军的士气，增强了平叛的信心。

柯尔坪之战后新疆已进入冬季，大雪封山，道路难行，清军暂停进攻，积极休整，抓紧时机为来年的平叛战争做好各项准备工作：第一，厚集兵力。在阿克苏集结清军5万余人，为乾隆年间平定大小和卓叛乱时清军兵力的两倍多。第二，确定用兵方略。道光帝先是提出三路进兵、一正二奇的方略，长龄则认为应分奇正两路进发。道光帝表示不为遥制，但应奇正并用，截其归路，“断不可令正兵先人而奇兵未到，转驱该逆使遁也”。第三，从各地迅速调运粮饷和其他军用物资。在道光帝的多次谕令下，鄂山、卢坤二人同心协力经理粮饷的转输工作，使乌鲁木齐存粮充足，仅面粉一项，乌鲁木齐和伊犁两地就采买438万多斤，雇买2.65万余只膘壮骆驼和900余辆双套铁脚车。第三，进一步对张格尔叛乱势力进行瓦解分化。道光帝指示，对叛军要“设法用间”，尽量将与叛军离心离德的回众“收为我用”。

道光七年二月六日，集结于阿克苏的清军主力开始向喀什噶尔大举进军。张格尔闻讯，急忙在洋阿尔巴特（今伽师东）纠集叛军2万（号称5万），临时筑起一道防线。二十二日，清军进至大河拐。当晚，叛军乘清军扎营未稳之机，以3000人偷营劫寨。而此时清军早已做好防备，枪炮立时齐发，击退叛军。次日晨，长龄亲自督率官兵，星驰进发，抵达洋阿尔巴特。叛军2万余人据沙冈防守，阵地长五六里。长龄、杨遇春率主力由正面，杨芳由右翼，武隆阿由左翼，分路扑杀，叛军虽拼死反击，终于不支，纷纷溃逃。清军追击 30 里，大获全胜；毙敌万余人，俘敌 3200 余人。二十五日，清军向张格尔重点设防的沙布都尔庄（今伽师西）发起猛烈攻击。张格尔利用纱布都尔庄的有利地形，“决水成沮洳，贼数万临渠横列”，妄图阻挡清军的前进。战斗开始时，清军步兵冒险从正面越过水障强攻，叛军恃险施放枪炮，并用马队进行反冲击。清军人人奋勇，个个争先，和叛军短兵相接展开肉搏战。战斗打得正激烈时，长龄派马队从左右两翼包抄，叛军阵营顿时大乱，大败而逃。长龄又亲自督军分路追杀，歼敌万余人。二十八日，清军又在阿瓦巴特大败叛军，歼敌二万余人。乘胜追至洋达玛河，距喀什噶尔城 80 里。二十九日，清军进至浑河北岸，距城仅 10 余里。张格尔不甘束手待毙，令叛军倾巢而出，10 余万人背城阻水而阵，绵亘 20 余里，以作最后一搏。清军选死士乘夜袭扰敌营，使其疲惫。当夜大风，飞沙障目。长龄以敌众我寡，敌又据有利地形，恐其趁风霾之机反击，欲退营 10 余里，待风停再攻。杨遇春却劝阻说：“天赞我也，雾晦中贼不辨我多少，又不虞我即渡，时不可失；且客兵利速战，难持久。”长龄觉得很有道理，立即以索伦马队千余骑绕趋下游佯渡，牵制叛军主力，由杨遇春亲率主力乘昏暗在上游抢渡。叛军果然因遭突袭，顿时乱了阵脚，纷纷溃逃。三月初一日拂晓，清军全部顺利渡河，并乘势进抵喀什噶尔城下，随即发动猛烈进攻。城内叛军既缺乏杀伤力大的火炮，又没有统一指挥，数万人龟缩一处，乱作一团。清军迅速攻占了喀什噶尔城，生俘叛军 4000 余人。狡猾的张格尔在城破之前已先逃遁，欲归附浩罕，被拒绝入境，只得流窜于柯尔克孜族的游牧处所，伺机卷土重来。

清军收复喀什噶尔之后，即军队将分为三部分：长龄留驻喀什噶尔，杨遇春率军向英吉沙尔、叶尔羌进剿，杨芳率兵进攻和阗。杨遇春兵行迅捷，以雷霆万钧之势，于三月初五日攻克英吉沙尔，10 天后又兵不血刃地收复了叶尔羌城。不久，杨芳所率清军于毗拉满（今和田西）击败叛军 5000 人，乘势克和阗。至此，南疆西四城全部收复。

张格尔不甘失败，自喀什噶尔逃逸之后，时刻梦想卷土重来。道光七年末，他获悉杨遇春已率领大部分清军撤回内地，便重新拼凑了一支 500 人的叛乱队伍，欲乘清军除夕不备之际偷袭喀什噶尔。十二月二十七日，当他窜至阿尔图什时，受到当地维吾尔族民众的持械拦阻，被迫折回卡伦之外。长龄得知消息，立即令杨芳带兵连夜前去搜剿。杨芳分兵三路追击，终于在喀尔铁盖山（今喀拉铁克山）追上叛军。经激烈战斗，叛军大部被歼，仅剩 30 余骑簇拥着张格尔往山上逃跑。这时，副将胡超等人飞骑直前追捕。山高路滑，张格尔等被迫弃马徒步上山，胡超等亦弃马穷追不舍，消灭叛军 20 余人。走投无路的张格尔见难逃一死，即欲自刎。胡超等立即飞身上前，活捉张格尔和其余 8 名叛军。至此，张格尔叛乱被彻底粉碎，清军取得了最后的胜利。

道光八年五月，张格尔被解送京师，道光帝亲临午门受俘，并颁发谕旨，历数张格尔煽动、组织武装叛乱和背叛祖国的种种罪行。不久，道光帝在圆明园廓然大公殿廷讯张格尔，随后予以处决。出卖国家利益的民族败类张格尔得到了应有的下场。

第六章　战争酝酿

一

自满族贵族定鼎中原至19世纪30年代，清王朝虽然经历了由盛转衰的过程，但中国始终是一个独立的封建国家。1840年，鸦片战争爆发，西方资本主义国家用炮舰叩开了中国的大门。从此，独立的封建的中国一步一步论为半殖民地半封建的国家，中国历史进入了近代史时期，也是中国人民反对帝国主义侵略和封建主义压迫，艰难地进行资产阶级民主主义革命的时期。中国之所以发生如此巨大的变化，有着深刻的国际和国内原因的。

（一）资本主义国家的兴起和对外扩张

英国的资产阶级革命是资本主义时代开始的标志。17世纪40年代，英国新兴的资产阶级领导了反对封建旧制度的起义，取得了资本主义对封建主义的第一次重大胜利，成为世界历史的转折点。英国资产阶级夺取政权后，通过对内对外的剥削与掠夺，扩大了资本的原始积累，使资本主义经济不断发展。从18世纪60年代开始，英国实行了以蒸汽动力和机械操作代替手工操作为主要标志的“产业革命”，到19世纪30—40年代，各主要工业部门已

普遍采用机器生产，大大提高了劳动生产率。英国成为当时世界上最先进的工业国家。

法国是西欧资本主义因素发展较早较充分的国家之一。到 18 世纪，资本主义工商业已发展到相当的规模，封建制度成了资本主义发展的严重桎梏，终于在 1789 年至 1794 年爆发了由资产阶级领导的有广大群众参加的摧毁封建制度的大革命，推翻了封建王朝，建立了法兰西共和国。这是一次比英国革命更深刻的资产阶级革命。

美国在 1783 年取得了反对英国殖民主义的独立战争的胜利，建立了美利坚合众国，为资本主义的进一步发展提供了有利条件。美国独立初期，经济远比英、法落后，但由于摆脱了殖民枷锁，加上领土不断扩大，资源十分丰富，欧洲移民不断涌入，又从亚非各国掠夺大批劳动力，从而使资本主义经济发展的速度日益加快，逐渐成为工业强国。

19 世纪 30 年代，即鸦片战争爆发前夕，荷兰、英国、法国、美国、葡萄牙、西班牙、比利时等欧美国家，相继完成了资产阶级革命，资本主义的发展已经成为不可抗拒的历史潮流。

资本主义国家产业革命的广泛开展，带来了生产力的革命性变革。纺织、冶金、采矿、机器制造等新兴工业的不断涌现，火车、轮船等先进交通工具的相继使用，使社会生产力迅猛发展，创造了过去任何时代都无可比拟的巨大的物质财富和先进的科学技术。但是，随着经济的发展，资本主义固有的矛盾和弊病也迅速暴露了出来。资产阶级从工业革命中获得了巨额利润，广大工人却遭受残酷的剥削，大批手工业者和农民丧失了劳动的机会，落入了失业大军的行列，劳资之间的矛盾日趋尖锐。于是，资产阶级除了对内继续吮吸工人阶级和劳动人民的血汗外，采取对外扩张政策，大规模地掠夺殖民地，开辟新的原料供应地和商品销售市场，借以摆脱经济危机，贪得无厌地追求利润。这样，就有越来越多的地区和国家成为资本主义列强侵略的对象，使古老落后的国家先后被卷入了资本主义的漩涡之中。

英、法、美等新兴资本主义国家，取代葡萄牙、西班牙、荷兰等老牌殖民主义国家，对非洲、拉丁美洲进行疯狂的掠夺，在一系列国家建立起了殖民统治。同时，把侵略魔爪伸向亚洲各地。早在17世纪，英、法殖民者就在印度沿海地区建立侵略据点。后来英国排挤了法国，并加紧向印度内地鲸吞蚕食。到19世纪40年代，整个印度实际上已沦为英国的殖民地，成为英国向东方侵略扩张的主要基地。在印度沦为殖民地的过程中，与中国毗邻的一些国家，也先后遭到资本主义国家的侵略和威胁。在所有的侵略活动中，英国扮演了急先锋的角色。自1816年至1835年，尼泊尔、锡金、不丹，或者被英国吞并，或者受英国控制。1824年英国武装入侵缅甸，逼使其割地、赔款、通商。同年，又侵占了新加坡。1835年，英国迫使暹罗（今泰国）与其签订了通商条约。1839年，又发动入侵阿富汗的战争。法国也不甘落后，它于18世纪80年代，通过帮助越南南方的阮福映政权镇压西山农民起义，乘机渗入越南，攫取特权。这样，中国的一些邻近地区和周边国家，有的变成了资本主义国家的殖民地和半殖民地，有的正在受到资本主义国家的侵略威胁。

至于地大物博的中国，则早已成为新老殖民主义者觊觎的重要对象。新兴的英国资产阶级对中国更是垂涎欲滴，用武力打开中国大门的计划早已蓄谋已久。1793年和1816年（清乾隆五十八年和嘉庆二十年），美国先后派马戛尔尼和阿美士德为大使，到北京与清政府进行谈判，提出允许英国官员驻北京，开辟天津、浙江为通商口岸，割让浙江沿海岛屿等无理要求，遭到清政府拒绝。1832

年（清道光十二年），英国东印度公司又密令大鸦片商胡夏米乘“阿美士德”号间谍船自广州北驶，经厦门、福州、宁波、上海、山东半岛、山海关等地，对中国沿海进行历时半年的带战略性的侦察航行，详细探测了港湾、水道和季风规律，实地侦察了各地驻军和炮台的数量和质量。1835 年 7 月，胡夏米在给英国政府的报告中提出：只要一支小小的海军舰队，就足以制服清王朝。他还对舰队的编成、兵力数量、集结海域和行动季节等提出了具体建议。1838 年 7 月，英国东印度舰队司令马他仑，遵照英国政府的旨意，率领军舰 3 艘，窜到珠江口，再次对中国进行武力威胁和侦察活动。英国之准备武力入侵中国，已昭然若揭。

（二）资本主义国家军事事业的迅速发展

西方资产阶级登上历史舞台以后，对内镇压封建复辟势力，对外争夺殖民统治，战争频仍，并随着近代工业和科学技术的发展，军队的武器装备以至编制体制、作战方式都得到迅速的发展和改善，从而建立了世界上最强大的武装力量。

1. 火器取代了冷兵器

中国的火药与火器制造技术在 14 世纪传入欧洲以后，至 17 世纪 30 年代，欧洲开始进入火器时代。此后，不少国家注意对炮身、炮架、牵引工具和炮弹的研究和改进，推动了火炮的发展。至 19 世纪初，欧洲各国已能用生铁和铜铸造各种滑膛前装火炮，并依其口径与炮管长度之比例和性能特征，区分为加农炮、榴弹炮和臼炮；炮身重量从几百斤、几千斤直至万余斤；口径从几英寸到十余英寸；炮弹有实心弹、霰弹、燃烧弹，弹重从几磅到几十磅，野战炮一般发射 6 磅至 12 磅炮弹。火炮有效射程一般约 1000—2000 米，每分钟可发射 2 至 3 发炮弹。随着炮车的不断改进，火炮的机动性也大大增强。当时，英国军队主要装备榴弹炮和加农炮，另有少量臼炮。法国军队装备了新式的轻型12磅加农炮。俄军则主要装备6至8磅的野战炮。从此，火炮便成为欧洲各国作战的重要武器。如法、俄两国在1812年的博罗迪诺会战中，法军投入587门火炮，俄军集中了640门火炮。到19世纪中叶，滑膛炮开始被线膛炮所代替，球形实心弹开始被榴弹和霰弹所代替，火炮的技术性能又一次得到较大改进，使用范围更加普遍。

西欧国家对步枪构造的改进，也取得了很大的成就，先后由火绳枪发展为燧发枪。1818年，英国研制成含雷汞击发药的火帽，用于步枪的发射装置，使击发枪机向前推进了一步。此后，欧洲步枪的发射装置又有较大的创新，其中最重要的是德国在1835年研制成用击针打击点火药，引燃火药，发射弹头的机柄式步枪，亦称击针枪。它明显地提高了射速，使射手能以任何姿势（卧、跪或行进中）进行装弹射击，因而更便于实战。第一次鸦片战争时，英军所使用的博克式步枪，就是这种类型的击发枪，其最大射程为220米，每分钟可发射2至3发子弹。另外，还有少量布仑斯威克式击发枪，不怕风雨，击发灵便。

2. 军兵种建设趋向正规化近代化

随着枪炮等火器的日益改进，欧洲军队的军兵种建设也日趋正规化近代化。鸦片战争前，除英国外，其它欧洲国家已普遍实行征兵制，服役期限多数为3至6年，也有1至2年的，只有俄国长达15年至25年。有些国家还实行预备役制度，以便平时养兵较少，战时又有足够的兵员。此外，英法等国还招募外籍雇佣兵。平时，大多数国家陆军的最高编制为团，下属营、连两级。步兵一般以营为战术单位，骑兵一般以连为战术单位。战时，则有军、

师、旅的合成军建制。当时，英国约有陆军 14 万，连同用于内卫的国民军，共约 20 万，已成为一支初具规模的多兵种合成的近代化军队。在编制方面，步兵团辖 3 个营，营辖 10 个连，每连有士兵 90 至 120 人。炮兵团辖 12 个营，每营辖 8 个连，每连有火炮 6 门。骑炮旅辖 7 个炮兵连、1 个火箭连。骑兵团辖 4 个连，每连有士兵 250 人（战时编制）。法国系欧洲拥有军队最多的国家之一，常备陆军经常保持在 50 万以上。步兵有 100 个基团（其中 25 个轻步兵团），每团辖 3 个营，每营 8 个野战连（1 个掷弹兵连、1 个轻骑兵连、6 个基干连）。另有 10 个猪兵营（每营 10 个连）和专门在非洲服役的 21 个营。骑兵有重骑兵（即预备队骑兵）12 个团，基干骑兵 20 个团，轻骑兵 21 个团，和驻非洲的轻骑兵 7 个团。每团 6 个连，每连 190 人（轻骑兵连 200 人）。炮兵有专门用于攻城的步炮团、战时编入步兵师的基干团、骑炮团和架桥团，每个炮团 12 个连，每连火炮 6 门。法国军官大多受过良好的训练，带兵练兵经验丰富，是欧洲军队中的佼佼者。特别是 19 世纪初，法皇拿破仑一世着意改革军事指挥体制，改进师的编制，并把步兵、骑兵、炮兵合编到师与军的建制之中，发挥协同作战的威力。同时，改进补给制度，使军队更便于机动作战。这些改进，对法国军队以至整个欧洲军队的建设，产生了重大的影响。

为了适应对外侵略扩张的需要，资本主义列强纷纷加强建设海军，其中以英国最快，法国次之。自 1807 年美国发明第一艘用蒸汽作动力的客轮以后，英国于 1811 年便仿制成功，1830 年又制成第一艘铁质明轮蒸汽船。这种船只受风向和水的流向影响较小，加快了航速，增强了机动性。但因蒸汽机体积庞大，机器和燃烧用煤占很大的面积和重量，以致装载火炮的数量受到限制，加以机器和划水轮都暴露在外，战时易遭敌方炮火摧毁。因此，19

世纪40年代前后，蒸汽船一般用于巡航、侦察、通信和短途运输。鸦片战争时，英国的战列舰依然依靠帆力。即使如此，也是当时世界上先进的战舰。其船帮由表里两层组成，外包铁皮，内衬木板，底亦双层，故有夹板船之称。其排水量，大者上千吨，小者数百吨。大型舰长108米，可载六七百人；有两至三层甲板，分别装备80到120门火炮，发射32磅炮弹；舰首舰尾装有可发射56磅和68磅实心弹的加农炮，或装有可发射爆炸弹的大口径臼炮，有效射程约1000米—2000米，具有相当大的摧毁力和杀伤力。中型舰装备50—78门火炮，小型舰装备22—34门火炮，最小的装备10—22门火炮。火炮射速一般已达每分钟1—2发。大、中、小各型舰船及其火炮，可以在不同距离发扬火力优势，并互相支援作战。此外，还装设了先进的罗经导航，运用望远镜观察。1836年，英国拥有大小舰艇560艘，总吨位约50万吨，居欧洲第一位。这时，法国军舰的技术水平和战斗性能与英国军舰大致相当，其最大的战舰装有131门火炮，但舰艇数量少于英国，1815年拥有大小战舰158艘，至19世纪30年代仍无大的发展。俄国的海军编有波罗的海和黑海两个舰队以及阿尔汉格尔斯克、里海、堪察加三个分舰队，其实力仅次于英、法，居世界第三位。美国的海军建设较晚，但发展的速度较快，其大型巡航舰的性能优于其它国家同类型的军舰。

3. 作战方式不断适应战争的需要

资产阶级革命不仅为军队提供了新的技术装备，促进了编制体制的优化，而且为作战方式的变革创造了条件，使之更适应战争的需要。这种变革，突出地反映在法国的资产阶级革命和拿破仑一世时期的战争中。拿破仑利用由广大农民参加的人数众多、装备良好和具有灵活性、机动性的军队，创造了一套新的作战方法。他强调进攻，并把

消灭对方的有生力量放在首位。他善于集中优势兵力兵器于主要作战方向，以便各个击破敌人，争取战争的主动权。他还善于迅速地机动部队，出其不意地攻击敌方的翼侧和后方，收到奇袭的效果。他不仅重视步、骑、炮兵的协同作战，而且吸取了美国独立战争中散兵战的经验，采用了以纵队为基础，使散兵线与纵队相结合的队形，以第一线的散兵和第二线保持纵队的各营，向敌人纵深很浅的横队攻击，通常能取得良好的战果。上述新的作战方法，在 1813 年以后为欧洲各国普遍采用，并在很长一段时间内被许多国家奉为经典。

英国在相继将西班牙、荷兰、法国和丹麦的舰队击败和削弱以后，便跃居世界头号海军大国的地位，掌握了世界主要海域的制海权。在长期的海战中，英国海军不仅形成了一套适应帆力舰时代的作战方法，而且积累了掠夺海外殖民地战争的经验。它首先用炮舰轰开被侵略国家的某些重要通商口岸，建立军事和贸易据点，然后逐渐向内地渗透。在抢占对方设防的口岸时，往往集中优势舰炮轰击对方的炮台和防御工事，压制岸炮火力，掩护陆战队登陆，从正面和翼侧发动进攻，占领对方的炮台，进而攻取沿海、沿江城市，在海陆协同的登陆作战方面，创造了许多成功的战例。

英、法等资本主义列强，凭借武器先进、组织良好和富有实战经验的军队，到处横冲直撞，打开了一个又一个不发达国家的大门，在世界范围内争夺原料产地和商品市场，为发展资本主义经济创造条件。

（三）清王朝的衰落

清朝是中国漫长的封建社会中最后一个封建君主专制王朝。18 世纪中叶以后，随着社会危机逐渐加深，清王朝的统治由强转弱，逐渐走下坡路，进入封建社会的末

世。这种社会危机突出地反映在以下几个方面。

土地兼并不断加剧。清朝统治者掌握全国政权以后，初期采取了一些客观上有利于休养生息的政策，使明末清初陷于崩溃的社会经济得以逐步恢复和发展，资本主义萌芽开始增长。但农业和家庭手工业相结合的自然经济始终占统治和支配地位，商品经济很不发达。不仅如此，进入18世纪以后，土地兼并活动又呈加剧趋势，愈来愈多的土地集中在少数王公贵族、权臣新贵、豪绅地主和富商巨贾的手里，广大农民有的只有很少的土地，有的完全丧失了土地，成为佃农和雇农，承受苛重的地租剥削，或出卖劳动力为生。这种富者田连阡陌、贫者无立锥之地的两极分化现象，严重影响了农业生产的发展和人民生活的改善，也阻碍着商品经济的发展和资本主义萌芽的培养。由于土地兼并加剧，加上人口增长很快（从1741年至1834年全国人口由1.4亿增至4.1亿），耕地面积却增加很少，水旱等自然灾害又连年不断，以致粮棉生产供不应求，价格不断上涨。这样，劳动人民进一步陷入缺衣少食、挨饿受冻的困境，社会矛盾更加尖锐。

封建统治阶级日益腐败。这种腐败首先表现在皇室的骄奢淫逸之风日盛一日。每遇皇帝出巡和皇室婚、丧、寿庆，都大讲排场，挥金如土。此外，还大兴土木，修建宫殿、苑囿，劳民伤财。不仅皇室如此，文武百官也过着穷奢极欲、纸醉金迷的生活。伴随奢侈糜费而产生的另一弊病，就是整个官场贪污勒索、贿赂公行之风盛行。有句民谚说："贪不贪一任州官，雪花银子三万三。"这是对官场贪污腐败情形的生动写照。由于大小官僚热衷于敛财纳贿，贪恋禄位，以致政治上苟且偷安，墨守成规，各项政务日形废弛。嘉庆年间翰林院编修洪亮吉一针见血地指出，朝廷大小官员无不"以模棱为晓事，以软弱为良图，以钻营为进取之阶，以苟且为服官之计。……夫此模棱、软弱、钻营、苟且之人，国家无事，以之备班列可也；适有缓急，而欲望其奋身为国，不顾利害，不计夷险，不瞻徇情面，不顾惜身家，不可得也。”这段话深刻地揭示了官吏的腐败对国家的严重危害。道光朝时，有人写词讽刺说：“仕途钻刺要精工，京信常通，炭敬常丰；莫谈时事逞英雄，一味圆通，一味谦恭。大臣经济在从容，莫显奇功，莫说精忠；万般人事在朦胧，议也毋庸，驳也毋庸。”鸦片战争前夕，福建著名诗人张际亮在给鸿胪寺卿黄爵滋的信中指出：“今之外吏岂惟讳盗而已哉，其贪以浚民之脂膏，酷以干天之愤怒，舞文玩法以欺朝廷之耳目，虽痛哭流涕言之，不能尽其状。”由这样一批尸位素餐、庸碌贪婪的官吏当政，怎能励精图治、卫国安民！

阶级矛盾日趋尖锐。随着土地兼并的不断加剧，封建统治阶级的日益腐败，阶级矛盾也就日趋尖锐，以致 18 世纪下半期至 19 世纪初，全国由边远地区到中原腹地，此起彼伏的农民起义不曾间断。从 1796 年（嘉庆元年）起，爆发了历时 9 年，遍及四川、湖北、陕西、河南、甘肃 5 省的白莲教起义。时隔 9 年，山东、河南、直隶又爆发了天理会起义，部分起义武装潜入京都，攻打皇宫，使北京城陷于一片混乱。1832 年（道光十二年），湖南、广东又发生了瑶民起义。1835 年，接连发生了山东赵城人民起义、湖南武冈瑶民起义、四川凉山彝民起义和贵州谢法真领导的起义。这些规模不等的起义，既具有反抗阶级剥削又具有反抗民族压迫的特点，标志着社会危机的深刻化。这些起义，虽然都以失败告终，但大大削弱了清王朝的统治，加速了它的衰亡。连绵不断的农民起义，促使清政府进一步采取“安内重于攘外”的政策，对于迫在眉睫的外敌入侵未予重视，最终陷入“内外交困”而又无法解脱的窘境。

闭关锁国，夜郎自大。清王朝由盛变衰，除上述诸因外，与实行闭关锁国政策也有密不可分的关系。清政府所以实行闭关锁国政策，一方面害怕国内反清势力与采取武力掠夺手段的外国殖民者结合，危及其统治的稳定性。另一方面也是主要的方面，则是农业和小手工业相结合的自给自足的自然经济使封建统治者滋生了固步自封、夜郎自大、闭关自守的思想。乾隆帝在给英王的书信中说："天朝物产丰盈，无所不有，原不借外夷货物，以通有无"。正是这种心态的生动写照。他们企图闭上国门，用与世隔绝的办法维持"天朝上国"的统治，结果适得其反。实行闭关锁国政策，导致了中国航海事业的衰落，束缚了对外贸易的发展和国内资本主义萌芽的生长，阻碍了对日新月异地变化着的外国情况的了解和对世界先进思想文化、科学技术的学习。它不仅不能给中国带来进步和发展，防止资本主义国家的侵略，相反，在政治、经济、军事、科技与文化等方面拉大了与资本主义国家的差距，为中国最终被动挨打的局面留下了隐患。

(四) 日益衰败的军事

与资本主义列强的发展正好相反，清朝在军事方面，随着政治腐败和经济落后而日趋衰落。

清王朝的经制兵八旗和绿营，在鸦片战争前，约有80万（其中八旗约20万，绿营60万），数量上多于任何一个资本主义国家的军队。但是，军队的素质每况愈下，无法与资本主义国家军队相比。1796—1804年（嘉庆元年至九年），清政府镇压川、楚、陕白莲教起义，消耗白银2亿两，但军队畏缩不前，无法对付起义武装，不得不依靠罗思举等统率的随征乡勇（俗称"官勇"），代替正规军冲锋陷阵。清军的腐败和落后主要表现在以下几个方面。

1. 落后的军制

清军的军制相当落后，弊病甚多，突出反映在下列三

个方面。

（1）体制不统一，地位不平等，指挥不协调

清王朝为了维护满族贵族对全国的统治，将“开国”之军八旗兵“恃为长城”，一半以上担负警卫宫阙、拱卫京城任务，其余则集中驻防于全国各战略要地，以便镇压各族人民的反抗，同时监视绿营兵。八旗兵之在京都者由亲王统驭，在外地者由直接听命于皇帝的满、蒙族将军统驭，即使负责全国军事的兵部也无权指挥调动。这样，不仅人为地造成八旗与绿营之间的矛盾，而且严重影响军队的集中统一指挥。

清政府在民族歧视思想支配下，对于由汉人组成的绿营兵奉行既依赖又防范的方针。为了对它实行有效的控制，采取“以文制武”、“化整为散”的政策。“以文制武”，即地方最高行政长官总督有统率所辖省区绿营之权（不设总督的地区由巡抚兼任提督），为各省区绿营的最高统帅。武职官员提督、总兵有管辖各省区绿营之权，却受督、抚节制监督，遇有战事，无调动部队之权。而督、抚又受制于中央，有关军事问题须经兵部审核，由皇帝降旨，方能施行。“化整为散”，即除由督、抚、提、镇直接统辖的亲兵（多者四五营、少者二三营）相对集中驻防外，其他则分成许多营、汛，散驻各地，以便镇慑地方，同时达到“强干弱枝”之目的，避免尾大不掉之患。此外，绿营“兵皆土籍”、“将皆升转”，将领调离时，士兵不得随将领行动。实行这些政策，固然有利于集兵权于中央，但是一旦遇有战事，只好东抽西调，零星拼凑成军，临时指派统将，不但迁延时日，而且兵与兵不相习，将与兵不相通，很难成为组织严密的有战斗力的部队。加上指挥系统重床叠架，互相掣肘，以致往往贻误战机，并很难彼此相顾、协力作战。

（2）俸饷制度极不合理

八旗与绿营，不仅政治上不一视同仁，经济上也厚彼薄此。按清廷规定的粮饷制度，八旗武官的正俸银比同一级的绿营武官高出1—4倍。此外，还有相当可观的俸米、旗地和高于正俸银几倍、几十倍的“养廉”银以及皇帝临时发给的赏银。而绿营武官除正俸和“养廉”银外，一般很少特殊照顾。以赏银为例，除地处烟瘴的云南提督、总兵和孤悬巨浸、远隔重洋的台湾总兵，每年分别给予赏银500两和300两外，其它各省的提督、总兵则无此例。士兵待遇的差别也很大。八旗士兵平时的月饷银平均达5—7两。此外还有世袭土地，多者几十亩，少者十几亩。而绿营士兵平时的饷银，马兵月支2两、战兵月支1.5两、守兵月支1两，另各给米3斗，除各种惯例扣除和将弁的非法侵吞外，实际收入更少。绿营士兵由于俸响过低，加上嘉庆、道光年间米价大幅度上涨，每石“丰岁二两，俭岁三两，荒岁四两”，根本无法养家糊口，所以只得混迹市肆，或充小贩，或作手艺，以补家用，名充行伍，实等市佣。加之绿营实行世兵制，父兄在伍，子弟充当“余丁”，遇有缺额，先从余丁中挑补。因余丁可支5钱月饷，故多以幼小羸弱者挂余丁之名，壮健者另谋生计。这样世代相承，便形成老弱残兵充斥营伍。战时，绿营虽另有“出征赏银”、“出征借银”、“月支盐菜银”、“日支口粮”等俸饷则例，而且开支巨大，但并不能有效地改变由于平时的低薪制所造成的部队素质低下的状况。此外，无论八旗还是绿营，官兵之间的薪饷差距也过大。以绿营为例，最高级军官提督与守兵之间的薪饷相差约217倍，最下级军官把总与守兵之间的薪饷相差为4倍多。这种俸饷制度，不仅人为地制造了两种军队之间的矛盾，而且制造了官兵之间的矛盾，不利于军队内部的团结和战斗力的提高。

(3) 沾沾自喜于“以弧矢定天下”，忽视武器装备的改进

长期以来，清军都装备着弓矢、矛戟、刀斧、椎梃、蒙盾等冷兵器，和旧式的鸟枪、抬枪以及少量火炮，直至鸦片战争时，仍然是冷热兵器并用，技术上亦无改进。

清政府虽然在满、蒙八旗兵中成立了配有火炮的火器营（汉八旗只有 40 人的炮队），但始终以弓箭、腰刀、长枪、盾牌等冷兵器为主。绿营兵所配的鸟枪和抬枪，一般只占 3—5 成，少数边远省份约 5—6 成；火炮平均每 1000 人 10 门（主要是轻型炮），后又下令除沿海、沿边、城池要隘以及水师战船的火炮原封不动外，其他戍地的火炮一律撤回，存于督、抚、提、镇驻地的库内，待有战事时临时酌发。绿营兵的冷热兵器分别按队编配。如在广东，一个 1000 人的营，分成 20 队，其中马上弓箭手 4 队，马下弓箭手 2 队，鸟枪手 10 队，炮手 1 队，藤牌手 1 队，大刀手 1 队，长矛手 1 队。鸦片战争前夕，虽又出现重视热兵器的倾向，强调“军储利器，枪炮为先，全在提炼硝磺，精造火药，方能致远摧坚”。绿营陆师冷热兵器的编配比例，由弓箭刀矛 6 成、鸟枪抬枪 4 成改为鸟枪抬枪 6 成、弓箭刀矛 4 成，但也只是微小的变化，无论数量还是质量，都无法与西方国家的军队相比。

清军的武器装备落后，除了思想保守外，根本原因在于缺乏近代工业。首先，手工开采的铜、铁、硫、硝等矿业，不是日益发展，而是不断萎缩。其次，用手工制造的枪、炮和火药，一般都存在工艺粗糙，质量低劣的问题。例如火药的研制，因缺乏科学的定量和定性分析，很难达到最佳效能。又如手工制造鸟枪，一个工匠需 30 个工作日才能造出一杆枪，其有效射程只有 100 米左右，而且射速慢、精度差。手工制造的重炮，不仅射程短，而且装填、瞄准费时费力，还极易发生膛炸。至于后装炮，因后

膛闭锁问题难以解决，加之威力不大，故没有装备部队。此外，无论鸟枪还是火炮，种类繁多，形制不一，给使用带来极大不便。

清军军制方面的这些弊病，成了提高官兵素质、协调部队内部关系、实施集中统一指挥和加强战斗力的严重障碍。

2. 废弛的军备

鸦片战争前，清军的军备废弛已发展到令人震惊和难以容忍的程度。以征服者自居和养尊处优的特殊环境，使昔日剽悍骁勇的八旗兵很快变得骄横懒散，放荡不羁，游手好闲，惹事生非，徒有其表而不能征战的老爷兵。绿营兵则因“承平日久”，其营伍也日益废弛，战斗力不断下降，同样成为“虚设”之兵。

军备之所以日益废弛，首先，与政治上的腐败直接相关。虽然规定督、抚对所属部队有巡阅制度，但往往是虚应故事，敷衍塞责，报喜不报忧，欺上瞒下。至于提督、总兵等武职大员，因权力受到种种限制，影响治军的积极性；加上耽于安乐，害怕艰苦，以致对军营事务放任不管。更有甚者，有的冒领缺额粮饷，侵吞修船造船公款，贪污自肥；有的勾结烟贩，私运鸦片，牟取暴利；有的暗设赌场娼馆，坐地分赃。遇有军事行动，则公开向地方勒索馈赠，强拉夫役车辆，扰害百姓。甚至劫掠商船，杀害良民，冒功领赏。统兵大员治军不严，本身腐化堕落，必然影响整个部队，久而久之，兵营中聚众赌博，酗酒挟妓，偷窃财物等恶习渐滋蔓生。特别是嘉庆朝以后，鸦片流毒全国，八旗、绿营官兵吸食鸦片已成为普遍现象，不少人成了鸠形鹄面的病夫。这样，就使整个部队陷入瘫痪状态。1835 年（道光十五年），监察御史常大淳奏称：“新疆、湖南、广东、四川各营伍，日久生玩，满营则奢靡自逸，汉营则粮额多虚。由于拔补之循私，操演之不实，以

国家养兵之资，为众人雇役之用。请饬将军、督、抚，力除积习。遇剿匪保案，不得冒滥，以励戎行。”这在一定程度上反映了当时的营伍废弛情况和要求改变这种状况的愿望。

其次，部队训练有名无实。原来，八旗、绿营都有严格的训练制度。如规定八旗兵每月习骑射、步射6次，春秋两季进行分合操练，于芦沟桥合演枪炮，皇帝亲临检阅，赏罚严明。绿营兵则定有钦差大臣和督、抚、提、镇检阅营伍制度，督促检查部队的训练。但至嘉庆以后，这些制度逐渐废弛，甚至根本不抓训练。究其原因，除了统兵大员玩忽职守外，八旗兵因懒散成性而厌恶训练，偶尔为之，也要乘车骑马出城，连路都不愿走。绿营兵则因差操不分而影响训练。由于绿营兵平时除了巡山、巡海外，还执行解送、守护、察奸、缉私、承催等本应由巡警和衙役承担的繁杂任务，终日东奔西走，加之因饷薄而不得不兼以小贩、手艺谋生，因而无暇也无心操练，以致产生了只知有差不知有操的观念。不仅如此，在执行差役过程中，还沾染了油滑取巧、钻营偷懒等恶习，丧失了作为战士应该具备的朴实坚忍、英勇果敢的性格，在精神上解除了武装。当然，为了应付上司检阅，也抽些部队搞点训练，但偏重于操演冷兵器时代的两仪、四象、方圆、九进连环等阵式，搞近于演戏的花架子。由于不抓训练，武器的丢失锈蚀现象也十分严重。1835年春，广东水师提督关天培亲临中、右两营军火局检查军装、甲械、弹药，发现贮存的生铁炮子均已锈蚀，全有孔眼。此外，有的弁兵还将官马变卖，盔甲典当，已毫无战备观念可言。

至于作战方法，陆上作战，往往采取“进步连环之法”，即重火器在前，次为轻火器，再次为冷兵器。交战中，距敌较远时先用火炮轰击，待敌稍近时施放抬枪，再近施放鸟枪，“三击不中，火器左右旋于后”，继以冷兵器肉搏拼杀。如敌大队继至，牌、枪不能敌，则分退于火器之后，再次施放火炮、火枪。这种战法，既不能使冷热兵器互相掩护，同时发挥作用，而且队形密集，机动困难，极易遭受敌人的火力杀伤，因而很不适应与全部装备火器的欧洲军队作战。水上作战，距离远时，先用炮轰击；稍近时，用鸟枪射击，或爬上桅杆用喷筒喷射火焰；两船靠近时，用火球、火罐等焚敌船舱，烧灼敌军，同时手持刀矛跳上敌船与敌拼杀。这种战法，只能对付武装海盗船只，而无法与船大体坚、火炮多、射程远、威力大的侵略军战船较量。

对于训练有名无实、战法不适应实战需要等情况，清廷也有所察觉。1804 年，嘉庆帝在谕批中指出："今绿营积习，于一切技艺率以身法架式为先，弓力软弱取其拽满适观，而放枪时装药下子任意迟缓，中者十无一二，即阵式杂技亦不过炫耀观瞻，于讲武毫无实效。"他命令官兵习射以六力弓为度，习枪以迅速命中为度，力挽积习，不得因循玩忽。道光帝也严饬督、抚、提、镇激发天良，公勤奋勉，实力操防，一洗从前恶习。无奈，部队已经积重难返，绝非几道谕旨所能奏效。长期不讲求训练所造成的将不知分合奇正，兵不知起伏进退，陆则不能击刺、不善骑马，水则不习驾驶、不熟枪炮的状况，也不是一朝一夕可以改变的。

3. 薄弱的海防

除军队建设外，清政府在设防方面也存在不少问题，其中最突出的是在设防指导思想上表现为防内重于防外。这一指导思想，既贯彻在边防建设方面，也贯彻在海防建设方面。

清军水师是一个附属于八旗、绿营的专业兵种，有内河、外海之分。奉天（今辽宁）、直隶（今河北）、山东、江苏、浙江、福建、广东等濒海各省均设有外海水师，但

规定“沿海各省水师，仅为防守海口、缉捕海盗之用”。这一重内轻外的规定，极大地影响了水师的建设。

首先，对于战船与火炮的制造，不是考虑如何有效地对付入侵之敌，而是从利于追捕走私船和海盗船方面加以着重考虑。乾、嘉年间，鉴于外海水师船只体积大，行驶不快，先后谕令把船身改小，仿照商船式样改制，结果导致水师“仅能就近海巡查，不能放洋远出”。鸦片战争前，福建外海水师战船以同安梭船为主，最大的集字号配备重量不超过 2000 斤的火炮 8 门，炮位均安在舱面，炮手无所遮蔽，易受火力杀伤。广东外海水师有少量被称为“体势壮阔，安炮最多，屹立江中，俨若炮台”的红单船，其实长仅 10 丈余，宽 2 丈左右，只载官兵 80 人，配备数百斤至 1000 斤火炮 20—30 门。另一种可勉强在外洋作战的大号米艇，每船设官兵 65 名，配置近千斤至二三千斤火炮 12 门，另有火箭、喷筒、火罐等火器。但这种米艇，全省只有 51 艘，堪用者仅 2/3。由上可见，中国的水师战船较之英国、法国的海军舰艇，其船体结构、吨位、载炮数量以及火炮性能，都是无法比拟的。

其次，海防兵力少而分散，素质甚差；海口炮台以及防御工事的构筑，也得不到重视，不仅数量少，而且十分简陋。

东北濒海地区，只在旅顺设水师一营，额兵约 500 人。直隶省的大沽系屏障津、京的重要海口，可是水师建制时设时撤。第一次鸦片战争时，大沽海口仅有守兵约 800 名，旧设炮台两座，距水较远，原存炮位大半生锈，不堪使用。山东有水师 3 营，额兵 1300 余名，分防胶州、成山头、登州等处汛地。配有赶缯船和红头船共 14 艘，但“赶缯船则船头过高，红头船则无桨橹，海面均不适用”。出洋巡哨，尚需另雇商船。海口炮台 13 座，均为砖石结构，有的已经塌废。江南水师，分外海、内河两支，

设水师提督。其中外海水师有战船150多只，不少已破废不能使用，水师官兵共6894名，除防汛者外，仅有2900余名能遂行机动作战任务。海口所设的炮，除两门重4000斤外，其余均为3000余斤以下小炮。在长江与黄浦江汇合处的吴淞口，虽筑有东、西炮台，但孤立暴露。浙江沿海有水师12营，战船约300只，但单薄难御风浪，且分散在濒海6府。扼江、浙、闽、粤四省海上通道的舟山岛，设有总兵，下辖3营共2600余人，有艇船5艘、同安船42艘、钓船30艘，辖有陆路汛地数十处，内海、外海汛地数十处，兵力十分分散。水师的训练很不严格，“名曰水师，实皆不谙水性，每届水操，辄将战船抛锚泊定，然后在船演放枪炮，与陆路无异；按季巡洋，则虚应故事，并不前往”。定海县城三面环山，一面临水，仅筑小炮台4座，未能依托山险构筑坚固的防御工事。位于甬江人海口的镇海县系浙东重镇，但对夹江对峙的金鸡山、招宝山的设防却十分薄弱，仅在招宝山上构筑炮台一座。

1830年以后，英国政府不断派遣武装走私船在中国东南沿海一带活动，保护鸦片走私，对中国构成军事威胁，引起了清政府的警惕。特别是1834年，英国驻华商务总监督律劳卑，以“英王使节”身份要求面见两广总督卢坤，遭到拒绝后，便命英舰两艘强行闯入虎门，进行武力威胁。清廷大为震惊，决定加强东南沿海战备。为此，福建成为重点设防省份之一，但实际上并未采取相应的改进措施。当时，该省设有水师提督，约有官兵2.7万人，辖31营，战船270只，配置在绵延2500余里的海岸线上以及各较大岛屿。重要海口厦门，在北岸之白石头、安海、水操台以及屏蔽海口的鼓浪屿，均筑有炮台，安设旧式火炮，但东西两侧的青屿、峿屿、小担、大担等处均未设立炮台。所有海口“旧设炮台，大者不过周围十余丈，安炮不过四位六位，重不过千斤”。

相对而言，广东的海防建设比其它沿海各省搞得好些。该省额设外海水师2万人，分中东西三路设防，中路以虎门为重点。自律劳卑事件发生后，道光帝任命关天培为广东水师提督。关到任后，立即着手加强虎门要塞的设防。他鉴于虎门的第一道门户沙角山和大角山之间水域宽阔，火炮形不成交叉火力，故将两山的炮台改为担负瞭望警戒任务的信号炮台，着重加强山峰雄峙、江面狭窄的第二道门户上下横档与南山之间的设防：于南山的威远、镇远炮台之间增筑靖远炮台，上横档岛西端添筑永安炮台。并建议于南山和横档、饭箩排之间添设由木排承托的大铁链两条，用以拦截乘风直驶的敌舰，便于炮台火炮轮番轰击。另外，在横档以西的南沙山添筑巩固炮台，并在水中抛石钉桩，不使敌船从此绕越。对第三道门户的大虎山炮台也进行了加固，添设了炮位，在暗沙之上抛石下桩，不让敌船顺利行驶。他还添铸了6000—8000斤的火炮，安设于威远、镇远、靖远等炮台。在炮台的构筑方面也作了某些改进。经过近两年的努力，炮台由6座增至9座，火炮由153门增至234门，守台兵由280名增至380名，虎门要塞的设防得到了加强。

与此同时，关天培对广水师着手整顿，撤换了一批不称职的军官，制订了明细的训练章程，抓紧部队训练。他要求炮台守兵每天在潮汐涨落时各操练一次，做到手熟眼准；要求鸟枪兵学会站、跪、卧三种姿势射击，弓箭兵能拉大力硬弓，无论枪箭，都力求命中目标。对于担任巡洋任务的水师官兵，通过分批轮训办法，使“兵技渐就精强”。还规定每年2月、8月进行近似实战的水陆合练，检验部队的训练水平和协同作战能力。

关天培对于加强广州的设防作出了重要贡献，但正如他自己所说的，对“夷人情形尚难深悉”，因而针对性不强。其设防部署，基本上从防御少量敌舰出发，没有考虑到如何对付大规模的入侵。炮台的构筑仍未脱离古代裸露式的结构，高台长墙，既无顶盖防护，又无壕沟及掩体工事，极易被敌方炮火摧塌，守备人员也易遭敌火力杀伤。步枪和火炮的技术性能基本上没什么改进。水师的训练也不尽切合实战要求。此外，清廷规定，外国护货兵船可以直达沙角，只是不许擅入口门。这也给防御作战带来了不利的影响。

当时，由美国传教士裨治文在广州主编的《中国文库》对广州的设防作了这样的描述：中国人对于武器、防御设施的改进是深闭固拒的，“在广州河岸的炮台上可以见到的大炮，耶稣会教士（指汤若望、南怀仁等）所铸的铜炮可算是最好的，……。此外，许多大炮是葡萄牙或荷兰造的，各个时代、各种长度、各种形式、各种口径都有；其中不少已陈旧不堪，百孔千疮，以致无用。名符其实的海军大炮一门也没有，安装在帆船上的是野战炮或攻城炮……。土炮是铸造的，而且我们相信一般是铁的，其炮膛不似欧洲大炮那样钻得平滑；炮架只是一种木架或坚硬固定的炮床，上面用藤把炮绑住，此炮只能直射，极难对准任何目标，除非目标紧靠着炮眼面前。虎门周围的炮台就是安装着这种光怪陆离的大炮。”“河岸上的炮都是裸露的，没有一个能够抵挡得住一只大炮舰的火力，或可以抵御在岸上与炮舰配合的突击队的袭击。”“中国的战船一般只有大炮 2 至 4 门，都安装在一个固定的炮床上……除非在平静的海面上，否则就全无用处。”“中国的火绳枪是制作粗劣的武器，子弹多是铁的。他们不知道有刺刀这种武器，燧火枪、卡宾枪、手枪和其它的火器都不用。”这些记载虽有不实之处，但在一定程度上反映了清军武器装备低劣和海防建设落后的面貌。

以上情况表明，一方是政治、经济、军事迅速发展和侵略扩张野心日益膨胀的西方资本主义列强，另一方是政

治、经济、军事日益衰败和对于外国侵略缺乏准备的封建的中国，1840 年的鸦片战争就是在这种历史条件下进行的。显然，当时的中国正面临着异常严峻的考验。

二

林则徐受命赴广州禁烟，面临十分严峻的国际形势。

英国，正酝酿向中国发动侵略战争。英国政府 1836 年任命义律为在华商务总监督。义律（Cherles Elliat，1801—1875 年）。他出身贵族和外交官家庭。1815 年加入海军，服务于英国海军及外交界多年。道光十四年（1834 年），他担任律劳卑监督的秘书。鸦片战争中，他是英国侵华的总司令兼全权代表。鸦片战争后，他担任百慕岛、圣海仑纳岛总督，是英国殖民地政策的推行者。来华之前，他致外交部的信写道："照我看来，英王政府所要用以维持和促进同这个帝国商业交往的那种和平妥协政策，在广州五六十名侨商中，一般是不很受拥护的；要是想把这各种政策的实施靠我来作决定的话，那么，这将会是我所要作的一件最不得人心的事。"这表明他决心适应英国资产阶级需要，抛弃过时的"沉默政策"。道光十七年初（1837 年初），中国关于禁烟问题的争论正进入决定性阶段，义律凭着他的侵略经验，觉察到"因鸦片问题而有发生纠纷的可能性"。道光十七年初（1837 年 2 月），他致函外交部，这对好战的巴麦尊产生了明显的效果，觉得实行炮舰政策的时机已到。十月五日（11 月 2 日），巴麦尊建议"把东印度防区舰队总司令、海军少将马他仑爵士调往中国，并尽可能常常派去一艘或数艘兵舰；第一，借以保护英国的利益，并于女王陛下的臣民或有正当理由对中国当局控诉时，加强女王陛下的监督，在必要情况下所提出的一切抗议的力量；第二，帮助监督、维持往来广东各海口的商船水手们的秩序。”巴麦尊接受了英国商人早先提出的侵略主张。马士对这事评论说：“这确是一件新的转变，因为所有以前的训令都不过是表示要把一切示威行动都隐蔽在幕后的一种意愿而已；而现在的这项建议却差不多可以表示出政府正是要开始制定一种政策了。”马他仑对自己所奉行的使命的意义十分清楚，他说“贸易既不再是一批商人的垄断利益，现在已经成为女王陛下政府直接保护和监督下的事。”这就是说，中国政府任何维护本国主权和利益的措施以及反对英国经济扩张的决定，都可以被用来做为英国政府实施炮舰政策的借口。显然，英国殖民主义者侵略中国的炸药就要点燃了。

道光十九年六月二十六日（1839 年 8 月 5 日），英国外交部收到义律二月二十日（4 月 3 日）致巴麦尊的信函。这是他关于林则徐禁烟发出的最早的报告。义律站在侵略的立场上，颠倒黑白，污蔑禁烟运动是“不可饶恕的暴行”，“是一种侵略”。他毫不掩饰地鼓吹发动侵略战争，主张对中国“应该出之以迅速而沉重的打击，事先连一个字的照会都不用给”，接着，义律将侵华的具体方案提交给巴麦尊：（一）“立刻用武力占领舟山岛，严密封锁广州、宁波两港，以及从海口直到运河口的扬子江江面”；（二）“应该经过的河口向朝廷致送通牒”，要求惩办林则徐，赔偿、道歉，割让舟山岛以及在岛上及一切沿海港口经商；（三）“替英国货物取得自由输入广州、宁波、厦门与南京的权利，为期十年”；（四）“应该使用足够的武力，并以西方国家对这个帝国所从来没有过的最强有力的方式进行武力行动的第一回合”。这个赤裸裸的侵华方案，是马嘎尔尼来华提出的侵略要求的翻版。马嘎尔尼于乾隆五十八年（1793 年）奉英政府命，以庆祝乾隆帝八十寿辰为名前来中国，要求缔约通商，遭清政府拒绝。义律的方案，大体上成为后来英国发动侵华战争的基本蓝图。

义律另一报告是四月十七日（5 月 29 日）给巴麦尊的，内容是关于林则徐封锁商馆、缴烟、英商撤出广州等事件的情况，并附有四月十一日（5 月 23 日）英国鸦片贩子的请愿书。

这封请愿书可以说集中地表达了他们要求英国政府向中国开战的意图。鸦片贩子提出："英国人民从事此种贸易，是得到他们政府公开或非公开许可的；并且同时，对英属印度财政收入，近年获得一百万到一百五十万英镑的利益。"这就决定英国政府与鸦片贩子利益的一致性。英国政府与鸦片贩子已是一丘之貉，这是林则徐万万想不到的。

义律四月十七日（5 月 29 日）的报告与鸦片贩子的请愿书，直到八月二十三日（9 月 31 日）才送达英国外交部。英国对六月初以后广州发生的一系列事件，包括中英矛盾的激化与冲突，林则徐严禁鸦片的措施，均未得到信息。可见，英国政府作出战争决定的根据，实际上就在义律与鸦片贩子 5 月 29 日的报告以前。应当看到，战争一旦发动起来，殖民主义者就必然在侵略的轨道上越滑越远。

这一判断得到了事实证明。英国政府接到义律二月八日（3 月 22 日）的报告之后，英国伦敦一些与鸦片贸易有关的议员、银行家、商人、鸦片走私船长，便大肆叫嚷起来，掀起了阵阵好战浪潮，积极策划点燃战火。义律为了挑起战争，在"交凶"'、"具结"问题上，采取一系列极为蛮横无理和挑衅的行动。

七月八日（8 月 16 日）义律再次拒绝交出凶手。林则徐便命令封锁澳门，禁止粮食进入澳门并下令驱逐澳门英国人。林则徐此举，意在迫使义律交凶。但是义律已决心策动本国政府发动战争，故意采取挑衅的态度，于七月二十三日（8 月 31 日）乘坐"窝拉疑号"军舰入侵广东海面，向中国挑战。林则徐也积极应对，发出告示，号召沿海居民武力自卫，“如见夷人上岸滋事，一切民人皆准许开枪阻止，勒令退回或将其俘获”。

义律是一个地地道道的好战分子，他渴望战争快点到来，他毫不掩饰地说：“忍住不让中国政府知道它的报应时刻即将到来，是一件不容易的事。”三月九日（4月22日），他再次催促巴麦尊下决心发动战争。他说：“对这些践踏真理和正义的行为的必要回答，就是给予一击。”他给印度总督奥克兰勋爵信里认为，采取总的措施，必须得到女王陛下政府的批准，他极力要求印度总督“派出尽可能多的军舰和武装艇归我海军将领指挥”，在中国海域武装挑衅。

山雨欲来，义律的战争策划就要变成血与火的现实了。

八月十四日（9月21日），英国外交部接到义律5月29日的报告后，立即作出反应，叫嚷“对付中国的惟一的办法，就是先揍它一顿，然后再作解释”。

九月间英国鸦片商人第二次上书巴麦尊。报告中关于林维喜事件和英商被逐出澳门的消息，英国外交部于道光十九年十二月五日（1840年1月9日）才收到。而在这之前，道光十九年八月二十四日（10月1日），英政府内阁已决定“派遣一支舰队到中国海去”，“对三分之一的人类的主人作战”。

九月二十二日（10月8月），巴麦尊将英国政府对华作战的决定秘密告知了义律，并作了具体指示：

> 陛下政府认为绝对必须把大不列颠和中国的今后关系安置在明确而安全的基础上，为此，陛下政府意将派遣海军到中国海去，可能还有少量陆军……
>
> 陛下政府现在的想法是：立刻封锁广州与白

> 河或北京诸河，封锁广州与白河之间认为适当的若干处所；占领舟山群岛中的一个岛或厦门镇，或任何其他岛屿，凡是能够用作远征军的供应中心与行动基地，并且将来也可以作为不列颠商务之安全根据的就行；陛下政府是有意于要永久占有这样地方的，陛下政府还打算立刻开始捕捉并扣押海军所能够弄到手的一切中国船只，采取了这些步骤之后，海军司令应该进到白河河口，向北京政府送一封信，告诉他们不列颠政府何以采取这样的行动，要求如何；并说明，这样行动将继续下去，一直等到他们派遣适当的官吏，有权并携有训令到司令的船上答应大不列颠的一切要求的时候为止。

义律于 1840 年 2 月收到英国侵略中国的秘密训令，对于开战他已摩拳擦掌，跃跃欲试了。五月二十日（6 月 21 日），英舰队司令伯麦率领侵略军抵达澳门外海。五月二十九日（6 月 28 日）英军舰正式封锁珠江海面，鸦片战争正式爆发。

三

英军舰队于 1840 年 6 月底，从广东北上，最先进犯福建厦门。时任闽浙总督的邓廷桢，早已做好了战斗准备。英军出师不利，遭遇沉痛打击，不得已继续北上浙江。此时，两江总督伊里布和浙江巡抚乌尔恭额认为英军相离还远，没做任何应战准备。谁知一夜醒来，英军已经到了眼皮底下。7 月 2 日，英军到达定海。

7 月 3 日，英军两只汽船开到定海北港的头道街，探测水路深浅，只是转了一圈就退回去了。第二天早晨，数艘英国军舰，直接开进港口内。这时的定海守军，毫无防备，看见英国军舰进来，也没有开炮。总兵张朝发心里着急，马上派人到英船上交涉，询问他们的来意。英国人通过一个翻译说："我们要占领这个舟山岛，希望中国方面派一个高级官员来军舰上商议一下。"来人回去报告了张朝发，张朝发又赶到城中和定海知县姚怀祥商量，决定先到英舰上摸清英国人的情况。于是，姚怀祥带着游击（清代绿营军官）罗建功，坐上小船开过去，上了英国军舰，会见了英国海军司令伯麦和陆军司令布尔利。伯麦拿出事先写好的汉字照会交给姚怀祥，照会上写着，请定海知县马上把所管辖的岛屿交给英军，若不照办，就开炮轰击，还声明7月5日下午2点钟为最后期限。姚怀祥镇定自若，严词拒绝。

7月5日早晨，英国军舰和运输艇都已经进入港口内，做好了炮轰的准备。下午2点，他们限定的期限已到，看到中国水师准备抵抗，没有丝毫投降的意思，英军海军司令伯麦就下令进攻，刹那间，英军的炮火向港口外的关山炮台轰击，总兵张朝发带领水师官兵英勇还击。双方炮火猛烈。突然，张朝发左大腿被弹片击中，掉到水里。卫兵赶紧下水救起张总兵，放到担架上，退往镇海去治疗，后因伤势过重，于8月2日身亡。张朝发退走以后，群龙无首，水师抵抗不住英军的进攻，关山炮台被英军占领。英军大队人马登岸后连夜炮轰定海城，发起攻城攻势。到第二天凌晨，英军从东门外登着云梯，攻入城内。知县姚怀祥见大势已去，跑到北门投水自尽。

7月6日，英国侵略军进入定海城，开始了疯狂的掠夺。一个英国军官描述英军抢掠的情景说："军队登上岸，英国国旗就展开，从这一分钟起，可怕的抢掠光景就呈现在眼前。他们闯进每一幢房子，劫掠每一只箱箧，街上堆满了书画、桌椅、日用器具和粮食……这一切都被席卷而去……直到再也没有什么东西可抢的时候，抢掠才算停

止。”英军在定海设立基地，派上校布尔利驻扎在这里，负责军事；又派了一个名叫查克的文职官员管理民事，就像清朝的总兵和知县一样，占据了定海城。

英军总司令乔治·懿律安排好定海驻防之后，又率主力沿海岸北上。8 月 6 日，到达天津大沽口。第二天，义律就坐上汽船开进了白河口，探测水路。11 日，直隶总督琦善派人去义律的汽船上，探听他们来干什么。英国人交给来人一封懿律写给琦善的信，内容大意是：有重要文件，请琦善派官员去取，还要求上岸购买食物。琦善接到报告，马上派地方官员先筹备了牛羊及一批食物送给英国人，并取回英国外交大臣巴麦尊致中国宰相的书信一封，这封信附有中文译本。英国侵略者在这封信里颠倒黑白，说林则徐“迫害”英国侨民，侮辱英国政府。所以，英国才派军队前来，要求“赔偿损失”和使所受的冤枉得以昭雪。琦善赶紧将这封信寄送道光皇帝。并竭力夸大英国舰队船坚炮利，说每艘英舰上都有 300—400 门大炮，每门炮有 7000—8000 斤重。道光皇帝看后，不禁惊慌失措。原来，道光皇帝接到定海失陷的报告后，就经常听到大臣们议论，说什么英国军队来进攻我国，都是因为禁烟的缘故。也有人造谣说，去年广东收缴鸦片，林则徐先是答应用钱买，后来不给钱，所以招来了祸害。沿海几位督抚，平常不注意海防，致使英国军舰一直开到大沽口，他们生怕受到道光皇帝的斥责，也都跳出来攻击林则徐，说他无事生非，挑起战争。道光皇帝在这一片攻击声中，头脑发昏，让林则徐承担了所有的责任，决定用牺牲林则徐的办法换取英国人退兵。于是，他命令琦善，在天津海口和英国谈判。

8 月 15 日，义律把巴麦尊的信交给琦善派去的千总白含章，要求在 10 天内答复。第二天，英军派人说，天气炎热，暂时到别处纳凉，就离开大沽口，前往长兴岛（在今辽宁复州湾）索要食物和淡水去了。不成想，半路上遇到台风，英国舰队被冲散，只有3只船到达长兴岛。其余舰船，有的避风进入涧河（在今丰润县），有的开到了山东半岛附近。直到8月27日，英国舰队才又在大沽口集合。琦善马上派白含章登上英国军舰，邀请懿律上岸会谈。懿律一开始答应了，后来装病不去，只派义律上岸会谈。琦善在大沽口南岸搭了两座帐篷，一座给义律等人居住，一座自己居住。8月30日，义律带着十几个人坐着小船靠岸，在琦善的帐篷内开始会谈。因为彼此语言不通，需要有人翻译，谈判浪费了大量的时间。谈了两天，也没有谈出什么结果。英方坚持无理要求，琦善不敢随便答应，只好保证说，朝廷马上派钦差去广东调查这件事，只要英军退回广州，一切问题都可以通过谈判得到解决。9月1日，会谈结束。

9月2日，义律给琦善回信，坚决要求赔偿烟价和改革双方交易的制度。琦善答复义律要上报皇帝，6天后才能给正式答复。义律趁着这个功夫，带着舰队开到山海关，9月8日才回来。琦善给义律写了回信，措词非常婉转，于9月13日派白含章送上英舰。义律最初答应南撤时，一并撤退定海的驻兵，并动手给琦善写信，但到信写好之后，又突然变卦了。白含章要求义律重写回信，义律说："来不及再写，就以口头说的为准，所有的问题现在都没有落实，既然是到广州商议后再解决，那么，现在就不能马上撤掉定海的驻军。"实际上，当时天气开始转冷，义律觉得英军在北方不宜久留，所以，就于9月15日向广州撤去。

道光皇帝误以为靠琦善说了几句话，就把英军给退了，认为琦善立了大功，就任命琦善为钦差到广东去查办这件事。9月28日，又任命琦善为两广总督。10月3日，道光皇帝下令免去林则徐、邓廷桢的职务，留在广州等待

查问。道光皇帝还一直抱着幻想，认为只要惩罚了林则徐，就可以万事大吉。

12 月初，琦善开始处理广州的公务。他先去检查林则徐去年查禁鸦片的一些文件，想在其中找出一些差错，好给林则徐加上个罪名，结果白费了一场心机。于是，他减少了海防兵丁的人数，把林则徐招募的水勇也予以解散，还命令把虎门设防区中的水下暗桩清除掉，听任英军汽船探测水道，甚至还要处分在沙角炮台击退敌舰的总兵陈连升。琦善以为这样做就可以讨好义律，缓和与英国的矛盾，但正好助长了英国侵略者的嚣张气焰。这时候，懿律因病回国，义律为英国全权代表与中方谈判。琦善对义律提的各项要求，一一答应下来，只有割让香港一事，表示不敢做主，要向皇帝汇报。琦善以此来拖延谈判的时间，再不断地给义律点儿好处，使义律能在谈判中让步，但义律气焰很盛，不愿意耐心等待，为了强迫琦善尽快投降，义律再次以武力进攻相威胁。

1841 年 1 月 7 日，英军突然进攻沙角、大角炮台。此时因琦善撤去了许多海防官兵，沙角炮台只剩下 600 名官兵。守将陈连升一面组织抵抗，一面派人向琦善告急，请求派兵支援。而琦善却置之不理，不发一兵一卒。陈连升坚持指挥战斗，打退敌人数次进攻。不料，由于汉奸出卖，炮台后门被汉奸骗开，英军从后面进攻，造成守军腹背受敌。炮台上弹药打光了，弓箭放完了，陈连升带领士兵与敌人展开肉搏战，拼死抵抗直到最后。陈连升的儿子陈长鹏始终跟着父亲战斗，手握长枪，高声喊杀，刺杀了好几个英军，自己也负了重伤。他跳入大海，投水自尽。大角炮台上的千总黎志安率领士兵顽强拼搏，身上多处受伤，最后关头见形势不利，督率士兵把 40 门好炮推落水中，突出敌人的包围。沙角、大角炮台失陷了。

义律派兵攻占沙角、大角炮台以后，乘势进军香港

岛，并于1841年1月26日强占香港岛。英军海军司令伯麦率领一队士兵登岸，升旗鸣炮，举行“占领香港”的仪式。驻守岛上的清军被迫撤离。义律还命人到处张贴告示，硬说香港“已经钦差大臣琦善同意，割让给英国君主”，而且“已有文字在案”。钦差大臣琦善早被义律的猛烈进攻吓破了胆，对香港被攻占也束手无策。英国强盗的非法占领竟成为事实。

1841年6月，战争还在继续，英国殖民主义者宣布香港为自由港，并任命官员，实行行政管理。1843年4月，英国殖民当局宣布香港为英国殖民地，并成立香港政府，侵华罪魁璞鼎查当上了第一任香港总督。他们把香港改为带有英国味道的名字——君士丹，又名“维多利亚城”。我国的神圣领土——香港，从此挂起了英国的米字旗。

广东人民对英军强占香港的强盗行径异常愤怒，纷纷起来反对。他们集会示威，联名上书，正在广州的林则徐急忙赶到巡抚衙门，督促怡良向道光皇帝报告这件事。

道光皇帝接到报告，气得大骂琦善无能，下令把琦善革职，拔去顶戴花翎，抄没家产，还命怡良派人把琦善押送回京，严加审讯。

1841年8月，璞鼎查到达香港，立即向广东地方当局提出一份新的议和提纲，还通知奕山说，义律已经回国，本人就是全权代表。如果中国不能派出全权代表，接受议和条件，就要进攻了。

8月25日，奕山还没有来得及将新的议和纲要送往北京，璞鼎查便率领侵略军，开始了对厦门的进攻。这时的闽浙总督颜伯焘，反对议和，主张出海和英军决一死战。英军来攻，他命部下出战迎敌，经过几个小时的激战，清军的弹药用完了。金门镇总兵江继芸、副将凌志壮烈牺牲。鼓浪屿、厦门相继失陷。9月25日，英军继续北上，进犯到定海附近。

定海的地理位置险要。1840 年 7 月，英军第一次占领后，就委派官员在这里驻守。1841 年 2 月英国人退走，清政府马上派定海镇总兵葛云飞、寿春镇总兵王锡朋、处州镇总兵郑国鸿，率 3000 官兵驻扎定海。

鸦片战争爆发以后，英国侵略军沿海北上，进犯定海。定海守军仓促应战，结果陷于失败。束手无策的巡抚乌尔恭额这时候才想起了葛云飞，马上写信召葛云飞到镇海，商量战守事宜。葛云飞虽然还在服丧期间，但痛感国土沦陷敌手的耻辱，他到父亲坟上哭祭一场，毅然赶赴镇海前线。

这年 9 月 26 日上午，哨兵报告，发现敌军多艘舰艇，正向定海方向开过来，距离定海只有 30 里了，葛云飞立即命令部队进入阵地。当天下午，璞鼎查率舰 2 艘闯入港湾，窥探地形，企图像上次一样，轻而易举地占领定海。可是，他失算了，敌舰还没有进入港湾里面，就遭到守军大炮的轰击。葛云飞亲自在炮台上开炮，击断一艘敌舰的桅杆，吓得敌人仓皇逃出海湾。葛云飞传令各处守军，提高警惕，加强防御，并与王锡朋、郑国鸿一道研究抗敌的方案。由葛云飞守卫最险要的半塘土城，王锡朋率部守卫晓峰岭，郑国鸿守卫竹山门。当时，英军总兵力达 2 万人，而定海守军不过 5000 人，而且还力量分散，分别把守各处。如果敌人强行进攻，将很难防守。葛云飞赶紧向总督府请求增援，但没有得到应有的支持。

27 日早晨，英军 4 艘军舰逼近土城。葛云飞在土城上亲自指挥各炮台还击，打退敌人多次进攻。到中午时，英军已被击毙 400 多人。

28 日早晨，敌人进攻竹山门，被郑国鸿击退，打死 300 名英军。29 日，敌人进攻五奎山，被守军击退。30 日，英军集中主力进攻晓峰岭，同时分兵进攻土城和竹山门，妄图一举解决问题。三位总兵共同指挥部队奋勇反击，一次次把登陆的英军赶回海上去。

10月1日，临近中午时分，英军集中兵力又发动了进攻。他们先攻晓峰岭。王锡朋沉着指挥，打退了敌人的一次次进攻。枪管、炮管打红了，无法再射击，将士们就与扑上来的敌人展开肉搏战。终因寡不敌众，守军伤亡殆尽，老将军王锡朋壮烈牺牲。敌人攻陷晓峰岭后，立刻兵分两路，一路进攻县城，一路进攻竹山门。郑国鸿率军誓死抵抗，英勇牺牲，守卫竹山门的清军大敌当前，视死如归，全部为国捐躯。晓峰岭、竹山门丢失，使葛云飞腹背受敌。在这危急时刻，葛云飞把总兵印信交给一名亲兵，命令他突围出去交回镇海大本营，不能让敌人得去。将士们见败局已定，劝葛云飞突围，再准备反攻。葛云飞豪迈地说："大丈夫以身许国，事情已经到了这种地步，宁可让那些平庸的人笑话我不聪明，也不能让贤明的人责备我不忠于国家。"面对蜂拥而上的敌军，葛云飞手执大刀，大喊一声，率领仅存的200人冲入敌阵。从土城杀向竹山门，葛云飞身上负伤40多处，鲜血湿透了衣服和铠甲。仍然坚持战斗，正当他冲到竹山门山崖下时，一阵枪弹击中了他的胸膛，葛云飞壮烈牺牲。

1841年10月13日，英军占领宁波。大队人马离开后，驻守宁波的英军就不断遭到黑水党的打击和骚扰。

这些由渔民、百姓组成的浙东黑水党人，面对英国侵略军的猖狂进攻，无所畏惧，英勇地坚持敌后抗英斗争，充分显示了中国人民的智慧和力量。

接下来浙东连失定海、镇海、宁波3座城池，战死了几个总兵和一个总督。"和平"已经是不可乞求的了。10月18日，道光皇帝任命另一个侄子协办大学士奕经为扬威将军，侍郎文蔚和蒙古副都统特依顺为参赞大臣，牛鉴为两江总督，调集江西、湖北、四川、陕西和甘肃等几个省的军队，前往浙江应战。奕经带着大批随员南下，一路

上游山玩水，向地方索要各种供应。12月初，奕经到达苏州后，借口筹办军务，整天沉溺在花天酒地之中。有人向他建议，招募民间乡勇，分散进军到宁波、镇海、定海附近，让他们骚扰敌人，等把敌人拖得疲惫不堪时，再出动大军收复失地。奕经却只顾寻欢作乐，根本无心听取。转年1月25日，奕经忽然做了一个梦，梦见英国人全都上船，张帆出海，宁波等3座城里没有一个外国人了。奕经把梦一说，文蔚说他也做了一个同样的梦，这真是好兆头，于是决定进兵。3月10日，他们率队从绍兴分兵3路，同时向宁波、镇海、定海进攻。英军早有准备，乘机反攻，结果清军不但没有收复失地，反而又丢了慈溪。奕经等人仓皇逃回杭州，从此不敢再战。道光皇帝接到战败报告，也不求主战了，转而一心求降，派遣盛京将军耆英和被革职的伊里布赶赴浙江，准备向英军投降求和。

英国侵略者此时的胃口越来越大，准备进攻南京。1842年5月，英军进犯海防重镇乍浦。5月17日，英军陆战队上岸，分兵两路，左路直扑乍浦城下，右路攻击沿途各炮台，以截断清朝军队之间的火力支援。

6月初，英军兵围吴淞口。吴淞口位于长江入海口，是上海的咽喉，长江的门户。这里江面宽阔，成为历代兵家必争之地。为了加强吴淞口的防务，清政府选调英勇善战、素有威望的老将军陈化成任江南提督。

英军攻占乍浦后，在吴淞口外集结兵力，听说陈化成作战勇猛，不敢贸然采取行动。6月9日，4艘船舷两侧安置了伪装木人的英国军舰，趁江面大雾弥漫，闯向西炮台，妄图侦察清军火力部署。陈化成一眼识破了敌人的诡计，按兵不动，一炮不发。16日清晨，江面上掀起恶浪，英军7艘战舰，数10只运输船，向吴淞口发起猛烈的进攻。霎时间，炮声震天，烟气腾空。陈化成手拿令旗，站在炮台最高的地方，不顾到处横飞的弹片，指挥守军沉着

应战，击沉击伤敌人大小舰船8艘，打死要伤敌军200多人。面对此境，英军只好放弃正面登岸的打算，改用小型舰艇开进西炮台南面的蕴藻浜，强行登陆，企图从侧面包抄西炮台。敌人的诡计又一次被陈化成看穿，他立即督饬守军奋勇抵抗。

两江总督牛鉴躲在宝山城里，当英军开始进攻以后，他接连3次派人通知陈化成退兵。陈化成拒不答应，顽强反击，打退了敌人的进攻。击毁英国军舰和重创英军的消息传到牛鉴耳朵里，他顿时来了精神，要亲自去吴淞口，名义上去督战，实际却以争功为目的。这个首鼠两端的两江总督，在打仗的时候还忘不了讲排场，他带着浩浩荡荡的仪仗队，鸣锣开道，招摇过市。队伍走到小沙背时，被英军发现，立即招来英军猛烈炮火的轰击。牛鉴吓得惊慌失措，急忙爬出轿子，换上士兵服，混在队伍中抱头鼠窜。牛鉴的逃跑使军心顷刻间瓦解。驻守小沙背的徐州镇总兵王志元，本来治军不严，又受过陈化成的训斥，此刻，他看见总督逃命，也放弃阵地跟着逃跑。东炮台的守军见状也紧跟在后面逃走。刹那间阵地上一片混乱。大批英军趁机登陆，从侧面和正面围攻炮台，吴淞口腹背受敌。

陈化成见状，异常气愤，抱定为国捐躯的决心。他命令旗手，将“陈”字锦缎帅旗插到炮台前沿，激昂慷慨地高声喊：“我们奉命抗敌，只有坚守阵地，不能后退。我要以死报效国家！”陈化成亲自操炮射击，鼓励将士坚持战斗。突然，一发炮弹在陈化成身边爆炸，老将军多处受伤，鲜血直流。他强忍伤痛，继续鼓励身边将士奋勇杀敌。无奈大势已去，英军登上炮台，蜂拥而上。一阵排枪，将陈化成身边将士一一打倒，陈化成腹部中弹，喷血身亡。英军乘势占领了宝山和上海。

英国侵略军占领上海6天，向上海人民勒索赎城费竟

达50万银元。6月底，英军增援舰队陆续到达吴淞口外。7月上旬，英军沿江而上。7月15日，英军到达镇江江面上，驻镇江的京口副都统海龄率领守军展开了悲壮的镇江保卫战。

激战持续了几个小时。英军凭着人多和精良的武器，攻进镇江城内。在这危急关头，海龄力图挽回败局。他身上的战袍已被鲜血染红，手举寒光闪闪的宝剑，对身边的士兵大声喊着："我们已经没有退路，宁可自杀，也不能投降！"喊罢，海龄忍着伤痛跨上战马，带头杀向敌军。士兵们看见都统大人如此奋勇，也都增强了勇气，紧跟着海龄杀入敌群，做最后的拚杀。由于清军人少势弱，又得不到援助，经过一天的激战后，人员大部分伤亡。日落黄昏，海龄见大势已去，败局已不可挽救，就骑马回到家中，命令家人举火烧房，自己与妻子、孙子在屋内自焚，以身殉国。

四

1842年8月上旬，英军陆续将76艘舰船开到南京江面。在此之前，7月27日，两江总督牛鉴就派人前往镇江英军船上，送去照会，接洽投降。7月30日，牛鉴接到文生（此人以前为海龄的家庭教师，后被英军俘虏）从镇江带来的英军照会。照会要求牛鉴立即交出赎城费，免得生灵涂炭。8月5日，牛鉴见英国军舰已到南京江面，就派人上船送信，告诉英国人，朝廷已派钦差大臣耆英、伊里布专程办理和议之事，两人马上就到南京，还答应交纳60万两白银的赎城费。璞鼎查回信说，等伊里布到后再具体商谈，如果能如愿，就不会进攻这座城市。实际上，以后几天，英军派人乘小船沿水路进入城郊，侦察南京地势和清兵布防情况，做好了进攻太平门的准备。伊里布8月8

日到达南京，马上派家人张喜（此人在浙江时，多次与英国人接触）等人去和英国人接洽，英国人不予理睬，并声称8月11日即将进攻。张喜回来报告，众人都大吃一惊。伊里布连夜写信，派张喜于8月11日早晨天不亮时送到。当时，英军的一部分炮兵开始登岸，做出准备进攻南京的架势。书信送到后，张喜又极力陈说和平解决的意愿，璞鼎查才下令暂缓进攻，将各船上的红旗都换成蓝旗。其实，所谓英军攻城不过是虚张声势，以势压人。这时，到达南京江面的英军作战人员共七八千人，军舰上正流行霍乱，造成大量减员，能够参战的不过3400人。而此时驻防南京的清军却有8000之多，如果坚决抵抗，仍有挽回败局的可能。然而，璞鼎查的恐吓讹诈吓住了清政府。清政府无心再战，一意求和。

8月11日，耆英到达南京。第二天，耆英派佐领塔芬布、张喜等人带着耆英、伊里布两人的联名照会，去见璞鼎查，准备开始和谈。英方将所提条款，列了一个清单，让塔芬布等人带回。这些条款十分苛刻，主要内容有赔款2100万两白银；割让香港；开放广州、福州、厦门、宁波、上海为通商口岸等。中英官员见面用握手礼。璞鼎查气势汹汹地说："如果中国将这些条件答应下来，就退兵，签订永远和好的条约，否则立即进攻。耆英和伊里布对这些条款不敢做主，要禀报朝廷。几天后，英军探知南京城中有满汉大军开到（这是误传，实际是两部调防），马上就把蓝旗换成红旗，准备攻打太平门。钦差大臣耆英、伊里布胆怯了，被迫连夜写信，答应英方所要求的条款。

8月14日，耆英派侍卫咸龄、江宁布政使黄恩彤与英方代表麻恭等在静海寺会谈。谈判中，清朝代表对英方提出的条款，完全予以承认。然后，咸龄要求英方撤退兵船，英方提出先交出600万元赔款，才撤退长江上所停泊的所有船只。而招宝山、厦门鼓浪屿及定海三处，必须收

到全部赔款以后，英军才能撤退。黄恩彤和英方代表争论一番后，英方才答应将招宝山的兵船与南京、镇江的同时撤退。英方又要求在条约上加盖国玺，以证明双方的信用。耆英、伊里布不敢辩解，只好写奏折上报道光皇帝。璞鼎查闻此谈判结果大喜，通知登岸各军，暂时不要行动，等候解决。

8 月 20 日，耆英、伊里布、牛鉴率侍卫咸龄、布政使黄恩彤等登上英军司令舰“皋华丽”号，和璞鼎查及英军各高级军官见面。大家寒暄约 1 个小时，耆英、伊里布等人告辞。回到驻所，耆英立即向道光皇帝上奏折报告所见所闻，他说外国人拥有非常坚固和众多的军舰和大炮。过去听的是传闻，如今上了人家的船，亲眼所见，才知道有多少兵力都很难将其制伏。接到耆英的这份报告，道光皇帝害怕战争继续，皇位难保，只好发出圣旨，答应英国人的一切要求。

8 月 29 日，上午 11 点左右，耆英、伊里布、牛鉴等人，一同登上英军司合舰“皋华丽”号。这艘军舰是英舰中最大的一只，签字的圆桌设在中舱。璞鼎查及耆英、伊里布、牛鉴四人围桌而坐，两边站着英军将官，在军官后边站着一圈侍卫。装订成册的条约文本放在桌上，前面是汉文，后面是英文。这时，长江江面上的英国船舰都悬挂起英国国旗，各船上的英军士兵，欢呼着“女王万岁”，而耆英等人就在英国国旗飘扬的阴影下，在“女王万岁”的呼声中，忍辱含垢地在《南京条约》上签了字。

条约规定清政府将香港割让给英国，开放广州、厦门、福洲、宁波、上海为通商口岸，赔款 2100 万银元。

《南京条约》签订后，美、法等国也趁火打劫，于 1844 年强迫清政府签订了中美《望厦条约》和中法《黄埔条约》等不平等条约。

第七章　鸦片烽火

一

鸦片在我国一贯只作为药用；用作吸食，是从南洋传入的。据《鸦片事略》载："明末，苏门答腊人变生食为吸食；其法先取浆蒸熟，滤去渣滓，复煮和菸草叶为丸，置竹管就火吸食。"大约在荷兰占领台湾的时候，即把南洋一带吸食方法带到台湾，又从台湾经厦门传播到大陆。康熙帝统一台湾后，他没有查禁，直到雍正七年（1729年），雍正帝才颁布第一道禁烟令，对贩烟及开烟馆科以重刑，但没有对吸食者作具体规定。这反映了当时吸食鸦片并不严重。

鸦片问题的日益严重化，开始于这类毒品从外国的大量输入。英国资产阶级为了扭转对华贸易的逆差，除了力图强迫中国接受他们的条件、向中国索取特权之外，就是利用毒品进行非法贸易。把鸦片作为商品从孟加拉输入中国，是英国澳森上校提出的建议，英印副总督惠勒采纳他的建议。乾隆三十八年（1773年），东印度公司第一次把鸦片从孟加拉运进中国。

鸦片泛滥引起了清王朝的注意。嘉庆五年（1800年）清王朝"采取了最后的步骤，嘉庆皇帝降谕查禁从外洋输入鸦片和在国内种植罂粟”。这个禁命使鸦片走私不能在广州内河进入，而移至澳门，并在那里设一存储站。由于澳门葡萄牙人征税和限制，鸦片贸易实际是在黄埔成交的。嘉庆十四年（1809年），清政府又规定：“公行必须具结保证他们所承保的每艘船在到达黄埔时，船上没有装载鸦片”，可是令行不止。嘉庆十五年（1810年）京师竟然发现窝藏鸦片的烟贩。清朝又重申禁令，谕令闽粤“督抚、关差查禁，断其来源”。蒋攸铦任粤督后，嘉庆二十年（1815年）制定过《查禁鸦片烟条规》。这个条规有两点值得注意：一、为鼓励官吏认真查禁，免除了对官吏失察的处分，同时又规定官吏查获烟毒“二百斤以上者给予纪录一次，每千斤给予加一级，以次递加获至五千斤以上者准予送部引见，恭候钦定。”二、“鸦片烟一项，流毒甚炽，多由夷船夹带而来，嗣后西洋货船到澳门时，自应按船查验，杜绝来源”，禁烟开始直接对准外国鸦片贩子。

道光登基之后，深感鸦片毒害之烈，于道光元年（1821年）即严申禁令规定：外国商船到达广州，必须先出具货船并无鸦片的保证，方准开舱验货；如有行商包庇，一旦查出，加等治罪；有开烟馆者，议绞；有贩卖鸦片者，充军；有吸食烟片者，杖徙。这样，查禁鸦片的范围，就包括了进口、开设烟馆、贩运、吸食诸方面。十一月，根据两广总督阮元的奏报，道光降旨将庇护外商偷运鸦片的文东十三行总商（即总理十三行公务的商行领袖，负责与外商贸易，其地位是经过清政府批准确认的）伍敦元，摘去三品顶戴，严惩那些走私外商徇隐不报者。

二年（1822年）以后，道光的禁烟措施开始把外洋进口方面作为查禁重点。二月，谕广东督抚说：要通令各地关卡，严密查拿烟贩活动，不论在何处拿获，都要查明其运输路线，各关卡如有放纵之人，严加惩处，如督抚察访不力或隐瞒不报，一体惩处。当两广总督阮元奏请暂时羁縻徐图禁绝时，道光朱批道：应随时查拿，不可迁延时间，以致懈怠。不久，又命阮元、达三在通海口岸（广东福建、浙江、江苏）及天津渡口，无论官船民船，逐一认真搜查。

三年（1823年）二月，道光在一份奏折的朱批中写道：税课丰厚，固然重要，但查禁鸦片，尤其重要。比起前朝的用增税办法允许鸦片进口，道光禁烟的态度可以说是十分坚决的。同时，对查拿鸦片案犯不力的将弁开始重处：对龙门协兵丁吴李茂等盘获梁胜和船内鸦片私卖分脏，署副将谢廷可、署守备夏秀芳等隐匿不报；水师提标把总詹兴有拿获鸦片商同兵丁陈有光等因得贿放纵；香山协记名外委孙朝安包送李阿蚬鸦片船；碣石镇千总黄成凤盘获鸦片船商同署守备曾振高讳匿变卖分肥等案，除詹兴有畏法服罪身死外，其余各将弁，谢廷可发往军台，夏秀芳、曾振高，黄成凤发往新疆，孙朝安发往近边充军。八月，道光批准定失察鸦片烟条例：失察百斤以上者，该管大员罚俸一年；千斤以上者，降一级留任；五千斤以上者，降一级调用；武职失察者照文职人员划一办理。同年，经吏部、兵部议定：如有奸民私种罂粟，煎熬烟膏，地方官吏能够自行拿获，免于处分；如果放纵不报，革职。说明自本年始，道光查禁鸦片，不仅仅是停留在反复申谕和制定条例上，而且不断加重对失察官吏将弁的处分。

以后数年，道光仍然不断下达有关禁烟措施，强调洋船进口，必须写明“并无夹带鸦片”字据，如有夹带，则躯逐出口；内地奸民，一律不准种植、贩卖，有犯必惩；各级地方官吏，要尽心尽力，严行查禁，净绝根株。

尽管道光帝三令五申，严禁鸦片，但屡禁不止，愈禁愈滥，外洋输入，有增无减。道光元年，外洋输入鸦片五千九百五十九箱，到道光十三年，已经激增至二万零四百

八十六箱。上自官府士大夫，下至民间兵丁百姓，吸食者日益增多。当然，也不能说，道光的三令五申丝毫没有起到作用。如果没有道光的严禁政策，那么，烟毒泛滥的局面将更加不可收拾。

道光十六年（1836 年）年四月二十七日，新任太常寺少卿许乃济递给道光一份奏折，名为《鸦片烟例禁愈严流弊愈大亟请变通办理折》，这道奏折一反成制，主张放开鸦片禁令，施行弛禁政策，从而引发了清代自禁烟一百零六年（从雍正七年算起）以来的第一次国策分歧。

道光帝接到许乃济递进的奏折，没有马上表态，显然是有所考虑。清朝自雍正年间开始，至道光十六年，历来对鸦片坚持严禁政策，从无一人提出过弛禁政策。许乃济提出弛禁，事关重大，道光不能不持慎重态度。三天后，即四月二十九日，道光仍把握不准，乃谕令两广总督邓廷桢，广东巡抚祁𡎴、粤海关监督文祥会议具奏，陈述意见。紧接着，道光又收到许乃济递上的两份奏折，一件是奏陈鸦片烟流弊请变通办理事，一件是奏请放宽栽种罂粟之禁事。这两件奏折都是许乃济第一件奏折的继续和发挥，道光折阅后，均发交军机处，以原折封存记匣，不发抄，也就是说，未予理睬。

从这次国策分歧，可以看出道光帝对待鸦片烟毒的态度始终倾向严禁。主张弛禁的许乃济和邓廷桢、祁𡎴、文祥等虽然上下呼应，闹腾了一阵，但道光帝立场坚定不为所动，不改初衷，始终坚持禁烟。正是道光的坚决态度，才使得此后举朝上下无人再提弛禁的事了。但是，也应该看到，实行了十几年禁烟政策的道光，也处在深深的苦恼之中，寻找不到一条卓有成效的禁烟良策。只是在原有的一些禁烟措施中打转转，成效不能说全然没有，但终究成果甚微，于大局无补。所以，当黄爵滋的奏议提出之后，道光为之一振，领导和组织了中国历史上规模最大的一次禁烟运动。

禁烟派的典型人物当数鸿胪寺卿黄爵滋。黄爵滋，江西宜兴人，道光三年（1823年）进士。道光初年，他与魏源、龚自珍、汤鹏、姚莹等人，共同研讨“经世之学”，并以敢言著称。他的思想某些方面与林则徐相通，如认为“利国首在便民，而病民必至妨国”，正确地认识了国与民的关系。又说：“民为国本，食为民天”，表现他重视国计民生的民本思想。他的著名的奏折《请严塞漏卮以培国本疏》是禁烟檄文，是重要的历史文献。他的《请严塞漏卮以培国本疏》从重视国计民生的立场出发，指出鸦片是“害人之物，渐成病国之忧”。他主张“今欲加重罪名，必先重治吸食者”。所谓重刑，就是吸食者处死。同时以保甲为单位互相连环保证。这个奏折，是禁烟以来严禁派主张的一个总结。

黄爵滋的建议是严厉的、大胆的，是否应该允行，道光一时也把握不准。所以，道光在接阅奏折的当天，就亲笔朱批：“黄爵滋奏请严塞漏卮以培国本的折子，发给盛京、吉林、黑龙江将军以及直省各督抚阅看，并各抒己见，妥议章程，迅速上奏。”于是，一场以黄爵滋上奏为契机，由道光帝亲自领导的禁烟问题大讨论开始了。

通过讨论，取长补短，各抒己见，为随后展开的禁烟运动进行了舆论准备，为禁烟运动的高潮提供了思想条件，为制订一个全面的严禁鸦片的章程打下了基础。

在黄爵滋上《请严塞漏卮以培国本疏》之后，道光十八年五月（1838年），林则徐接着上《筹议严禁鸦片章程折》，指出鸦片“流毒至于已甚，断非常法之所能防，力挽颓波，非严蔑济”。支持黄爵滋提出的“重治吸食”，“罪以死”的主张。

林则徐在阐明立法严禁鸦片的同时，还提出严禁的具体措施：（一）收缴烟具要尽净以绝烟瘾。“责成州县，尽力收缴枪斗”，并送省公开毁碎；（二）劝令自新，以一年为期；（三）“开馆兴贩及制造烟具各罪名，均应一体加重”，“匿者与犯同罪”，“保甲知情不首，与犯同罪”；（四）官吏失察处分，“逾限失察者，分别降调”；（五）地保、牌头、甲长“若不举发，显系包庇，应与正犯同罪，并将房屋入官”；（六）讲求审断办法。办法是将吸食嫌疑犯关在房间里，不许离开，“自辰巳以至子丑，只须静对，不必问供，而有瘾之人情态已皆百出矣。

八月，正当清廷对禁烟方针举棋不定的时候，林则徐又上《钱票无甚关碍宜重禁吃烟以杜弊源片》，再次向道光帝奏请严禁。这篇奏稿是从中华民族兴衰的高度来认识烟毒的。

在奏稿中林则徐严肃地指明了三个问题：

（一）国家出现钱票风波（即金融危机），其根源在鸦片。林则徐在奏章说，他亲自调查过，“凡二三十年以前某货约有万金交易者，今只剩得半之数。问其一半售于何货？则一言以蔽之，曰鸦片烟而已矣。”他估计全国有百分之一的人在吸食鸦片。这是一个极其严重的问题。

（二）鸦片祸民殃民，“若犹泄泄视之，是使数十年后，中原几无可以御敌之兵，且无可充饷之银。兴思及此，能无股栗！”

（三）不能“养痈贻患”，必须“法当从严”，“必以重治吸食为先”。

林则徐在奏折的最后，颇具深情地写道：“睹此利害切要关头，窃恐筑室道谋，一纵即不可复挽，不揣冒昧，谨再沥忱附片密陈。”道光帝可能体会到鸦片流毒的严重性和广泛的社会性，遂下定决心严禁鸦片。他在给军机处的谕旨中称：“鸦片流毒日甚，实为近今一大患，来自外洋者固宜严为查办、产自内地者，亦应痛加芟除。”

黄爵滋“吸食鸦片论死”的奏折传开以后，举国震动，一场大规模的禁烟运动的序幕随之拉开，在各省纷纷上奏禁烟方策的推动下，全国范围内展开了禁烟运动。湖广总督林则徐看到全国禁烟形势的这一转机，当即与湖南巡抚钱宝琛，湖北巡抚张岳崧筹商，不待朝廷定议，同时在武昌、汉口等地设立禁烟局，妥派得力人员收缴有关器具，并捐廉配制断瘾丸，劝导吸食者戒烟。两湖的禁烟措施很快收到效果，不到两个月，湖北就收缴烟土、烟膏一万二千多两，烟枪一千二百六十四杆，吸烟者戒烟之后，身体逐渐强壮起来。湖南也查获烟贩十余起，收缴烟枪三千五百四十余杆。道光得悉两湖禁烟取得显著成效，十分高兴，当即谕令嘉奖。接着，道光又连续收到各地奏报：琦善在天津拿获贩烟洋船多起，起获烟土一万六千多两；广东先后查获纹银烟案一百四十一起，获人犯三百四十五名，烟土、烟膏一万零七百二十九斤，各种烟具六百六十六件；湖杜额在山东查获鸦片一万三千多两；陈銮在江苏搜获烟土六千余两。禁烟取得了显著成效，进一步坚定了道光禁绝鸦片的信心。

二

关于禁烟问题的大讨论开始后，各省将军督抚陈奏的严禁鸦片方策陆续到京，道光一一认真阅览，知厉行严禁，人心所向。于是，决心选择一个突破口，把禁烟运动推向高潮。这个突破口，选择在广州似乎是顺理成章的事：广州是外商来华的唯一贸易口岸，大量鸦片就是从这里偷运进来的，因此，广东一带的烟贩和吸食者也最多。如果广东的禁烟卓有成效，那么要实现在全国禁锢就自然不难了。

究竟派谁前往广东担此重任最合适呢？道光左思右想，将举朝文武大吏筛选了一遍，最后内定了湖广总督林则徐。道光圣意已决，于十八年（1838 年）九月二十三日发出上谕：召林则徐来京陛见。十月初七日，林则徐接到宣召进京的命令，因有阅兵之盛事，耽搁数日，遂于十月十一日从武昌动身，迅速赶往京城。十一月初十日，林则徐抵达京城。

林则徐抵京，震动朝野，各方人士都在静候道光召对林则徐的最后结果：

十一日，道光第一次召对林则徐。这天清晨六点钟左右，早朝已毕，众臣散去，道光帝第一个接见了林则徐，并让他坐在毡垫之上，垂问政事。这次召对时间近一个小时。召对中，道光帝向林则徐表露了厉禁鸦片的决心，并要林则徐前往广州担当重任。林则徐深知禁烟一事，前途未卜，步履维艰，故一再婉然推拒，怎奈道光圣意已决，林则徐最后终于答应。

十二日，第二次召对。君臣共同讨论了禁烟与外夷挑衅动武的问题，林则徐表示，要绝禁烟毒就不要怕跟外国人动武打仗，只要有备就可无患。林则徐的意思是针对朝中廷臣，害怕与洋人打仗，主张“无启边衅”的论调而言的，让道光帝放下顾虑，大胆严禁。召对时间持续了半小时。

十三日，第三次召对。这次继续前番话题，林则徐详细陈述了加强武备，整顿边防的意见，道光深为满意。此外，道光还向林则徐垂询了有关京畿地区的水利问题，林则徐侃侃而谈，面奏了有关直隶水利事宜的十二条意见。最后，道光又问林则徐是否会骑马，并恩赐林则徐可在紫禁城内骑马。在皇宫内骑马，这是皇帝对臣下少有的恩典，特别是对任职外省的官员，更是十分少有的事。这次召对时间也有半小时左右。

十四日，第四次召对。这天一早四点多钟，林则徐身着绣有仙鹤的一品大员的文官朝服，腰系镶有红玉的朝

带，额挂一串珊瑚朝珠，骑着饰满彩缨的高头大马，缓步入宫。道光也未见过臣子骑马入宫的场面，早早就来到殿外看个新鲜。林则徐本是南方福建人，骑不惯马，所以，骑在马上颇为紧张，双手紧勒缰绳，显得战战兢兢。道光见状，关心地说：看来你不惯骑马，以后可坐椅子轿进宫。

十五日，第五次召对。早晨六点钟左右，林则徐坐在八人抬的椅子轿（肩舆）上，头部比骑马时还要高出一截。道光帝赐予林则徐的这种特别规格，不是一种简单的形式，而是委以重任的象征，林则徐得到的也不仅是个人的荣耀，而是未来禁烟运动中的权威。此次召对将近一小时，道光与林则徐就有关广东禁烟及对外贸易、税收等问题进行了深入地讨论。最后，道光帝降旨："颁给钦差大臣关防，驰驿前往广东省查办海口事件，该省水师兼归节制。钦此。""钦差大臣关防"，是一方金属铸造的印章，其权威仅次于皇帝的玉玺，为乾隆年间铸就，没有特殊使命，朝廷从不启用这一印章，特别是这次任命，竟然允许一个文官统领水师，这在军政权力严格分控的大清王朝，还不曾有过这样的先例。

十六日，第六次召对。林则徐仍是清早五点左右乘椅子轿进宫。这天召对时间约四十五分钟左右，双方比较详尽地讨论了有关禁烟条例等问题。召对结束后，林则徐遵旨前往军机处，领取了象征着权力和责任的"钦差大臣关防"。

十七日，第七次召对。林则徐清晨五时仍坐椅子轿进宫。召见时为半个多小时。

十八日，第八次召对。林则徐清晨六时许仍坐椅子轿进宫。召见时间为四十五分钟左右。最后，林则徐行了三跪九叩大礼，向道光帝陛辞。

林则徐十一月十日到京，自十一日至十八日，连续八

中国书店

天，日日受到道光帝召见，道光帝赐坐毡垫，赐紫禁城内骑马，赐坐椅子轿，到颁给“钦差大臣关防”，可谓优渥有加。正如当时人所说，道光帝对臣下如此隆信有眷顾，是清朝建国以来从未有过的旷典，独有林则徐破格得到了。

十一月二十三日清早，林则徐打点好行装，焚香九拜，开启严封的关防大印，发传牌起程，由正阳门出新仪门，在普济堂话别京都故人，离京南下，奔赴禁烟运动的前哨阵地，去完成道光帝赋予的救国大计。

三

道光十八年十一月二十三日（1839 年 1 月 8 日），林则徐离京赴粤。林则徐禁烟的决心和威望，赢得了广大人民的支持，传说纷纷，竟有“讹传为出师者”。行前，林则徐与其座师沈维鐈告别。时沈维鐈以耳疾免工部侍郎职，留京养病，对林则徐使粤十分关注。林则徐把这场斗争看成为国尽忠的大事业，表示决心说：“死生，命也，成败，天也，苟利社稷，不敢竭股肱以为门墙辱。”两人相顾涕下。

林则徐在南行之前，已对广州烟贩的活动情况有了详细了解。正月十一日（2 月 24 日），发出了《密拿汉奸密令》。他称：“外夷鸦片之得以私售，皆由内地奸民多方勾串，以致蔓延日广，流毒日深。现在新令极严，查拿不容不力。所有包买之窑口，说好之孖毡，与兴贩各路之奸商，护送快艇之头目，有经京堂、科道指名陈奏奉旨将原折发交本部堂查办者，有经密查暗访得其踪迹者，现俱开出姓名，间有访知住址，合急黏单密札饬拿。”这次准备密拿的人数有 62 名，其中有些是多年经营快蟹、扒龙的人，“多有各衙门堂差及营兵在内”。这足见林则徐的决心

和这场运动开始的声势。于是，鸦片贩子“无不私探罪名轻重，与新例之曾否颁行”。英国大鸦片贩子查顿，匆忙逃至澳门，以观风向，英美鸦片趸船也纷纷离开零仃洋，暂避锋芒。“春雷欻破零丁穴”。在山雨欲来风满楼之际，中外鸦片贩纷纷作鸟兽散。正月初九日（2 月 22 日），林则徐在江西接到邓廷桢、怡良来的信，他们表示：“协力同心，除中国大患之源”，并发出“所不同心者有如海”的誓言，坚决支持林则徐领导的禁烟运动。

禁烟，是中国内政，可是，不可避免地带有涉外的性质。外国烟贩，对于中国政府搜捕本国犯罪分子，同样进行疯狂破坏。道光十八年十月二十六日（1838 年 12 月 12 日），广州官吏把一名叫何老金的鸦片贩子置于商馆附近，拟处绞刑。外商蔑视我国主权，干涉中国执刑，同时动手打中国群众，引起中国人民理所当然的反击。万人围住商馆，对外商表示抗议。事后，外侨商会竟提出抗议。道光十九年正月十三日（1839 年 2 月 26 日），广州官吏再次在商馆执行绞刑，英、美、法竟降旗以示抗议。

禁烟运动同时也打击了外国鸦片商。据查顿报告，道光十七年六月间，“广州洋药市场已完全停顿，也没有一艘走私船艇能够往来行驶”。孖地臣报告说：“目前此间有限的一点交易完全是在铺着舱板的欧洲帆船内进行的。”外国鸦片商在广州受到打击后，便改变方式，“用尽一切办法用欧洲船只将货物运往沿海岛屿间去销售”。结果，查顿和颠地垄断了鸦片走私，并在五月中两个星期之内，将公班土从每箱 390 元抬价到 580 元。孖地臣高兴地说：“鸦片季节已经轰轰烈烈地开始，至于札谕之类的装模作样的禁令，只不过被当作是一大堆废纸。”

如何对付毒瘤般四处扩散的鸦片走私，已成为林则徐面临的严峻考验。

道光十九年正月二十五日（1839 年 3 月 10 日），林则

徐抵达广州后，立即发布《晓谕粤省士商军民人等速戒鸦片告示》："本大臣与督部堂、抚部院懔遵严旨，惟有指天誓日，极力驱除，凡攘外靖内之方，皆已密运深筹，万无中止之势。"并命令："省城限以二月起至三月底止，各府州县以奉文之日起，勒限两月，务将家有烟枪、烟斗几副，杂件烟具若干，余烟若干，一并检齐，赴所在有司呈缴。"林则徐的禁烟，不但态度坚决，而且目标明确。刚刚开始，国内吸毒和贩毒者是主要的进攻目标。

在经过七八天的调查研究后，林则徐即采取各种措施。他向道光帝奏称："在洋趸船二十二只，已陆续起碇开行，作为欲归之势，若但以逐回夷界即为了事，原属不难。而其奸谋诡计，仍思乘间觅售，非特不肯抛弃大洋，亦必不肯带回本国，即使逐出老万山以外，不过暂避一时，而不久复来，终非了局。……必须将其趸船鸦片销除净尽，乃为杜绝病源。"

林则徐看到驱逐不能从根本上解决问题，从而提出英商缴烟的措施。理由是："（烟土）洪涛巨浪之中，未能确有把握。因思趸船之存贮虽在大洋，而贩卖之奸夷多在省馆，虽不必遽绳以法，要不可不喻以理而怵以威。臣林则徐当撰谕帖，责令众夷人将趸船所有烟土尽行缴官。"这个措施是堵海口，绝鸦片之内源，从而加速了禁烟运动的步伐。

道光十九年二月初四日（3 月 18 日），林则徐发布《谕各国商人呈缴烟土稿》，要求外国鸦片贩子将烟土上交，并宣布这次禁烟的方针政策和自己的态度与决心。林则徐严正指出："此物蛊惑华民，已历数十年，所得不义之财，不可胜计，此人心所共愤，亦天理所难容。"宣告禁烟运动的正义性与必然性。接着林则徐向外商表明皇帝的态度说："今大皇帝闻而震怒，必尽除之而后已，所有内地民人贩鸦片烟馆者立即正法，吸食者亦议死罪，尔等来到天朝地方，即应与内地民人同遵法度。”为此，他要求外国鸦片贩子：（一）在三日内缴交所有鸦片，收明毁化。（二）写出保证书，声明“嗣后来船永不敢夹带鸦片，如有带来，一经查出，货尽没官，人即正法”。林则徐针对心存侥幸的外商，明确表示：“此次本大臣自京面承圣谕，法在必行，且既带此关防，得以便宜行事，非寻常查办他务可比。若鸦片一日未绝，本大臣一日不回，誓与此事相始终，绝无中止之理。”这篇告示中还体现了林则徐对于涉及外人的斗争持慎重的态度，即将外国人区分为“惯贩鸦片之奸夷”知“不卖鸦片之良夷”，实行不同政策。对待“良夷”“照常贸易”，且“正经买卖尽可获利致富”，而“奸夷”则“暂则封舱，久则封港”，“遵照新例，一体从重惩创。”《谕各国商人呈缴烟土稿》，是林则徐经过深思熟虑而制定的，文件的主要内容就是要求外国商人遵守中国法律，停止不道德的鸦片贸易。并明确表明禁烟是一个主权独立国家的内政，不应当成为国际间的问题。

林则徐这些措施，并没有超出内政范围。但是，义律却力图把中国正当的反烟毒与走私的斗争变为中英两国政府间的问题，以便挑起战争。对此，林则徐显然缺乏应有的思想准备和经验。义律得讯后，即掀起战争叫嚣，并采取使事件复杂化的行动。道光十九年二月八日（3 月 22 日）他发出通知，要求英船开到香港去，挂上英国国旗，做好抵抗中国政府的准备。这种海盗式的野蛮行径，全部由英国义律海军大佐的精心策划。他对林则徐加强海防的一些措施，也加以干涉，以挑衅口吻问道：“现在特以本国国王的名义质询贵总督，是否想同在中国的英国人和英国船只作战?”显然，义律企图造成仿佛是两个政府代表之间的争执的事实，把禁烟内政变为国际事务。接着，义律从澳门到达广州进入商馆，企图庇护大烟贩颠地，“把颠地安顿在他的公务房里，放在他的亲自保护下”。这之

前，义律还在商馆升起英国国旗。商馆不是领事馆，而是一般外侨居点，升旗是非法的。义律采取这两项措施，意在推动英国政府与清政府迎头相撞。

义律到广州进往商馆后，立即掩护颠地“乘夜脱逃”。对此，林则徐于二月初九日（3月23日）谕令封舱。林则徐采取一些适当措施是完全正当与必要的。据林则徐奏称：“义律由澳门进省，其时奸夷颠地等希图乘夜脱逃，经臣等查知截回，谕责义律以不能约束之非，并照历届英夷违抗即行封舱之案，移咨粤海关监督臣豫坤，将各夷住泊黄埔之货船暂行封船，停其贸易。又夷馆之买办工人，每为夷人潜通信息，亦令暂行撤退。并将前派暗防之兵役酌量加添，凡远近要隘之区，俱令明为防守，不许夷人出入往来，仍密谕并兵不得轻举肇衅。在臣等以静制动，意在不恶而严，而诸夷怀德畏威，均已不寒而栗。”二月初十日（3月24日）林则徐下令封锁商馆，切断商馆与外界的任何联系。二月十二日（3月26日）林则徐再次要求义律“晓谕各夷人遵谕将趸船烟士迅速全缴。不但人船买办一切照常……从此各夷人均作正经买卖，乐利无穷”林则徐采取的这些措施，都是暂时的，可谓仁至义尽，有理有节。可是，义律却借此大造战争的舆论。他在《公告女王陛下臣民》里煞有介事的叫嚷这些措施是什么“越轨乖行”。鸦片贩子在给英国政府请愿书中更是无中生有，大叫：“英国人民的生命财产”处于“十分可怕的危险之中”。事实上，商馆不是领事馆。“夷馆系该商（——指行商）所盖，租与夷人居住，馆内行丁及各项工役，皆该商所雇，马占等皆该商所用”，因此，林则徐封馆，撤退雇员，纯属内政。何况，义律一经缴烟，林则徐即下令取消封锁，逐步恢复馆内外联系。这期间根本不存在所谓生命危险与暴力。外国学者认为：“他要求上缴帝国政府认为是违禁的货物并无越权，就林的最近行动而言，义律有夸

大之处……因为林的暴力只在口头上……外商没有在他手上受到肉体上的损害。”当时旗昌洋行的股东福士(R. B. Forbes)承认：“在广州的外商被拘留在他们自己房子的日子里，再没有任何团体比他们更欢乐的了。”商馆是中国租给外国侨民居住的住宅，中国政府官吏为了使犯罪分子交出违禁品，采取暂时封锁内外联系的措施，在法律上也是无可非议的。

封舱、封馆很快取得了明显的效果。二月十一日（3月25日）当天就有美商C. W金具结保证：“应承后来更不贩卖鸦片、丝银，若有时做，就受刑罚。”然而义律却以“坚定的口气和态度”要求林发给护照，并威胁说：“如果不发护照”，“不得不被迫认定本国的人员和船已被强行扣留，就要作相应的行动”。林则徐冷静而坚定的回答说：“一定要遵令先缴烟，然后自然会颁给护照。”经过一段时间的对峙、较量，林则徐理直气壮，劝戒兼施，刚柔并用，严而不恶，凌厉而有节制，二月十二日（3月26日）林则徐再次对义律进行劝谕。义律失败了！二月十三日（3月27日）清晨六时，他不得不向商人宣布：“本总监督，以不列颠女王陛下政府的名义并代表政府，责令在广州的所有女王陛下的臣民，为了效忠女王政府，将他们各自掌管的鸦片即行缴出，以便转交中国政府，并将从事鸦片贸易的英国船只置于本人指挥之下；再速将各自手中英国人所有的鸦片开具清单，签章呈阅。”

在趸船上收缴鸦片，是一项十分复杂的工程。林则徐则细致认真、竭尽全力地做好第一项工作。他在向皇帝的奏稿里，报告了亲自验收的经过：

臣林则徐、臣邓廷桢均于二月二十七日（4月10日）自省城乘舟，二十八日（4月11日）同抵虎门。水师提督臣关天培本在虎门驻扎，凡防范夷船，查拿售私之事，皆先与臣等随时商

榷，务合机宜。自收缴之谕既颁，无资严密防堵。兹趸船二十二只陆续驶至虎门口外，关天培当即督率将领，分带提标各营兵船，排列弹压。并先期调到碣石镇总兵黄贵、署阳江镇总兵杨登俊，各带该标兵船分排口门内外，声威极壮。粤海关监督臣豫坤，亦驻虎门税口，照料稽查。臣等亲率候补知府南雄，直隶州知州余保纯、署广州府同知佛冈同知刘开域、候补通判李敦业、乐昌县知县吴思树，暨副将李贤、守备卢大钺，分派文武大小各委员，随收随验、随运随贮。惟为数甚多，一趸船所载之箱，即须数十只剥船始敷盘运，而自口外运至口内堆贮之处，又隔数十里。若日期过促，草率收缴，恐又别滋弊端。臣邓廷桢拟收至两三日后，先回省署办公，臣林则徐自当常驻海口，会同提臣关天培详细验收，经理一切。

四月初六日（5月18日），鸦片清缴完毕，共19187箱。如何处理这批数量庞大的烟土？最初，林则徐奏请将烟土全数运往北京。可是这要花费大量的经费，动用大量的船夫、挑夫，劳民伤财。最后，道光帝谕令就地销毁。

为了销毁这批鸦片，林则徐事先制定了三种销毁方案。一是鸦片拌桐油，点火烧毁，但燃烧后仍有残膏渗入泥中，鸦片贩子仍可挖出；二是用盐卤和石灰熬鸦片销毁，但要用大量锅鼎，速度也太慢；三在海口挖池浸化。林则徐最后决定采取第三个销毁方案。他们在虎门海口镇口村码头旁挖掘两个池子，池底铺上石板，他前设一涵洞，用来向海上排泄鸦片渣沫之用，后面挖一水沟，用来车水入池。

从四月二十二日至五月十五日（6月3日至25日），在林则徐主持下，举行了震动中外的销烟壮举。“虎门销烟”成为我国人民永远纪念的事件。

参加虎门销烟的清朝官吏，除了钦差大臣林则徐外，有两广总督邓廷桢、广东水师提督关天培、广东巡抚怡良、南雄直隶州知州余保纯等，还有广东布政使熊常镦、广东按察使乔用迁、运司陈嘉树、粮道王笃四员分班轮流查视，又有广州将军德克金布、都统奕湘和英隆等轮流到虎门稽查弹压。“沿海居民观者如堵”，“其远近民人来厂观看者，端节前后愈见其多，无不肃然懔畏”。

根据道光帝关于“准令在粤夷人共见共闻，咸知震聋”的谕旨，允准外国人参观。应邀来的有美国商人C. W. 金，奥利芬特公司的代表，一向不搞鸦片贸易的埃利萨·裨治文，美国最早来华的传教士，还有商船马利逊号船长弁逊等。当时，不少外国人对这次销烟都持怀疑的态度。许多外国人曾经“断言中国人是不会销毁一斤鸦片”的。义律甚至想象清政府会将这批鸦片拍卖，而为鸦片贸易合法化带来希望。可是林则徐的认真、严肃、正派，使外国种种猜测化为泡影。裨治文参观后在《中国丛报》发表文章说：“环绕我们的场面全都是令人高兴的，给人印象相当深刻的。”他又说：

> 我们反复考察过销烟的每一个过程，他们在整个工作进行时的细心和忠实的程度，远出乎我们的臆想，我不能想象再有任何事情会比执行这个工作更为忠实的了。在各方面，看守显然比广州拘留外国人的时候严密的多。镇口有个穷人，因为仅试图拿走身旁的一点鸦片，但一经发觉，几乎立即被依法惩办。即使偷去一点鸦片，那也要冒着极大的生命危险的。目击后，我不得不相信这是一个事实。

四月二十二日（6月3日）销烟之后，林则徐并不认为万事大吉，除了采取立法防范外国烟贩卷土重来之外，

还清醒地认识到："内地兴贩已久，流毒甚深，囤积之家定必不少，一闻夷船鸦片尽缴，正喜奇货可居，虽已力塞其源而其流尚未有艾。总须趁此机会严缉痛惩，首缴者许以自新，怙恶者置之重典。务在同心协力，自可禁止令行。"林则徐正是借打击外国烟贩声势，在深度和广度上推进禁烟运动，矛头同时指向国内犯罪分子。林则徐认为"根株一日未净，即购捕不容一日或疏"，"若不持以定力，尽绝萌芽，不但畴昔之藏乘间复出，吹吸之辈馋吻重张，且恐外夷窥伺禁网之流，仍肆浸淫之计。"他还认识到："风闻外夷于呈缴之后，知内地民人烟可不缴，不无反唇相稽者，于国体尤有关系。"所以，把以收缴烟具，捉拿犯罪分子的运动继续坚持下去，其矛头主要指向官府里的官吏。

反对外国烟贩的斗争，从某种意义上说，也是一场反走私斗争。鸦片是违禁品，从国际法来说，各国必须反对。中国反对鸦片走私，如龚自珍所说，"此守海口，防我境，不许其入……取不逞夷人及奸民，就地正典刑，非有大兵陈之原野之事"，不能与"开边衅"相提并论。外国学者也承认，"这些走私贩子使用未被认可的武装船只，并在暴力的威胁下将毒品夹带到中国水域，这不仅违反中国法律，而且触犯国际公法。任何英国或其他国家海军船只也一样，在海上执行警察任务时，发现走私贩子皆可以将其拘捕，如果胆敢反抗，还可以将其击沉，这样的做法是对的。同时，这些鸦片走私贩子又是推行英国国策的一种有价值的——哪怕是非正规的——工具，是最后的海盗。"这就证明中国政府打击国内外鸦片贩子的禁烟运动是一场正义的，必要的，符合国际法的斗争，是一场维护本国主权独立的爱国主义运动。

第八章　战后维权

两年多的抗英战争，最终以清王朝的失败而结束。鸦片战争的失败，《南京条约》的签订，沉重地打击了道光帝想有作为的抱复。向以天朝的体面和个人尊严为重的道光，陷入懊丧悲痛之中，一时还很难从痛苦中解脱出来，所以朝政一度显得消沉。但道光毕竟是一个勤政图治的皇帝，在悲痛中没有苟安偷生，在他在位的最后八年中，为图振兴，做了最后的努力。

一

鸦片战争的失败，使道光对清王朝军事力量有了一个较为实际的了解，为了王朝的巩固，道光着手整顿各地防务，加强防御力量。

道光在鸦片战争中看到清王朝防务废弛的一个重要原因是“泥守旧制”，多少年来一切遵照“祖宗成文”，从不改变，要整顿防务首先要革除旧制中的积弊。

整顿海防。道光二十二年九月二十三日（1842 年 10 月 26 日），在寄谕沿海各将军、副都统、督抚、提镇时指出：“现在英人就抚，准令通商，各海口仍应加意防范，从前所设水师船只，几同具文，且今昔情形不同，必须因地制宜，量为变通，所有战船大小广狭，及船上所列枪炮

器械，应增应减，无庸泥守旧制，不拘何项名色，总以制造精良，临时适用为贵，即如各口岸新安大炮及屯守兵丁……无论陆路水师，其兵丁应如何遴选，技艺勤加训练，方臻纯熟。船上与岸上施放枪炮，各有机宜，应如何分别讲究，沿海大小岛屿，可否另有布置，傥仍视为一概相同，临时安能得力？至江海要隘如何布置，方可扼要固守，种种善后事宜，著各就地势，悉心讲求，妥议章程具奏。”这是战后道光对军备整顿的第一道指示。他对陆路，水师、船舰、枪炮，以至战略战术等等，要求有关大员应该以实战为原则，加强整顿设置，特别强调“不可拘泥旧章、徒饰外观，以至有名无实”。

在整顿海防的重点和步骤上，道光也就战争中清军暴露出来的船小不坚、炮旧不利的情况，提出“总以造船制炮为要”。造船：“停造例修师船，改造战船”。“战船不拘大小，务在坚固”。船料“必须本质坚实，运用灵捷，方能得力，若拘守旧制，名为修理战船，其实无济于用，又复何所裨益！”道光把奕山提供的仿照美利坚兵船制造的船样，酌照英国中等兵船式样制造的船图样及说贴五贴，分别寄给江南、福建、浙江海防察看仿制；并让捐献“坚实得力”船只的在籍郎中潘仕成，负责造新式战船，“断不许令官吏涉手，仍至草率偷减。所需工价，准其官为发给，并不必限以时日，俾得从容监制，务尽所长”。

制炮：“炮械不拘名色，务在精良”。他强调“制造炮位，无论铜铁，总以精炼为要……务期一炮得一炮之用”。他还特别指出，在选取材料时要精选铸铁。大炮固然需要，小炮更加重要，以“体质轻固者为得用”。他认为三十斤重的抬炮，“当恐运动未便灵活，若每炮再减六七斤，运用时当更得力”。为提高新铸大炮的威力和切合实战需要，对一些具体问题也提出要予注意，如炮车推挽，炮架支放，轮转装药等等。

除了造船制炮以外，道光还在选拔水师将领和训练士兵方面下了一番功夫。为了弥补水师将领的不足，他准予在“陆路将领内酌保游击、都司各一员，千总、把总各二员”，带赴洋面，训练一年，用于充实水师。对原有水师将领中一些不能胜任者，进行调整；有才干的予以提拔。鉴于以前弁兵只习弓马，不习水务枪炮，造成作战中不得力的状况，提出“水师弁兵，自以讲求驾驶舟楫，辨识风云沙线，熟识鸟枪火炮为要务”。

整顿海防，各处入海口都要进行，而重点在广东、吴淞。道光指出：“现在办理善后，广东地方，水师尤为喫重”，“其将备能否得力，船只如何备用，器械如何制造，以至平日如何巡哨，临改如何制胜……力加整顿”。命巡抚祁埙调查回报。他对吴淞口外的水师废弛情况，“思之令人寒心”，责成有关人员必须立刻进行“酌量变通，然后整饬会哨，以冀补牢”。对定海，他十分关注，指出：“浙江海口情形，以定海为藩篱，定海未复，则镇海、宁波等处修防不容暂缓”。由于英军二次占领定海，深入舟山各岛屿，对地形十分了然，因此，道光要求在这个地区的整顿工作，必须做到“事事皆胜于前”，才能做到有效防御，不至为英人控制。因侵略军到过江阴，所以道光对这一地区的防务也作了指示：“鹅鼻嘴圌山关，为江南第一紧要门户，江北则以三江营为扼要”，在目前。“海疆安静”之时，也要“密为防备”，“勿涉张皇，亦毋稍疏忽”，“于密为防备之中，处处示以无疑，慎勿稍有宣露”。“固宜示以诚信，免致猜疑，尤须防其诡计，密为戒备”。道光反复告诫有关官员进行整顿，表明他加强水师的巨大决心。他在这一年的十一月五日，审定了奉天、直隶、山东水师出洋会哨章程，十二月十二日，又审定了耆英所奏的变通水师章程。把改革的内容，作为制度，写入章程。

道光整顿海防水师，是吸取了鸦片战争由于海防废弛

而导致失败的教训，重视了海上防御入侵的战备，改变了战前重陆上、轻水上的旧制，是道光重振海防而采取的措施。

道光在战争期间，因敌人的“船坚炮利”，清水师废弛，“等于虚设”，一度想“改水师为陆师，专防内地”。战后，道光变消极裁撤为积极加强，可以说是一个进步，由于道光的重视，清军水师和海防得以恢复，一些地区有所加强。

江南海防。二十二年，道光令耆英等周历吴淞、狼山、福山、圌山关各处，增设战船炮械。二十三年，加强江阴鹅鼻嘴、瓜洲及南河、灌河、射阳湖各口的防御，令璧昌等把沿海城邑，互为联络，添铸火炮，并造水师舢板船，在江岸南山筑炮台。二十四年，璧昌又因狼山、福山江面太宽，在刘闻沙、东生洲、顺江洲、沙圩等处，修筑炮提。这年八月，道光谕：“江苏水师应需大小兵船130只。现在江宁、苏州两处分厂赶造，一俟造成，即分拨务营认真演练。”水师各营，增加大小战船130余艘。二十七年，李星沅筹防泖湖，贮石沉船，增设本牌，存储炮位，分布重兵。

福建海防。二十二年，道光谕怡良等在福州等处各要口屯兵，在距省城二十里外的洪塘河等地，都沉船布桩设防。

广州海防。二十三年，祁埙等招集十万团练，以升平社学为团练总汇之地，推及韶州、廉州等处。二十四年四月，重修广东虎门内洋炮台。二十七年，增筑高要县属琴沙炮台，并虎门广济墟兵卡。

其他如山东，道光今山东疆臣，以三汛师船、四县水勇，合而为一，统以专员，往来策应，并于扼要岛屿，设置大炮。

除了建造和修于理战船外，道光还从国外进口战船。

二十二年，购吕宋国船一艘，并谕绅商多方购置，“是为海军购艘之始”。

再有，训练军队。道光认为“地利不足，应以人事补之”，船炮再好，要人去驾驭。因此，在战后整顿防务的三大任务，练兵、造船、设险中，把练兵放在了重要位置上，“以练兵为第一要务”，“训练兵丁为急务”。练兵首先是精选兵士，裁汰老羸。二十二年九月二十五日，道光在给伊里布赴任广州（伊里布由乍浦副都统派为钦差大臣、广州将军去广州继续商谈中英商务）时的谕令中，要伊“认真校阅”驻防兵丁，“破除积习，裁汰老羸，挑补精锐，总期一兵得一兵之用，至今昔情形不同，有应随时变通之处，尤须详细讲求，予为办理，……不可抱定旧制，徒劳无益”，“务使兵弁均能用命，器械全数适用”。三十年，他再次令各督抚提镇，汰老弱冗滥之兵，抽练精壮，申各营皆要选锋劲旅，“不得以工匠仆投，虚占兵粮”。

重视乡兵。二十一年，道光令山东巡抚于蓬莱、黄县、荣城、宁海、掖县、胶州、即墨所属编练乡兵互防。又令沿海疆臣仿浙江定海土堡之法，在近海村落招募乡兵，兴筑土堡，以联络声势。二十三年，又令广东省团练助防海口。二十六年，命各州县民壮随营参加训练。这一年，还在沿边招募猎户千人，编为一军，供远探近防之用。招用乡兵，在一定程度上对清军的防务起到了加强作用。

训练内容。重点放在枪炮的使用上，要“施放有准”。道光说：“操兵为第一要务，火器尤贵精娴”。其他传统武器刀矛弓箭马术，也都要“熟习”。其次是战术训练，要做到有勇知方。要训练部队了解攻守，懂得配合。作战时各队兵力“应如何分布，如何会合，两旁如何抄袭，后路如何策应，埋伏兵丁，如何出其不意，潜起夹攻？无事则分列各营，有事则联为一体，务令号令指挥，捷若指臂”。

道光还提出了“速战阵式”，他命令讷尔经额进行训练。这种阵式的安排是：用五百斤铜炮六十尊，设在速战阵头层，三十斤铜炮一百尊，设在二层，有炮车推挽，炮架支放，轮转装药，连环套打。这种阵式体现“厚集兵力”，“层层设防。”

道光希望清军通过训练能“悉成劲旅”。在战后财政开支紧缩，实力撙节时，还尽量做到兵饷不减或少减。希望兵丁体谅朝廷困难，“妥为演习技艺，悉成劲旅”。“兵丁等务当力图自效，悉成劲旅，用备干城之选，朕实有厚望焉”。

道光还对带兵的官员提出了特别要求，要爱护士兵“平日恤之以仁，推之以恩，要之以信，制之以义，而复严号令，明纪律，公赏罚，德怀威畏，以固人心，振作士气，俾上下一体，有进无退，方为有用之师”。还要求将弁“平日与看守炮台兵丁，讲究方略”，以达到官兵一气，“自可呼应便捷，无坚不摧，用收有备无患之效”。道光是有鉴于鸦片战争中官不知兵、兵不知将的情况，有针对性地强调官要知兵，严明军纪，提高士气，注意实用。这对于加强防务，提高清军素质，都是很有意义的。

改革章程。道光在战后强调要在军备的各个方面拟定善后章程，就是把革除旧弊、拟定新规的措施具体列条成章，作为制度固定下来。这对改革清军防务体制，有着积极的意义。以二十三年九月三日（1843 年 10 月 25 日）军机大臣穆彰阿等奏议的浙江善后事宜为例。

浙江善后事宜有二十四条。一、改提标左营兵丁为外海水师；二、镇海营改隶提督管辖；三、移昌五营都司驻石甫，再添兵力；四、改乍浦营参将为副将，并添兵丁；五、海盐县之澉浦地方，添设外海水师；六、海宁州添设内河水师；七、添设弁兵，即在本省各营裁拨；八、通省陆路兵丁，选十分之三，专习火器；九、乍浦驻防旗兵，专习陆战；十、水师以巡缉为操练；十一、水师各镇照例出洋统巡，并按期会哨；十二、提督每年亲往沿海各营校阅兵技；十三，巡抚每年亲赴乍浦等处，校阅兵技；十四、水师额设战船，俟同安梭船造成，试验后按营分设；十五、钱塘江内，添设船只，以习水战，十六、水师营内招募善于泅水之人，教习兵技；十七、修复招宝、金鸡两山及乍浦等处炮台；十八、镇海、乍浦后路添筑炮台，并将海宁州、凤凰山炮台，移建山下；十九、海宁、海盐交界之谈山岭，建筑石寨，并修炮台；二十、沿海城寨，择要修复；二十一、酌减马兵，节省经费贴补各兵赏项；二十二、演习枪炮，添置火药铅丸；二十三、添置炮位，补制机械；二十四、修建各工分别动款，并劝谕捐输。

道光对浙江善后事宜二十四条十分赞赏。他在四日分别谕内阁、军机处落实执行。他说："浙江善后事宜二十四条内提督每年亲往沿海各营校阅兵技，并巡抚亲赴乍浦考核二条，著闽浙总督明查暗访，如该提督、巡抚视为具文，并不届时亲在，以至日久废弛，即著该督指名参奏"，如果总督不予参奏，一旦发觉，就"一并惩处，决不宽贷"。又说："所有招宝、金鸡两山及乍浦等处修复炮台，并镇海、乍浦后路添筑炮台，及海宁、海盐交界之谈山岭建筑石寨，内修炮台，并沿海城寨择要修复，以备藏兵抄袭四条，并添置炮位一节，均系海疆紧要事宜"，命立刻确估兴办，然后一一验收，再由道光派亲信大臣验收，凡不合要求的，一定要惩办。

浙江的善后事宜，实际上涉及到了有关体制方面的改革，除了有关浙江地区本地特点以外的条文，其他各条实际上成为战后各地善后事宜的依据。

战后的八年中，道光在悲愤之中，挣扎着力图改变一下国力衰败的局面，但从总的方面看，他下达的有关谕令，采取的所有措施，仍然是在旧体制内搞一点"亡羊补

牢”之术。由于当时清王朝经济水平低下，不懂近代科学技术，加之其他原因，并没有取得显著的成效。

二

严禁鸦片，是道光继位以后的一贯主张，并制订了严厉的措施，付诸行动。鸦片战争的直接起因，是道光的禁烟，但在《中英南京条约》签订的十三项条款中，只字未提鸦片问题。原因之一，是道光对鸦片持严禁态度。据有关材料记载，在中英谈判之前，英方代表璞鼎查原先拟就了计划，主张鸦片照其他货物一样，纳税后公开输入销售，以免私运私卖，引起麻烦。但清政府代表在谈判会晤时，对鸦片问题只字不提，故而英方在会议上也没有提出此事。缔约以后，英方代表对此不解，曾向清政府代表问及此事。“亨利爵士于是声言道：现在一切问题都圆满解决了，我愿意就这个题目说几句话——这就是关于引起这次战争的最大原因——他指的是鸦片贸易。等到这几句话被译出之后，中国方面都一致地不愿谈这个问题。最后，亨利爵士告诉他们，这只是当作私人谈话的题目，这便引起了他们的兴趣，他们急切地询问……”。英国代表把引起吸食鸦片的罪责完全推卸在中国身上以后，然后试探性地说：“若将鸦片的人口，使之合法化，使富户和官吏都可以参加合作，这样便可将走私的方便大大限制，下便人民，上裕国课，岂不甚好！”“中国代表们都承认这种说法颇能言之成理，但是他们表示：大皇帝是不会听从这种议论”。参加谈判的清政府代表，都是主张弛禁鸦片的，英方和他们有着一致的观点。这些官员先是担心刺激英方，回避谈及鸦片，以免使谈判破裂。后来虽然以私人方式交谈，但清方代表仍然不敢公开表明对鸦片的弛禁态度，深怕被道光皇帝怪罪，对己不利。他们只是私下对璞鼎查说了心里话："不管外国商船带不带鸦片，中国不必查问，也不提出诉讼"。鸦片在战后实际上是弛禁了。

第二年，中英签订《中英南京条约》附件时，英方又提到了鸦片贸易合法化问题，当时，中国代表之一黄恩彤记载了有关鸦片问题谈判时的经过："税则即定，璞使遣马礼逊来言曰：'鸦片为人害，中国禁之是也。然名禁，实不禁也。今禁之不为不严，而吸食如故，贩运如故，中国无知不良之民何也。英国亦无知不良之商何也。且禁之则不准进口，彼得于海中交易，名为禁烟，实则免税，彼获厚利，而不纳税，无怪乎愈禁而愈不止也。为今之计，与其禁之，不如税之；耆大臣若以此意人告，增税必多'。并具有说帖一纸。余白耆公，公踌躇曰：'鸦片弛禁，璞使蓄意久矣。先不言而今始言之，得毋别生枝节乎？'余曰：'彼所言其名非也，其实是也，分若据理据法正言拒绝，彼转有辞，不若没为重税以难之。'乃为马礼逊曰：'耆公非不知名禁不如实税也，但中国禁烟甚严，吸食者罪至死，今遽请弛禁，大皇帝断不依允，中外大臣，亦必力争。耆公即冒罪奏请，恐亦无济，且奸民与奸商，走私渔利，由来已久，一旦弛禁，能必其进口报关，遵例纳税乎？诚恐徒有弛禁之名，仍无纳税之实，谁任其咎？公使如必欲耆公奏，请莫着必纳税银五百万两，作为一年定额，即由公使汇交，以明各商先之走私，原非得已，今之纳税，实出至诚，以后按年照额完纳，统归公使保交，或邀恩允准，亦未可知。'马礼逊曰：'贩烟获利诚厚，亦安能先纳五百万之税乎？'余曰：'林大臣昔年毁烟二万箱，当时必不能收缴净尽，乃尔国索还烟价在广东，先有六百万，在金陵又有四百二十万，足见鸦片之成本重而余利多。今中国弛禁，每年止索税银五百万，本为过也。如一时未能如数，先交三百万，余于半年内，分两限完纳，或于此中划抵，中国补还英国之银，似亦甚便，可回复公

使，斟酌为之。’其议遂寝”。英国不忘鸦片贸易的合法化，清政府代表则碍于道光严禁立场，不敢答应。这番交涉虽然没有达成协议，但事实上，英国商人不但没有放弃走私鸦片，反而更加变本加厉。

鸦片问题在谈判及条约中一再回避，而走私仍在进行，但是道光在禁烟问题上的态度却一直没有改变。坚持严禁，决不让鸦片贸易合法化。二十三年十年十日（1843年12月1日），道光在给去广东的两广总督耆英的谕中，再次提到禁烟问题，他说：“朕思鸦片烟虽来自外夷，总由内地民人。逞欲玩法，甘心自戕，以至流毒日深。如果令行禁止不任阳奉阴违，吸食之风既绝，兴贩者即无利可图”。他要求耆英“统饬所属，申明禁令，此后内地官民，如再有开设烟馆，及贩卖烟土，并仍前吸食者，务当按律惩办，毋稍姑息。特不可任听官吏人等，过事诛求，致滋扰累。总之，有犯必惩，积习自可渐除，而兴贩之徒，亦可不禁而自止矣”。道光还特别关照沿海督抚，要特别警惕来自海上的是私贩烟船。当他接到梁宝常奏报“登州府属的荣成、文登、福山等县有双桅洋船二只停泊，内有广东、江西等省民人驾舢板小船……欲与南民贸易，私想试贩鸦片”后，立即谕令该督抚“严禁各海口商贩，不准私相交易”，以防烟贩走私。

道光对吸食鸦片者，仍严惩不贷。二十七年十二月十六日，巡视中城御史志魁等奏，编查保甲，发现吸食鸦片逸犯杜焜，道光立即令将志魁“交部叙议”，以资鼓励。

应该指出，鸦片战争后的禁烟，已经没有战前那样雷厉风行了，一些本来主张严禁鸦片的大臣，也是处在无权或消沉的情况下，如林则徐，被派往边疆地区屯垦。道光虽力主禁烟，但已无人认真执行，鸦片走私在战后有增无减。

“广州自道光二十四年后，鸦片整箱运输街市中，直如非违禁品”。《中华纪事报》这样写道：鸦片贸易及吸食“均成公开，并不隐避，青天白日之下街市中，常见有运贩往来”。统计资料表明：1847—1849年间，鸦片输入平均每年一万八千八百十四箱，价一千一百十八万五千元。从1844—1850年间，英国输入箱数：1844，二万八千六百六十七箱；1846年，三万四千另七十二箱；1848年，四万六千箱；1850年，五万二千九百二十五箱，都是走私流入的。鸦片走私愈来愈烈，几乎到了无法收拾的地步。

三

《中英南京条约》签订后，璞鼎查所率英军，以等候清政府释放战俘为名，强行占据厦门鼓浪屿，并对清政府代表施加压力，以“台湾英俘被害”为词，制造了一桩“台湾冤案”。

战争期间，在浙江被俘英军，大多已经释放归还。英军侵略台湾时，有一百多名英军官兵被台湾军民俘获，并一直被拘留在台湾。璞鼎查派部属尔夫到台湾领取英授，台湾兵备道姚莹接见尔夫时告诉他，在台湾被俘的一百余名英俘中，有的已经病毙，有的已按中国法律正法，目前在台湾扣押的，只剩下军官九名，以及因遭风遇难被台湾军民救起的军官七多忍占与英军二十五人。姚莹将这些英俘及被救人员交与尔夫带回去。尔夫十分感激，请姚莹到了他的船上，燃放礼炮，并悬挂百面彩旗表示热烈欢迎，又一起共饮太平酒以后分手。但是，璞鼎查得到英俘中有的已被杀死的消息后，立刻产生异议，诡称台湾被杀英人都是遭风遇难的英商，要求清政府将台湾镇道达洪阿、姚莹等正法谢罪，并向死者家属赔偿抚恤金。耆英为了向璞鼎查献媚，上折诬陷达洪阿、姚莹冒功生事，要求予以严议。道光见到奏报后，命怡良赴台湾进行调查。怡良依照耆英诬陷达洪阿、姚莹的意图，制造了一起冤案。

英国侵略者由于窥伺台湾的活动没有得逞，反而损兵折将，对此一直耿耿于怀。仅在道光二十二年中，就屡屡犯扰。正月二十六日，英三桅船三艘，在台湾五汊港外洋北驶，企图再次入侵，台湾军民守御十分严密，未能如愿。二月三十日，三桅英船一只，舢板船四只，在淡漳交界的大安港洋面，准备由粤奸黄舟等招引逃到台湾去的匪徒为内应，寻机人口。同知曹谨、魏瀛、通判范学垣、知县黄开基、副将关桂、游击安定邦等，率兵堵御，并且在港口以北的土地公港设伏，“夷船畏军容整盛遽退”。巡检高春如、谢得琛施反间计，派人雇了渔船驶近英船，以粤人周梓等用粤语土音与汉奸黄舟对话。英国侵略者以为良机莫失，用重利收买来人，要他们引路驶向台湾海口，周梓看到侵略者中计，就把英船诱至设伏的土地港进口，英船中计驶入，碰到暗礁，船立即倾倒入水，英船想掉头，但已来不及了。清军伏勇齐起，清军发炮轰击，船被击破，纷纷落水，淹死不少，有的英军跳上舢板船逃窜，有数十名英军手持短械想夺船逃命。陆军与壮勇合力围歼，杀死英军数十名，俘获四十九名，另有粤奸五名。所缴获的鸟枪、腰刀，都是镇海、宁波清军营中的兵器，可见，这是一批屡次参与侵华战争的侵略军。

道光接到这次战斗胜利的奏折后，非常高兴，他说：“该英人窥伺台湾，达洪阿等以计诱令其船搁浅，破舟软馘，智勇兼施，不负委任，著赏太子太保衔，并阿克达春巴图鲁名号”。达洪阿等后来又“叠奉廷谕，生擒俘虏除头目外，均即行正法，以快人心”。道光高兴心情，是可以理解的。鸦片战争以来，道光日夜盼望胜利喜讯，但清军连连败北，所以，达洪阿、姚莹等在台湾反击英军侵略的胜利，使他感到无限欣慰。

英国侵略军在台湾一次又一次碰壁，扬言要调大军前来报复。道光为此谕问达洪阿、姚莹有何对策，并指示说：如果大队英船入侵台湾，必须及早“定谋决策，操必胜之券”。并查询英俘情况，取供以后与上年俘获监禁在押的一百三十余名英俘，连同汉奸等人即行正法，头目继续禁锢勿杀。

道光二十二年三月间，英船不断在台湾海面出现，派人探察港口情况，并在各港口骚扰。二十二日，英船一只，带着几只本地的小船，在树岭湖口外窥伺，清军守兵发现后，立即发炮轰击，击伤靠进口岸的二只小船，英船在洋面开炮回击，因距离较远，炮子都落水中。二十三日，英军乘八只当地草乌小船又一次进行窥伺，被守军击沉三只，溺死敌兵多名，并获内营鸟枪一枝，上面镌字二十七号，是清军厦门水师用枪。藏于岛上的内应汉奸，妄图出船呼应，都被捕获归案。

从道光二十年六月到二十二年三月，英军从没有停止过侵略台湾的活动。英军侵略台湾，一是为了掠夺台湾丰富的资源物产；二是因为台湾地处要冲，是侵略中国和东南亚地区的战略要地。英国侵略台湾未能如愿，而璞鼎查在谈判时，也没有能够在条约中得到在台湾获取权宜的方便，因此，他总想寻找机会进行补偿，释俘问题就成为他可以利用的借口。

璞鼎查所谓台湾镇遭杀的不是侵略军，而是遇难英商的谎言，本来不值一驳，但当时妥协官僚别有用心，便附和璞鼎查的诬陷，推波助澜。“时在江苏主款官吏，方忌台湾功，而福建厦门失守文武，亦相形见绌，流言四起”。耆英就根据福建已故总督苏廷玉及提督李廷钰二人的家信，奏劾达洪阿、姚莹“冒功”。道光派怡良去台湾调查。怡良到台湾后查阅了各种材料，发现达洪阿、姚莹“无功可冒”，但因他必须找到达洪阿、姚莹“罪证”，用以向英方谢罪，硬劾达洪阿、姚莹“有罪”，褫职逮捕解京。台湾兵民得讯，“汹汹鼓噪”，大鸣不平，经达洪阿、姚莹再三劝解，才平息。“翌日，众兵犹人柱香一柱，赴钦使行署泣愬”，又遭到怡良申斥。

达洪阿、姚莹保卫台湾战斗的胜利，是鸦片战争期间惟一可以值得称道的成功的保卫战，结果却遭到妥协官僚的诬陷。“台湾之狱，外则耆相主之，内则穆相主之，怡制使之查办此案，竟以莫须有三字定谳”。

穆彰阿等人所以要陷害达洪阿、姚莹，是因此二人坚决主张抗英，反对议和。达洪阿曾奏述侵略者处境“未必能持久”，认为坚持抵抗就能够取胜。姚莹甚至在《中英南京条约》签订的八月八日，在《再复怡制军言夷事书》中，更加直言不讳地反对议和。他说。“窃闻逆夷北上，复分扰江南，……复有在地奸民，为其区划，镇江之失，江宁之困，无怪其然。闻当事诸公，有暂时羁縻请圣明速决大计之奏。虽云紧迫万分，何遂至是？又闻广东有言，英夷已空虚，群夷不服所为，颇多兴怨，似有内溃之形，乃转掠商艘以助其势，外益夸张，内容急迫。美利坚亦谓天朝不可堕其术中，此言似又与职道前月所陈，不无吻合。若我担严守口岸，不与海上争锋，内查奸民诛之，不事姑息，再持数月，夷将自溃，不审朝内诸公如何赞襄纶綍，翘首天南，疢如疾首矣”。不能说姚莹对敌我情况的分析都是对的，但仅仅从主战反对议和这点上，已经是妥协派官僚们所不可饶恕的行为了，故而，惩治达洪阿、姚莹已是早已谋算好的了。

道光对达洪阿、姚莹事件的处理，头脑还是清醒的。他在批复耆英等有关台湾英俘问题的奏折中指出，战争中发生的事情，双方“各宜置之不论”，因为英国绝不会将其在侵华战争中的将领，因清政府的要求而“遂令废弃”。同样，在鸦片战争中“我国伤亡将士甚多，又岂能于事后一一取偿耶?”实际上是批驳了侵略者的无理要求和妥协官僚无原则的迁就。但是，由于刚刚达成“和议”，道光还是在妥协派和侵略者的压力下，不能不表示一下对达洪阿、姚莹的“薄责”。事过不久，“鉴二人枉，不深罪，达洪阿、姚莹旋即起用”。二十三年十月二十五日，道光任命达洪阿为哈密办事大臣。至此，达洪阿、姚莹的冤案才得以澄清。

咸丰登基后，又对此事进行了彻底的平反。“未及改元，即黜大学士穆彰阿，起用总督林则徐，以抚夷之议，执政者主之，非上（指道光）意也。故下诏宣示中外，并及达洪阿、姚莹前在台湾尽忠尽力，而穆彰阿妒其成功，陷之，欲置于死地。二臣皆起用”。

四

鸦片战争后，中华民族与外来侵略者之间的矛盾上升为主要矛盾。人民的反侵略斗争兴起，特别在东南海防前哨广东地区更是开展得如火如荼，道光顺应民情，支持了广东人民的反侵略斗争。

（一）火烧十三行

《中英南京条约》签订后，英国又迫使清政府签订了《虎门条约》和《中英五口通商章程》作为附件，进一步攫取了片面最惠国待遇，关税协定等种种特权。其他资本主义国家也随之要挟，纷纷强迫清政府签订了《中美望厦条约》、《中法黄埔条约》（即中美、中法五口通商章程三十四款和三十六款）等，抚夷各款，截止上年（道光二十五年）十二月，一律完竣。但是，侵略与反侵略的斗争，并没有终止。

广州人民的反侵略斗争，在鸦片战争后有了新的进

展。人民散发的《告谕英商大略》中的第一条指出："辛丑（指1841年，道光二十一年）之后，英人侥倖得志，勿视为中国之弱也"。表明了人民反侵略的决心，并未因清政府的失败而改变。而英国侵略者，却以战胜者自居，在广州等地肆无忌惮，横行不法。广州重新开市后，英商与民人交易时，"动因口舌，促起风波，愈以纷争为强"。商馆中的役使，更是仗势欺人，"沿岸攫掠布店货物，论值未成，径携以去"。在路上"遇平民，辄喝令急趋避，否则鞭扑随之"。广东人民早就怨恨在心。最初还只是城内"众怒难息"，继而附近人城商贾的农民，也因被欺侮，"积为深怨"。广东人民"骁健多好义"，他们痛恨英国侵略者在自己的乡土上，"焚烧其房舍，奸污其妻女，杀戮其父兄，誓不共戴"，"多敢死之气"这是鸦片战争后，广东人民掀起新的反侵略斗争的根本原因，完全是侵略者逼迫出来的。

广东人民在鸦片战争后反侵略斗争的一个显著特点是有组织、规模大，动辄万人，其中，社学起了重大作用。

社学，或称书院，义学，本来是地主阶级办"团练""御盗贼"之所。鸦片战争期间，社学成为广东人民编练义勇，进行抗英的组织。《中英南京条约》签订后，广东附近各社学彼此联络，声势大壮，决心团练御侮，约定："同患相扶，协力共救"。南海、番禺各县遍布社学，举办团练，富者助饷，贫者出力。其中以广州附近的升平、东平、南平、隆平等社学，最为有名。

社学的迅速发展，是和道光的积极支持分不开的。道光二十二年十月，由钱江、何大庚起草的一份《全粤义士义民公檄》中说："恭读上谕，'士民中果有勇谋出众之材，激于义愤，团练自卫，或助官军以复城邑，或阨要隘，以遏贼锋，或焚击夷船，擒斩大憝，或申明大义，开启愚顽。能建不世之殊勋，定有非常之懋赏，钦此！士民等钦奉王言，共引团练，仿范里连衡之制，指愿得百万之师；按赏田捐之方，到处有三时之乐，无事则各归农业。有事则协心从戎，踊跃同袍，子弟悉成劲旅，婉娈如玉，妇女亦能谈兵”。在升平社学建立过程中，道光指示：“该省西北乡绅士，敌忾同仇，深知大义，著查明首倡义举之人，如有才具堪胜文武之任者，即据实保奏，候朕施恩，并剀切晓谕该省各府州县，均宜照此团练自卫，并备调遣。将来如果得力，自当从优奖赏，即军务告竣，未经调拨应用者，亦必概加赏赉”。道光还准备将社学团练作为一支军事力量而调遣，协同清军进行作战。在道光的积极推动下，升平社学应时而生。

升平社学先由广州西北郊石井乡举人李芳等于道光二十二年夏间联名呈请，捐资在石井建社，附近十三社八十余人加入，后陆续增至十八社，招募义勇，团练御侮。随着社务发展，在籍内阁中书何有书等又在江村附近地方设立升平公所作为辅助，以为丁壮聚集之所。二处联为一气，声息相通。经费主要由地方捐助，升平社学各乡签捐银约近二万余两，升平公所各乡签捐银约计七千余两。社内壮勇，都自愿赴升平公社报名，统计连约各乡团练共有数万人，其中勇健可以调遣者，不下万人。社学是由地方绅士组织领导，下层劳动人民广为基础，人力财力全部来自民间。正是由于社学具有较为广泛的基础，所以，它领导下的斗争，声势十分浩大。

道光二十四年三月二日，广东巡抚程矞采奏《绅士捐建升平社学公所由》中提到，社学成立一年多以来，城东南各路，亦都闻风而起，各选择燕扩墟、沙梨园及河南等处先后建立东平、南平、隆平各社学公所，仿照团练。壮勇少的数千人，多的万余人，队伍都十分整齐雄伟。

在社学领导下，战后广东人民第一次大规模反侵略斗争——火烧十三行爆发了。

道光二十二年十一月六日（1842年12月7日），英军士兵强买陈亚九的橙子不付钱，陈亚九向其索要，英军士兵恼羞成怒，拔刀刺伤了陈亚九右手臂，陈负痛松手，大声呼喊。在附近卖糕的李亚华及往来行人，愤见不平，一齐围住英军士兵，帮同陈亚九讲理索钱。英军士兵自知理亏，突出人群，避人附近洋房，并将大门紧紧关闭。群众在后紧追，人数越聚越多，将洋楼紧紧围住，大声斥责。英军在楼上用砖瓦向楼下人群掷打，激起了愤怒的人群更加强烈的反响。此时，县民苏亚炳等人从此地经过，询问了事情的原委，感到英人欺人太甚，苏亚炳率众绕到十三行门首，搬起大石撞开大门，一拥而进，用火将房屋点燃。英军见火起，急忙赶来扑救，苏亚炳等大喝一声，拔出腰刀，向英军殴砍，英兵施放手枪抵御。在混战中，有二名英兵当场被殴毙在地，苏亚炳、李亚三、何亚郁等数人，亦被英军枪弹击中，负伤倒地，其中五个人因伤重殒命。愤怒的群众口呼杀贼，阻止英人前去扑火，直到第二天，“火熄而散”，共烧毁英人楼馆四间，群众的自发斗争，表明了对英国侵略者的深刻仇恨。

事后，祁埙向道光奏报“民洋争吵，洋楼失火”。道光在十一月十二日上谕中指出：“粤省士民，因洋人情形傲慢，激成公忿，迥非籍端滋事者比”。他指示祁埙等人，要秉公妥办“总当使洋人服输，不致有所藉口，尤不可屈抑士民，使内地民心，因而解体”。道光清楚地表明他对此事起因的看法，即英国侵略者傲慢横行引起。并针对祁埙等人对参与此事的群众进行惩办的主张，明确指令祁埙等人，对民人的反英斗争，不能进行镇压，“尤不可屈抑士民”。

事后，璞鼎查写信给祁埙，提出索赔要求。祁埙因为已经有了道光的诫谕，不敢一再示弱，在复书给璞鼎查时说：“勿纵酿后祸”，百姓“一时数万众齐心，非同小可”，触犯众怒，后果将更加不堪设想，政府也无法控制。璞鼎查无奈，只得暂时了事。

（二）禁租河南地

道光二十四年二月间，英国侵略者的军舰驶进珠江，向清政府提出六点侵略要求：一、英人二年后进住广州省城；二、英人要在广州河的南岸建立楼房；三、在十三行开河截段；四、设立天主教堂；五、在广州设立领事馆；六、在天津建屋通商。英国侵略者在上述无理要求还没有得到清政府答复的情况下，就开始在广州河的南岸勘地分界。英国侵犯中国主权，蛮横无理的行为，激起广州人民强烈反对。广东省城各界商量，每个铺户捐铺租一月，凑得经费银三百余万两，齐集壮勇十万余人，准备与英国侵略者斗争，同时，修书一封，向英人提出警告，结果，英人大惊，怕众怒难犯。

珠江南岸，旧称河南，与省城广州相对。这里人口众多，但面积狭小，在此居住的多是自食其力的劳动者，"多赖咫尺之地，为仰事俯育计"，靠着宝贵的、狭小的地皮谋生。在河南西部有一块水陆十分方便的地方，与广州洋楼隔水相望。此地隔岸临海，占据此地，可以封锁西面的通道，阻截黄埔中船只进入省城。另外，在河南的南面，地随河折，曲折处直下，就是西南人省河的凤凰冈，往东是鸡鸭滘。倘使从洲嘴曲折地方筑一炮台，就可以扼住广州西南乡人省的咽喉。所以，河南地不仅仅是附近四十八乡居民依生谋业的地方，而且，由于地理位置重要，又成为战备的要害地区。英国侵略者为了谋取此地，先是以重金购买，遭到当地人民的强烈反对后，又采取变诱为惊的办法，璞鼎查党在二十四年四月初二、三、四日，来到河南洲头，进行丈量，插旗为界，强行抢占，造成既成事实。

广州河南地区人民群众对侵略者的蛮横无理，义愤填膺，决心绪以惩罚。四月五日，聚集在双州书院的数千群众，拟书投寄英人头目痛斥他们背约抢占的侵略行为，并明确告知侵略者：广大民众“众口一词、不愿出租”河南地。在一份《合堡绅耆投词信稿》中说：“现因英吉利国欲勒租河南地方建造屋宇，本处绅民均不情愿，乃英吉利国领事不得业主允议，突于四月初二、初三等日，竟到河南洲头嘴地方丈量，插旗志界，是将恃硬强占，有背和约，我等绅耆大为骇异，迫于初七日会齐四十八乡，约集三千余人，同到洋行会馆欲与之面辩，以明所不愿者众，……而领事推匿不见，故沥函分辩情理，陈说利害，交通事转递，原冀其中止以弭争端，俾各守和约”。另如，在《致英吉利领事官信稿》，《告谕英商大略》等信函中，反复强调了不愿租借河南地的决心，甚至表示，“虽官亦不能夺以与人”，即使清政府答应，老百姓也不答应。河南人民一方面进行说理斗争，一方面在组织上进行准备。在群情激愤之下，侵略者也不得不面对现实。英领事“知众议鼎沸”，只好“爰暂止河南之议”。另外，英想租花地口的石围塘，亦因当地人民的强烈反对而作罢。侵略者只能挟迫清政府地方官吏，耆英与英方签订了二年后进广州城之约，此事才告一段落。

（三）黄竹歧案

鸦片战争期间，广州沿江上下数十村为了自卫，纷纷筑闸栅围村。道光二十七年夏天，一部分英国侵略军乘船到广州城西南的黄竹歧村一带“打猎”。登岸后，撞进闸栅，在村内鸣枪打鸟，看见妇女，哗众调戏，吓得村中妇女惊叫逃跑，英士兵麦克地竟然在后面向惊逃的妇女举枪射击，以此为乐，险些伤人。村民闻枪声赶来，并鸣锣传递消息，召集邻村群众前来支援。英军在越聚越多的群众面前，惊恐暴躁，妄图行凶。被激怒的群众向侵略者扑去，当即殴毙英军六名，并且把尸体绑上巨石，投入村外大河之中。村民陈亚辰也被英军殴死，另一村民李亚健被英军殴成重伤。余下英军逃回船中，急忙掉头回驶，逃回省城，向英领事报告。英领事随即照会耆英，要求缉凶抵命，并且威胁说：英国要召集香港守军前来烧毁黄竹歧。耆英赶紧派人会同南海县令张继邹，召募渔民，驾船打捞被击毙的英兵尸体。英方以被戕有据，向清政府地方官员索要“凶手”，并要求由英领事自行审讯惩办。新到任的广东巡抚徐广缙拒绝了英方的无理要求，他答复英人说：“杀人偿命法也，然一命一抵，法安可滥！不能渔肉吾民以绚夷欲而塞夷责也。”徐广缙亲自审理了此案，问明英人被杀缘由，判处三人死刑，并在杀死英人的地方行刑。但是，英国侵略者仍然不满意此处理结果，向清政府官员蛮横提出，一定要烧焚黄竹歧村，否则“不足以息众怒，而杜效尤”。企图借此讹诈，并逼迫清政府压制群众的反抗斗争，以保证他们的“安全”。

耆英迫于洋人的压力，责令府县官吏出示，召集省绅开会，要他们拟一份今后“毋许妄杀，后此永葆无事”的公函，刊刻遍贴，以慰洋人。

道光在十一月二十一日接到耆英报告后，指示他：一面要拏凶惩办，一面要饬令水陆各营暗中防范，防止英国侵略者借此扩大事态。后来，道光又接到奏报，黄竹歧村民二人也被殴伤至死。随即谕令：“勿令有失民心，是为至要”。二十六日，耆英又报，英国侵略者不仅要杀凶手，还要烧黄竹歧及毗连二村。道光气愤地指出，英方要求“荒谬已极，自无允准之理”，要耆英“持平审办，固不可失之宽纵，致拂夷情，尤不可持之操切，有失民望”。并再次告诫耆英要加强防范，不可麻痹大意。十二月七日，道光令耆英调查此案起因，当接到耆英关于此案起因的奏

报后，道光说："此次黄竹岐华洋争殴之事，该国若能约束禁止，何至动起衅端，该督等务将此意剀切晓谕，令其设法禁止，非贸易不得无故滥人民间田舍房屋。"道光对事件起因的分析还是恰当的，完全由英方挑衅而起。

（四）反进城斗争

英商在广东进行商贸活动，已有二百年之久，按照旧制规定，外国人不能随便进入广州城，外国商人常常为此不满，认为是被中国人看作异类，是一种不平等待遇。《中英南京条约》签定后，璞鼎查又提出了进广州城的要求，清政府只答应他不带兵卒，轻骑简从，在升平公所商谈事宜，谈毕出城。

鸦片战争后，英在广州设领事馆，马礼逊作为首任领事，屡次请求进城，没有结果。马礼逊后回香港，不久病故，英领事改为马峨，又提出入城事因不久去职，亦即中止。德庇时继任领事后，再次提出人城一事。

《中英南京条约》签订后，英、法、美又先后强迫清政府签订了一系列不平等条约。到道光二十五年，各国强迫清政府订约之事告一段落。按有关条约规定，清政府要收复定海，英领事德庇时就以清政府不准英国人进广州城为借口，拒绝如约归还定海，以此要挟。十一月二十三日，道光接到耆英报告后，指示他说："恐难免希冀请求，该督等惟当持以镇静，俟其续请时，即告以贸易之事，期于彼此相安，今欲更改旧章，人心必为疑怪，……傥为滋生事端，彼此均为不便，为此晓谕，庶华洋两不相扰，可以经久相安"。十二月二十日，道光接到耆英报告，"英官仍执前说，要求进城"，再次指令耆英予以拒绝。他说："英人进城一节，本非条约所有，……该督等仍当详晰开导，谕以即使准其进城，而民情究难相安"，一旦冲突事发，"地方官断难查办"，决不负约束的责任。英人无奈，只得于二十六年五月退出舟山，“并于三日内派兵船四只，赴该处装载英兵，驶向印度”。但进城一事英人仍未放弃。二十七年春间，德庇时突然率兵舰十余只，英军千人突入省河，占据十三行湾停泊，并令英兵潜上炮台，钉紧炮眼，然后“坚请进城”。道光在三月七日得奏后，指示耆英：“该督等惟当一面饬文武员弁迅速布置，严密防堵，一面向该国剀切晓谕相机妥筹，固不可过事张皇，尤不可稍形疏懈”。耆英与英方会谈后，商定：二年后英人入城。二十八年，徐广缙代替耆英。二十九年，德庇时回国，由文翰继任，提出践约要求。人城与反入城斗争更加尖锐。

耆英于二年前答应英人入广州城一事，实际上是不负责任的推托之词。当年英人提出进城来住，没有等到答复，“英船已直人虎门，驶进省河，泊十三行下”，准备兵戎相见，强行入城。耆英既怕答应英人入城“激民变”，又怕拒绝英人入城“开边衅”，他采取缓兵计，以首鼠两端态度，虚应故事，私下答应英人二年后入城。这样，他用欺骗的办法暂时稳住了英人入城之心。十二月二十九日，耆英被调入京，所有两广总督印及钦差大臣关防，均交徐广缙署理。广州入城一事的处理，就落到新任两广总督徐广缙，广东巡抚叶名琛的身上。

徐广缙，字仲升，又字靖侯，河南鹿邑人。嘉庆二十五年进士，初在京为官。道光十三年，出任陕西榆林知府，历安徽徽宁池太道、江西督粮道、福建按察使。擢顺天府尹，后又为布政使。二十六年，升任云南巡抚，调赴广东。二十八年，道光授命他为两广总督，兼通商大臣。

叶名琛，字昆臣，湖北汉阳人。道光十五年进士，选庶吉士，授编修。十八年，出任陕西兴安知府，历山西雁平道、江西盐道、云南按察使，湖南、甘肃、广东布政使。二十八年，升任广东巡抚。

徐广缙去广东任事时，道光指示他说：“疆寄重在安

民，民心不失，则外侮可弭。嗣后遇有民洋交涉事件，不可瞻徇迁就，有失民心，……总期以诚实结民情，方为不负委任。”徐广缙在交涉英人要求入城一事上，执行了道光的指示，赢得了反入城斗争的胜利。

道光二十八年五月，英领事文翰告知徐广缙，明年二月二十一日为进城之期。徐广缙在第二年正月二十三日带着属员前往虎门与文翰交涉，一面向道光报告请旨。徐广缙同叶名琛商议，“今我两人和衷一志，顺民心以行之，复何疑之有”。为防止英军强行入城，加强了省城防务，自省河以东各炮台，选择将弁，加强防务。并指令将弁，如英军闯入，沿海炮台就开炮迎击，同时配备药弹兵士，再预备策应队伍，进行了层层设防。

文翰得悉徐广缙、叶名琛做好了战争准备，想借谈判之机将徐广缙、叶名琛骗到英船上扣留，作人质逼迫清政府答应准许进城。徐广缙接到邀请后，慨然应允。官员们担心一旦事变，不好应付。徐广缙对此已有准备，临行时叮嘱水师提督洪名香说：“若我留彼船不还，可悉舟师攻之，我自有处，勿以我故迟疑投鼠忌器也。”讲完乘小舟前赴英船。文翰请徐广缙进入内舱，随即关了舱门，把徐广缙的随从官员隔在门外，取出准备好的条款给徐广缙，要立即允应。徐广缙看后，逐条以理力斥，双方相持不下。文翰见徐广缙不肯就范，威胁徐广缙说，一定要订下进城日期后，方准回去。徐广缙反驳说，耆英答应你的事，是在我来粤之先，我是奉皇帝之命来粤的，怎能随便答应你进城日期，况且，老百姓不允许你们进城，你们应该有所耳闻，我更不能擅作主张。此事只有奏明皇帝，听候皇帝的谕旨，谁也不能自作主张。文翰说，请旨时间太长，我们可以代替你用火轮船送到天津转递。徐广缙说，请旨之事，“本朝自有定制，……一切当遵天朝法度，勿率性生事”。文翰软硬兼施，没有压服徐广缙，只得送客。

城要求。使在鸦片战争失败阴影笼罩下的道光也从中受到鼓舞，他看到了人民群众“众志成城”的力量，看到了一点希望，也得到了一些安慰。

第九章　起义迭起

道光继位后，为扭转清王朝的衰败，励图振兴，努力勤政，但他无法改变早已腐朽的封建制度中的各种弊端。道光是清王朝最高统治者，但他在力图振兴中的努力，又显得那样的无力。封建统治阶级与广大人民群众的矛盾更加尖锐，致使道光朝三十年间，各族人民各种形式的反抗斗争从未间断，声势浩大，遍布全国。道光作为一个封建帝王，在人民反抗面前，和他的先辈们一样，为维护封建王朝的统治，采取了坚决镇压的措施。

一

在湖南、广东、广西一带生活的瑶族，与汉族杂居在一起。当地的汉族封建地主阶级勾结清政府地方官员，对瑶族群众肆意盘剥欺压。道光十一年，湖南江华等地区发生了天地会人屡次劫掠瑶民牛谷事件，而官府又偏袒天地会中人，引起瑶民的愤恨，终于在这年十二月二十九日，爆发了湖南江华县锦田乡瑶民赵金陇联合瑶民赵福才及广东的瑶民起义。起义军进攻两河口，杀天地会徒二十余人，县令林先梁，游击王俊得讯后，率兵役由黄竹寨前往镇压。起义群众被杀十四人，被俘五人，其余参加起义的群众多散去，起义被暂时镇压下去。

道光十二年正月初五日，赵金陵率领群众夏至洪江寨、黄竹寨、长塘坪一带，参加起义的瑶族群众多达一千余人，起义群众头裹红布为记号。赵金陇为稳定众心，提剑作法，“衍水变火，结草变牛，以示法术”。众多瑶族群众纷纷参加起义队伍，很快发展到三千多人，并计划占据九嶷山为根据地。清军参将成喜带兵往剿，并截断通往九嶷山的通道，妄图阻止起义军，但未能如愿，起义队伍转至宁远，清军提督海陵阿率军四千余人前往追剿，屯驻在下灌，派副将马韬突进，当马韬军抵达池塘墟时，刚接仗，就被起义军杀死。海陵阿指挥清军向起义军进攻，预先埋伏的起义军，从高处冲下，将清军团团围住，清军全部被歼，海陵阿也堕马被杀，新田县知县王鼎铭同时被起义军击毙。经过这一仗，起义军声势大振，贵阳、常宁等地瑶民纷纷响应，起义队伍发展到数万人，冲卡夺营，屡败清军。道光闻警，急调湖广总督卢坤、湖北提督罗思举、贵州提督余步云率军镇压。

卢坤率清军进至永州，起义军闻讯后分兵三路迎击，每一路都有二三千人，互为犄角之势。清军调来镇压起义的队伍中有常德水师和荆州旗兵，他们不习惯山地作战，加上后勤供应不上，此次进剿又告失败。随后，清政府改调镇筸清兵，再次进剿。清军采用堵塞主要通道的办法，以截断起义军互为犄角的局面，又实行坚壁清野，不让起义军得到粮食和给养。道光对此次进剿，进行了具体指示，他根据起义军惯于山地作战，在山中据险防守的情况，要求清军将起义军“诱之山外平野之地，聚而歼之”。湖北提督罗思举又建议，用一军，潜至新田后路，遏制起义军南路，再与桂阳北路清军进行夹击，并且扼住起义军两面通往道州、零陵、桂阳的小路。这样可将起义军逼出山地，使起义军失去惯行山地的长处和大山的依托。按照道光的指示和罗思举的计划，清军分兵合围，把起义军逼

至羊泉镇。此时，连日大雨，路滑泥泞，起义军行动困难，又与清军日夜拚杀，伤亡很大，从四月六日至十六日的十天战斗中，起义军被杀六千多人，赵金陇也被清军杀害于羊泉街内，起义最后失败。

羊泉一战，清军损兵折将，伤亡惨重，把总三人，兵士一百五十八人被起义军杀死，官员二十二人，士兵五百九十二人受伤。

道光十六年二月，湖南武冈州瑶民蓝正樽，再次发动起义。蓝正樽，即蓝沅旷，是湖南新宁县瑶族士子，与潘明德、吴立鹄等习教传徒。湖南巡抚吴荣光侦知这个情况后，立即命人前往捕捉。潘明德、吴文鹄先后被捕遇害。蓝正樽于二月六日起义，参加起义的瑶民达三千余人，分路攻打武冈州城，因清军已有准备，而未能成功。七日，清军出城追剿，蓝正樽家属及军师张和尚、陈仲潮等，都被清军捉去。四月，讷尔经额代替吴荣光任湖南巡抚，他到任后，继续剿捕起义军，又有千余名瑶民被捕。道光一再严令讷尔经额捉拿蓝正樽。十七年，讷尔经额为了邀功，说从被抓获的瑶民钟顺二口中得知蓝正樽已被乡勇添国良等殴毙。道光命湖广总督林则徐查核，林则徐也称蓝正樽已被殴毙，并讲有蓝正樽衣服及其妻吴氏，子明玉，女秀兰，以及钟顺二和乡勇等为证。道光仍怀疑所奏不实，处罚了讷尔经额和林则徐，并严饬地方官密查，严拿蓝正樽及其长子琢玉等人，深怕“死灰复燃”，再次起义，危及清王朝统治，但一直没有结果。蓝正樽是否被殴毙，成为一桩悬案。

二十七年十月，湖南新宁瑶民雷再浩发动起义。湖南新宁县与广西全州交界的黄陂筒地方，瑶族雷再浩，汉族李辉、陈民及居住在广西全州五排梅溪口等外的瑶族萧立山等联合发动起义。清军前往剿捕，双方发生激战。十一月，起义军分兵进攻全州、咸水口等外，广西巡抚郑祖琛

督军进攻起义军。起义军在全州受挫，雷再浩率余部退人山内固守。后又联合李辉进攻新宁，未能成功，雷再浩被清军抓住。十二月，瑶民起义军领导人左广秀、蒋学泰、何其先、李魔旺，先后被湖南道州清军擒获，湖南瑶民起义再次被清政府镇压。

在湖南瑶民起义的同时，广东瑶族人也相继而起。

清政府在镇压湖南赵金陇起义时，曾让广东清军在广东、湖南交界外设防，以防止赵金陇起义军进入广东。广东清军遵照道光的指示派重兵在西路各隘口布防，造成东路各汛兵力单薄，防守空虚。广东瑶民抓住这一有利时机，于十二年四月六日发动起义。五月，广东连州瑶族在赵子青率领下，进入湖南蓝山，被卢坤所部清军阻截。赵子青又聚众二千余人，入湖南麻岗地方。清政府调清军六千余名，前往镇压。六月，道光又命曾胜带兵二千，驰往广东助剿。卢坤、余步云、曾胜等在濠江地方，击败起义军，随后又进攻银江，赵子青也被清军杀害，起义被镇压。

广东瑶族起义规模虽然不大，但清政府用了半年多时间方将起义镇压下去。道光为此指责负责镇压起义的清政府官员："半载有余，尚未藏事"。原因何在？禧恩在奏摺中说，调至军营的六千官兵，不习惯走山路，而从沿海一带调去的清军中多有吸食鸦片烟者，兵数虽多，"难于得力"。道光愤慨地说："该省兵丁在该省山路行走尤应熟习，何得谓之不惯？平日废弛，临时畏葸"。暴露了清军的腐败和军备废弛。

广东的瑶民起义又波及到广西瑶民。十二年七月，广西贺县瑶民盘均华率众起义，祁埙率清军镇压，起义军战败于芳林渡，盘均华逃入湖南，被清军捉住遇害。

广西起义则被镇压下去，广东瑶民起义又起。八月，广东连州八排瑶民举行起义。八排，四周环山，毗连三

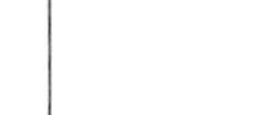

省，瑶民以山洞为家，周围山冲七八十处，民户不下五六万之众。其中有一处名叫黄瓜冲，为瑶民所居，汉族民人常入寨中滋扰，瑶民诉之于官，连州同知蔡天禄判肇事汉民赔偿受害瑶民银一千二百两，汉民不给，激起瑶民不满，聚众抄了该汉民的家财。两广总督李鸿宾遣总兵余德彪领兵进山镇压，起事瑶民乘夜偷袭了清军军营，将数十名清军官兵击毙。李鸿宾率清军前往镇压，亦被硝药失火烧伤。镇压受挫后，李鸿宾想对起义军进行“招安”。道光得悉后，将李鸿宾革职问罪，改派禧恩暂署两广总督。此时，大掌岭、大古坳、阳公歧各排冲瑶民六七百人，于七月二十二日，分四路进攻清军，直扑营卡。二十五日，大木根、大桥头、六对、冰岗四冲瑶民，直扑清军大营。清军调集大军，极力阻击，直到九月，才把起义军镇压下去。这时，道光补授卢坤为两广总督，禧恩闻卢坤将至，就想以平瑶来激功。但是，瑶洞天险，不容易攻占。禧恩采用按察使杨振麟计谋，以银钱盐布引诱起义群众投降。瑶民起义群众为饥饿所迫，一部分人中计下山，禧恩抓住机会猛攻，结果，黄瓜冲、火烧坪各寨起义头领房大第六、盘麻山李、成意一等被捉住。道光得知后，嘉奖禧恩办理迅速，封禧恩为辅国公。瑶民起义被镇压下去。

这年十月，广东曲江、乳源两县瑶民，又准备起义，结果被卢坤镇压下去。

道光二十九年十一月，广西五排瑶民在李沅发领导下再次起义。李沅发在全州率起义瑶众数百人，攻人新宁，破城后，打开监狱，放出被关押的贫苦群众，并将知县万鼎恩杀死。李沅发率军据守城池，并派起义军另一头领李洪蒽进攻广西迁隆等地。广西巡抚郑祖琛派游击段炳南等率清军前往镇医，遭到起义军的迎头痛击，段炳南及外委吴玉魁、巫宜福等都被起义军打死。十二月，起义军攻破新宁城，谣传李沅发自焚死。他的弟弟李沅宝得讯，又带领起义军进攻新宁，为兄报仇。实际上李沅发并没有死，他率军突破清军包围，进至大绢洞附近山岭，清军追至，双方激战，起义军将清军守备熊钊、府经历刘炳南打死。另一起义军头领黄三等，占据癞子山，据险守御，制造军械，准备再次攻城。

道光命湖广总督裕泰前往督师。三十年二月，新宁瑶民在广西龙胜一带大举起义。清参将玛隆阿被打死。起义军突入永州镇箪军营，夺取军械，清军不能阻挡。巡抚冯德馨在起义军出城后，虚报军功，谬以收复人奏。五月，湖南提督白荣率清军与李沅发的起义军激战于楚粤交界地方，起义军被打垮，起义最后失败。

瑶民起义，在道光年间最为激烈，前后断断续续，此伏彼起，达二十年之久（道光十一年至三十年），道光调三省（湖南、广东、广西）兵力，累扑累起，“仅获镇定，然元气大损，兵机已动，故不逾月，而太平军起于广西金田村矣”。

二

道光二年正月，青海口外番民抗拒清政府强令其返回河南原牧地，与清军发生冲突。蕴依、双勿两部族联合循贵及四川番民发动起义。为了压服番民起义，道光调陕甘总督长龄督兵八千，分东、西、北三面进剿。五月九日，青海口外番民起义被镇压。但是，长龄大军刚撤，番民十余部族又回到河北插帐，清军再次镇压。十二月底，在河北插帐番民一万七八千人，才全部返回河南贵德原牧区。这一年，清军还镇压了果洛克番民起义。

道光二十五年六月十二日，青海番族二千余人，距察汗鄂博三千余里的金羊岭一带起事。前往察汗鄂博会哨的清军署西宁镇总兵庆和，带兵追捕，被起事番民当场击毙，其所带官兵，“阵亡亦多”。清政府调集甘肃、青海等地清军前往镇压，起义番民“忽分忽合，忽东忽西”和清军周旋。起义一直持续到道光二十六年六月，才被镇压下去。

道光在番民起义后异常恼怒，他指责有关官员“从前办理番案，一味因循迁就，敷衍了事”，以致使番民起义不断，竟到了无法抑制的地步。反映了清政府对少数民族实行民族压迫政策，引起各族人民的反抗。

道光十三年，四川峩边厅、越輸厅、马边厅彝民起义。峩边厅汉彝杂居，汉族地主强占彝民土地，致使彝民生活无着。当地彝民在马林等领导下“意欲夺回汉民地亩，分给耕种”，起义实因生活所迫引起。起义爆发后，提督杨芳率清军前往镇压，仅派往越隽厅一路镇压的清军，就有六千八百多人，其中包括从新疆及松潘等地调去的清军一千九百多人。四月，起义军领导人马林被清军捉住。五月，杨劳继续分兵进攻峩边厅起义军，另一位起义军首领桑树洛被擒，起义军余部聚集在老木孔山洞，咽噜崖老林。直到七八月间，清军才扑灭各厅的起义烈火。

十四年七月，四川峩边厅十三支部族内的雅扎等支，又一次发动起义。这次起义的主要原因是“荒歉乏食”，无依为生，彝族穷娃子挖了汉民的竹笋，被打死，引起彝民的众愤，以复仇为名，发动起义。杨芳率清军再次前往镇压。直到十五年三月，清军才最后镇压了峩边厅的十三支部族的反抗。由于起义不断，声势浩大，杨芳由于“办理不善”受到“交部严加议处”的外分。

十七年六月，马边厅又发生起义。此次起事因阿什子家黑夷三和，与大乌抛家黑夷熟果，互打冤家引起，扰及内地，引起饥饿的彝民响应，在老林起义。他们占据山高菁密的有利地形，以凉山为根据地，清军前来，退隐山林，清军走了，重新出山，使清军无法镇压。直到年底，清军分兵两路夹攻，打死了起义首领纳兹，才平定了这次起义。

十八年，雷波、马边厅等处彝民，因播种失时，无以为生，再次发动起义。起义队伍占据各寨，互相依附。清军镇压部队直扑袤延几及千里的凉山。道光指责清军负责镇压起义的官员“因循数年，徒事补苴，糜饷劳师，边陲未靖”。四川彝民起义自十七年在溜马槽打败清军后，势力大盛，“千百成群，直扑村镇”。虽然有关官员常常奏报“业经剿办完竣”，实际上，并没有将起义镇压下去。起义烽火不断，剿不胜剿。

云南是少数民族聚居的地方，由于清政府实行民族歧视政策，汉回民族之间矛盾突出，而地方官员在处理民族纠纷中往往偏袒汉民，这就更加引起回民的不满，械斗之事经常发生，回民起事不断。

道光二十五年九月二日，永昌七哨汉民将城内回民杀死达数千之众，云南巡抚贺长龄将犯事汉民肖林贵、杨老九等斩首示众，以平民愤。与此同时，永昌府属回民，因教习拳棒被府县查拏，怀疑是汉民告发，纠众进行报复。清政府饬令迤南道周澍，提督张必禄率兵前往镇压。此时，猛庭寨回民也聚众起事，抗杀官兵，逼近永昌郡城，并派人入城联络城内回民作为内应。清政府迤西道罗天池等将城中准备内应的回民全部捉拿杀害，永昌回民因此起事，黏挂揭帖，声称要报仇雪根。道光责备罗天池处理不当，将其交部议处。道光说：“云南回汉积怨报复，大而械斗，小而焚劫，几至无岁不有……当今之弊，总在蒙蔽不实，处处皆然”。

地处东南海疆的台湾，也是烽火不断。道光十二年闰九月，台湾嘉义县北陈办因“与粤庄争牛细故，毁庄拒捕”；张丙因“抢芋抢牛，攻打粤庄”，地方官“办理不公”而被迫起义。嘉义县南詹通等响应，随之起义的有彰

化县南黄诚等，仅嘉义县境内的起义队伍就有十二股之多，他们“抢劫衙署汛防，扼杀兵民，戕害府县将弁，攻围县城，势甚猖獗”。彰化县响应起事的黄诚，自“称北路大元帅，黏贴告示，混造年号，词语狂悖”。其他起义队伍也都设立了官职和指挥系统，有元帅、军师、副军师、先锋等。起义队伍围困嘉义城达五十余日。面对如此汹涌的起义群众，道光除饬谕程祖洛“驰往剿办”外，又任命福州将军瑚松额为钦差大臣，都统哈哴阿为参赞大臣，督率当时在台湾的清军一万四千多人。以及先后从漳州、金门等地调集的官兵七千多人前往镇压。起义军除采用“分庄拒守”战术外，还主动出击清军，在店仔口一战中，将带兵前在镇压的署嘉义县知县邵用之击毙；在大竹排地方将台湾府知府吕志恒杀死；攻打嘉义县城时又将清军游击周承恩“戕害”。清政府十分震惊，急忙又调集河南兵一千名，西安满洲营兵三百名，四川兵一千五百名，贵州兵五百名，渡海人台。经过“十次激战”，前后持续八个月，于十三年五月方将起事镇压下去。嘉义县人民的反抗斗争并未就此停止，以后又多次掀起斗争。

十九年三月，又发生了胡布联合内山洪保等起事，起义者攻汛戕兵，斗争持续到五月。

二十一年，嘉义县江见、江波“鸣鼓摇旗，乘机滋事”；南路夙山吴慈等“竖旗响应”。

二十四年三月，嘉义县洪协与已革武生郭崇高联合“竖旗”起义，聚众达二千余人，与清军交战六次，最后遭清军镇压而失败。

长期活动于民间广大地区的秘密宗教、秘密结社，在烽火遍地的群众斗争浪涛中，往往起了组织领导作用，有的还自建新的组织进行发动。深处剥削压迫和困苦悲惨处境的广大群众为了改变现状，对各种宗教、结社的宣传和号召，极易接受，出现了各地“拜会之风甚炽”的局面，甚至，连清政府的兵丁书役也“潜习教会”。各种名目和形式的秘密宗教、结社在各地十分活跃，广为宣传和组织群众，散见在《宣宗成皇帝圣训》中，道光年间活动于民间的秘密宗教和秘密结社就很多。

江西宜黄县宁都州，有萧祥占、萧茂英等人组织的铁尺会，又名真君会，设立天罡神牌，以治病为掩护，进行活动。赣南省添刀会，又名千刀会，烧香结盟，每人带刀一把，聚众达数百人。还创立花会，有三十六天罡。雩都县谢象华，以歃血立盟，创建洪连会。南安府、吉安府，也有添刀会，千刀会名称的组织。金丹教也在江西活动。

河南有天竹会。

广东有三合会，很多穷苦百姓参加了这个组织，“吏役兵了，半皆羽翼”。

山西赵城县有先天教，阳曲盂县，代州崞县，五台圻州、定襄一带，与直隶相近有五荤道。

福建建宁府属的崇安、浦城、松溪等县，浙江处州府属的龙泉、庆县等县，三省毗连地区封禁山内，有乞丐组织的花子会，设有大会首，副会首，散头目等名称，每年五月十三日在僻野古庙聚会一次，蒸糯米为食，因此又名餈巴会。

山东东平县有大乘教。历城县郑家码头三官庙道人孙大凤传习一往香教。临清州马进忠习学乾卦教，并有神卦旗帜，传徒宣传，“谋为不轨”。

由于民间起义不断，而一些秘密宗教、秘密结社，往往又是组织领导起义的核心“奸民习教传徒最为地方之害”。虽然严禁，但由于“教会锢弊已深”，还是无法禁绝。道光年间，秘密宗教、秘密结社，在各地多次领导了群众斗争起事。

道光二年八月，中原地区河南新蔡地方爆发了朱麻子领导的白莲教联合捻党的反抗斗争。据《道光朝东华续

录》卷6载："豫省教匪朱麻子等，由新蔡纠众窜人阜阳滋事，若非颍属匪徒勾结，该犯等何敢轻人其乡？查颍州强悍成风，为匪党捕逃渊薮，向有捻匪私枭，虽非习教传徒，声势最为联络。风闻艾宁集在阜阳县西南，距城一百六十里，捻匪最多，即朱麻子等犯窜匿之所。艾宁集北十五里有马家店，盗首马皮显即马二，系该处捻头，伙党殆难数计。县西十里为桃花店，又西南约二十里为韦家寨，约百里许为地里城，该处捻匪、盐枭成群结党，最为地方之害。皖豫两省毗连处所，向有捻匪、私枭党与甚多，声势最为联络"。这些地方还有不少"习教之徒伏而未动"，等待时机"与捻匪互相纠结滋事"。清政府将朱麻子捉拿后，道光谕令豫皖等省地方文武官员要"不分畛域"，"分布要隘"，对参加起义的人"会同查拿"。河南地处中原，临近京畿，影响较大，因此清政府对朱麻子领导的起义就更为重视，严令地方官员一定要"就地查缉，以净根株"，"无任远扬"

道光十八年十二月，贵州怀仁县谢法真"假托降神"，捏造"天书"，自封名号，聚众起义并且以穆继贤为困山大王，后又改称为川主，统领起义军抗拒清军，最后因力量不济而失败。

道光二十二年，捻党在江苏、河南交界处起事。十月，江苏萧县"捻匪聚众"，由纵红、马宗禹率领，"窜至亳州"，在江苏、河南、安徽三省交界处"拒敌官兵，伤毙多命"。道光对此十分焦急，感到捻党"出没于数省毗连之地"，虽严令各处捕拏，仍"毫无忌惮，……此拿彼窜，愈聚愈多"。申谕，"著江苏、安徽、河南各督抚分饬所属文武员弁督率兵勇四路兜剿"，深怕再"酿成巨案"。在清政府的残酷镇压下，纵红、李兆相等先后被捕。十一月，马宗禹也被害。

道光二十五年六月，捻党在山东频繁活动，主要集中在濮州、郓城及其周围地区，“伙党众多，……蚁集不散”，准备起事。清政府调集曹州镇清兵，并由濮州、郓城、钜野、定陶、城武等州县调集捕役，配合清军搜捕。捻党“纠众拒捕”，和清军在王家楼一带激战。为防止捻党“此拿彼窜，进入直隶”，清政府饬令山东、直隶两省官员，严防“直隶山东连界各属”，同时让直隶派出兵弁与山东清军“协力兜拿”。

由于秘密宗教、秘密结社活动频繁，在群众中产生了极大的影响，不断领导起事，道光多次下令，让各地方官员严行捉拿。二十五年三月，道光谕令“严缉四川教匪”。四月，谕令直隶、山东、河南各督抚捉拿“教匪”。六月，广州府属“盗劫日滋”，“结党聚会万余人”，其著名积匪如香山、新会、顺德等处，有“卧龙，三合等会匪”，“引人入会，千百成群，肆行无忌”。顺德、香山交界处，南海番禺、东莞、顺德、香山、新会、三水等处，“皆有盗贼巢穴，出没无常”。香山城内外，“自上年（道光二十五年）冬至今春夏之交。报劫者不下数千案”，甚至连香山司巡检鲁凤林，也“被盗抢去，剃须勒赎”。

二十六年六月，道光命步军统领、顺天府尹并各督抚饬属缉拿“邪匪”。二十七年九月，又令山东、直隶、河南官吏会拿“捻匪”。十月二日指出，各地有“会匪、捻匪、掖匪名目，聚集横行”。山东各州县案件“层见叠出”，统计查出抢掠之案“共计十六件，另有九件查无确据”。“山东省本年夏秋以来劫案之多，为向来所未有”。

二十八年四月，道光谕令两广、湖南、江西各督抚饬拿“会匪”。五月，又谕：闽省“此次拿获会匪，深得联申之力”，命“各客民，土著联为一体”，以抗“会匪”。并采取严查门牌、户册，编行团练等办法，防止秘密宗教、秘密结社在民间的活动。对查禁不力的官员进行严惩，如道光二十五年沔阳州知州王毓濂，因未能拿获教首

而被摘去顶戴，二十七年，又将办案不力的江苏如皋知县白联元，署靖江知县王宗濂革职，但均没有成效。

除上述外，道光二十一年十二月，湖北崇阳县还爆发了钟人杰、陈宝铭、汪敦族等领导的起义。当时湖北省的一些地方“饥民甚多”，而处于湖北省东南部的崇阳一带，人民生活更加困苦。钟人杰等“蓄谋已久”。在这一地区组织群众，准备起义。十二月十二日，钟人杰、陈宝铭率众二三千人“设立帅台”，进攻崇阳县城，很快攻破城池，杀死知县帅长志，并“抢劫仓库和监狱”。随后又攻下通城，取得“连陷崇阳、通城”的胜利。不久，又占据了通城与蒲圻交界的洪下等地。起义军立“钟勤王”，“并竖都督大元帅红旗”，“分设知县、千总”等官职，以后，钟人杰派汪敦族为通城知县，率领起义军千余人驻守。同时，起义军兵分两路进攻临近的通山和蒲圻县城。二十二年正月初九日，起义军一路在蒲圻同清军激战，“用小船多只，拥至蒲圻，占据城外东南山坡，……恃众拒敌，四面扑城，势甚猖獗”。激战一日，未能攻入。十一日，起义军再次进攻蒲圻，在激战中将清军守备玉贵杀伤。由于清军大量援军赶到，起义军攻城又未成功。在进攻蒲圻的同时，另一路起义军从崇阳进攻通山县城。十日，“崇阳逆匪数千人，由通山县西越岭突人，又有数千从小路盘踞高山，欲行扑城，施放枪炮”，激战一日，仍未能攻下。清政府调集了湖北全省兵力加上当地地主武装围剿起义军，并拟定了两路进剿的计划，“先复通城，以抓贼势”，再由四面包围崇阳，后来，清军又改为“分兵五路同时并进”。清军在地主武装的配合下，通过“内应”，“甫径四旬，先将崇阳攻陷，起义军领导人钟人杰、陈宝铭、汪敦族等人先后被捕。清军攻陷崇阳后，正月二十二日，通城也被清军和地主武装占领。到二月初，起义失败。

道光二十四年六月，湖南耒阳西乡段、阳二姓抗不纳

粮，并且自设粮局，阻截粮户上缴税粮，组织群众，攻扑城池，参加起事的人数达千余人，并在西乡鱼陂州哑子山一带建立根据地。这里路径崎岖，树木丛杂，十分险要，清军经过多次激战，才攻入哑子山，起义首领杨大鹏被害，起义被镇压。

道光二十五年九月，浙江省奉化又发生了张名满、赵顺年等聚众抗粮事件。奉化知县王济在群众完粮时“增加粮价”，被人上告。知府李汝霖审讯此案，又“擅责生监，以至人心不服”，使“所控案件未结”。张名满在奉化县考时，“聚众阻考，殴辱委员”，“挟制完粮减价”。地方官员派兵镇压，群众被迫“抗拒官兵”，“官逼民反”。浙江巡抚梁宝常、提督詹功显、署臬司蔡琼等带兵前往奉化镇压，抗粮群众退出县城到唐岙、汪家村等处。继续抵抗到十月，清军才肃清这次“形同叛逆”的事件。

综观道光朝三十年间人民群众反抗封建统治的斗争，有以下几个特点：

第一，边疆地区和少数民族反抗斗争增多。由于清王朝长期执行民族歧视和民族压迫政策，地方官员和少数民族上层又任意搜刮和奴役，使广大少数民族群众忍无可忍，只有揭竿而起进行反抗。三十年间，发生在少数民族地区较大的斗争达几十次，遍及云南、青海、广东、广西、贵州、四川、湖南，台湾广大地区，藏、彝、回、苗、瑶、黎等族群众，参加了这一斗争。

第二，此伏彼起，反复连绵。如湖南、广西、广东瑶族群众的反抗斗争，在道光十一年、十二年、十六年、十七年、二十七年、二十九年、三十年反复“滋事”，连绵不绝，对清王朝的打击是沉重的。再如台湾嘉义县的反抗斗争，也是在十二年、十九年、二十一年、二十四年连续发生。四川同样是“连年有事”，很多地区是“滋扰不绝”，“兵退复来，习为故常”，这种连绵不绝的狂飙巨浪，

冲击动摇着紫禁城中的宝座。

第三，声势浩大。多次起事人数多在千人以上，有的达万人，数万人。起义后攻城池，焚衙署，戕官拒兵，开监放囚。而且起事又多是早有准备，内外呼应。道光十三年湖南武冈起义和十五年山西赵城曹顺起义，都是如此。斗争中起义队伍之间，互报联络，互相支援，这不仅壮大了起义的力量，也分散牵制了清军的兵力，有利于斗争的发展。

第四，活跃在民间的秘密宗教和结社成为组织领导斗争的重要力量。白莲教、天地会、捻党等在群众中积极活动，进行号召和组织斗争，因此，不少起义带有宗教迷信色彩，如曹顺起义时称，“可避火器”；赵金陇能“提剑作法，冲水变火，结草变牛”；谢法真则“假托降神，捏造天书”等等，都蒙上了神秘色彩，虽然落后迷信，但在当时的环境下具有号召力，对人们的精神具有鼓舞作用。不少地区起事后还自立名号，建立官职，准备改朝换代。

第五，鸦片战争爆发后较战争前斗争更加频繁。仅据《道光朝东华续录》不完全的统计，鸦片战争后近十年间群众反抗斗争的次数，通过战前二十年。这除了由于战后十年天灾频繁等原因外，更主要的是清王朝由于战争和战争失败带来的大量赔款，更加重了对人民的剥削和压迫。

道光年间的群众反抗斗争，绝大部分是反对封建统治阶级的剥削压，它不同于张格尔分裂祖国的叛乱。道光也看到了这一点：“云南永北厅野夷纠众，扰及大姚，……与喀什噶尔等处夷匪滋事情形迥不相同”。

起义的原因是多种多样，目标也不完全一致。有些起义原因，看来是细微末节的小事，如台湾陈办因“争牛细故”；彝族雅扎等起事是因“窃挖”竹笋；永昌回民也只是“唱曲哗笑。”斗争目标不都是以推翻清王朝的统治为目的，不少斗争开始时，群众希望官府能持平公断，如果清政府地方官员处理得当，也不致酿成规模巨大的起义。道光对此也深知，他曾说：“若得一良有司秉公办理，自可息争弭衅”，但是，由于阶级压迫、民族压迫的残酷，政治腐败，吏治败坏，官员只知搜刮盘剥，使事态扩大，“官逼民反”。但是，这清楚地表明，清政府统治机器的腐败，不仅表现在贪赃枉法，欺压搜刮，激化社会矛盾，而且表现为在激烈的阶级斗争中的无能为力。清王朝衰败的趋势是无法改变的，一场更大规模的革命风暴正在孕育之中。

三

道光末年，一场震撼清朝封建统治的革命风暴——太平天国运动正在孕育。这一运动的主要创始者是洪秀全和冯云山。

洪秀全和冯云山均为广东省广州府花县人。洪秀全出生于官禄㘵小村，其家世代为农。洪秀全七岁入塾读书，十六岁辍学居家，十八岁起在本村和邻村充当蒙馆塾师。他曾多次参加科考，屡试不中。道光十六年（1836），洪秀全再次赴广州应考，虽未中第，却于偶然中得到一本梁阿发所写的叫做《劝世良言》的小册子，书中宣传了基督教拜上帝、敬耶稣、反对崇拜偶像教义，为落第后的洪秀全的思想中注入了一种新的意识。第二年，洪秀全再次科考落第，回家后大病一场，重病中恍恍惚惚神游了一次《劝世良言》中的天堂。道光二十三年（1843），洪秀全重读《劝世良言》，把七年前的梦境与《劝世良言》衔接了起来，觉得自己是上帝的次子，耶稣的兄弟，上帝将提剑斩妖的神圣使命赐予了他。

从此，洪秀全放弃了科考道路，开始进行信仰上帝的宗教宣传。道光二十四年（1844）四月，洪秀全和同是塾师的好友冯云山一道离开家乡，辗转来到广西贵县山区。在贵县的几个月时间，他们的宣传有了成效，吸收了一百多个农民为信徒。十月，洪秀全回到广东花县，冯云山则又到了广西桂平县的紫荆山区。

冯云山在紫荆山区，进行着艰苦的宣传工作和组织发展工作。经过两年多的努力，到道光二十七年（1847），冯云山从贫苦农民中发展了三千多名信徒，正式成立了“拜上帝会”。洪秀全回到故乡后，开始从事宗教理论著述，写出了《原道救世歌》、《原道醒世训》等文献，这些文献除宣传基督教教义，鼓吹上帝是惟一真神，人人应当拜上帝外，还把基督教教义和儒家思想揉合在一起，要人们“勿拜邪神，须作正人”。主张“无下多男人，尽是兄弟之辈，天下多女子，尽是姊妹之群”，“天下一家，共享太平”。道光二十七年（1847）二月，洪秀全从花县到广州，从美国传教士罗孝全学习基督教义。后因罗孝全拒绝为他洗礼，遂于七月重赴广西紫荆山区，与冯云山会合。

洪秀全的到来，极大地鼓舞了拜上帝的会众，他被尊为拜上帝会的领袖和教主，会众“称为洪先生，奉之若神”。洪秀全和冯云山一起，在广西大力发展拜上帝会，桂平县与邻近各县的汉、壮、瑶等族群纷纷参加，队伍不断壮大。在这里，洪秀全、冯云山商议制定了《十款天条》和各种宗教仪式。洪秀全还撰写了《原道觉世训》，除继续宣传上帝主宰一切，人人拜上帝之外，还把封建皇帝称为“阎罗妖”，号召人们“共击灭之”。在洪秀全的另一部著作《太平天日》中，宣称洪秀全自己是天父上帝的次子，受命下凡“斩邪留正”。道光二十七年十二月，冯云山被捕入狱，洪秀全返回广东营救未果。后来，冯云山在广西拜上帝会的营救下出狱，回到广东。

道光二十九年（1849）六月，洪秀全、冯云山一起回到紫荆山，拜上帝会的力量迅速发展壮大。这时，广西的

拜上帝会众已拥众一万余人，堪称一支力量可观的武装集团。其基本成份为贫苦农民，以及矿工、烧炭工、担夫、手工业者、小贩、无业游民等。此外，也有一些经济地位属于中小地主及富户，由于发迹不久，没有功名，或社会地位很低，受到当地士绅欺凌和排挤，因而也加入了革命的农民队伍。拜上帝会的领导集团也初步形成，除洪秀全、冯云山外，还有杨秀清、肖朝贵、韦昌辉、石达开。拜上帝会的势力范围分布在广西的桂平、贵县、平南、武宣、象州、博白、陆川等县以及广东的高州、信宜一带。拜上帝会开始编组军队，订造武器，筹备反清武装起义。

就在拜上帝会紧锣密鼓地筹备起义之时，道光三十年（1850）一月，道光皇帝去逝。至死道光没有收到有关拜上帝会的任何消息，但却把道光朝酿成的这场可怕的暴风雨留给了他的儿子咸丰皇帝。就在道光死后不到半年的时间，洪秀全下达了各路拜上帝会众会聚桂平县金田村的团营令。十月，两万会众抵达金田。十二月初十日，拜上帝会正式宣布起义，建号太平天国，天国的旗帜飘满了金田的上空。

第十章 家庭生活

一

道光二十年（1840 年）正月初六，清宫大内还洋溢在春节的欢庆气氛之中。皇后患病的消息突然传出，道光帝陪同皇太后前往看视。五天后，即十一日夜二点左右，皇后崩。道光亲自前往看视。八点左右，道光又陪同皇太后前往祭奠。道光帝当即传谕，派惠亲王绵愉、总管内务府大臣裕诚、礼部尚书奎照、工部尚书廖鸿荃总理丧仪。

这就是正史中有关孝全皇后之死的基本文字内容。至于为何得病，得的什么病，不得而知。

道光前后共封过三位皇后，第一位是孝穆成皇后，是道光为皇子时的嘉庆元年（1796 年）被册封为嫡福晋，死于嘉庆十三年（1808 年）正月，其皇后名份是道光即位后追封的。第二位是孝慎成皇后，在孝穆成皇后死后被嘉庆册封为道光的继嫡福晋，道光即位后立为皇后，于道光十三年（1833 年）四月去世。

孝全成皇后是道光的第三位皇后，道光初年入宫，赐号全嫔。小时候，其父颐龄任职苏州，其聪明、贤惠堪称一时之冠。入宫后，曾经仿照民间的乞巧板，将木片削成若干方，排成“六合同春”四字，作为宫中新年的玩具，为皇宫的深宅大院增添了喜庆气氛。直到咸丰初年，京外还有人仿其遗制，以致被《清宫词》誉为："惠质兰心并世无，垂髫曾记住姑苏。谱成六合同春字，绝胜璇玑织锦图。"所以，钮钴禄氏入宫后，以美貌聪慧、心灵手巧，深得道光宠爱，连连晋封。道光三年（1823 年）册封为全妃，五年（1825 年）晋为全贵妃，十三年（1833 年）又晋为皇贵妃，十四年（1834 年）立为皇后。按照清宫规制，女子入宫，在通向皇后的道路上，共有八个阶梯，这八阶梯是：答应、常在、贵人、嫔、妃、贵妃、皇贵妃、皇后。孝全皇后初入宫时，就跳越过了答应、常在、贵人三个等级，被册封为嫔，以后在短短的十四年间，又迈上其余五个台阶，达到了一个宫中女人昼思夜想的颠峰地位——皇后，其升迁速度是相当快的。孝全的晋封之快，几乎可以肯定地说明，她在道光那里，得到了特殊的宠幸。

既然如此，正当春风得意之时，年仅三十三岁的孝全为何突然患病身亡呢？对此，正史并无明载。然而，我们通过其他史料，还是可以找到解答这一问题的某些线索的。

道光二十年（1840）时，道光帝已年近六十岁。在这之前，就已开始考虑皇位继承人的问题，当时的合适人选一是孝全皇后所生的皇四子奕詝，一是静皇贵妃所生的皇六子奕䜣。这年，就奕詝和奕䜣而言，奕詝十岁（虚岁），奕䜣九岁（虚岁），年龄大致相当，身体发育均属正常，奕詝似乎以敦厚见长，奕䜣则以聪颖取胜，两人各有优长，不分伯仲；就孝全皇后和静皇贵妃而言，前者为皇后，自然位居第一，后者为皇贵妃，地位仅在皇后之下，排名第二，两者虽有差距，但差距不大，难分优劣。

在这种情况下，奕詝和奕䜣谁可能成为大清皇位的继承人，关键在于道光帝的好恶。

《清宫词》中有一首词记载了孝全皇后之死，它是这样写的：

如意多因少小怜，蚁杯鸩毒兆当筵。温成贵宠伤盘水，无语亲褒有孝全。

这首词的注释说：孝全皇后先由皇贵妃总管六宫事务（道光十三年），不久，正位中宫（道光十四年），数年后暴死，事多隐秘。当时，道光的继母孝和皇太后还活着，家法森严，道光也不敢违抗孝和皇太后的懿旨，所以，特谥之曰“全”。道光既痛悼孝全去世，故不立其他妃嫔之子为继承人，而决定立奕𬣞，因为奕𬣞为孝全所生，并且在诸皇子中年龄较大。

《清宫词》所记，孝全之死与筵席上的鸩毒有关，注释则说，孝全之死和孝和皇太后有关，是孝全违背了家法，孝和皇太后执行家法的结果。至于违背了家法中的哪条哪款，注释没有明说，只说是“事多隐秘”。

到底是什么“隐秘”呢？史家的另一条史料回答了这个问题。原来，道光帝在奕𬣞和奕䜣这两位皇子中，究竟确定谁继承皇位，一直举棋不定。

在封建时代，皇宫内嫔妃的地位常常依赖于皇子的地位。正所谓“母以子贵”。钮枯禄氏当然明白这一点，她知道，只有让自己的儿子成为皇太子，继而登上皇位，自己才能拥有巩固的地位。道光二十年间，道光帝一共有四个儿子，即十岁的奕𬣞和奕誴、九岁的奕䜣、一岁的奕譞。在四个皇子中，奕譞尚小，奕誴又生得“状貌粗拙”，平日“动止率略”，不为道光帝喜欢。所以，有希望继承皇位的就是四子奕𬣞和六子奕䜣。

奕𬣞和奕䜣各有优势，奕𬣞年长一年，而奕䜣却“天姿颖异”，甚为道光帝钟爱。所以，钮钴禄氏所担心的就是奕䜣。她知道，奕䜣一旦登上皇位，其生母就会扶摇直上，那她的地位也就难保了。

可是，事情的发展偏偏违反意愿。道光二十年（1840年），钮钴禄氏听到传闻，说道光帝欲立奕䜣为皇储。她实在不愿意接受这样的事实：皇后的儿子不能立为皇储，偏偏要立一个妃子的儿子。听到这个传闻后，钮钴禄氏茶饭不思，越想越恼火，在寝宫憋了三天，最后想了个破釜沉舟的宴毒计。

一天，钮钴禄氏在自己的宫内，摆了一桌美味佳肴，请皇子们都来品尝。钮钴禄氏欲在皇子们进食时，毒死奕䜣、奕詝，便在鱼中下了鸩毒。在奕詝三人坐在桌前准备动筷的时候，钮枯禄氏把奕詝叫了出来。

“我儿，一会儿吃菜时，不要吃鱼。”

“为什么？”

“那鱼是做给六阿哥吃的。”

“那为什么我不能吃？”

“不为什么，不让你吃，你就别吃。”

“不！你不告诉我，我就吃。”奕詝耍起了性子。钮钴禄氏没有办法，就把实情告诉了变詝。奕詝听罢，睁大了眼睛好半天没说出话来。要知道，奕詝同奕䜣、奕誴从小一起长大，现在又同在上书房学文习武，兄弟几个感情很深，现在怎么能眼看着他们被毒死呢？

正在这时，奕䜣、奕誴在里面已经等得不耐烦了，大声喊道：“四哥快来呀！”

奕詝耷拉着脑袋来到了桌前。皇子们开始进餐了。奕䜣、奕誴有说有笑地品尝着，一会说“这个香”，一会儿说“那个鲜”，吃得津津有味。这时的奕詝两眼直瞪着那道鱼菜发愣。此刻，奕䜣伸过筷子夹鱼了，筷子还没碰到鱼上，桌下就挨了一脚，直疼得奕䜣“哎哟”了一声。奕詝并不理睬他，两眼还是盯着那鱼菜。隔了一会儿奕誴来夹鱼时，桌下也挨了一脚。这两脚使奕䜣、奕誴都悟出了门道。结果两人谁也没再吃这道鱼菜。钮钴禄氏的阴谋也就没有能够得逞。

当时孝和太后还活着。太后听到了此事大怒，立刻下令赐钮钴禄氏死。道光帝听说后，急忙从前宫跑回，替钮钴禄氏求情。无奈皇室家法森严，太后又执法如山，道光帝无计可施。钮枯禄氏徘徊良久，最后不得不投缳白宫门，自缢而死。

史书对此多有隐秘，只曰“暴崩”。也有说是被孝和太后故意毒害而死的。

道光十六年（1836 年），孝和睿皇太后钮枯禄氏六十大寿，皇宫内隆重庆祝。道光帝率王公大臣、皇后钮钴禄氏率六宫嫔妃，分别向皇太后祝寿。道光帝为讨皇太后的喜欢，写了不少诗词，颂扬皇太后福如东海，寿比南山。皇后钮钴禄氏也填写了一些诗词，敬献给皇太后。皇太后的六十大寿庆典之后，又过了些日子，一天，道光帝到皇太后处请安，无事闲话，说到了皇后的聪明才智。谁知皇太后流露出无限惋惜的神情。道光帝感到非常惊异，向皇太后追问原因。太后说：“女子以德为重，德厚才能载福。如果只凭一点才艺，怕不是福相。”其实，太后这些话，本来也是随便谈到的，并没怎么介意。不料，这些话后来传到皇后耳中，钮钴禄氏非常不高兴。她想：我现在已经是国母，况且又有个男孩，将来这个孩子必定要继承皇位，那时我就是太后，怎么能说没有福相呢？她心里犯开了嘀咕，慢慢地，感情上和皇太后产生了隔阂，也表现在了行动上，每次给皇太后请安时，言语中总有些刺激性的话。时间长了，皇太后看出了问题，也明白了事情的原委，便大发脾气。皇太后是皇帝的母亲，又是皇后的亲姑姑，怎么能忍受这种旁敲侧击、冷潮热讽的话呢？这以后，皇太后不是当面训斥皇后，就是指斥道光帝管教不严，母子之间，姑侄之间，矛盾越来越大。道光帝和皇后的感情本来非常好。皇太后每次的责备，道光帝又都讲给皇后听。皇后越来越生气，见了皇太后也就顶撞得更厉害。一些嫔妃知道了这件事，出于对皇后的妒嫉，也到皇太后面前说皇后的坏话。这样，皇太后与皇后之间的关系更加紧张。

道光十九年（1839 年）腊月，北风狂吹，寒气逼人。一天，皇后外出，患了感冒，有几天未到皇太后处请安。谁知，皇太后竟亲自来探视皇后，问寒问暖，格外亲热。皇后感到自己过去做得不对，心里很不是滋味。转眼到了道光二十年（1840 年）正月，皇后的病已基本好了，便到皇太后处问安。皇太后很高兴，拉着皇后的手，问这问那，十分亲热。姑侄间以往的矛盾似乎冰解了。过了一天，皇太后派两名太监特意给皇后送来一瓶名酒品尝。皇后很高兴，当着太监的面，当时就斟了一杯，一饮而尽，还对太监说味很甘美，多谢皇太后。但是，就在这天夜里，皇后去世了。

上面这个故事是否真实，已经查无实据、无法证实了。我们只知道，道光帝在得知皇后钮钴禄氏崩逝的消息后，非常悲痛。他专门发了一道上谕，称赞皇后“恭俭柔嘉”，命惠亲王绵愉、总管内务府大臣裕诚、礼部尚书奎照、工部尚书廖鸿荃总理丧仪。第二天。道光帝身穿青袍，摘掉冠缨，亲到皇后灵前祭奠。整个宫中，仅孝布就用二百二十四匹。道光帝还立钮钴禄氏的儿子奕詝为皇太子，委派皇贵妃博尔济吉特氏代为抚养。为了表示对皇后钮钴禄氏的怀念，此后道光帝再没有册立皇后。

二

举凡帝王，位居九五，君临天下，一言九鼎，统驭万方。对其先祖来说，是龙子、龙孙；对后世子孙而言，则是龙祖、龙父，当然不可与黎民百姓、凡夫俗子相比。其

实，他们也是社会整体结构中的一个成员，他们也有七情六欲，只不过由于地位的不同，表现形式不同罢了。道光皇帝也是如此。

道光帝于嘉庆元年（1796 年）成婚，至道光三十年（1850 年），历五十五年，计有后、妃、嫔、贵人十六位，她们是：

孝穆成皇后，钮钴禄氏，户部尚书、一等子爵布颜达赉之女，嘉庆元年嘉庆册封为旻宁嫡福晋，嘉庆十三年（1808 年）去世，道光即位后追封为孝穆皇后；孝慎成皇后，佟佳氏，三等承恩公舒明阿之女，孝穆成皇后去世后，嘉庆册封为继嫡福晋，道光即位后立为皇后，道光十三年（1833 年）去世；孝全成皇后，钮钴禄氏，二等侍卫、一等男颐龄之女，先为全嫔，后晋全贵妃，道光十一年（1831 年）生咸丰奕诈，道光十三年（1833 年）升为皇贵妃，统管六宫之事，道光十四年（1834 年）立为皇后，道光二十年（1840 年）去世，道光钦定为孝全成皇后；孝静成皇后，博尔济吉特氏，刑部员外郎花良阿之女，后晋静皇贵妃，孝全皇后死后，负责抚育咸丰奕诈，奕诈即位，尊为皇贵太妃，咸丰五年（1855 年）尊为皇太后，死后谥孝静成皇后。

庄顺皇贵太妃，乌雅氏，先为常在，后为琳贵人、琳贵妃，咸丰时尊为琳贵太妃，同治时尊为琳皇贵妃，同治五年（1866 年）谥庄顺皇贵妃；彤贵妃，舒穆噜氏，先为彤责人，后为彤贵妃，复降为贵人，咸丰时尊为彤嫔，同治时尊为彤贵妃；和妃，纳喇氏，嘉庆时特命为侧室福晋，道光初年封为和嫔，后晋和妃；祥妃，钮钴禄氏，先为贵人，后晋为嫔，复降，咸丰时尊为祥妃；佳贵妃，郭佳氏，先为贵人，后晋嫔，复降，咸丰时尊为贵妃；成贵妃，钮枯禄氏，先为贵人，后晋嫔，复降，咸丰时尊为贵妃；常妇，赫舍哩氏，由贵人晋封；顺嫔，由常在晋封；

恒嫔，蔡佳氏；豫嫔，尚佳氏；贵人，李氏，由答应晋封；那氏，由答应晋封。

这十六位后、妃、嫔、贵人中，为道光帝生育子女者，仅有七位，她们是：孝慎成皇后生一女，孝全成皇后生一子二女，孝静成皇后生三子一女，庄顺皇贵妃生三子一女，彤贵妃生二女，和妃生一子，祥妃生一子二女，共为道光帝生育了九子九女。

道光之时，上有诸多母辈（嘉庆后、妃），中有成群后、妃，下有众多子女，如此庞杂的天下第一家，除了森严的传位家法，严格的尊卑等级，烦琐的宫禁律令之外，作为一个家庭，虽然与寻常百姓迥然有别，却也不乏骨肉亲情。

严于教子，勤督课业。皇子素质的优劣，事关大清祖业的继统，所以清王朝历代皇帝都十分重视对诸多皇子的教育和培养。道光对皇子们既严加管教，又抚爱备至。严格执行皇子年届六岁必至上（尚）书房读书的祖制，除上书房外每当酷暑季节，皇子们可移住西郊圆明园之一澄怀园的“上斋三天”，一边读书，一边避暑，直至秋凉，再回到大内的上书房，继续攻读。为了保证皇子学业有成，道光帝为皇子们精心择定学识优异的内阁学士、翰林为师傅，教授课程，并特派大学士或协办大学士为上书房总师傅，稽查督促，以防疏懈。如发现师傅管理放纵，教育不力，或皇子们学业不精，贪玩逃学，则传旨申饬，或撤换师傅。皇子读书，十分严格，每日五更时分，就要准时进入书房，除夏至到立秋这段时间为半日制，可在午初（中午十一时）放学外，其他季节均为全日制，要在薄暮时分才能休学。管门太监对教学时间要按时登记，以备查核。皇子所学课程包括经史诗文、满文满语、骑马射箭等项。上书房前的阶下就是宽阔的运动场，皇子们在正课之余，常常在这里舞刀弄枪，学习骑射。道光帝在日理万机之

暇，经常到上书房阶下，令皇子、王子练习射箭，射中者即赐以丝帛或羚枝。在道光的严格督促下，皇子们的学业日渐精进，道光二十九年（1849年），皇四子奕詝和皇六子奕䜣经过切磋研究，制成枪法二十八势，刀法十八势。道光帝见皇子钻研有得，学业有成，十分高兴，特赐名枪为"棣华协力"，刀曰"宝锷宣威"，并赐皇六子白虹刀一把。道光帝注重对皇子们的培养造就，虽然主要着眼于大清江山的长治久安，但也不乏父子之间的人伦亲情。

皇女的地位，与皇子相比，不可同日而语。皇女降生后，即有保姆喂乳照料，难得与生母见上一面，自出生至婚配，十余年间，母女见面次数，仅有几十回。尤其甚者，每当公主出嫁，则由皇帝赐给府第，不与舅、姑同住，舅、姑见公主则需行见皇帝的大礼。驸马只能住在府中外舍，公主不召，驸马不能与公主同床共枕。公主每召驸马一次，都要花许多银钱，贿赂管家婆保姆，才能夫妻相聚。如果公主不贿赂保姆，即使公主宣召，保姆必然多方阻拦，甚至责以无耻。女子柔懦软弱，不敢力争，自然要长期受保姆挟制，即使入宫拜见母亲，也不敢倾诉。所以，清代公主很少有生儿育女者，并且十个中就有九个是因相思而死。自清初至道光二百年来，数以百计的公主命运大抵如此，惟有道光帝的大公主与驸马符珍冲破了保姆的樊篱，得到了夫妻自由同居的权利。事情的经过是这样的：

大公主刚结婚的时候，宣召驸马同居共枕，被保姆阻拦，以至一年多的时间，大公主没有见过丈夫符珍。大公主十分愤怒，但暂时忍而不言。一天，大公主入宫，跪在道光帝面前，说："父皇究竟将臣女嫁给哪个人啦？"道光说："难道符珍不是你的夫婿吗？"大公主说："符珍长相什么样？臣女已嫁给他一年了，还从未见过面。"道光说："为何不能见面？"大公主说："保姆不让臣女与符珍见面。”道光帝说：“你们夫妻间的事，保姆怎么能管呢，你可以自己做主！”大公主得了道光帝的这句圣旨，回到府中，立即将保姆痛斥一顿，以后随时召见丈夫符珍，夫妻感情甚好，先后生了子女八人。此事可谓有清以来，独此一桩，深受时人称道，称大公主为女中豪杰也。看来，道光对皇女下嫁后的苦情也并不知晓，只是无意中成全了一桩好事。

清时，皇帝母后在宫廷政治中大多不居重要地位，皇帝不时前往拜见，也不过是例行家规，虚应故事而已。道光帝身为人君，事母情笃。一次，道光帝生母孝淑睿皇后生日时在宫内演剧，以为庆贺娱乐。但是只演斑衣戏彩这一阙。在剧中，道光脸上挂着一副白胡子，穿斑连衣，手持一只鼗鼓，装作小孩子游戏舞蹈的样子，面对太后而唱。这一举动，看来近似荒唐，但仍不失仁孝之心。

三

道光十一年六月初九（1831 年 7 月 17 日），时已夜半，圆明园湛静斋全贵妃钮钴禄氏的寝宫内，忽然传出几声婴儿的啼哭声，道光帝的第四位皇子降生了。

消息传到养心殿，年近半百的道光帝喜出望外，当即含泪赐名奕詝。道光帝的喜悦欢欣不是没有理由的。此前道光帝本来已有三个皇子。次子奕纲、三子奕继早亡，皇长子奕纬，最受道光帝的宠爱，长至二十三岁，已经落落成人。一日，奕纬的师傅某太史强逼其背诵经书，告诉他：“好好读书，将来好当皇帝。”奕纬终究是个孩子，不耐烦地顶撞道：“我将来作了皇上，先杀了你。”此事为道光帝所知，当即召见大阿哥奕纬。奕纬刚刚跪下请安，道光就气愤地踢了他一脚，正好伤及下部，没过几天就死了。三皇子的相继死去，使年近半百的道光帝悲痛万分，

对于皇朝未来的继统大事隐怀不祥之兆。惟一令道光帝稍感欣慰的是，皇长子过世时，全贵妃钮钴禄氏和祥贵人均已身怀六甲，如能生得男婴，亦堪来日大用。

在道光的群妃众贵当中，最受宠爱的是全贵妃钮枯禄氏，她年方二十三岁，年轻貌美，体态轻盈，楚楚动人。其父是承恩公颐龄，曾仕宦苏州，钮钴禄氏随父同行，备受江南山水浸染熏陶，聪慧绝伦。道光初年入宫，后因宠连得晋封，道光三年（1823 年）册封为全妃，五年晋全贵妃，成为后宫中红极一时的人物。但聪明的全贵妃清楚地意识到，仅凭自己的姿色取得道光的宠爱只是暂时的，要想永久确立自己的地位，非走“母以子贵”这条路不可。

道光十年（1830 年）五月，道光帝召幸全贵妃，不久，她便怀上了胎妊。她满心欢喜，盼望自己能生下一位男婴，来日当上大阿哥，自己也不枉恩宠一生。一日，全贵妃从小太监口中得知，几乎与她同时，祥贵人也怀上胎妊。听到这一消息，全贵妃面部的笑容顿时消失，急命小太监偷偷查阅宫中召幸皇妃密档。

原来在清代皇宫内，皇后之下，有皇贵妃、贵妃，妃嫔、贵人等，分住几个宫，皇帝住在养心殿，每晚让值更太监唤某妃来，未经允许，其他人不敢随便来。敬房事要有记载，某年某月某日某妃来住，以便查考。小太监偷查密档后，旋即密报全贵妃，祥贵人的胎妊比她早有月余，全贵妃大失所望，她知道，皇帝选任大阿哥虽然以贤不以长，但在顺序上前列当然是占有一定优势的。

道光十一年（1831 年）四月，皇长子奕纬被道光误伤身亡后，前三皇子尽失，全贵妃更加敏感地意识到皇四子位置的重要性。她知道，年迈半百的道光帝连丧三子，急盼得子以继承皇位，谁能尽快填补道光这一空虚的心理空间，谁就有可能在未来的皇位继承竞争中获胜。想到这里，全贵妃早生皇子的念头越发强烈了。

一天，宫中御医又来给全贵妃诊察胎儿，全贵妃见左右无人，便小声问道："不知这腹中是女是男？"因全贵妃平素在宫中颇会笼络人心，与这御医熟识，因此，御医顺口答道："当然是真龙天子。"全贵妃听罢，大喜，急忙又问："此胎儿可否早降生月余？"御医听罢，大惊失色，跪地叩头，连说："使不得！使不得！皇子虽可早生，但不足月，定会早亡，奴才要掉头的呀！"这边御医已吓得汗流浃背，谁知全贵妃却早已心花怒放。

次日，全贵妃又特召御医入密室，对御医说道："我想让皇子早点降生，来日如能得继大统，我必重赏，你究竟有何办法。"御医答道：奴才并无妙法，只有从今日起服用奴才祖传的保胎速生药，皇子便可提前降生，只是……"全贵妃明白御医的意思，笑着连声说道："那就不是你的责任了，自然不必多虑。"

于是，从这日起，全贵妃每日遵医嘱服下保胎速生药物，不多时日，便觉得腹中燥热，那小东西也在腹中舞拳弄棒，大有敲门欲出之势。到六月初九日，移住圆明园湛静斋的全贵妃忽觉腹中疼痛难忍，经过一番"苦斗"，终于生下了皇四子，道光帝赐名奕詝。因连丧三子，为皇子起名时，道光曾颇费心机，前三位皇子的名字均用"纟"字旁，而皇四子则用了"言"字旁，道光实际上是把奕詝视为皇长子来对待，备加喜爱。

六天后，祥贵人也生下了一个男婴，是为皇五子奕誴，果然不出全贵妃所料，奕誴降生后，道光帝虽然也很高兴，但其兴奋程度与奕詝降生时已不可同日而语。

清代以前，在皇位继承问题上实行的基本上是嫡长子继承制，即在诸多皇子中，立嫡不立长，在嫡系子孙中立长不立贤。这种制度的建立及实行，尽管保证了政权的平稳交接，但也带来了一个明显的弊端：嫡长子在诸皇子中并不都是才智出众者，一些智力低下，昏庸无能之辈在这

种制度的庇护下登上了皇帝宝座，有的给当朝的统治留下了深深的祸患。

清朝建立后，为避免上述弊端，有意将这一制度废除了。清朝入关前两代继位的君主，太宗皇太极和世祖福临，既不是长子也不是明立的太子。入关后，也未预立太子。常常是皇帝临终时，在皇子中诏命一位贤能者嗣位。雍正帝继位后，为防止诸子争立，各树朋党，互相残害，建立了秘密建储制度，即由在位的皇帝对全体皇子作长期默察考验，选定之后，以朱等书名，密定为储，藏之锦匣，悬置于乾清宫最高处“正大光明”匾额之后。当皇帝病危时，当众开启，册立皇太子。

秘密建储制度的创立，虽然避免了皇子之间的猜疑丛生，但储位之争依然存在。咸丰皇帝继位前同其弟奕䜣之间的争夺，就表现得十分激烈。

道光皇帝是于道光二十六年（1846 年）开始考虑立储的。当时有资格充当皇太子的有五人：四子奕詝、六子奕䜣、七子奕譞、八子奕詥、九子奕譓。当时，奕詝十六岁、奕䜣十五岁、奕譞七岁、奕詥三岁、奕譓二岁。奕譞、奕詥、奕譓年龄尚小，加之生母地位较低，缺少竞争实力，有条件参加竞争的是奕詝和奕䜣。

在奕詝和奕䜣之间，究竟选哪一个为皇储，道光皇帝还犹豫未决。为了考察他们的品行与能力，一年春天，道光皇帝命诸皇子去南苑较猎。奕䜣平时愿意舞刀弄枪，骑射技术高超，这一点奕詝自愧不如。于是临行前，奕詝去上书房向其师傅杜受田讨计。杜受田亦有意辅佐奕詝登上皇位，并对道光帝的心理作过揣摩。面对即将开始的围猎较量，杜受田认为只有如此这般，才能斗败奕䜣，于是给奕詝出了一个锦囊妙计。

南苑是皇家的围猎之地，位于北京郊外。这时正值谷雨，路边的垂柳已披上了绿装，一簇簇野花散发着醉人的芳香。正襟危坐在高头白马上的奕䜣，昂首挺胸，双目远眺，眉宇间透出一股傲气。他心想，此番狩猎较量，我乃如鱼得水，最后一定能以最多的猎物，博得父皇的欢心，那时，皇储就非我莫属了。

到了南苑围场，皇子们带领自己手下的人分别开始了围猎。奕䜣果然身手不凡，他骑的白马快如飓风，他拉的银弓满似圆月，只一会儿功夫，就猎获几只鹿和野兔。正当奕䜣等人骑射的兴致正浓的时候，忽然发现奕詝正默坐在一旁，其手下人也在奕詝身边垂手侍立，不觉心中纳闷，便驱马来到近前，探问其故，奕詝答曰："我近日身体不适，不敢随意驰逐。"

日落时分，皇子几人带着各自的战利品，回到宫中向父皇禀报战绩，并献上猎物。果不其然，奕䜣所得猎物最多，心里也最为欣喜。皇子中独奕詝一无所献，道光皇帝不解，问其缘故，奕詝答道："儿窃以为现在正是动物繁衍孕育下一代的时候，我不忍心在这个时候杀死它们，并且我也不愿意以骑马射猎这些小的技艺，与兄弟们争个高下。"本来，道光皇帝看到奕詝一无所获，心里有些不高兴，但听到奕詝讲出这番话来，顿时眉开眼笑，连声说道："我儿果然有君子的气度。"

经过围猎这番较量，道光皇帝初步有了意向：立奕詝为储。

道光皇帝是个办事优柔寡断的人。虽然南苑较猎，已经决定把皇位传给奕詝，但不久，他的心里又不平衡起来，因为他毕竟非常喜欢奕䜣。是的，奕䜣自幼活泼好动，聪明伶俐，不论学文还是习武，他总是学得最快，记得最牢，运用得最好。从这样两项殊荣上就可以看出道光皇帝是如何偏爱奕䜣了。一是道光皇帝看到奕䜣读书能得大旨，曾亲自为其书斋题写了"乐道书屋"四字匾额，这是其他皇子都没有得到的。二是道光二十九年（1849

年），为了奖励奕䜣的武功，特赐给奕䜣一柄金桃皮鞘白虹刀，准许他永远佩带，这也是其他皇子所没有享受到的殊荣。另外，从奕䜣生母的升迁上也能看到道光帝对奕䜣的钟爱。奕䜣生母原来只是位于宫内第五位的妃子。道光十四年（1834 年），也就是奕䜣两岁时，她超越了和妃、祥妃，被晋封为贵妃，孝慎皇后死后，她在宫中居第二位。道光二十年（1840 年），孝全皇后暴卒后，她便总摄六宫之事，成了实际上的皇后。

由于对奕䜣的偏爱，道光皇帝决定再给奕䜣一次机会，考察一下奕詝和奕䜣的品行。一天，道光皇帝将两个盒子放到两个皇子面前。这两个盒子，一个是金的，一个是木的。金盒上雕满了姿态各异的龙，龙体闪烁着光芒；木盒上刻着麒麟，也被漆得黑亮。道光皇帝指着两个盒子说："这两个盒子，我儿各选一个"。奕詝和奕䜣听了这话互相看了一眼。奕詝平静地说："六第先选吧！"奕䜣听了这话，也不谦让，伸手将金盒抓在手里。

从这件小事上，道先皇帝感到，还是四子奕詝仁义憨厚，六子固然聪明，可是人品不如其兄，于是下决心把皇位传给奕詝。

经过这番考察之后，道光帝立四子奕詝为储君的决定，再也没有发生过大的动摇。但道光始终欣赏奕䜣的才气，对没有将奕䜣立为储君一事一直抱憾。对此，正史往往为尊者讳，不便明载，倒是野史，或多或少地反映了这一情况。

据说，道光帝在临死的那一天，知道自己即将离开人间，忽然命内侍传旨，宣召六阿哥奕䜣。正赶上四阿哥奕詝入宫，给道光帝请安。听到宣召奕䜣进宫的圣旨，深感惶惑不安，急忙来到道光身边。道光帝见来者并不是六阿哥，而是四阿哥，微微叹了一口气，在昏迷中还问："六阿哥来了吗？"当六阿哥应召来到时，道光帝已经咽气了。

还有一种说法，说道光在病重弥留之际，正值奕詝在旁，道光帝头脑昏昏，错以为是六阿哥奕䜣在身旁，就拉过他的手说："我本想立你为帝，现在已经如此，真是不由己啊，你要自尊自爱！"说完这句话，又反应过来，知道面前的皇子是四阿哥奕詝，道光一时窘极。奕詝见此，知父皇不忘六弟，急忙随机应变，跪地叩头，并发下誓言，一定保全奕䜣。

还有第三种说法，当道光病重时，将御前重臣召到寝宫，从床内取出金匣，命人开启。这时，皇四子奕詝的生母已不在，而皇六子奕䜣的生母尚在。奕䜣的母亲就让内监叮嘱御前重臣不要接受金匣。诸臣一时委决不下，犹犹豫豫，不敢上前接领金匣，道光帝急得连连用手拍床。众大臣见道光帝发怒了，这才上前接过金匣，启开后，取出谕旨。这次众臣敢于不领金匣，是由军机大臣季芝昌串通的。所以，奕詝即位后，季芝昌就由顾命大臣调往闽浙，任总督去了，不久又告病，死时，文宗（奕詝）朱笔批示：无恤典。将顾命大臣外放任总督，一个正一品的朝廷大员死后不予恤典，在整个清代，是绝无仅有的。

至此，我们可以明了，道光帝在立储鐍匣中，破例在一匣中放了两道谕旨，这充分反映了道光在立储问题上的矛盾心理，以及封建朝廷在权力交接中斗争的复杂性。

尽管传闻种种，莫衷一是，皇四子奕詝毕竟登上了皇位。道光三十年（1850 年）正月二十六日，在太和殿举行了奕詝的登基大典，次年改元咸丰，历史又翻过了一页。

道光二十六年（1846 年）道光帝将立太子朱谕正式写好。道光三十年（1850 年）正月，道光帝病笃，自知阳寿已尽，遂把军机大臣等八人召至寝宫，从床内取出装有朱谕的锦匣，递与诸大臣，以便开启出示。然而，诸大臣没有一个敢上前接受。原来事先奕䜣生母静贵太妃已知朱谕内容，为阻挠开示朱谕，她指使太监告诉八大臣不许接

受锦匣。这里特别是侍郎季昌芝早知朱谕内容，并明白静贵太妃的意图，于是他带头不接锦匣，从中作梗。道光皇帝这时说话虽已经比较困难，但心里尚明白事理，看到这番情形，已经明白一二，顿时大怒，他用手使劲地拍打床铺，好像在说，我还没死，你们竟然不听调遣！几个大臣一见皇上发怒，赶忙上前接过锦匣。打开一看，里面有一份立储密谕，上面写着两行汉字："皇六子奕䜣封为亲王，皇四子奕詝立为皇太子。"在后一行汉字的旁边，又书了"皇四子奕詝立为皇太子"的满文字样。出示朱谕后，只几刻功夫，道光帝殡天。道光三十年（1850 年）正月二十六日，奕詝在太和殿正式即位。次年改元咸丰，开始了清代咸丰朝的统治。

咸丰登基以后，原顾命大臣之一侍郎季昌芝被派任闽浙总督。季昌芝到任不久，即生病卸任。后来季昌芝死的时候，咸丰帝竟朱笔批曰"不恤典"，即清政府不予办丧银两，也不举行任何仪式。以顾命大臣出任总督和正一品大员卒而不予恤典的事，在清一代是绝无仅有的。人们在分析此事的时候，都认为，这是季昌芝阻挠接受道光帝锦匣的结果呀！

第十一章　晚年悲情

一

道光在位三十年（1821—1850 年），执政时间仅次于康熙（在位六十一年）和乾隆（在位六十年）（光绪在位三十四年，但独立处理政事的时间很短），道光继位时，清王朝已经结束“康乾盛世”的时代了，王朝的衰败正在延续和发展。在他在位的三十年中间，清王朝遇到了强大的英国资本殖民主义的入侵，道光统治下衰败的清王朝，经过长达二年的抵抗，最终失败了。道光虽不情愿，但还是经他的手批准签订了《中英南京条约》等一系列不平等条约。不平等条约的签订，开了清王朝对外关系屈辱软弱的先河，也撕下了天朝大国的面纱，过去还被掩盖着的衰败腐朽真相，第一次陈示于国人和西方列强面前。鸦片战争和不平等条约的签订，使中国历史发生了急剧的变化，中国社会开始进入半殖民地半封建社会。道光也就成为中国历史上绝无仅有的横跨中国封建社会最后阶段和半殖民半封建社会开始阶段的帝王。时至晚年，对这位处于中国社会性质发生重大变化时期的君主，如何实事求是较为全面的评价，不仅对道光的研究，而且对于认识中国封建社会的没落，封建制度的腐败和它走向灭亡的必然性，都具有深刻的意义。

道光幼年时，清王朝还处在“康乾盛世”的尾声之中，他曾目睹过清王朝的兴盛景况，并在他年少的头脑中，印上朦胧浅淡但又难以抹去的印记。成年后的道光，面对清王朝衰败的趋势，不能不考虑如何巩固王朝“基业”的问题。他继位后，多次提到王朝“缔造维艰，守成匪易”，告诫自己及后代子孙要守好“家业”，巩固清王朝的“基业”，并力图制止住清王朝的衰败，走上振兴，希冀再现“康乾盛世”的局面。

道光并不甘心做一个平庸的君主，他幻想着成为具有“汉高祖之大度，唐太宗之英明”的帝王而“载诸史册”。道光的一切活动，特别是鸦片战争前二十年的活动，都是在这一思想指导下进行的。

道光一生俭廉勤政，想有作为，力图除旧布新，在其执政的三十年中做了不少努力，其中有两点特别值得一提：

一是敢于正视清王朝存在的弊端。作为封建帝王，他不可能认识封建制度的腐朽，但道光敢于正视和提出存在于封建政权中的弊病，并力图加以扭转。继位不久，他就一针见血地指出，王朝政权已处于百弊丛生，日甚一日，几成积重难返之势，而最大的弊端是吏治败坏，横征苛敛，虐取于民，官官相护，朋比为奸。其严重程度已到了“积弊相沿，挽回无术”的地步。

正是道光敢于正视吏治腐败的现实，使他感到了国家存亡的恐惧，决心整顿吏治。

二是勤于政事。道光自幼聪颖好学，深受儒家经典熏陶。性格内向，正统保守，为人勤奋，喜欢思考问题，但又谨小慎微。他深知王朝“基业”“守成匪易”，因此对政事的处理上兢兢业业、小心谨慎、事必躬亲，并以“虚心实行”四字自勉自励。对各种奏章，都亲自审批，夜以继日毫不松懈。道光在位三十年，后期由于鸦片战争的失败，以致各种弊端有增无减，清王朝更加衰败，虽然，道光曾一度灰心丧气，但他没有放松政事。道光二十九年(1849 年)，他年已六十八岁，并有病在身，仍然不分冬夏，处理政事，从未怠慢。直到他临终前十日（道光三十年正月初四日），才由其子（咸丰帝）代其批阅奏章。道光死后遗诏中说："自御极至今，凡批览亲奏，引对臣工，旰食宵衣，三十年如一日，不敢自暇自逸。"还是比较真切的。

二

道光继位之初，倾其全力，力图扭转衰败。综观其在位三十年间所作所为，概括有以下几点：

一是提倡节俭。为了推行节俭政治，他身体力行，衣食简朴，裁减贡物，力戒浮华，在有清一代帝王是罕见的。更为重要的是把提倡节俭作为整顿吏治的重要环节。

道光提倡节俭的目的是为了改变官僚地主阶级中奢侈挥霍的腐败之风，以此来推行封建的节俭政治，以利于国家的振兴。虽然他自己没有完全做到，如重修地宫工程，就造成极大的浪费，但他确实又在身体力行，几十年如一日。虽没有能改变官僚集团中浮华、挥霍的恶习，但还是震动了官僚集团，使其有所收敛。与他之前的清代帝王相比，在节俭上道光是胜过他的前辈的。

二是整顿吏治。道光针对官僚机构中的种种弊端，着力整饬。他反对空谈欺骗，提出要办"实心实事"，把求实作为"为政之道"和考察官吏的重要内容。在行动上，"赏功罚过"，对官吏中的贪赃枉法、营私舞弊、腐败堕落、为非作歹的"不肖"之徒和庸碌之辈，进行整饬。触及的范围较广，上自皇室勋贵，下及太监、吏役、家奴。

在整饬“不肖”的同时，注意选拔人才，求贤佐治。

整饬吏治，对改变吏治败坏起了一定的作用，也选拔了一些有真才实学的人才。但总的看成效并不显著，一则吏治败坏已久，惩不胜惩，又官官相护；二则不少谕令未能付诸行动，成为“具文”；三则道光未能将其贯彻始终。

三是开源节流。为改变财政拮据的局面，道光在财政上采取了紧缩开支、堵塞漏洞的节流措施。为减少军费开支，裁减了一些兵员和雍肿机构的吏员，并在边疆地区进行屯垦。对贪污、盗窃、挪用、失职以及造成经济损失的官员，除了给予处分外，还在经济上进行罚赔。为了增加收入，采取扶持商业保证捐输，弛矿禁，允许民间开采，藏富于民的政策。这些措施的施行，在一定程度上增加了财政收入，减少了损失，财政拮据状况也得到了一些缓和。同时，重商和弛矿禁在客观上促进了资本主义因素的缓慢增长。

四是平定叛乱。张格尔勾结浩罕图谋叛乱，早在嘉庆末年就已开始，到了道光六年（1826 年），终于发生了大规模叛乱，危及国家的安全和统一。道光采取坚决措施，派兵平叛，并亲自指挥。张格尔叛乱的平定，维护了国家的安全和统一，代表了全国各族人民的意愿，也体现了道光的想有作为、励精图治的意愿。

五是严禁鸦片。鸦片泛滥，是道光年间中国社会的一害，道光对鸦片危害的认识，从白银外流到危及社会的“民俗之害”，再到“实可亡国”之害，不断在加深。因此，排除干扰，一贯力主严禁。颁布禁烟条例，惩治吸烟人犯，特别是重用林则徐查禁鸦片，把全国禁烟活动推向了一个高潮。禁烟的开展，不仅对清除烟害，而且对团结民心，振奋民气，都起了巨大的作用。

六是抚恤民众。由于道光朝各种灾害不断，每遇灾害，都要拨出银两款项进行救济，并诏谕受灾地方缓免赋

税“以苏民困”。同时为了解决危害最大的水灾之害，道光还十分注意“讲求水利，保卫民生”，除了派专人勘察，研究治理的办法，并拨专款治理外，道光自己也在思考研究治理之策，对经常泛滥的永定河、大清河，提出了很有见地的意见，可谓“经营不遗余力”。

三

纵观道光一生，除了上面所列的优点和政绩外，我们还应看到其作为一位封建君主的局限性。作为天朝大国的君王，道光帝和英国人打了三年仗，却对英国的情形一无所知，实在是可笑之外又有些可悲了。

其实，道光的无知，责任并不全在于道光本人。大清王朝的闭关锁国政策，既阻遏了西方列国对中国的渗入，也封闭了中华自身对外界的认识，人们只能生活在一个封建传统根深蒂固的国度里，陶醉于天朝的文治武功、一统盛世之中，以为天朝的大皇帝君临万国，施恩四夷，无论内地外夷，均系大皇帝百姓。既然天朝大国如此尽善尽美，何必再去了解外藩夷国呢！

鸦片战争之前，道光朝出了一位博学多才的大学问家，名叫阮元，当他听说欧洲有个哥白尼，提出了日心地动说，深感不解，斥之为“上下易位，动静倒置”，意思是是非颠倒，属“离经叛道，不足为训”，认为没有研究的必要。还是这位阮大人，居然把美洲和非洲混为一谈，说美洲位于非洲境内。

鸦片战争开战后，投降派琦善在清廷讨论对英政策时，他根据曾经审讯英军俘虏的经历，发表了对英军侵华的看法，他说：“英国女王乃一年轻女子，尚未婚配，正在待嫁，所以英国并不是女王的英国，她也并不关心自己的疆土。该国乃是一些权臣掌权，这些人只知谋取私利，

并不关心国家如何。”所以，英国侵华只是“这些权臣的一逞之念”，不会对清王朝产生什么祸患。琦善此言，并不完全是在为投降政策制造舆论，也包含着琦善对英国人的认识水准。

下面再看一看被誉为中国“第一个睁眼看世界”的林则徐，在肩负道光重托，南下广州，主持禁烟时，陆续向道光发回了一道道奏折，我们从中看到有这样一些文字：

“英国要攻中国，无非乘船而来。它要是敢于闯入内河，一则潮退水浅，船胶膨裂；再则伙食不足；三则军火不继。犹如鱼躺在干河上，白来送死。”

“如果奔逃上岸，英兵浑身裹紧（指紧身军装），腰腿直扑，跌倒便爬不起来。凡是内地不论怎样的人民，都可杀掉这些异类，跟宰犬羊一样。”

“该国现在是女子主国，在位四年，年仅二十，其叔父分封外埠，一直有觊觎王位的野心，因此女王自顾不暇，哪有时间窥探（中国）这边！”

一个奉旨专门与洋人打交道的钦差大臣，其对洋人的认识尚且有限，其他则不问可知。

还有这样一件小事：鸦片战争之时，有一位美国医生伯驾，他也待在广东，当中英关系紧张的时候。他也曾与钦差大臣的属下谈论过世界地理方面的问题。谈话结束后，好心的伯驾善意地提出要送给钦差大臣一点礼物，这些礼物是：一本地图集、一部地理书、一架地球仪。这十分有利于钦差大臣了解域外情形。没想到，清方的官员们却让伯驾写一份请愿书，大约是让伯驾把礼物当做“贡品”一类献给钦差大臣，他们才好收下。于是，大为烦恼的伯驾干脆把礼物收回去了。

道光帝本人，作为君王，身居九重，坐井观天，和他的臣下一样，孤陋寡闻，愚昧无知。

道光十四年（1834 年），英国首任驻华商务监督律劳卑来华挑衅，英舰闯入广州省河，击毁沿岸炮台，直抵广州。道光在处理这一事件时，虽然声称对“英人仗恃船坚炮利，暗蓄诡谋”早有所闻，但对英国人“为什么来到广州”，“为什么一经停止贸易，就变本加厉，竟敢闯进内河，开枪放炮”却一无所知，束手无策，不知如何应付，只能重复那些“化外蠢愚，不懂禁例，自应先行开导”，“不值与之计较”的陈年老调。

道光帝派林则徐到广州查禁鸦片，大见成效。虎门销烟后，道光兴致很高，开始了解有关外人的情形了，他曾向林则徐认真地提出过这样的问题：

道光帝问：“洋人买了几千个中国幼女，供妖术之用，是否真有其事？”

林则徐答：“外国雇用华人去做工，做仆役，但不是搞妖术。”

道光帝问：“外国鸦片是不是掺和人肉配制？”

林则徐答：“说不定曾用乌鸦肉掺和。”

由此可见，道光茫然无知，林则徐也是只知其一，不知其二。

道光二十二年（1842 年）三月，鸦片战争进入后期，清军败局已定。二十一日，已经兵败浙江的扬威将军奕经，向道光帝报告，广东方面送来两名懂得英语的通事（翻译）。道光得悉后，立即发出谕讼，列出了一堆想要了解的问题，命奕经向通事“详细查询”，“分别诘问，详晰具奏”，道光提出的问题主要如下：

英吉利国距中国水路需多少天？

英吉利至中国需要经过多少国家？

克食（什）米尔距英国有多少路程？

克食米尔与英国是否有水路可通？

克食米尔与英国有没有来往？

这次，克食米尔为什么追随英国来到浙江？

其他来到浙江的孟加拉、大小吕宋等英国士兵，是英军头目私自号召的，还是英国国王派来的？

英军士兵是被裹胁来的，还是图以重利？

英国女王年仅二十二岁，为什么能够成为一国之主？

英国女王是否婚配？

英国女王的丈夫叫什么名字？

英国女王的丈夫是何处人氏？

英国女王的丈夫在英国担任何职？

英军在浙江攻城掠地，搜刮民财，是谁主持其事？

义律是否确实回国？

义律回国后在干什么？

英国制造鸦片，卖给中国，其意图除了发财之外，是否另有诡谋？

半月之后，即四月初六日，台湾镇总兵达洪阿将捉获英军俘虏多人奏报给道光。道光帝又给达洪阿开列了一串问题，令其逐层密讯，翻译出明确供词，据实具奏。这些问题包括：

英国究竟方圆多大？

英国的属国共有多少？

英国的属国中，最为强大、不受该国统属者有几个？

英国至新疆的南疆，有没有陆路可通？

英国和南疆地区有没有往来？

俄罗斯与英国是否接壤？

俄罗斯与英国有没有贸易往来？

这次侵华各官，除璞鼎查是英国任命的，其余各官，是国王任命的，还是由带兵之人派调的？

道光提出的上述问题，固然反映了道光对外国情形的茫然无知，也说明他开始想了解外部世界的迫切心情。这些问题包括了政治、军事、交通、经济等诸多方面，反映了他渴望了解新世界的一种心态，也说明道光头脑中开始动摇了固有的天朝尽善尽美的神话。

作为鸦片战争的最高决策人，道光是个失败者。但鸦片战争的失败使这位封建君主深受打击，开始把眼光转向了天朝之外，同时，鸦片战争的失败，也刺激中国的一代知识分子，开始了中国历史上史无前例的外国问题研究，从而使中国人的西洋观发生了历史性的转折。

四

道光励精图治，想成为一个有为之君，可以说是竭尽了全力，与其前辈相比，虽没有什么创新之举，但却也是兢兢业业，苦费心机。道光想“图治”，就要清除衰败王朝中积淀多年的沉垢和痼疾，阻力之大是可想而知的，道光在行动中对这一点是深有感触，“积习相沿，牢不可破”，结果是收效甚微。道光想有作为勤政图治三十年，最后以失败的悲剧而结束。他没能挽救，更没有振兴清王朝，反使清王朝的衰败更加加剧。历史就是这样的无情。

道光作为一个封建帝王，在他的统治范围内可以主宰一切，但他的主观意愿虽经努力仍不能实现。这个事实再一次说明，历史有其发展规律，不是以哪个人的意志为转移的。主观的意愿能否变为现实，要受到主客观众多因素的制约。

道光励精图治收效甚微，究其原因，就道光本人来看主要表现在以下几方面：

1. 道光不具备实现其“图治”愿望的才智。

道光自幼受着严格系统的封建儒学教育，“六岁入学读书，凡圣贤之所言，自幼无不诵读讲肄，以为修身立志之本”。他的思想仍然是中国几千年建立在封建经济基础上的儒家思想体系。对外部世界一无所知，更没有从当时正在兴起的先进的资本主义思想文化中汲取有益的东西，这就决定了他的“图治”，只是在一切遵循“旧制”的范围内踱步，对千疮百孔的封建政治进行修补。

鸦片战争前是如此，鸦片战争后，虽然道光在思想上受到震动，但没有发生大的变化。他开始注意也想了解一些外国的情况，可是又不想放下“天朝”的虚架子，认真地去了解研究变化着的世界，从中吸取有益的东西来改造王朝，合上当时世界急速变化的拍节。失败、悲痛可以化为力量，但需要振奋、借鉴、变革和决心。道光悲愤有余，振奋不足，更不识世界发展的时务，因此，他的“图治”不仅没有加进新的变革内容，甚至比战前更加不力。这就使他统治下的国家失去了极其宝贵的时间，与西方列强的差距愈来愈大，国家更为贫困虚弱，更无力抵抗资本主义列强的入侵。

另外，道光缺乏实现“宏图大业”的气质。道光把“守业”放在第一位，处理政事谨小慎微，缺乏魄力和坚定性。

2. 道光求贤佐治，但又缺乏识人和用人的策略。

“图治”变革需要人才，人才需要发掘和不拘一格，道光虽有所领悟，但传统的选才之道，以儒家伦理纲常为标准，以科举为主要途径，这样就限制了人才的发现、聚集和使用。道光虽三令五申让各地推荐贤才，各地官员不予重视或只是应付，当然无法如愿。不可否认，旧的传统的封建教育制度和清政府的锁国政策，也是变革之才难以成长的原因。所以，在道光周围始终没有形成一个真正执

行他的意图，齐心辅佐他励精图治的权力中枢。

3. 道光缺乏实际行动。

有图治的愿望，缺少具体实施的步骤。道光看到了封建政权的一些弊端，但拿不出革除的具体办法，只能就事论事。他的谕令很多，但很少检查执行的情况。当执行受阻时，他也无可奈何，久而久之，诏令成为一纸“具文”，最后落个心灰意冷。

4. 心胸狭窄，民族偏见浓厚。

这不仅限制了人才的发现和使用，又使他在思想深处与满族官僚中保守派排汉思想发生共鸣。鸦片战争时期，林则徐是力主禁烟和坚决抵抗侵略的重要官员。林则徐坚决执行道光的禁烟谕令，在广东与侵略者交涉中，他根据实际情况，提出斗争策略和政策，并预见到英国可能发动的侵略战争，而积极备战。林则徐在这些方面远远超过了深居宫禁的道光。初时，林则徐也得到道光的全力支持。但当英国发动侵略战争，谣言四起时，道光由于无知，轻信谗言，加罪林则徐“开了边衅”，而进行惩罚和迫害。林则徐在河南治黄工地成绩卓著，一再请求返回抗英前线，但心胸狭窄的道光，仍不允其将功补“罪”。王鼎以死相谏，力保林则徐时，道光仍然不允。而对琦善等误国罪人，反而重用。这些都体现了道光的心胸狭窄和民族偏见。他疑虑自恃，反复无常。他虽然讲求言纳谏，但也爱听奉承之词，这样就使一些善讲“主子洪福”、“皇上圣明”的阿谈之人，如穆彰阿之流，在他身边久盛不衰。

5. 道光虽然注意安民，但对当时最为严重的经济衰退和土地集中、农业凋蔽，拿不出解决办法，致使社会阶级矛盾日益激化。

从客观上讲，道光是在清王朝急骤衰败的情况下登上皇帝宝座的，他力图挽救的是一个危机四伏、早已腐朽的封建制度。他想要守好爱新觉罗祖传的“家业”，但这份

"家业"的根基已经腐烂。道光的一切努力，只不过是为将要倒塌的封建坛庙支上几根朽木，诚如一个医术不高明的大夫，想为已病入膏肓的垂危之人挽回生命一样，无济于事。道光没有能力扭转没落的封建王朝走向死亡的发展趋势。道光作为一个封建帝王，他看不到，也不愿意看到他要维护、挽救的封建制度的灭亡，更不可能亲自动手去推翻这个腐朽的封建制度，这就是道光悲剧的根源。

附　录

政治生涯

继承皇位

其父亲嘉庆皇帝本来就对绵宁很赞赏，绵宁在镇压白莲教起义之事中的出色表现，更是坚定了嘉庆皇帝传位于绵宁的决心。

绵宁年幼好学，间习武艺。10岁跟随祖父乾隆打猎获鹿，乾隆大喜，赐黄马褂、花翎。嘉庆十八年，天理教徒攻进紫禁城，他又以鸟枪击毙两“贼”。嘉庆帝很高兴，封他为“智亲王”，其御枪号也赏赐了一个封号，叫“威烈”，嘉庆帝称赞他“忠孝兼备”。

嘉庆二十五年，嘉庆帝去世，绵宁继位为帝，改名“旻宁”，年号道光。

道光时的清朝，积贫积弱，鸦片泛滥，官员们委靡不振，苟且偷安，州县勒索陋规已到立法都不能禁止的地步，武备不兴，经制兵战斗力削弱，英国等列强正虎视耽耽，觊觎扩大在中国的市场。道光帝像历朝帝王一样，关心治河，蠲免钱粮，赈济灾民，疏浚河道。道光本人生活简朴，热河避暑，木兰秋狝，过去帝王这些耗费巨资的习惯，他都没有。然而道光帝才能平庸，不了解中国与西方殖民主义国家之间的差距，依然执行闭关自守的政策，对于王朝的严重问题没有重药医治。终道光一朝，宰辅都是昏庸之臣。前期是“小心谨慎，一守文法（法规）”的曹振镛，后期是投降派穆彰阿，《清史稿·曹振镛、穆彰阿等传》“论曰”：“守成之世，治尚综覆，而振弊举衰，非拘守绳墨者所克任也……宣宗初政，一倚曹振镛竞竞文法；及穆彰阿柄用，和战游移，遂成外患。”

虎门销烟

清道光中期，中国内地吸食鸦片成风，鸦片走私猖獗，长此以往，国运堪忧。朝廷内部的许多有识之士纷纷就此上书道光皇帝，要求重治吸食者，彻底根除鸦片走私。时任湖广总督的林则徐言词尤为激烈，为朝野瞩目。道光十九年（1839 年）春，道光皇帝任命林则徐为钦差大臣赴广东查办鸦片走私，禁绝鸦片。林则徐到达广州后，与两广总督邓廷桢、水师提督关天培、广东巡抚怡良共同主持查禁鸦片。他通过行商传与外国商人：3 天之内，将趸船上所贮藏的数万箱鸦片悉数呈交，并签具结合同，声明以后若再夹带鸦片，一经查出，"人即正法，货即没官"。英国驻华商务监督义律（Charles Elliot）以为这又是广东当局的恫吓，是一次变相勒索贿赂的前奏，于是唆使英国商人拒绝上缴鸦片。3 天期限过后，外国商人竟无一人上缴鸦片。林则徐再次布告：他将亲自到行商会所督办。在此压力下，行商逼迫外国商人交出鸦片 1，037 箱，但这与他们储藏的数万箱相差甚远，于是林则徐下令通缉英籍大鸦片商颠地（Lancelot Dent），而颠地早已出逃。激愤的林则徐遂下定决心封仓，中止一切对外交易，封锁商馆，撤退仆役，断绝供应，将广州城外西南约 6 万多平方米的地域控制封锁起来，350 多名外国商人全部被关了禁闭。

原以沉默对抗林则徐的义律再也不能不为所动，3 天后即表示屈服。他以英国政府的名义劝告英国商人把鸦片交给他，由他转交中国方面。随后，义律致信林则徐表示遵守钦差大臣的特谕，上缴鸦片 20，283 箱。

一个月后，随着外商上缴鸦片的进展，林则徐有步骤地采取缓和措施，放回仆役，解除封锁，准许外商离开广州。四月十日，最后一批 16 名外国商人包括大鸦片贩子颠地具结，保证再也不携带鸦片。四月十二日，义律带领最后一批外国商人离开广州。此次收缴鸦片共计237万斤，占道光十八年至十九年（1838—1839年）运到中国的鸦片总量的60%，收缴鸦片初战告捷。

四月二十二日至二十四日，林则徐在广东虎门海滩当众挖池以海水冲灌销烟，受到民众的普遍欢迎，展示了中国政府和中国人民禁绝鸦片的坚定决心，沉重打击了鸦片走私商人的嚣张气焰。

平定张格尔叛乱

道光帝即位初期做的第一桩大事就是平定张格尔叛乱。道光六年（1826）六月，乾隆年间处死的大和卓波罗尼敦的孙子张格尔利用南疆维吾尔族人民对清朝参赞大臣静斌残暴压迫的不满情绪及其宗教影响，纠集安集延、布鲁特兵500多人在英国的支持下侵入新疆，煽动叛乱，纠集起数万人攻占了喀什噶尔（今喀什）、英吉沙尔、叶尔羌（今莎车）、和阗4城，企图复辟和卓家族统治。道光皇帝调集吉林、黑龙江、陕西、甘肃、四川清军3万余人以扬威将军长龄、陕甘总督杨遇春、山东巡抚武阿隆、甘肃提督杨芳为统帅入疆平叛，在新疆人民的帮助下终于在七年三月击败张格尔，收复四城，并于年末诱执张格尔，押赴北京，在午门举行献俘仪式，道光下令将其寸磔喂狗。

平定张格尔叛乱，对于维护国家的统一和领土完整与西北边疆的和平安定很有意义，这是道光帝一生最大的功绩。

细微改革

道光帝在位期间虽然搞了些改革，但收效甚微。

第一是漕粮海运。过去从两江（江西、江南两省。江南省包括现今江苏和安徽）、湖广等地征来的漕粮（田赋中运送京师、通州部分）都是从大运河运到目的地，漕运官员经常利用手中的职务之便中饱私囊。加上运河受水患

破坏经常遭到阻碍，运费又高。户部尚书英和建言海运便利。海运曾行于元代至明代永乐间。道光帝将此建议交给有漕粮的省加以讨论，两江总督琦善、安徽巡抚陶澍请求把苏州、镇江、太仓四府一州之粟全部海运。道光帝立即接受了他们的建议，由江苏布政使贺长龄赴海口同地方官一道雇商船，分两次运走。安徽、江西、湖广离海口较远，仍然河运。为杜绝经纪人的需索、无端阻留、刁难，道光帝还下令在上海设海运总局，令理藩院尚书穆彰阿会同仓场侍郎驻天津验收。六年春夏第一次海运漕粮成功，900只船运输漕粮160余万石。这种运法只坚持到光绪二十六年。“二十七年以财用匮乏，谕自本年始直省河运、海运一律改征折色。”所谓折色是所征田粮折价征银纱布帛。

第二是将纲盐法改为票盐法。清朝盐政向来采用明朝纲盐法。这种办法，由固定的盐商凭盐引行销纲盐，而盐引完全为盐商垄断。盐商垄断盐业，又须维持庞大的销盐机构，导致盐价提高，引起销售困难。不照章纳税的私盐泛滥，盐引滞销，盐税减少，盐商遭受打击，纲盐法难以存在下去。包世臣提出以票代纲，允许私贩经销的主张。道光帝支持陶澍于十一年推广这种任何人只要纳税，都可以领票运销食盐的制度，打破了食盐运销的垄断，降低盐价，促进了盐的销售，增加了盐税，堵塞了官员利用盐政营私的途径。

第三是打破了乾隆中叶以来的封矿政策，允许矿藏开采。乾隆中叶，乾隆帝害怕开矿会引起闹事，采取了封矿政策。道光朝后期道光帝提出任由老百姓自由开采政策，对开发资源，提高人民生活起了积极作用。

第四是整顿吏治，惩处贪吏。嘉道时期，官吏贪污之道除漕运和盐政外就是河防。为堵塞这一途径，道光二十四年，道光帝要求禁止河工费让过往的官员、贡生、监生染指。这年四月，他还处分了一批贪污的河工官员。

道光帝与嘉庆帝一样都算是因循守旧的帝王，但道光帝毕竟比嘉庆帝多点改革精神。这里不妨举个小例子。《康熙字典》，恭维者说无一错误，直到乾隆王锡侯在《字贯》指出一部分，但惨遭文字狱。嘉庆一朝都是维护包庇。但道光七年，道光帝就冲破传统观念，让王引之作《字典考证》20卷，纠正它的错误。

林维喜案件

道光十九年（1839）五月二十七日，英国军舰停泊广州湾，水手上岸后进入九龙尖沙嘴酗酒滋事，行凶殴打村民多人，村民林维喜受重伤，于次日死亡。事件发生时正值林则徐刚刚抵广州实施禁烟，他立即与英国驻华商务监督义律进行交涉，要求英方交出凶手，由中国方面依法治罪。但义律拒绝了林则徐的要求，擅自在英国商船上设立公堂进行审判，判处5名肇事者3—5个月的监禁，罚金15—20英镑。七月七日，林则徐以义律拒不交出凶手，援引清嘉庆十三年（1808）英国人在澳门违令案的先例，断绝对澳门英国人的柴米粮油等供应，撤出买办仆役，同时派兵进驻香山把守各个要隘路口，使澳门变成一座死城。英国人滋事生非，导致葡萄牙人牵连受罪。在被封锁的困境和压力之下，葡澳当局无法支撑下去，被迫宣布驱逐英国人。义律无可奈何地率领英国人登船陆续离开澳门，他们的船只停泊在九龙、香港一带，只能在海上游弋。

林维喜案件表明了英国企图获得在华领事裁判权所作的尝试，尽管这次尝试失败了，但鸦片战争之后通过签订《南京条约》，英国如愿以偿地攫取了这一权利。

九龙、穿鼻洋海战

因林维喜案件而被迫离开澳门的英国驻华商务监督义律深切地感到没有武力作后盾就无法同清朝的钦差大臣林

则徐抗衡，因此他向驻印度的英国印度总督请求派军舰支援。道光十九年（1839）七月二十二日，印度总督派出的战舰“窝拉疑号”驶到广东外海，使义律有了对抗林则徐的资本。林则徐闻听英国军舰来到的消息后立即严令沿海各地驻扎的兵勇提高警惕，严密防范。

七月二十七日，义律和“窝拉疑号”舰长士密率领3艘小船靠岸九龙，要求中国方面提供食物饮水，遭到中方的拒绝，于是英国军舰悍然开炮，挑起战事。

英国军舰开炮后，中国方面的大鹏营在参将赖恩爵的率领下，以3只小型水师船在九龙山岸炮的强大炮火支援下奋勇反击。英军方面的3只小船战斗力不强，很快处于劣势，被迫后退补充弹药，随后在其它英军小船的支援下卷土重来。清朝方面的兵勇表现出旺盛的斗志，依托岸炮的强大火力，3只小船给英舰以重大杀伤。英舰的炮力配置不如清朝的小船，主力战舰“窝拉疑号”需要依靠风力补充动力的不足，当时恰恰是无风的天气，“窝拉疑号”不能靠近岸边参加战斗，因此英军无法形成战场优势。战斗从午后2点半断断续续持续到6点半，随后英国军舰退出。九龙海战势均力敌，不分胜负，但因打退了英国军舰的突袭，使负责守卫沿海各口的清朝大员产生了麻痹思想，从而忽视了岸炮有欠灵活和自己在军事上处于被动应战地位的弱点，这对日后鸦片战争的进展产生了不易察觉的恶果。

林则徐到达广州后，要求义律具结保证以后不携带鸦片。道光十九年（1839）九月二十八日，英国商船“当啷号”具结进入虎门，义律、士密率英舰“窝拉疑号”和“海阿新号”随后而至，要求林则徐收回成命。英舰逗留于虎门外口的穿鼻洋，并派出马儒翰向广东水师提督关天培递交信件。关天培要求马儒翰到座船面谈，遭到拒绝。次日，关天培派出通事退回义律的信件，并邀马儒翰赴约，再次遭到拒绝。于是关天培率领29艘船组成的水师船队来到穿鼻洋。义律要求关天培的水师回转，关天培则要求义律交出林维喜案件的凶手。两军相持，至中午时分，英舰舰长士密征得义律的同意后首先向中方开炮。

海战发生后，关天培斩断铁锚逼近“窝拉疑号”，猛烈回击，同时指挥其它战舰协同作战，数次击中“窝拉疑号”，使其帆斜旗落，且战且逃，“海阿新号”也随之逃遁。因清军水师一些船只弥缝的油灰多处被轰开而进水，无法实施追击，战斗结束。

九龙、穿鼻洋海战是在不宣而战的情况下发生的，实际上是鸦片战争的前哨战。

伪签《穿鼻草约》

林则徐主持虎门销烟以后，英国从华获取巨额经济利益的“贸易”邪路被封堵，于是挑起对华战争。道光二十年（1840）五月二十三日，英国远征军北上进攻厦门，被闽浙总督邓廷桢指挥清军击退。英军继续北上，乘浙江沿海防务空虚之机攻占定海（今浙江舟山）。七月底，英国军舰出现在天津海口，震动清廷朝野。英军在照会中声称在广东受到林则徐的不公正待遇，要求道光帝主持公道，同时提出鸦片贸易合法化、割让一块土地供英国商人居住、赔偿烟价等无理要求。道光帝认定这是英国人在告“御状”，进而以天朝上国皇帝的自大心理决定为洋人伸冤。他罢免了林则徐，派直隶总督琦善到大沽口与英国人商谈退兵。谈判间琦善曾表示烟价所值不多，只要英军调头南返，清朝方面一定会让义律脸面上过得去。英国舰队在得到琦善同意赔偿的口头承诺后返航南下。

琦善退敌有功，遂被道光帝任命为钦差大臣，被派往广东与义律继续进行谈判。道光二十年（1840）十一月初六日，琦善到达广东，立即照会义律展开谈判。交涉之初，琦善只同意赔偿烟价500万元，英方的其它要求一概

拒绝，而义律很不满足，这距离巴麦尊政府的开价甚远。双方在一个多月的交涉中往来照会15封。义律感到时间拼耗不起，于是照会琦善要“依兵法办行”。道光二十年(1841)十二月十五日，英军突然攻占虎门口的沙角、大角，大败清军。

清军的溃败使琦善明白了自己并没有可以依仗的武力后盾，他的交涉步调从此不再是天朝臣子特有的慢条斯理而显得惊慌失措。4天后，琦善无视自己有限的授权，照会义律作出重大让步：代替义律上奏，恳请皇帝允许给英国人在口外外洋寄居地一处；代替上奏请求皇帝批准广州开港贸易，作为交换条件英军归还定海。

义律得到琦善的照会之后，明知琦善的承诺需要得到道光帝的批准才能有效，但他擅自根据琦善的承诺宣布已经与琦善达成四点协议一《穿鼻草约》，并在十二月二十八日公开宣示：割让香港，赔偿烟价600万元，中英之间平等处理外交，道光二十一年（1841年）正月初六日恢复在广州的中英贸易。随后英海军司令伯麦率军强行占领香港，声称“文据在案”，要求岛上的清军撤离。

《穿鼻草约》不是一个正式的条约协议，它是英国方面的代表义律篡改琦善的本意而捏造出来的，因此不具备法律效力。英国殖民者利用中国封建疆吏对近代条约知识的缺乏，从而蒙骗清廷。

义律公布伪造的《穿鼻草约》后，道光帝异常震怒，下令逮问琦善，枷号京城治罪。

第一次鸦片战争

第一次鸦片战争是英国殖民者在1840—1842年间对中国发动的一场侵略战争，战争的导火线是英国强行向中国推销鸦片。战争以清朝失败而告终。从此，中国开始由封建社会逐步变成半殖民地半封建社会。

第一次鸦片战争爆发前，中国是清朝统治下的封建国

家。清朝统治者对内坚持传统的专制统治，不思改革，对外实行闭关锁国政策，使中国这个东方文明古国日益落在世界文明的后面。和清朝的日益衰败形成鲜明对照的是，欧美资本主义国家却在迅速发展。最早完成资产阶级革命的是英国，到18世纪末叶又率先开始产业革命，近代化的工业迅速发展。19世纪初，英国已经成为最强大的资本主义国家，并把许多国家沦为它的殖民地，中国成为它的下一个侵略目标，鸦片则是英国侵略中国的特殊武器。

从18世纪初开始，英国商人便开始向中国输入鸦片。自1800年起，鸦片开始大量输入中国。英国鸦片贩子不顾清政府禁止鸦片入口的禁令，贿赂清朝官吏，勾结中国私贩，利用特制的快艇，进行武装走私。走私的范围遍及整个东南沿海。由于鸦片的大量输入，中英之间的贸易逐渐发生变化，英国由入超变为出超。而白银的大量外流，造成了银贵钱贱，严重损害了清朝财政，也使广大人民深受其害。中国朝野上下，严禁鸦片的呼声日趋高涨。清道光皇帝意识到鸦片输入将造成军队瓦解、财源枯竭，便于1838年12月任命湖广总督林则徐为钦差大臣，节制广东水师，赴广州查禁鸦片。林则徐在广东人民的支持下，于1839年6月3日至25日，将从鸦片贩子手中收缴的走私鸦片两万余箱在虎门海滩全部销毁，禁烟运动取得重大胜利。但英国资产阶级却以此为借口，向中国发动了一场旨在保护鸦片走私的不义的侵略战争。

1839年8月初，中国禁烟的消息传到英国。10月1日，英国内阁作出“派遣一支舰队到中国海去”的决定。1840年2月，英国政府任命懿律和义律为正副全权代表，懿律为侵华英军总司令。4月，英国议会正式通过发动战争的决议案，派兵侵略中国。6月，懿律率领的英国舰船40余艘及士兵4000人到达中国海面，第一次鸦片战争正式开始。第一次鸦片战争持续了两年多时间，分三个

阶段。

战争的第一阶段，从1840年6月下旬英军封锁珠江口开始，到1841年1月下旬义律发布《穿鼻草约》为止。1840年6月28日，懿律下令封锁珠江口，并立即启程北上，夺占定海。7月初，英军驶经福建海面，炮轰厦门港。7月4日，英军驶抵定海水域，清军水师毫无戒备，不仅未予拦截，反而由知县姚怀祥登舰询问来意。英军将一份事先准备好的中文照会交给姚怀祥，限次日下午二时前投降，将所属海岛、炮台一律交出，否则开炮轰城。姚怀祥返城后与文武官员商讨防守之策。7月5日下午二时，英军见清军无献城投降的迹象，便下令英舰发起进攻。清军水师奋起抵抗。由于英军舰大炮多，射程较远，清军船小炮少，射程又近，交战不久，清军水师损失严重，只得向镇海方向退却。英军在舰炮掩护下登陆，攻占定海城东南的关山炮台，并连夜炮轰定海县城。6日凌晨，英军攻破东门，姚怀祥出北门投水自尽，守城兵勇溃散，定海遂告失陷。

1840年7月28日，义律率英舰8艘，驶离舟山群岛北上，于8月9日进泊天津大沽口外，向清政府递交照会、施加压力。道光皇帝事先已得知英舰可能北上天津，考虑到天津海防力量不足，所以8月9日接到直隶总督琦善关于英军已到大沽口外的奏报后，立即命令琦善不要随便开枪开炮，如有投递禀帖等事，不管是汉字夷字，“即将原禀进呈”。于是，琦善于8月15日派人前往英舰取回《巴麦尊照会》，并立即送呈北京。

道光帝接到照会后，得知英国要求赔礼道歉、偿还烟款、割让岛屿等。道光听信谗言，以为是林则徐、邓廷桢等人办理禁烟之事不善才引起英军入侵，只要惩办林、邓等人，英国就会退兵。于是，他要琦善向英方表示要重治林则徐。8月30日，琦善与义律在大沽口会谈。英方因当时军中流行疫病，不便采取军事行动，乃于9月15日起碇南返，并同意在广东继续与清朝谈判。9月17日，道光帝任命自夸退敌有功的琦善为钦差大臣，赴广东继续办理中英交涉，并同时将林则徐、邓廷桢等革职查办。

11月末，琦善到达广州，将珠江口防务设施撤除，水勇、乡勇遣散，以讨好英国侵略者。在谈判过程中，琦善对义律提出的各项侵略要求，一一许诺，只对割让香港一事，表示不敢作主，答应向道光请示。义律决定进一步施加压力，于1841年1月初，向虎门沙角、大角炮台发起进攻，清军英勇抵抗，打死打伤英军100余人。但由于清军防守兵力不足，琦善又拒发援兵，加上英军炮火猛烈，兵力也占优势，两个炮台终于失守。副将陈连升父子以下600余人阵亡。

琦善屈服于英军的强大压力，于1月中旬照会义律，表示愿意代为恳请在尖沙嘴或香港地方择一隅供英人寄居。然而，义律不待琦善“代为奏恳”，便在1月20日单方面抛出《穿鼻草约》。《草约》包括割让香港、赔偿烟价600万元。6天之后，英军强行占领香港。第一阶段的战争，至此结束。

战争的第二阶段，自1841年1月27日清政府对英宣战开始，至5月27日《广州和约》订立为止。1841年1月27日，大角、沙角炮台失守的消息传到北京，道光帝甚为恼怒，当即决定对英宣战。他任命御前大臣奕山为靖逆将军，户部尚书隆文和湖南提督杨芳为参赞大臣，调集各省军队1.7万人开赴广东。于是，广东的谈判停顿下来，中英双方又进入战争状态。

义律获悉清廷向广东调兵遣将和对英宣战的消息后，便立即命令英军备战，准备进攻虎门和广州，以先发制人。2月19日，英舰开始向虎门口集结，2月26日清晨，英军3000多人向虎门炮台发动猛烈攻击，水师提督关天

培率军英勇抵抗，琦善拒绝派兵增援。由于寡不敌众，关天培和守军数百人壮烈牺牲，虎门炮台失守。英舰驶入省河。2月27日，英军攻陷乌涌炮台。3月2日，英军又陷猎德炮台，逼近广州。

3月5日，参赞大臣杨芳到达广州，但各省调集的兵勇没有到齐。义律也因兵力不足，不敢轻易进攻广州。在此情况下，义律与杨芳出于各自的考虑，达成临时休战协议。4月，奕山及各省军队1.7万余人先后齐集广州。奕山一到广州，便诬篾“粤民皆汉奸，粤兵皆贼党”，执行“防民甚于防寇”的方针。为了报功邀赏，奕山于5月21日夜贸然向英军发动进攻，分兵三路袭击英军。由于英军早有准备，所以没有收到什么战果。22日黎明，英军乘顺风发动进攻，向清军猛烈发炮轰击，清军溃败，英军乘势进攻广州城，占领城北炮台和山冈，居高临下，发炮轰击城内。万余清军收缩城内，奕山等高级将领惶惶无主，乱作一团。

5月26日，奕山派广州知府余保纯出城乞和。次日，订立屈辱的《广州和约》。条约规定：奕山、隆文、杨芳以及全部外省军队，六天内撤至离广州城30公里以外的地方，一周内交出“赎城费”600万元，款项交清后，英军全部撤至虎门口外。第二阶段的战争，至此结束。

战争的第三阶段，自1841年8月英国扩大侵略战争再度进攻厦门开始，到1842年8月29日《南京条约》签订为止。1841年5月，英国政府获悉义律发布《穿鼻草约》的消息后，认为这个条约所得到的侵略权益太少，决定撤换义律，改派璞鼎查为全权公使，前来中国进一步扩大对华侵略战争。而此时的清统治者却误以为战争已经结束，于7月28日通谕沿海将军督抚，酌量裁撤各省调防官兵。8月，璞鼎查到达香港，不久即率兵进犯厦门，总兵江继芸力战牺牲，厦门陷落。

道光帝接到厦门失守的奏报后，才意识到战事并未停止，于是下令沿海各省将军督抚停止裁撤军队，加强防守。英军攻陷厦门后继续北犯。守卫镇海的钦差大臣、江苏巡抚裕谦积极布置浙江沿海的防卫。9月，英军侵犯定海，总兵葛云飞、郑国鸿、王锡朋等率领守军英勇抵抗，以身殉国。

10月1日，英陆军在强大炮火掩护下登陆，定海失陷。英军攻占定海后，继续进攻镇海。10月10日，英军以强大的炮火猛烈轰击镇海招宝山、金鸡山炮台，陆军乘机登陆。

守军顽强抵抗，多次同进攻之敌展开肉搏。但终因英军火力猛烈，两座炮台相继失守。浙江提督余步云在战斗最激烈的时候，贪生怕死，逃往宁波。裕谦率部死战，后见大势已去，投水自尽。守军伤亡惨重，余部弃城逃走，镇海遂于当天下午落入敌手。10月13日，英军又攻陷宁波。

清政府为挽回败局，于10月18日任命协办大学士奕经为扬威将军，侍郎文蔚和副都统特依顺为参赞大臣，前往浙江，并从江西、湖北、四川、陕西等省调集军队。奕经携带大批随员南下，一路上游山玩水，勒索地方供应，直到1842年2月才到达浙江绍兴。3月上旬，各省援兵到齐。奕经等认为兵力雄厚，决定采取“明攻暗袭，同时并举”的方针，一举收复定海、镇海、宁波三城。具体部署是：水路（东路）以乍浦为基地，陆续渡海，潜赴舟山各岛及定海城内外，预为埋伏，候期举动。陆路（南路）分为两支：一支集结在慈溪西南15公里的大隐山，准备进攻宁波；另一支集结在慈溪西门外的大宝山，准备进攻镇海。

英军对清军的作战意图已有所了解，并作了相应准备。3月10日夜，清军开始攻击。从大隐山出发进攻宁

波，一路上一度冲入城内，但在英军阻击下不得不陆续撤出战斗，反攻宁波没有成功。进攻镇海的一路，由于英军早有准备，清军虽经三次冲锋，也没能攻入城内。水路进攻定海的计划也没有成功。

清军反攻失败后，主力集结在慈溪大宝山和长溪岭一带。英军决定乘胜发动新的进攻。3 月 15 日，英军进攻慈溪，占领大宝山、长溪岭清军营地。清军退往绍兴。3 月 20 日，奕经逃回杭州。为推卸战败责任，他在奏折中除强调英军"船坚炮利"外，还大肆诬篾浙东到处汉奸充斥。浙江巡抚刘韵珂则提醒道光皇帝注意国内人民可能趁机揭竿而起。道光帝鉴于广东和浙东两次反攻均遭失败，又害怕人民起义，于是在对英态度上由忽战忽和转而采取一意求和，并派投降派耆英、伊里布赶赴浙江前线，办理乞和事宜，并准备释放英俘。

但是，此时的英国侵略者认为议和的时机还未成熟，还不足以胁迫清政府接受它的全部要求，决定继续进攻。1842 年 5 月，英军为了集中兵力，退出宁波、镇海，进犯海防重镇乍浦，遭到守军的坚决抵抗。17 日，乍浦陷落。6 月中旬，英军开始进入长江。6 月 16 日，英军向吴淞炮台发起进攻。两江总督牛鉴闻风而逃，士气大受影响。江南提督陈化成率部抵抗，亲自操炮轰击敌舰，最后和守台士兵百余人一起战死。吴淞口失陷，英军随即侵占上海。

英军攻陷吴淞口后，清廷一面催促耆英、伊里布等由浙江驰赴江苏，加紧议和，一面加强天津地区防务，防止英军北犯，而对长江下游的防务，仍未给予足够重视。7 月下旬，英军进攻镇江。副都统海龄率领守军奋起抵抗，与敌人展开巷战和肉搏战，许多清军宁死不屈，有的杀死自己的妻儿，然后与敌人拼死搏斗，直至牺牲。海龄督战到最后，也自杀殉国。镇江随之失守。

镇江失守后，英国军舰于 8 月间闯到南京江面。耆英、伊里布等赶到南京议和。在英国侵略军的胁迫下，全部接受了英国提出的议和条款，订立了中国近代史上第一个不平等条约——《南京条约》，第一次鸦片战争至此结束。

《南京条约》即中英《江宁条约》，是第一次鸦片战争失败后清政府被迫与英国侵略者签订的丧权辱国的条约。1942 年 8 月 29 日（清道光二十二年七月二十四日）清政府代表耆英、伊里布与英国代表臻鼎查在停泊于南京下关江面的英国军舰“汉华丽”号上签订。

它宣告了第一次鸦片战争的结束。《南京条约》签订后，由于英国的要求，中英双方在广州和香港继续商谈，1843 年 7 月 22 日（清道光二十三年六月二十五日）和 10 月 8 日（八月十五日）又订立了《五口通商章程（附海关税则）》和《五口通商附粘善后条款》作为对南京条约的补充，这二者的内容大部分都是通商口岸贸易的具体章程。这些章程中涉及的事项本来应该是中国作为主权国家自己决定的，现在却都按照侵略者的利益而作出了规定。这两个条约包含着一些在南京条约没有的重要内容。

通过《南京条约》及其补充条约，英国侵略者在中国享有了许多特权，主要内容有：

一、强占香港。

英国早就想在中国沿海占领岛屿一处。鸦片战争爆发前，查顿向帕麦斯顿献策，认为可以占香港。香港拥有非常安全、广阔的停泊港，给水充足，并且易于防守。

《穿鼻草约》订立不久，英国即已霸占香港。《南京条约》规定，清政府将香港割让英国，“任便立法治理。”从此，香港建立起英国的殖民统治，成为侵略中国的重要基地。

二、勒索巨款。

中国赔偿英国鸦片烟价 600 万元，商欠 300 万元、军

费 1200 万元，共 2100 万元（广州“赎城费”600 万元不包括在内），分 4 年付清。

三、五口通商。

《南京条约》规定，开放广州、福州、厦门、宁波、上海为通商口岸。英国在五口有权驻领事等官员，商人可以自由通商，不受只准清政府指定的“行商”进行贸易的限制。从此，中国东南沿海各省门户大开，资本主义商品汹涌而来。《虎门条约》还准许英国人在五口租地建屋，永久居住。之后，外国侵略者利用这一点，恣意引伸，在中国各通商口岸划出一部分土地，作为直接管理的租界，并以租界为据点，在政治上、经济上加强对中国的控制和掠夺。

四、控制关税。

所谓协定关税，规定英国商人“应纳进口出口货税、饷费、均宜秉公议定则例”。从此，中国丧失了关税自主权，只要英国不同意，中国就不能增减海关税率。

《五口通商章程》更规定“值百抽五”的低税率，摧毁了关税壁垒应起的保护作用，从而大大便利了外国资本主义对中国的商品倾销和原料掠夺。

五、领事裁判权。

《五口通商章程》规定，凡是英国人与中国人发生“交涉词讼”，或在中国领土上犯罪，其如何定罪，“由英国议定章程、法律，发给管事官（即领事官）照办”，中国官员无权依据中国法律进行判处。这种“领事裁判权”制度，严重破坏了中国司法主权，开创了外国人在中国犯罪而不受中国法律管束的恶例。

六、片面最惠国待遇。

最惠国待遇应该是缔约国双方的对等权利。但在中英不平等条约里，却只规定了缔约外国能够片面享受最惠国待遇。《虎门条约》规定：中国将来如“有新恩施及各国，亦应准英人一体均沾”。就是说，以后不管中国给予其他国家任何特权，英国都应该同样享受。后来，中美、中法签订的不平等条约中，也都有同样规定。这样，各国侵略者利害相关，结成了共同侵华的伙伴关系。

鸦片问题在条约上虽然只字未提，但实际上达成了允许免税大量输入的默契。对于曾经为英国鸦片贸易和军事侵略效劳的一小撮民族败类，《南京条约》规定，中国政府必须“眷录天下，恩准全然免罪”，如被监禁，也必须“加恩释放”。这样做，不但粗暴地干涉了中国内政，而且保护和豢养了一批卖国求荣的外国代理人。

《南京条约》为资本主义国家侵略中国打开了大门，从此各国侵略者接踵而至。美国在鸦片战争中和英国狼狈为奸。鸦片战争一结束，又趁火打劫，捞取许多侵略利益。1839 年林则徐收缴的两万多箱鸦片中，有 1540 箱就属于美国鸦片贩子的。5 月间义律不准英商具结，禁止英船进黄埔贸易时，又是美国人为英国人把货物运进运出，甚至在英国船上插美国旗，运货进口销售。

鸦片战争期间，美国又在“中立”的伪装下，派军舰到中国领海，为英国侵略军助威壮胆，充当帮凶。英、美是鸦片战争前从海道入侵中国的主要资本主义国家。尽管它们之间有利害冲突，但在掠夺中国这一点上，又有共同利益。

中英《南京条约》的订立的消息传到美国后，美国迅速派遣大鸦片贩子家族出身的顾盛为专使，率舰队于 1844 年 2 月到达澳门。盛既以“面见皇帝”相要挟，又以武力相威吓，胁迫钦差大臣、两广总督耆英，于 7 月 3 日在澳门附近的望厦村，签订了《中美望厦条约》。在这个条约中，美国不仅获得了英国在《南京条约》中搜取的一切特权，而且扩大了领事裁判权的范围，进一步剥夺了中国的关税自主权，由英国的所谓“秉公议定”到须经美国领事

官“议允”，规定美国兵船可以任意闯入中国沿海各港口“巡查贸易”，以及允许美国在五口建立教堂、医院等。条约的最末一款，还规定12年后修约，为日后向中国勒索新的侵略特权，预埋了伏笔。《望厦条约》的这些条款，是对《南京条约》的扩展，因而也就更加破坏了中国的主权和独立。《望厦条约》订立后，顾盛趾高气扬地报告美国政府，认为美国和其他国家必须感谢英国，因为它订立了《南京条约》，开放了中国门户。现在，英国和其他国家也必须感谢美国，因为它把这门户开放得更宽阔了。

《望厦条约》订立后，法国也派舰队到东方来，强迫清政府于1844年10月签订《黄埔条约》，除取得中英、中美各约的全部特权外，又特别规定了天主教的传教特权，中国不能“触犯毁坏”教堂等条款。不久，又强迫清政府取消100多年以来的天主教禁令。其他一些西方国家，如葡萄牙、比利时、瑞典、挪威、荷兰、西班牙、普鲁士、丹麦等，也纷至沓来，要求“共同分享”侵略权益。清政府抱定“一视同仁”的政策，统统给予满足。1849年，葡萄牙赶走中国在澳门的官吏，停付租金，公然强占了澳门。鸦片战争和《南京条约》的订立，使中国社会发生了根本性的变化。战前，中国是一个政治上独立的国家；战后，中国领土主权的完整遭到破坏，开始丧失了政治上的独立地位。

战前，中国是一个经济上自给自足的封建国家；战后，由于外国资本主义的侵入，中国的封建自然经济日益解体，逐渐成为资本主义世界的商品市场和原料产地。正如毛泽东所指出：“帝国主义列强侵略中国，在一方面促使中国封建社会解体，促使中国发生了资本主义因素，把一个封建社会变成了一个半封建的社会；但是在另一方面，它们又残酷地统治了中国，把一个独立的中国变成了一个半殖民地和殖民地的中国。”

鸦片战争前，中国社会的主要矛盾是封建主义和人民大众的矛盾；此后，帝国主义和中华民族的矛盾，成了近代中国社会各种矛盾中最主要的矛盾。中国社会的阶级斗争，出现了前所未有的局面，反帝反封建成为中国资产阶级民主革命的基本内容。

签订《南京条约》

道光二十二年（1842）六月，鸦片战争已经进行了将近两年。英国远征军在广东沿海、江浙海口的袭击并没有彻底打垮清王朝的抵抗意志，争战的迁延使英国远征军陷入了泥潭。为了尽快摧毁大清臣民的抵抗意志，结束这场战争，英军计划利用优势的海军力量侵入长江一线，阻断南方漕粮的北上运输线，迫使清廷接受英国提出的筹码，于是英国远征军在六月十四日进攻镇江。在经历了血腥厮杀之后，英军占领了镇江，稍俟休整，继续溯江而上，直指南京。此时两江总督牛鉴已经丧失了抵抗信念，将战略重点从部署防守转到向英军求和。

道光帝委派的钦差大臣耆英和伊里布此时正追随在英军军舰后面妥协求和，从宁波、乍浦、吴淞一直追到镇江。在镇江开战前，耆英、伊里布仓促间向英国全权代表璞鼎查（HenryPottinger）递交了私人信函，但充满乞和字眼的文字中并没有能够满足英军胃口的任何允诺，自然也就无法阻拦英军发动的镇江攻城战。镇江被攻下后，璞鼎查给耆英、伊里布复照，声称耆英、伊里布应该带赎城款到南京等待赎城。正当耆英、伊里布左右为难之际，收到了道光帝的谕旨，授予耆英、伊里布“便宜行事”的权力。原来，璞鼎查率军逼近南京时，自感守城有责的牛鉴在两日之内连续给璞鼎查发去6道照会，讨价还价，并在飞书请耆英、伊里布快速到南京解救危机的同时，八百里加急上奏道光帝，告知危情。镇江城破后滞留无锡的耆英、伊里布缓缓地挪到南京，在收到道光帝的授权后随即

展开求和活动。

伊里布的家仆张喜充当了重要的角色，他首先代表伊里布与璞鼎查的代表马儒汉在南京城外下关的静海寺就英方的开价进行了初步的商讨。不久，原吉林副都统、四等侍卫咸龄，署江宁布政使、江苏巡按黄恩彤参与进来，与马儒汉重开谈判。七月十五日，耆英、伊里布登上英舰拜访璞鼎查。二十一日璞鼎查率人进入南京城，正式交付签约文本。本来耆英提议立即签字，以便使英军尽快离开南京，但璞鼎查还需要一个隆重的签约仪式，炫耀武力。七月二十四日在南京江面的英国军舰上，耆英、伊里布在条约文本上盖用关防并亲笔画押。9天后，道光帝愤懑之中夹带着无奈的授权谕旨才到达南京，然而他的臣子早已代他签订了丧权辱国的《南京条约》。

青浦教案

清道光二十八年（1848）二月，英国传教士麦都思、魏林、慕维廉擅自到上海郊区的青浦发布布道书，并与当地看守粮船的水手发生冲突，以至打斗。根据上海开埠之初曾经议定的规则，外国人在上海行走之地以一日往还为限，不得在外过夜。3位传教士的行踪显然违反了这一规定，但英国领事阿礼国在法、美、比等国领事的支持下，蛮横地狡辩说距离上海90华里的青浦在官定允许的外国人涉足之范围内，没有违反当初的议定，进而要求中国方面“惩办凶手”。上海道台咸龄致函解释，要求阿礼国尊重事实，共同调查。阿礼国恼羞成怒，咆哮道台衙门，下令停付全部关税，并调动兵船封锁长江出海口，阻止1400余艘运送漕粮的船只北上，一意扩大事态。

阿礼国认为上海道台咸龄位卑权小，撇开咸龄，派副领事罗伯逊率领兵舰上溯到南京，要挟两江总督李星沅，若不惩办凶手，就以武力相对。清廷得到李星沅的上奏后，降旨派两广总督兼五口通商大臣耆英负责处理此事。

软弱无能的耆英全部满足了阿礼国的无理要求，将上海道台咸龄革职查办，10名水手被处以在上海海关门前枷号示众，其中2人分别被处以徒刑、流放。同时，以买办商人、与外国势力交往密切的吴健彰署理苏松太道。

青浦教案的后果不仅仅在于中国水手和地方大员受到外国领事势力的欺压，还在于有关方面随意曲解双方的约定，扩大了外国人在上海的活动范围。果然不久，吴健彰结束署理，阿礼国乘机向新任的上海道台麟桂提出扩大上海英租界地的要求，强迫麟桂同意英租界地向西延展到泥城浜，向北拓展到苏州河岸，从而使租界地扩大2倍，达到2820亩。

立储之难

随着道光帝身体的每况愈下与力不从心。他深深地感到自己已时日不多，需要打点好储君之事了。但屁股下这把象征着至高无上权力的龙椅交给哪个儿子来坐呢？道光帝陷入深深的沉思。

此时是道光二十六年，道光皇帝共有6儿子，分别是皇四子奕詝，皇五子奕誴，皇六子奕䜣，皇七子奕譞，皇八子奕詥，皇九子奕譓。道光皇帝举棋不定应该把皇位传给谁。按理说，选择范围是很大的，可事实并非如此。此时皇四子奕詝最大，有十四岁，奕誴也十四岁，奕䜣十三岁。奕譞颇小，才七岁，而八阿哥和九阿哥却只有一两岁，正是牙牙学语的年龄，不但品德知识看不出来，而且能不能健健康康地长大都还都不确定。考虑到皇七子，皇八子，皇九子年龄太小。所以道光只能在皇四子奕詝，皇五子奕誴，皇六子奕䜣之中选择储君。偏偏奕誴生性贪玩，不务正业。而母亲祥嫔也不受宠，甚至道光还对其有些反感。所以道光把奕誴过继给故去多年的绵忻。而这就意味着奕誴已经不是“阿哥”身份了，也没有资格成为皇储了。于是，紫禁城里的储君候选人由三足鼎立变成了两

峰对决，并且异常激烈。

皇四子奕詝的母亲为孝全成皇后，13 岁入宫，道光对其情有独钟。平时道光帝与孝全成皇后花前月下，笑语盈盈，月明星稀，吟诗作对，夫妻感情极好。孝全成皇后生下奕詝后更是地位日隆，道光更是倍加宠爱。但有句古话“自古红颜多薄命”，才色俱佳，风华正茂的孝全成皇后就过早地离开了人世，她的仓猝离世变成了道光皇帝心中永远的痛。孝全成皇后死后，道光命静贵妃抚养年仅十岁的奕詝，并对奕詝倍加宠爱。于是奕詝和奕䜣小哥俩变成了如胶似漆的好朋友。自然，奕詝有了母亲与道光这种恩恩爱爱的感情，成为皇储的几率还是很高的。而奕䜣也不认输，勤学苦练，闻鸡起舞，只为让皇阿玛对其刮目相看。功夫不负有心人啊，道光皇帝发现了奕䜣博识多学，聪明异常。开始注意起奕䜣来。这样看来，奕詝和奕䜣各有所长，暂时不分胜负。

每当黄昏，道光都会招来两个爱子，一起谈古论今，大家都是知无不言言无不尽。奕䜣的高谈阔论和奕詝的甜言蜜语都叫道光颇感欣慰。他还叫奕䜣和奕詝比武，每次都是奕䜣遥遥领先。不过，这都是奕詝慷慨相让的结果。道光看出了皇四子奕詝的虚怀若谷，在为奕䜣的胜利而喝彩的同时也为奕詝的宽大心胸而赞叹。据说，道光为了观察这两个孩子，还经常拿出一些好吃的好玩的让奕䜣和奕詝选，每次奕詝都是让弟弟奕䜣先选，奕䜣当仁不让，把那些精品都挑得一干二净，剩下的下脚玩意儿就归奕詝所有了，奕詝也毫无怨言。道光很欣赏奕詝这种谦让，厚道的品质，认为他有帝王之风。而这边奕䜣也没闲着，认真地读起功课来。一次，奕䜣的老师跑过来对道光说奕䜣和他一起朗诵一篇一千字的文章，马上就能背诵了。这把道光皇帝乐坏了，连连说“类我，类我”此时，道光认为奕䜣有帝王之才。可惜这“帝王之风”和“帝王之才”却没

有融汇在一个人身上。这可把道光逼在了死角，“到底立奕䜣还是奕詝？”这个问题向幽灵一样缠着道光皇帝。

奕詝，虚怀若谷，宽厚贤良。虽然说功课上与奕䜣有差别，但也不是很大。他的母亲还是孝全成皇后，奕詝将来一定是一个个礼贤下士的君主！奕䜣，他才华横溢，大刀阔斧，出口成章，诗词歌赋，无一不通。虽然有点盛气凌人的感觉，但这也无碍于大局。以这样的资质，不难超过自己的，将来一定是一个建立千秋霸业的君主！道光帝就这样徘徊于奕詝和奕䜣之间，长吁短叹，左思右想。却也是一无所获。只好在纸张上胡乱地写着“奕䜣”和“奕詝”，不知所措。

传说这时，有一个太监，很机灵，看见皇上写字时最后一竖拉得很长，猜想这是在遗诏上写的“䜣”字。一溜儿烟去告诉了静妃，偏偏静妃是个沉不住气的人，公布于众。“我儿子六阿哥奕䜣要当太子了”这话传到了道光耳朵里。道光心想：我还没死呢，你就这样。哼，我偏不让你得逞。就斩钉截铁地在遗诏上写上了“皇四子奕詝著立为皇太子，尔王大臣等何待朕言，其同赞辅，总以国计民生为重，无恤其他”。就这样，奕詝彻底地成功了，道光死后，为咸丰帝。而他却不知当初道光皇帝在立储的时候是何等地为难与无奈啊！

生活逸事

抠门皇帝

《清朝野史大观》中有几则关于道光帝生活简朴的逸闻。

道光帝即位后，内府依例给他 40 方砚，砚后镌有“道光御用”四字。道光帝认为太多，闲置着太可惜，便将它们分给了臣下。

以往皇帝用笔须用最硬的紫毫，笔管上还要刻有“天

章”、“云汉”字样。道光帝觉得不合用，让户部尚书英协揆到坊间买一般常用的纯羊毫、兼毫两种。

道光帝穿的套裤，膝盖处破了，让人在上面补了一块圆绸，这就是一般说的打掌。臣子们效法他。一次，他见军机大臣曹振镛裤子膝盖处有补缀痕迹，便问：“你的套裤也打掌吗?”曹振镛回答：“裤子易做，但花钱多，所以也打补丁。”道光御笔“恭俭惟德”，道光帝又问：“你裤子打掌要多少钱?”曹说：“要三两银子。”道光帝说：“你们在宫外做东西便宜，我在宫内就要五两。”

第九卷

苦命天子，内外交困

——清文宗咸丰皇帝爱新觉罗·奕詝

咸丰一生大事记

咸丰三年

道光死前一个月就爆发了太平天国大起义，咸丰帝即位后发展更为迅速。1853 年三月太平军攻克南京建都，与清政府分庭抗礼。咸丰帝对起义的态度很明朗，就是坚决镇压。但有两个问题使他头疼：

（一）太平天国攻城略地，八旗、绿营一败涂地。当太平军从广西向湖南、湖北、江西和南京迅猛进军，清朝的经制兵，不管是八旗还是绿营，都不是对手。领军前去镇压的将领有广西提督向荣、巡抚周天爵、广州副都统乌兰泰、钦差大臣赛向阿、两江总督徐广缙等等，在太平军面前都不堪一击。钦差大臣陆建瀛死于太平军刀下。钦差大臣德兴阿与和春的江北大营、江南大营都连遭摧毁。

（二）财政困难。打仗要钱，更何况是大仗？咸丰朝财政出现危机。道光三十年国库只有 187 万两，由于镇压起义和赈灾原因，到咸丰三年六月，户部存银只有 22.7 万两，两个月的兵饷都发不出来了。

解决第一个问题，咸丰帝听了肃顺和湖广总督吴文熔的话，依靠曾国藩、左宗棠、胡林翼等汉人组织勇营来对付。咸丰二年十一月降旨曾国藩在湖南以在籍侍郎办团练，后来扩充为湘军。四年四月，湘军开始进攻太平军。胡林翼远在贵州，咸丰看了吴文熔的奏疏，知道他能吃苦耐劳，畅晓兵事，马上同意吴的要求，令他率领黔勇于咸丰三年十二月到湖北与太平军作战。对于左宗棠，咸丰帝则令他自募一军，随同曾国藩襄办军务。咸丰帝终于依靠他们的湘军改变了形势，抑制住并最后打败了太平天国。

对于第二个问题，咸丰帝采取了一切可以采取的措施：熔化内务府金钟，开捐例，卖官鬻爵，铸大钱，发行官票和钱票，推行厘金制度等，终于筹措到了1亿7千万两足够的军费镇压农民起义。

咸丰六年

为了挽救统治危机，咸丰帝颇思除弊求治，提拔敢于任事的肃顺，支持肃顺等革除弊政。

鸦片战争之后，以英国为首的西方列强不满足于既得利益，又提出了开放通商口岸，鸦片走私合法化，外国公使进驻北京等要求。遭到拒绝后，英法联军于咸丰六年（1856）攻占广州，挑起第二次鸦片战争。咸丰帝让愚顽不知变通的叶名琛为两广总督兼五口通商事务钦差大臣，结果受了他的骗。叶名琛把英专使额尔金的最后通牒说成是求和。英军占领广州时，他下令组织团练去驱逐训练有素的英军。他以为逮捕巴夏礼等人，夷人必乱，却不知道这是违背国际惯例，只会导致更严重的后果。

咸丰八年

1858年，英法舰队攻陷大沽炮台，进迫天津。咸丰派桂良、花沙纳往天津议和，与英、美、法、俄分别签订《中英天津条约》、《中美天津条约》、《中法天津条约》和《中俄天津条约》。列强不满足于《天津条约》规定的权利，蓄意重新挑起战争。咸丰帝命清军加强大沽口防务。

咸丰九年

1859年，在英国蓄意挑起的大沽口冲突中，英法侵略军被击败。

咸丰十年

1860年，英法两国再次组成侵华联军，大举入侵。当时清军的防御重点在大沽口，英法联军在北塘登陆，进

而攻占大沽口。英法联军随即攻占天津，并向北京进犯。咸丰帝派遣怡亲王载垣、兵部尚书穆荫为钦差大臣，往通州与英、法议和。英法联军以和谈为掩护，继续组织对北京的进攻，在通州八里桥击败清军后，进攻北京，圆明园、清漪园等处被焚掠。咸丰帝自圆明园仓皇逃亡热河，命恭亲王奕䜣留京议和。

1860 年的 10 月，圆明园遭到英法联军的洗劫和焚毁。奕䜣代表清政府与英、法、俄签订了《中英北京条约》、《中法北京条约》、《中俄北京条约》，并批准了中英、中法《天津条约》。在《中俄北京条约》中，承认了咸丰八年（1858 年）沙俄迫使清黑龙江将军奕山签订的《瑷珲条约》。

咸丰十一年

1861 年七月，咸丰皇帝病死于热河。卒谥“协天翊运执中垂谟懋德振武圣孝渊恭端仁宽敏庄俭显皇帝”，庙号文宗，葬直隶遵化清东陵之定陵。

家庭成员

后妃

孝德温惠诚顺慈庄恪慎徽懿恭天赞圣显皇后，萨克达氏，太仆寺少卿、赠三等承恩公富泰之女。文宗居皇子位，道光二十七年二月，奉宣宗指婚。明年二月，赐册为皇子福晋。二十九年已酉十二月十二日卒。三十年正月，文宗登极，诏追封为皇后。十月，册谥曰孝德皇后，时梓宫暂安于田村。咸丰十一年，穆宗嗣位。十二月，加上尊谥曰孝德温惠诚顺慈庄恭天赞圣显皇后。同治元年九月，梓宫移静安庄。四年九月，合葬定陵，升祔太庙。光绪元年六月，加上尊谥恪慎二字。宣统元年四月，加上徽懿二字，即今谥。

孝贞慈安裕庆和敬诚靖仪天祚圣显皇后，钮祜禄氏，广西右江道、累赠三等承恩公穆扬阿之女。道光十七年丁酉七月十二日生，咸丰二年二月，诏封贞嫔。五月，诏晋贞贵妃。六月，已拟为皇后，其嫔妃册封典礼均未举行。十月，立为皇后，时年十六，少于文宗六岁。十年八月，从车驾出狩热河。十一年七月，穆宗嗣位，尊为皇太后。九月，还宫。十一月初一日，偕孝钦显皇后御养心殿垂帘训政，时年二十五，世人称为东太后。同治元年四月，上徽号曰慈安皇太后。十一年十月，穆宗大婚礼成，加上端裕二字。十二年二月，穆宗亲政，加上康庆二字。十三年十一月初十日，穆宗病痘，复训政。十二月初五日，德宗入承大统，训政如故。光绪二年七月，四十慈庆，加上徽号昭和庄敬四字，至是为慈安端裕康庆昭和庄敬皇太后。七年三月初九日不豫，初十日戌刻崩，寿四十有五。五月，上尊谥曰孝贞慈安裕庆和敬仪天祚圣显皇后。九月，

葬定陵东之普祥峪，曰定东陵，升祔太庙。宣统元年四月，加上尊谥诚靖二字，即今谥。

孝钦慈禧端佑康颐昭豫庄诚寿恭钦献崇熙配天兴圣显皇后，叶赫纳喇氏，安徽徽宁池太广道、赠三等承恩公徽征之女。道光十五年乙未十月初十日生，咸丰元年被选入宫，初赐号为懿贵人。四年十一月，册封懿嫔。六年三月，生皇长子，是为穆宗，旋诏晋懿妃。十二月，行册封礼。七年十二月，晋懿贵妃。十年八月，随侍车驾出狩热河。十一年七月，穆宗嗣位，尊为皇太后。九月，还宫。十一月初一日，随孝贞显皇后御养心殿垂帘训政，时年二十七，世人称为西太后。同治元年四月，上徽号曰慈禧皇太后。十一年十月，穆宗大婚礼成，加上端佑二字。十二年二月，穆宗亲政，加上康颐二字。十三年十一月初十日，穆宗病痘，复训政。十二月初五日，德宗入承大统，训政如故。光绪二年七月，加上徽号昭豫庄诚四字。七年三月，孝贞崩，自是后独训政。十三年正月，德宗亲政，后仍训政。十四年二月，筑颐和园成。十五年二月初三日，始归政。旋德宗以大婚礼成，加上徽号寿恭二字。三月，再因亲政，加上钦献二字。十七年四月，幸颐和园驻跸，自是岁以为常。二十年八月，因十月中六旬慈庆，加上徽号崇熙二字，至是为慈禧端佑康顺昭豫庄诚寿恭钦献崇熙皇太后。二十四年八月初八日，复训政，世谓之戊戌政变。二十五年十一月，隐谋废立，寻怵于人言不果。二十六年五月，义和拳入京师。七月，八国联军陷京师，后奔太原，旋奔西安。十二月，命将。是年五月二十四日后、七月二十四日前谕旨毁除。二十七年十一月，德宗奉之还京师。三十四年十月二十一日，宣统帝入承大统，尊为太皇太后。翼日未刻崩，寿七十有四。宣统元年正月，上尊谥如上。九月，葬定陵东之普陀峪，曰定东陵。十月，升祔太庙。

庄静皇贵妃，他他拉氏，主事庆海之女。生于道光十七年，初赐号为丽贵人，咸丰四年十二月，诏封丽嫔。五年五月，晋丽妃，旋生皇女荣安固伦公主。十二月，行册封丽妃礼。十一年十月，穆宗晋尊为皇考丽皇贵妃。同治十三年十一月，再诏晋尊为丽皇贵太妃。光绪十六年庚寅十一月十五日卒，时年五十有四，谥曰庄静皇贵妃。光绪十九年四月十八日奉安。

端恪皇贵妃，佟佳氏，道光二十四年十月二十四日生，咸丰八年十二月，册封祺嫔。十一年十月，穆宗晋尊为皇考祺妃。同治十三年十一月，再诏晋尊为祺贵妃。光绪三十四年十月，宣统帝晋尊为皇祖祺皇贵太妃。宣统二年庚戌三月二十八日卒，时年六十有七，丧仪视庄静皇贵妃例。五月，谥曰端恪皇贵妃，五月十二日奉安。

婉贵妃，索绰络氏，左都御史奎照之女。初赐号为婉贵人，咸丰四年十二月，诏封婉嫔。五年十二月，行册封礼。十一年十月，穆宗晋尊为皇考婉妃。同治十三年十一月，再诏晋尊为婉贵妃。光绪二十年五月十七日卒。二十三年八月初十日奉安。

玫贵妃，徐佳氏，领催诚意之女。初入宫号玫常在，赐号为玫贵人，咸丰五年四月二十四日，降为玫常在。五月十七日，降为徐官女子。五月二十五日，封为玫常在。后晋玫贵人。咸丰八年二月，生皇二子赠悯郡王。十二月，册封玫嫔。十一年十月，穆宗晋尊为皇考玫妃。同治十三年十一月，再诏晋尊为玫贵妃。光绪十六年十一月初八日卒。十九年四月十八日奉安。

璷妃，咸丰六年六月初九日赐号为璷贵人。十一年十月，穆宗尊封为皇考璷嫔。同治十三年十一月，再诏晋尊为璷妃。光绪二十一年四月二十一日卒。二十三年八月初十日奉安。

吉妃，王氏，正黄旗维翰佐领下园户清远之女，咸丰

八年五月十五日赐号为吉贵人。十一年十月，穆宗尊封为皇考吉嫔。同治十三年十一月，再诏晋尊为吉妃。光绪三十一年十月十六日卒。三十三年九月初六日奉安。

禧妃，察哈喇氏，咸丰九年四月十一日赐号为禧贵人。十一年十月，穆宗尊封为皇考禧嫔。同治十三年十一月，再诏晋尊为禧妃。光绪三年五月十六日卒。九月奉安。

庆妃，张氏，咸丰九年九月初九日赐号为庆贵人。十一年十月，穆宗尊封为皇考庆嫔。同治十三年十一月，再诏晋尊为庆妃。光绪十一年五月初三日卒，十五年奉安。

云嫔，武佳氏，初入侍文宗于皇子邸，咸丰初赐号为云贵人。二年十一月，册封云嫔。五年乙卯正月初四日卒。同治四年九月二十五日奉安。

容嫔，伊尔根觉罗氏，咸丰三年三月为容常在，后赐号为容贵人。十一年十月，穆宗尊封为皇考容嫔。同治八年己巳五月十二日卒，十二年二月二十六日奉安。

璹嫔，那拉氏，咸丰时赐号为璹贵人。十一年十月，穆宗尊封为皇考璹嫔。同治十三年三月二十四日卒，光绪元年三月十二日奉安。

玉嫔，那拉氏，咸丰时赐号为玉贵人。十一年十月，穆宗尊封为皇考玉嫔。同治元年十一月十六日卒，四年九月二十五日奉安。

玶常在，伊尔根觉罗氏，咸丰初赐号为英贵人。二年十一月，册封英嫔，咸丰三年十月，降为伊贵人。五年二月二十四日，降为伊常在，复降为伊答应。六年五月二十五日，封为玶常在。七月十五日卒，同治四年九月二十五日奉安。

兄弟

爱新觉罗·奕纬，隐志郡王，母为和妃那拉氏，时为旻宁藩邸使女，生性顽劣调皮，不务正业。道光皇帝对其不问不睬。据《老太监的回忆》一书中记载，因出言不讳，触怒了道光皇帝，被其一脚踢死。

爱新觉罗·奕纲，顺和郡王，母为孝静成皇后博尔济吉特氏，时为静嫔，他命薄如纸，还未满月就夭折了。

爱新觉罗·奕继，慧质郡王，母为孝静成皇后博尔济吉特氏，静成皇后博尔济吉特氏。命运多舛，仅仅活了二十多天便匆匆离开了人世。

爱新觉罗·奕䜣，和硕恭亲王，母为静成皇后博尔济吉特氏。幼时聪明好学，博学多才。长大后，大刀阔斧，能文能武。小时与咸丰帝青梅竹马，情深似海。俩人还创造出刀法十八式，枪法二十八式。道光将枪法命名为"棣泰协力"，刀法命名为"宝锷宣威"。

爱新觉罗·奕譞，醇贤亲王，母为庄顺皇贵妃乌雅氏，时为琳贵人。后为慈禧之妹叶赫那拉·婉贞之夫，光绪帝之生父，监国摄政载沣之生父，末代皇帝溥仪之祖父。

爱新觉罗·奕詥，钟端郡王，母为庄顺皇贵妃乌雅氏，时为琳妃.。卒后谥"端"。

爱新觉罗·奕譓，孚敬郡王，母为庄顺皇贵妃乌雅氏，时为琳妃。穆宗即位，命免宴见叩拜、奏事书名。同治三年，分府，仍在内廷行走，命管乐部。十一年，授内大臣，加亲王衔。德宗即位，复命免宴见叩拜、奏事书名。光绪三年二月薨，谥"敬"。

姐妹

端悯固伦公主（1813—1819），生于嘉庆十八年（1813）七月初三日，母为继妃佟佳氏，即孝慎成皇后。嘉庆二十四年（1819）十月二十日殇，时年7岁。追封为郡主，葬许家峪园寝。嘉庆二十五年（1820）九月追封为

端悯固伦公主。

次皇姐：生于道光五年（1825）正月十三日，母为祥嫔钮祜禄氏。七月十四日即殇，未命名，无封。

端顺固伦公主（1825—1835），生于道光五年（1825）二月二十日，母为全妃钮祜禄氏，即孝全成皇后。道光十五年（1835）十一月初八日殇，年11岁。追封为端顺固伦公主。葬陈家门园寝。

寿安固伦公主（1826 一 1860），生于道光六年（1826）四月初六日，母为孝全成皇后，时为全贵妃。道光二十一年（1841）16岁，指配德穆楚克札布，不久封为寿安固伦公主。十月初三日下嫁。咸丰十年（1860）闰三月初三日卒，年35岁。葬京师郊外园寝。同治元年（1862）三月德穆楚克札布请移葬藩部，不许。

寿臧和硕公主（1829—1856），生于道光九年（1829）十月十九日，母为祥妃钮祜禄氏。道光二十一年（1841）封为寿臧和硕公主。道光二十二年（1842）年14岁，指配恩祟，道光十二月初三日下嫁。咸丰六年（1856）七月初九日卒，年28岁。

寿恩固伦公主（1830—1859），生于道光十年（1830）十二月初七日，母为孝静成皇后博尔济吉持氏，时为静妃。同治二十四年（1844）二月封为寿恩固伦公主。指配景寿。道光二十五年（1845）四月下嫁。咸丰九年（1859）四月十三日卒，年30岁。

七皇妹（1840—1844），生于道光二十年（1840）七月初二日，母为彤贵妃舒穆鲁氏。道光二十四年（1844）十二月二十日殇，时年5岁。未命名，无封。

寿禧和硕公主（1841—1866），生于道光二十一年（1841）十一月二十六日，母为彤贵妃舒穆鲁氏。咸丰五年（1855）十一月封为寿禧和硕公主，指配札拉丰阿。同治二年（1863）十月下嫁。同治五年（1866）八月初二日卒，年26岁。

寿庄固伦公主（1842—1884），生于道光二十二年（1842）二月十三日，母为庄顺皇贵妃乌雅氏，时为琳妃。咸丰五年（1855）十一月封为寿庄和硕公主，指配德徽。同治二年（1863）十一月下嫁。同治四年（1865）正月德徽卒。光绪七年（1881）十月晋封为寿庄固伦公主。光绪十年（1884）二月十四日去世，年43岁。

十皇妹（1844—1845），生于道光二十四年（1844）三月十七日，母为彤贵妃舒穆鲁氏。次年正月二十日殇，无名无封。

皇子

长子，同治帝载淳，母为孝钦显皇后，即慈禧太后。

次子，悯郡王，母为玫贵妃徐佳氏。

公主

荣安固伦公主，母为庄静皇贵妃。

重要辅臣

杜受田

介绍名片

杜受田（1788—1852），字芝农，山东滨州人，为咸丰皇帝之师。其父杜堮为清嘉庆时期翰林院编修，礼部左侍郎。其家世显赫，久有“书香官宦门第，进士多人之家”，因杜家“一门七进士”、“父子五翰林”，并有加授“太师太保”的高官。

一生简历

道光三年，杜受田会试第一，殿试二甲第一（时称传胪），选庶吉士，授编修，后为山西学政。

道光十五年特召进京，直上书房，教授太子读书。

道光十八年升左都御史、工部尚书，充上书房总师傅、实录馆总裁。咸丰即位后，加太子太傅兼吏部尚书，调刑部尚书，礼部尚书、协办大学士。

在道光帝为立储而苦恼的时候，杜受田作为四皇子奕詝的老师，为他以后的登基起到了关键性的作用。

有一次清道光帝命各位皇子到南苑打猎，实际是试一试皇子们的武艺怎样。按清朝惯例，皇子读书时外出须向老师请假。杜受田沉思良久，向四阿哥耳语：“阿哥到猎场中，只坐观他人骑射，自己千万不要发一枪一矢，并约束随从不得捕杀任何生灵。回来时，皇帝一定会问何故，你可以回答：‘时方春和，鸟兽孕育，不忍伤生，以干天和。且不想以弓马一技之长与诸兄弟争高低。’”

当天狩猎结束，六阿哥所获猎物最多，正在顾盼自喜之际，见四哥默坐，随从也垂手侍立，感到奇怪，就上前问道：“诸兄弟皆满载而归，为何四阿哥一无所获？”四阿哥平静地回答："今天身体欠安，不能与诸兄弟驰逐猎场。"天色将晚，诸皇子携所获猎物复命。果然皇上询问缘故，四阿哥就把杜受田教的话说了一遍。清道光帝龙颜大悦，对身边的大臣说："这才是君主之度。"

平心而论，四阿哥无论文韬武略，还是健康状况，都比不上六阿哥。清道光帝直到死前仍对传位之事下不了决心。有一天清道光帝重病在床，自知无回天之术，临终前最后考察两位皇子的能力和气度，决定继承人。六阿哥的老师授计说："晋见时，皇上若在病榻上询问治国安邦大计，你应当知无不言，言无不尽。"杜受田则对四阿哥说："你若陈条时政，论智力、口才根本比不上六爷，只有一策：皇上若自言病老，将不久于人世，你只管俯地流涕，以表孺慕之诚而已。"晋见时，清道光帝果然询问身后治国大事，六阿哥无视皇上痛苦之状，口若悬河，大谈自己治国安邦的见解和抱负；四阿哥则一如师言，面对父皇的垂问，悲伤得涕流满面，以至于不能作答。清道光帝在病榻上，仔细观察两人的言谈举止，最终被四阿哥的举动所感染，对身边的大臣说："皇四子仁孝，可当大任。"第二天清道光帝驾崩，领班大臣宣读密谕："着皇四子奕詝继位。"四阿哥终于击败六阿哥，自己登基做了皇帝，年号"咸丰"。

清咸丰帝即位后，感激老师的拥戴之恩，任命杜受田为吏部尚书兼协办大学士，遇事言听计从，奉若生父。清朝协办大学士相当于明朝的宰相，在朝廷中最有权势。杜受田也想凭借咸丰的信任以展自己的治国宏图。清咸丰帝即位不久，他首先建议起用林则徐、周天爵等在鸦片战争中因主战而被撤职的大臣，以镇压刚刚爆发的太平天国农民起义。

咸丰二年（1852），黄河决口，山东、江淮地区受灾甚重。杜受田上疏请截留江、广漕米六十万石救济灾民，

并荐山东、江宁布政使督办赈务。是年7月9日杜受田在实施赈务途中触染暑疫，逝世于淮安清江浦，终年66岁。

杜受田逝世后，清咸丰帝伏案痛哭流涕，如丧考妣，朱笔写下了一段极富个人感情的话：忆昔在书斋，日承清诲，铭切五中。自前岁春，懔承大宝，方冀赞襄帷幄，谠论常闻。讵料永无晤对之期，十七年情怀付与逝水。呜呼！卿之不幸，实朕之不幸也！

杜受田的丧事，规格高得异乎寻常：赏陀罗经被、赏银五千两、赠太师大学士、命沿途地方官亲自照料护送灵柩。咸丰帝亲自带领两班大臣前往祭奠，并追赠杜受田为太师大学士，谥号“文正”。“太师大学士”和“文正”是清朝人臣中最高级的一种册封，清嘉庆帝以来汉族大臣被追封太师大学士者，仅杜受田一人而已。

杜受田死了，咸丰帝将他不尽的思念转化为对杜氏家人的隆恩。杜受田的父亲身前任礼部侍郎，赏礼部尚书衔，赏食全俸；侄子杜翰，时以翰林检讨放湖北学政，15个月就由从五品提升至正二品的侍郎，并进为军机大臣。

历史评价

咸丰帝，名奕詝，1850 年至 1861 年在位，道光十一年（1831 年 7 月 17 日）生于北京圆明园，道光帝第四子，庙号"文宗"。

1850 年，在内忧外患中，道光帝的第四个儿子、二十岁的爱新觉罗·奕詝继承皇位。可惜好景不长，咸丰帝还没从当上皇帝的喜悦中缓过神来，轰轰烈烈的太平天国运动爆发了。太平天国的问题还没解决，英法联军的挑衅接踵而至。第二次鸦片战争中，大清王朝一再败北，已届而立之年的咸丰帝在北京坐不住了，他必须离开，于是他逃到了承德。最终，在靡靡之音、声色犬马的相伴下，三十一岁的咸丰帝在承德走完了他人生的最后一个年头。

从一个帝王的角度来说，咸丰帝继位以后，重用汉族大臣，严惩贪污腐败，改革力度超过了嘉庆、道光两代君主。与其他的一些封建帝王一样，在一生中有败笔也有功劳，他在一个大变革的时代对于世界大势缺乏了解，最终没能挽救没落的清王朝。作为《北京条约》的直接签订责任人，他被刻在了中华民族的耻辱柱上。

从个人际遇来说，在历代帝王之中，咸丰帝的命运差不多是最惨的一位。他赶上了中国历史上最大的农民起义太平天国运动；他摊上了西方列强入侵中国的第二次鸦片战争；他碰上了中国几千年封建社会的没落；他驾驭的又是一条已经航行了二百年的千疮百孔的破船。他无处回避，责无旁贷又无力回天，为此痛心疾首，抱

终身之恨。大清朝积累了二百多年的矛盾在他在位期间来了个总爆发，他用短暂的一生承担了下来，备尝艰辛，真可谓是“内外交困，苦命天子”。

历史评价

咸丰帝，名奕詝，1850 年至 1861 年在位，道光十一年（1831 年 7 月 17 日）生于北京圆明园，道光帝第四子，庙号“文宗”。

1850 年，在内忧外患中，道光帝的第四个儿子、二十岁的爱新觉罗·奕詝继承皇位。可惜好景不长，咸丰帝还没从当上皇帝的喜悦中缓过神来，轰轰烈烈的太平天国运动爆发了。太平天国的问题还没解决，英法联军的挑衅接踵而至。第二次鸦片战争中，大清王朝一再败北，已届而立之年的咸丰帝在北京坐不住了，他必须离开，于是他逃到了承德。最终，在靡靡之音、声色犬马的相伴下，三十一岁的咸丰帝在承德走完了他人生的最后一个年头。

从一个帝王的角度来说，咸丰帝继位以后，重用汉族大臣，严惩贪污腐败，改革力度超过了嘉庆、道光两代君主。与其他的一些封建帝王一样，在一生中有败笔也有功劳，他在一个大变革的时代对于世界大势缺乏了解，最终没能挽救没落的清王朝。作为《北京条约》的直接签订责任人，他被刻在了中华民族的耻辱柱上。

从个人际遇来说，在历代帝王之中，咸丰帝的命运差不多是最惨的一位。他赶上了中国历史上最大的农民起义太平天国运动；他摊上了西方列强入侵中国的第二次鸦片战争；他碰上了中国几千年封建社会的没落；他驾驭的又是一条已经航行了二百年的千疮百孔的破船。他无处回避，责无旁贷又无力回天，为此痛心疾首，抱终身之恨。大清朝积累了二百多年的矛盾在他在位期间来了个总爆发，他用短暂的一生承担了下来，备尝艰辛，真可谓是“内外交困，苦命天子”。

咸丰皇帝正传

第一章 即位始末

一

道光十一年六月初九（1831年7月17日），时已夜半，圆明园湛静斋全贵妃钮枯禄氏的寝宫内，忽然传出几声婴儿的啼哭声，道光帝的第四位皇子降生了。这就是后来的咸丰帝爱新觉罗·奕詝。

奕詝是道光帝旻宁的第四子，在他出生前的两个月，业已成人的23岁的皇长子奕纬忽然暴死，道光帝悲痛欲绝，忧惧日后皇位继承无人。因此，奕詝降生后，倍受道光帝的喜爱，视之为理想的皇位继承人。

奕詝5岁时，便给他请来名师杜受田在学理文法上好生调教。稍长，道光帝为培养其武功，经常让奕詝演习枪法。并时常带奕詝等皇子游猎南苑，策马扬鞭，张弓搭箭，意在养成尚武精神。

道光二十年间，道光帝一共有四个儿子，即10岁的奕詝、10岁的奕誴、9岁的奕䜣、1岁的奕譞。在四个皇子中，奕譞尚小，奕誴又生得“状貌粗拙”，平日“动止率略”，不为道光帝喜欢。所以，只有四子奕詝和六子奕䜣有希望继承皇位。

奕詝和奕䜣各有优势，奕詝年长1岁，而奕䜣却“天姿颖异”，甚为道光帝钟爱。所以钮祜禄氏所担心的就是奕䜣。她知道，奕䜣一旦登上皇位，其生母就会扶摇直上，那她的地位也就难保了。

可是，事情的发展偏偏违反意愿。道光二十年（1840年），钮祜禄氏听到传闻，说道光帝欲立奕䜣为皇储。她实在不愿意接受这样的事实：皇后的儿子不能立上皇储，偏偏要立一个妃子的儿子。听到这个传闻后，钮祜禄氏茶饭不思，越想越恼火。在寝宫憋了三天，最后想到了破釜沉舟的毒计。

一天，钮祜禄氏在自己的宫内，摆了一桌美味佳肴，请皇子们都来品尝。钮祜禄氏欲在皇子们进食时，毒死奕䜣、奕𫍽，便在鱼中下了鸩毒。在奕詝三人坐在桌前准备动筷的时候，钮祜禄氏把奕詝叫了出来。

“我儿，一会儿吃菜时，不要吃鱼。”

“为什么？”

“那鱼是做给六阿哥吃的。”

“那为什么我不能吃？”

“不为什么，不让你吃，你就别吃。”

“不！你不告诉我，我就吃。”奕詝耍起了性子。钮祜禄氏没有办法，就把实情告诉了奕詝。奕詝听罢，睁大了眼睛好半天没说出话来。要知道，奕詝同奕䜣、奕詝从小一起长大，现在又同在上书房学文习武，兄弟几个的感情很深。现在怎么能眼看着他们被毒死呢？

正在这时，奕䜣、奕𫍽在里面已经等得不耐烦了。大声喊道：“四哥快来呀！”

奕詝耷拉着脑袋来到了桌前。皇子们开始进餐了。奕䜣、奕誴有说有笑地品尝着，一会儿说“这个香”，一会儿说“那个鲜”，吃得津津有味，这时奕詝两眼直瞪着那道鱼菜发愣。此刻，奕䜣伸过筷子夹鱼了，筷子还没碰到鱼上，桌下就挨了一脚，直疼得奕䜣“哎哟”了一声，奕

詝并不理睬他，两眼还是盯着那鱼菜。隔了一会儿奕誴来夹鱼时，桌下也挨了一脚。这两脚使奕䜣、奕誴都悟出了门道。结果两人谁也没有再吃这道鱼菜。钮祜禄氏的阴谋也就没有能够得逞。

当时孝和太后还尚在人世。听说此事后大怒，立刻下令赐钮祜禄氏死。道光帝听说后，急忙从前宫跑回，替钮祜禄氏求情。无奈皇室家法森严，太后又执法如山，道光帝无计可施。钮祜禄氏徘徊良久，最后不得不投缳白宫门，自缢而死。

二

在奕詝和奕䜣之间，究竟选哪一个为皇储，道光皇帝还犹豫未决。为了考察他们的品行与能力，一年春天，道光皇帝命诸皇子去南苑狩猎。奕䜣平时愿意舞刀弄枪，骑射技术高超，这一点奕詝自愧不如。于是临行前，奕詝去上书房向其师傅杜受田讨计。杜受田亦早有意辅佐奕詝登上皇位，并对道光帝的心理作过揣摩。面对即将开始的围猎较量，杜受田认为只有如此这般，才能斗败奕䜣，于是给奕詝出了一个锦囊妙计。

南苑是皇家的围猎之地，位于北京郊外。这时正值谷雨，路边的垂柳已披上了绿装，一簇簇野花散发着醉人的芳香。正襟危坐在高头白马上的奕䜣，昂首挺胸，双目远眺，眉宇间透出一股傲气。他心想，此番狩猎较量，正合我意，最后一定能以最多的猎物，博得父皇的欢心，那时，皇储就非我莫属了。

到了南苑围场，皇子们带领自已手下的人分别开始了围猎，奕䜣果然身手不凡，他骑的白马快如飓风，他拉的银弓满似圆月，只一番功夫，就猎获几只鹿和野兔。正当奕䜣等人骑射的兴致正浓的时候，忽然发现奕詝正默坐在一旁，其手下人也在奕詝身边垂手侍立，不觉心中纳闷，便驱马来到近前，探问其故，奕詝答曰："我近日身体不适，不敢随意驰逐。"

日落时分，皇子几人带着各自的战利品，回到宫中向父皇禀报战绩，并将猎物献上。果不其然，奕䜣所得猎物最多，心里也最为欣喜。皇子中独奕詝一无所献，道光皇帝不解，问其缘故，奕詝答道："儿窃以为现在正是动物繁衍孕育下一代的时候，我不忍心在这个时候杀死它们，并且我也不愿意以骑马射猎这些小的技艺，与兄弟们争个高下。"本来，道光皇帝看到奕詝一无所获，心里有些不高兴，但听到奕詝讲出这番话来，顿时眉开眼笑连声说道："我儿果然气度非凡。"

经过这番围猎较量，道光皇帝初步有了意向：立奕詝为储。

但道光皇帝是个办事优柔寡断的人。虽然经过南苑狩猎，他已经决定把皇位传给奕詝。但不久，他的心里又不平衡起来，因为他毕竟非常喜欢奕䜣。

由于对奕䜣的偏爱，道光皇帝决定再给奕䜣一次机会，考察一下奕詝和奕䜣的品行。一天，道光皇帝将两个盒子放到两个皇子面前。这两个盒子，一个是金的，一个是木的。金盒上雕满了姿态各异的龙，龙体闪烁着光芒；木盒上刻着麒麟，被漆成黑亮色。道光皇帝指着两个盒子说："这两个盒子，我儿各选一个"。奕詝和奕䜣听了这话互相看了一眼。奕詝平静地说："六弟先选吧！"奕䜣听了这语，也不谦让，伸手将金盒抓在手里。

从这件小事上，道光皇帝感到还是四子奕詝宅心仁厚，六子固然聪明，可是人品不如其兄，于是下决心把皇位传给奕詝。

经过南苑狩猎和两盒选择，道光皇帝已经决定立奕詝为储君了。但有时还觉得亏了六子奕䜣，所以，迟迟没动朱笔。道光二十九年（1849 年），道光皇帝病体缠绵，久治不愈，身体虚弱。这时，他感到去日无多，到朱笔书名的时候了。但提起笔来，心里还是不踏实，想着要写“奕詝”，“奕䜣”两字又往往跳到笔下。道光皇帝心里明白，皇位到底给谁，他没有真正下决心。怎么办呢？于是决定再考察他们一次。这次考察完结，一定把皇太子决定下来，并书写出来，藏之锦匣。

主意拿定之后，道光皇帝派人到上书房，召皇四子和皇六子入对。入对就是回答皇帝提出的问题，而这些问题多半是关于治理国家的方略。四子奕詝和六子奕䜣马上就意识到了这次入对的意义。如何对待这一决定命运的考察呢？奕詝和奕䜣都来到了各自的师傅处讨教。奕䜣的师傅是卓秉恬。卓秉恬根据奕䜣头脑清楚，口齿伶俐，学识渊博这些特长，告诫奕䜣：“皇上问什么，就答什么，回答时尽量把道理说得清楚一点，尽量多说、说透。”奕詝的师傅是杜受田。杜受田知道奕詝的口才远不如奕䜣，知识也不如奕䜣丰富，如果正面陈述治理国家的方针，会败下阵来，只有示孝藏拙，才能在道德文章方面战胜奕䜣。于是他告诉奕詝：“皇上召你兄弟二人，肯定要说‘自己身衰多病将不久于此位’这样的话，阿哥听到皇上说这话时，什么也不要说，只要伏地痛哭就行了。”

奕詝、奕䜣二人各自从师傅处讨得妙计，来到道光皇帝的病榻前。果不其然，道光皇帝先悲哀地述说了自己的病情，然后让两个皇子分别讲一讲，他死了以后，他们怎样治理国家。奕䜣听了问话，便滔滔不绝地讲起治国的方略。奕詝听完道光皇帝的话后，伏地痛哭流涕，直哭得奕䜣讲不下去了，哭得道光皇帝也掉下泪来。最后，还是过来两个内侍将奕詝二人扶了出去。入对就这样结束了。

经过最后一次考察，道光帝感到，四子奕詝讲求仁孝为先，于是下决心把皇位传给四子奕詝了。

三

清代改变了以前的嫡长子继承皇位的制度，皇太子由在位皇帝选择皇子中贤能者充任。至雍正年间，雍正皇帝为避免皇子之间出现争储拼斗，创建了秘密建储制度，即由在位皇帝对所有皇子作长期默察考验，选定皇太子后，朱笔书名，密定为储，藏之锦匣。锦匣有两份：一份藏于乾清宫最高处“正大光明”匾额后，另一份由皇帝自己收藏。

道光二十六年（1846 年），道光帝写好了立太子朱谕。道光三十年（1850 年）正月，道光帝病笃，自知阳寿已尽，遂把军机大臣等八人召至寝宫，从床内取出装有朱谕的锦匣，递予诸大臣，以便开启出示。然而，诸大臣没有一个敢上前接受。原来事先奕䜣生母静贵太妃已知朱谕内容，为阻挠开示朱谕，她指使太监告诉八大臣不许接受锦匣。这里特别是侍郎季昌芝早知朱谕内容，并明白静贵太妃的意图，于是他带头不接锦匣，从中作梗。道光皇帝这时说话虽已经比较困难，但心里尚明白事理，看这一番情形，已经明白一二，顿时大怒，他用手使劲地拍打床铺，好像在说，我还没死，你们竟然不听调遣！几个大臣一见皇上发怒，赶忙上前接过锦匣。打开一看里面有一份立储密谕，上面写着两行汉字：“皇六子奕䜣封为亲王，皇四子奕詝立为皇太子”。在后一行汉字的旁边，又书了“皇四子奕詝立为皇太子”的满文字样。出示朱谕后，只几刻功夫，道光帝归天。道光三十年正月二十六日（1850 年 3 月 9 日），奕詝在太和殿正式即位。次年改元咸丰，开始了清代咸丰朝的统治。

第二章　困难重重

一

咸丰皇帝接手的清政府依旧是一个烂摊子。满朝文武，无所用心，人浮于事。各级大小官僚都"以模棱为晓事，以软弱为良图，以钻营为进取之阶，以苟且为服官之计"。京城里的官员抱残守缺，不负责任，"在内部院诸臣事本不多，而常若猝猝不暇，汲汲顾影，皆云多一事不如少一事"。各省的官员为了一己私利，营私舞弊，"在外督抚诸臣，其贤者斤斤自守，不肖者亟亟营私。国计民生，非所计也，救目前而已；官方吏治，非所急也，保本任而已"。一股股腐败无能的势力把持了官场。

大学士穆彰阿依仗手下有一伙人，控制各级衙门，并不积极支持刚刚即位的咸丰皇帝。他先消极对抗，"遇事模棱，缄口不言"。继而玩弄权术，妨贤病国。"迨数月后，则渐施其伎俩。如英船至天津，伊犹欲引耆英为腹心以遂其谋，欲使天下群黎复遭荼毒。其心阴险，实不可问!"他已经堕落到出卖国家利益，勾结敌人的地步。当许多正直的官员极力保荐林则徐的时候，穆彰阿从中阻挠。"伊屡言：'林则徐柔弱病躯，不堪录用。'"咸丰皇帝已经起用林则徐，派往广西，穆彰阿又屡言："林则徐未知能去否。”伪言荧惑，企图使咸丰皇帝“不知外事”，将年轻的皇帝架空。

咸丰皇帝为了“申国法”，“肃纲纪”、“正人心”，下令革去穆彰阿的职，“永不叙用”。这一重大决策宣布后，“天下称快”，受到朝野内外的普遍拥护。

另一个高级官员耆英，因签订《中英江宁条约》、《中法黄埔条约》、《中美望厦条约》，举朝内外，恨之如仇。咸丰皇帝即位后，耆英入奏用人、行政、理财三策，胡说什么“人有刚柔，才有长短。用违其才，虽君子亦恐误事；用得其当，虽小人亦能济事。”他的这个贬君子、举小人的谬论，是咸丰皇帝不能容忍的，当即予以训斥。咸丰皇帝“硃笔罪耆英”，宣布他“畏葸无能”，“抑民以媚外，罔顾国家。”“降为五品顶带，以六部员外郎候补”。朝野上下普遍称赞这个决定，“当时上谕一出，人人颂祷圣德英武，迈古腾今。”咸丰皇帝做了件大快人心的事。

咸丰八年 1858 年四月，英国兵船侵入天津。咸丰皇帝派大学士桂良，吏部尚书花纱纳“驰往查办”，又派耆英以侍郎衔，“前往办理洋务”。由于英法联军以武力威胁清朝，耆英贪生怕死，“同桂良、花沙纳商允照会，相对泣于窗下”。耆英擅离职守，私自回京，“借称面陈极要”，不候谕旨。这是一种临阵脱逃的叛逆行为。有的大臣拟请判处耆英“绞监候”。

肃顺认为这个处分太轻了，奏请对耆英即行正法，“以做官邪而申国法”。咸丰皇帝认为“亦未为是”，“尤觉不忍弃之于市”。于是，他“不得已思尽情法两全之道，著派左宗正仁寿、左宗人绵勋、刑部尚书麟魁迅即前往宗人府空室，令耆英看朕硃谕，传旨令伊自尽”。耆英受到应得的惩罚。

咸丰皇帝尽管没有雄才大略，但是还保持着清醒的头脑。他懂得“治乱世，用重典”的历史经验，铲除奸宄，

惩治国贼，是符合朝野多数人的愿望，是坚持正义立场的重大决策。

耆英由判处“绞监候”到改为自尽，是肃顺坚持“申国法”的结果。也许有人认为太过分了，咸丰皇帝都不大同意，是肃顺“冷酷”吗？其实，政治斗争中的宽容、仁慈都是幼稚的东郭先生。铁腕人物是政治舞台不可缺少的。

肃顺为人极有胆识，其治事极有魄力，而且颇深刻。他“佐文宗申国法以救积弊”，主张“严禁令，重法纪，锄奸宄”，力图革除政府官员中种种腐败的弊端。例如，当时户部在财政管理上有问题，“钞币大钱无信用，以法令强行之，官民交累，徒滋弊窦”。这既危及到政府的财政收入，又影响到全国群众的切身利益。“肃顺察宝钞处所列‘宇’字号欠款与官钱总局存档不符，奏请究治，得朦混状，褫司员台斐音等职，与商人并论罪，籍没者数十家。又劾官票所官吏交通，褫关防员外郎景雯等职，籍没官吏亦数十家。”这就是咸丰九年、十年间的“钞票舞弊案”。

在封建专制时代的官场上，“褫职”与“籍没”不是罕见现象。肃顺既然要整顿财政，势必打击那些“将官款化为私欠”的贪污犯。这是严肃的政治斗争，并非无原则的人事纠纷。

咸丰八年（1858 年），肃顺整顿科场，对清朝科举考试中的营私舞弊行为做了坚决的斗争，时称“戊午科场之案”。

清代仍以科举考试制度作为选拔官员的重要途径。自道光朝以来，科场舞弊现象日趋严重。有的考生以“条子”呈递考官，记明暗语。“条子”上加三圈、五圈，如果中试则赠三百银两、五百银两给考官。考场成为公开贿赂场所。这种“不正之风”，在咸丰初年更为盛行，大庭广众不以为讳。有的考官竟公开对落第考生说："何以不递条子？"走后门，写条子，司空见惯，"世风之下，至斯极矣"。

咸丰八年，顺天乡试揭榜，唱戏的优伶平令得中高魁，考在前十名。社会舆论哗然。咸丰皇帝闻奏谕令大臣调查原因。原来是主考官大学士柏葰的门丁靳祥从中为平令经营，使其中式，而且涉及柏葰之妾。另一考官程庭柱接条子"不下百余条"。这一案件涉及二十余人。

咸丰皇帝特命肃顺会同刑部审讯。肃顺乃就各嫌犯供状上陈，力言取士大典关系至重，亟宜执法以惩积习，请将柏葰等人斩决。咸丰皇帝批准肃顺奏请，处斩柏葰、平令等七人，其他诸人均被革职治罪。从此以后，"遂无人敢明目张胆显以条子私相授受者"。肃顺整顿科场，纠正考试中的不正之风，确实取得明显效果。

有人说戊午科场之狱是肃顺"快私憾而张权势"，这是一种臆测之词。在封建时代官场上勾心斗角行为，不能说对肃顺绝无影响。但是，肃顺执法严正却是事实。例如，户部主事李篁仙曾为"肃门七子"之一，后来因事下狱。时人估计肃顺一定会因为私交而对他有所偏袒，"以肃善李，必可宽也"。然而，这种估计并未应验。肃顺秉公执法改变了人们对他的错误判断。后人评论说："观李氏之事，亦颇见肃顺之铁面无私，不事阿徇。"在晚清官场上，像肃顺一样"铁面无私"的官员是少有的。

二

咸丰皇帝初期的经济呈现出严峻的形势。自从中英《江宁条约》订立后，清政府的财政危机日趋加剧。战后十年内，仅鸦片走私，中国白银外流量又达三亿两。战争赔款和军费开支多达七千万两，已经超过了政府库存总

数。“入款有减无增，出款有增无减。”政府的国库收支入不敷出，“日甚一日”。在道光二十九年（1849 年），各地欠国库白银共八百六十余万两。咸丰皇帝即位的这一年，即道光三十年（1850 年）头十个月的国库收入尚不敷以后五个月的预算支出。咸丰元年（1851 年），太平天国农民革命爆发后，清政府调动大批军队镇压起义，耗费了大量的军费开支。清政府从北方各省抽调库存银两，引起地方货币短缺，财政吃紧。大批清军集结京师内外，使京畿地区负担过重，国库亏空，甚至国家机关的官员薪俸都发不下来。

官方货币严重短缺，各地流行许多“私帖”。清政府不仅没有取缔“私帖”，反而仿效，发行银钱票。早在道光年间，内务府在京城设立天元、天亨、天利、天贞、西天元等五官号，“行使银钱各票，所得利息，作为内务府进款”，补充皇室经费开支的不足。鸦片战争形势的紧张，造成私帖挤兑风潮的形成。军队官兵肆虐抢夺银钱，地方官员拼命搜刮百姓银钱，私帖大肆泛滥套兑银钱，因而出现了“银钱亦倍形短绌”。清政府的财政收入已经到了山穷水尽的地步。

国库空虚，财政出现混乱的局势，最敏感的是中央政府的主管机关。咸丰皇帝一上台，就收到财政的主管部门紧急报告。“户部疏陈整顿财政，胪陈各弊，得旨：实力革除。”由此可见，咸丰皇帝在经济政策上并非恪守祖制，一成不变。他正视现实，因势利导，发动朝野官民商讨对策，集中各种建议，“在艰难险阻之中，力求通变权宜之法”。他整顿财政决策是：其一“开源节流”，其二“变通钱法”。

关于“开源节流”，主要通过推广捐例，举借内外债，增加税收，变卖旗田，削减薪饷等方法，增加政府收入，减少支出，解决财政亏空问题。然而这只属于权宜之计。

（一）捐纳和捐输是清代财政收入的补充方式。所谓“捐纳”就是朝廷卖官鬻爵。各省绅士、商民、游幕，官员子弟，候补、试用各官，只要按照捐例交银，即可得到某项官职。如只愿得到某项官阶职衔，或捐文武监生、贡生等，也可指项报捐。公开买卖官职的收入成为政府财政来源之一。

咸丰元年（1851 年），清政府颁发《筹饷事例条款》，宣布“卖官大减价”，捐纳京官、外官、武官各种职衔，按照道光二十六年（1826 年）条例所载银数核减一成，即九折收捐。这是第一次降价。

咸丰三年（1853 年），清政府又制定《推广捐例章程》，规定照定例银数核减二成，即以八折收捐，并由户部预颁空白文武职衔及贡监执照，发交各省军营粮台，随时填发。这是第二次降价。

咸丰四年（1854 年），捐纳官职的实际价格减到二成半，即以七五折收捐。这是第三次降价。

咸丰七年（1857 年），又规定按半银半票收捐，由于票钞贬值，捐纳银数不及原额的六成。这是第四次降价。

后来，户部虚空，没有钱下拨给各省，遂准许各省开捐。这个口子一开，如洪水决堤，不可阻挡，造成官吏队伍急剧膨胀，“流品日杂”，“市侩无赖滥厕其间”。由于买官花了大量的钱，得官后便拼命搂钱捞本。政府官员腐败的恶性循环，甚嚣尘上。

所谓“捐输”，是清政府给予报效商民的某种奖叙。咸丰三年（1853 年），朝廷下令鼓励“劝捐助饷”，规定根据个人捐输银数，分别赏给盐运使衔、或副将衔、或另赏花翎；或赏给举人，一体会试。在《捐输广额章程》中，对地方政府捐输的优待条明文规定，准许在各级科举考试中，增加名额。这样的章程，为地主富商及其子弟铺设了进身之阶。

（二）借债筹饷是又一项应急措施。咸丰三年（1853年），创议举借内债。最初只在山西、陕西、广东等省向“殷实之家”、“饶富之家”、“暂时挪借，以助国用”。政府出给印票，分年按期归还。之后陆续向其他省份推广。在名义上是“劝借”，实际上是强借，结果变成了“绅富捐”。从咸丰三年（1853年）开始，清政府举借外债。由苏松太道吴健彰经手，向上海洋商借债，数额不详。咸丰五年（1855年）和咸丰六年（1856年），在江海关洋税中加还白银十二万七千七百八十八两。这是清政府为攻打小刀会起义军偿还雇募外国船炮的债务。

（三）增加赋税是“就地筹饷”的财政措施。主要增收商业税和加征农业税。关于商业税，后面有一节专谈此事，这里先说农业税。咸丰年间，加征农业土地税，包括对田赋采取附征和漕粮勒折浮收。在四川按粮津贴和捐输；在云南、贵州按亩抽收“厘谷”或“义谷”；在江苏、安徽等省亩捐加征；在广东沿海有“沙田捐”。用各种手段，巧立名目，加征田赋。

咸丰三年（1853年）以后，开始实行漕粮折色，即用银两代替实物折纳。由于当时银贵钱贱，对纳税人是“无形重敛”。

田赋预征，更为严重。咸丰三年（1853年）令四川、山西、陕西三省预征一年的钱粮。如遇到自然灾害，农民难以纳赋。“预征累民”，使劳动群众的生活陷入水深火热之中。

（四）奏减八旗俸饷是咸丰年间节省财政支出的又一措施。八旗俸饷是清政府的沉重负担。有识之士早已看到改革的必要性。咸丰二年（1852年），朝廷公布了《旗民交产章程》，正式允许“旗田”出售，减轻政府负担，解决“旗民生计维艰”问题。咸丰三年（1853年），清政府又下令削减兵饷，折发制钱，将文武高级官员的“养廉”

抽出部分充军饷。咸丰皇帝“敕文臣三品以上养廉以四成、武臣二品以上以二成充军饷。”咸丰十年（1860年），又减成发饷。从八旗俸饷中节省政府的开支，缓和国库的财政紧张状况。

关于“变通钱法”的建议很多，主要集中在发行纸币和改铸大钱上。咸丰元年（1851年）御史王茂荫向皇帝提出《条议钞法折》，主张发行纸币，控制数量，并以库银为抵押，可由民间钱庄认购发行与承兑。咸丰二年（1852年），皇帝任命王茂荫为户部侍郎，兼管钱法堂，主持新设的官票厅，专司官票的发行筹备事宜。

咸丰三年（1853年）正月，御史蔡绍洛上奏《请铸大钱》，主张以钱代银，钱乏应由铸大钱来补。“户部奏铸当十、当五十大钱，王大臣又请增铸当百、当千，谓之四项大钱。当千者，以二两为率，余递减。”咸丰三年初，户部调大理寺恒春会同户部主持大钱的铸发事宜。

二月，大学士祁寯藻管理户部事务时，奏请设立官钱总局，“将宝泉、宝源二局，每月鼓铸卯钱，全行运解，作为票本。并由部库应放款项内，酌提见银，藉资转运。总计辘轳收发，以见银一百万两，见钱一百万串为率。凡官俸兵饷，及各衙门支用杂款，分成搭放”。咸丰皇帝批准这个计划方案，“诏如所请”。这是将银与钱搭配使用，做为官俸兵饷。

同年二月十七日（1853年3月26日），咸丰皇帝上谕批准由户部拟定的《试行官票章程》，决定以京师为试点发行官票，按照银八票二的比例，给文职二品，武职三品以下的朝廷官员发放奉俸及各衙门的办公费。余下二成实银，拨给京城天元、西天元、天利、，天亨、天贞等五家官号为本兑现官票。

清政府又熔化宫中金钟和动用宫中金条，给驻防京城外的蒙古八旗军发军饷。同时，在内务府设立捐铜局，搜

缴京师民间的铜器、铜斤，并封存铜铺；在皇宫里收集了大量铜物制品，熔化花园里的铜屋，作为铸钱原料。同年三月，宝泉局铸造“当十”铜大钱，五月又铸发“当五十”大钱。十一月又铸成“当百”、“当五百”以至“当千”的大钱。咸丰年间还有“当二百”、“当三百”、“当四百”等大钱。咸丰皇帝正式批准由户部公布《官票章程》和《宝钞章程》向全国发行宝钞。百姓对官票“相约不收”，使官票“几成废纸”，而对大钱非常欢迎。

咸丰皇帝实行的变通钱法，缓解了政府的财政危机。“战时国库收入总额能够维持在平均每年 957 万两左右，一方面是从 1853 年起，主要靠发行银票、钱票，铸造大钱、铁钱；另一方面是从 1856 年起，把京饷原由各省预拨改为临时定额摊派解款的结果。”实际上，这都只能做到勉强维持封建朝廷的苟延残喘而已。

第三章 太平天国兴起

道光帝遗下的摊子之烂，咸丰帝登基的第二天便亲切感受到了。

1850年2月26日，即道光帝去世次日，咸丰帝接到的第一件公文，就是广西巡抚郑祖琛关于李沅发起义军人广西的奏报。

造反是专制社会的非常之事，既危险又难办，统治者只有坚决地毫不手软地强力压之。造反者也自知命运如丝，非逼上绝路而不轻易为之。李沅发是湖南新宁县水头村的农民，1849年秋，因富绅重利盘剥遭水灾的贫民，讨生无计，便伙众抢夺，杀富济贫。然因同伙被县官捕去，便杀人县城劫大狱，正式举旗造反，与官军相抗，由湖南人广西进贵州，部众最多时有四五千人，搅得西南大不太平。

就是这次小小的造反，湖广总督亲自赶到长沙坐镇指挥，湘、桂、黔三巡抚亲自操办，动用了4省的军队，仅广西便花军费24.7万两银子，咸丰帝更是忙得不亦哀乎。到了6月2日，总算抓住了“匪首”李沅发，下旨槛送北京，于9月用最最残忍的凌迟刑法处死。为了警告那些怠玩政务的地方官，咸丰帝还将湖南巡抚、湖南提督、永州镇总兵等高官统统革职，统统发配新疆，为此受处分的官员不下数十人。

处死李沅发后，咸丰帝似乎感到一丝轻松，自己的本事原来也足以告慰祖先。他哪里想到，更大的风暴已经降临。这就是持续 14 年，兵战 18 省，以洪秀全、杨秀清为领袖的，让咸丰帝此后日日不太平的太平天国。

洪秀全，小名火秀，族名仁坤，1814 年出生于广东花县（今花都市）一个农民家庭，在家中排行最小，大咸丰帝 17 岁。1820 年，入村塾读书，用的教材与咸丰帝所学相差无几，都是古代圣贤经典。

科举时代的读书人，大多本非为求知，非为个人情操的升华，而是非常功利的。读书→做官，既是他们的出发点，也是他们心中的归宿。不然那几本哲人眼中充满哲理，凡人眼中十足乏味的古书，怎么会引得那么多凡人由童年至少年至青年至中年甚至老年孜孜不倦地苦读？还不是为了书中的黄金屋和颜如玉。在一个农民家庭中，洪秀全能得到读书机会，是族人家人觉得此子可大器，父兄们也当作投资机会。

1828 年，洪秀全第一次赴考，县试高中了，但府试失败了。此一结果使人沮丧，但也使人感到还有希望。于是，他在获得一村塾师职位后，仍继续苦读，准备再考。1836 年、1837 年、1843 年他又去考了 3 次，皆落第。此时，他已近 30 岁，最终对科举不抱希望，愤愤不平：等我自己来开科取天下士罢。数年后，此言成真。

有不少后人指责那几年的广州知府和广东学政全都瞎了眼，若是让洪秀全中一个秀才，就不会去造反。这种说法本属历史的臆测，无足深论，但考官们的确没有冤枉洪秀全。虽然洪氏后来做成了一番大事业，然他留今的诗文，以八股策论的标准来衡量，也只是一个三家村先生的水平。而他对古代圣贤经典的了解和理解，比起名师指点的咸丰帝，也明显地差了一截。

圣贤的书再也读不下去了，洪秀全找来 1836 年他在广州街头得到的一部基督教布道书《劝世良言》。研读之中，又联想到1837年他落第后大病40余日梦中的种种异象，突然发现自己就是天父上帝赐封的“太平天王大道君王全”，受命降世斩邪留正。于是，他便自施洗礼，自行传教了。拜上帝。

在广州一带，洪秀全的传教活动并未取得明显效果，皈依者仅为他的家人和少数密友，大多数人都觉得他出了毛病。但这小小一群信徒中，却有两个人非常重要，一位是冯云山，另一位是洪仁玕。

1844年，洪秀全与冯云山等人，离家结伴远游，在广东省几乎转了一圈，然皈依受洗者寥寥。而当他们转到广西，事业的局面打开了。尤其是冯云山孤身人桂平紫荆山区长达3年的活动，皈依的信徒达2000余人，使这一地区成为拜上帝会活动的中心。在信徒的队伍中，又有两人后来极为有名，他们是杨秀清和萧朝贵。

杨秀清，广西桂平人，1823年生于一贫苦农家，小洪秀全9岁，大咸丰帝8岁。他5岁丧父，9岁失母，靠伯父拉扯长大，以烧炭种山为生。艰苦的生活养成其坚毅的性格，虽然没有读过书，但拥有异常的才识，在山民中也小有威望。

冯云山在紫荆山区传教时，那种人人都是上帝所养所生、大家都是兄弟姐妹的平等思想，显然打动了他的心。他也随众人入会，但一直是个普通信徒，未受冯、洪的重视。

1847年，冯云山被捕，洪秀全出奔广东谋求营救，紫荆山拜上帝会众一时群龙无首，陷于瘫痪。杨秀清挺身而出，控住了局面。

1848年4月6日，杨秀清突然跌倒，不省人事，未几在昏迷中站起，满脸严厉肃穆：众小子听着，我乃天父是也！今日下凡，降托杨秀清，来传圣旨。一番天父无所不

在无所不能的说教，一下子镇慑了信徒们的心，没有想到遥遥太空的皇上帝亲临身边，可见法力无穷。这一天，后来被太平天国定为神圣的节日“爷降日”。既然天父选择杨秀清，杨氏自然就成了领袖。

这种装神弄鬼的还不止一人。就在这一年10月，天兄耶稣也降托萧朝贵下凡了。这位天兄怕众人不认识，便自报家门，朕是耶稣！今人在英国发现的太平天国印书《天兄圣旨》，记录了萧朝贵在3年多中120多次扮耶稣下凡事。而耶稣对拜上帝会特别关注，最频繁时一日几次下凡，给予指示。萧朝贵是杨秀清的密友，由此也进入了领导层。

洪秀全的基督教知识，得自《劝世良言》这一蹩脚小册子，后虽随美国传教士罗孝全（I. J. Roberts）学过一阵子，但离掌握基督教的真谛甚远。但是，洪秀全的自信心很强。他认为自己是天父皇上帝耶和华的次子，天兄基督耶稣的二弟，而冯云山、杨秀清也成了天父的三子、四子，萧朝贵在尘世间娶了杨秀清的干妹杨宣娇，称兄道弟几乎乱伦，结果成了天父的女婿。这种礼教中的君权神授和江湖上的兄弟结义，构致了拜上帝会领导层天人合一的小家庭。

洪秀全、冯云山并没有真相信下凡这类巫术。但他们回到紫荆山区时，却没有办法不相信此类巫术的神奇，不得不承认现实。于是，下凡成了洪、冯也必须恭顺承教的圣事。萧朝贵甚至借天兄下凡，滑稽地带着洪秀全会见去世多年的元妻。从洪秀全的诗中，我们可以看出杨秀清因天父下凡大战群妖而损伤了颈脖。而这种演出场面，在《天兄圣旨》中又有着详细的描写：

> 冯云山问：“天兄，现今妖魔欲来侵害，请天兄作主。”天兄答：“无妨”……突然，天兄对冯云山叫道：“拿云中雪（剑名）来。”冯云山递

云中雪。天兄挥之大战妖魔，口中振振有词："左来左顶，右来右顶，随便来随便顶。"又喊道："任尔妖魔一面飞，总不能逃过朕天罗地网也。"又喊道："红眼睛，是好汉就过来，朕看你能变什么怪！"战毕，天兄对冯云山道："你明天回奏洪秀全，天下已经太平，阎罗妖已被打落十八层地狱，不能作怪矣……"

萧朝贵主演的斩妖杀怪的剧情，与民间驱赶病魔的套路，并无二致。此让今人看来觉得可笑，但在山民的心中有着超乎自然的魅力。

在蒙昧的社会里，迷信比科学拥有更强大的力量，更容易让人服。

来自西方的基督教，在洪秀全手中已与中国的儒学传统和民间宗教嫁接，在杨秀清手中又与巫术相连，这使得下层民众对外夷舶来货多了一分故家旧物的认同，更易接受，更易景仰。于是乎，天父耶和华顺理成章地有了"天妈"，天兄耶稣也有了"天嫂"。按基督教教义应为神灵的上帝，在洪秀全那儿有了具体的形象："满口金须，拖在腹尚（上）"。尽管西方人认定，拜上帝会供奉的只是一个不伦不类的野菩萨，但洪秀全等人认为，上帝与他们独亲，他们的基督教知识已超过了西方，以致不免得意洋洋地向西方人诘难：

"尔各国拜上帝咁久，有人识得上帝腹几大否？

"尔各国拜上帝、拜耶稣咁久，有人识得耶稣元配是我们天嫂否？

"尔各国拜上帝、拜耶稣咁久，有人识得天上有几重天否？"

这样的问题共有50个，完全是老师考考学生的气派。然而，最能打动下层民众心思的，当为洪秀全设计的

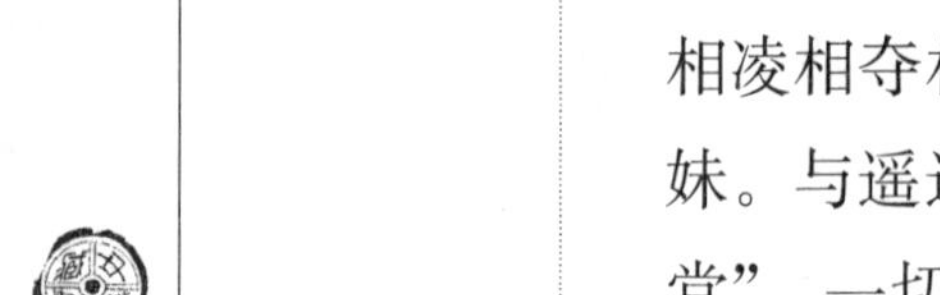

“天下为公”的“大同”理想社会。在这个社会中，没有相凌相夺相斗相杀，天下男人皆为兄弟，天下女子皆为姐妹。与遥远的天堂相对应，又有人间的尽可享乐的“小天堂”。一切财产归公、人无私产的“圣库”制度，更换来物质上的人人平等。尽管这种超越现实可能的“圣库”必不能长久，但在最初实施时期，的确吸引了许多贫困无告的民众。

而要实现这一切，须与人间的“阎罗妖”拼斗。清朝统治者被宣布为“满妖”、“鞑妖”，其祖先是白狐赤狗交媾所生。洪秀全、杨秀清等人决定推翻清朝了。

1850年4月9日，即咸丰帝正式登基后的整整一个月，萧朝贵扮天兄下凡，传达天意，决定起义。

1850年9月，即咸丰帝下旨将李沅发凌迟处死之时，拜上帝会领导层下令各地会众“团方”，即全数开往金田村一带团集。

1851年1月11日，洪秀全、杨秀清等人在金田村宣布起义，组成一支有2万人的太平军。

1851年3月23日，太平军进至武宣县东乡，洪秀全登基，称太平天王，正号太平天国。

所有这一切，咸丰帝当时一无所知。

从后来揭露出来的情况来看，早在道光后期广西社会已经很不平静了。天地会山堂林立，有着很大的号召力，小规模的抗官起事不断。1849年，正值广西大荒年，各处暴动，较大规模的就有10余起。然在首席军机穆彰阿的授意下，广西巡抚郑祖琛匿情不报，粉饰太平，下级官吏更是贪赃姑息。我在前面提到冯云山曾被捕，罪名是谋反，这在当时罪列“十恶”之首，不仅本人将处极刑，家属都得连坐，即极有可能满门抄斩。可桂平县的县太爷收到一大笔贿款后，竟轻判这位太平天国的重要领袖“押解回籍管束”，致使冯云山重返紫荆山。清廷中枢在蒙骗中对广西的形势未有丝毫的觉察。

1850 年 6 月 15 日，咸丰帝收到郑祖琛等人以 600 里加急送来的捉住李沅发的捷报，而另一份戳穿广西“会匪”大作的奏折也送到咸丰帝案前。对于前者，咸丰帝加郑祖琛太子少傅衔，对于后者，严旨郑祖琛督率文武缉拿，“切勿稍存讳饰”。

可盖子一揭开后，纷纷飞来的都是关于广西地方不靖的报告。咸丰帝意识到问题的严重性，命令他的爱臣两广总督徐广缙带兵入桂剿办。可广东境内的天地会反叛使徐广缙无法脱身。于是，咸丰帝又想起杜受田等人多次推荐的能臣林则徐，10 月 17 日，授林为钦差大臣，迅赴广西。由于他还不知道洪秀全和拜上帝会，谕旨中只是泛泛地称“荡平群丑”。他对这位名臣抱有极大的期望，先后又颁布 10 道谕旨，并将郑祖琛革职，让林氏署理广西巡抚。

林则徐在此之前曾两次奉旨召京，他都不为所动，以病相辞了。此次于 11 月 1 日奉到谕旨，忠烈臣子的责任感使他不顾病体，于 5 日起程，但 17 天后，即 22 日，行至广东普宁便去世了。咸丰帝闻此，于 12 月 15 日改派前两江总督李星沅为钦差大臣，前漕运总督周天爵署理广西巡抚。李星沅是当时的能臣，但办事不免手软，周天爵是有名的酷吏，为政不免暴烈。咸丰帝一下子派去两人，用意似乎是各取所长，刚柔互济。

李星沅于 1851 年 1 月 3 日赶到广西当时的省城桂林。他的经验和眼力，使他在广西数十股叛乱中，一下子就盯住了桂平金田村的一支。为此，他上奏道：

“浔州府桂平县之金田村贼首韦正、洪秀全等私结尚弟

会，擅帖伪号、伪示，招集游匪万余，肆行不法……实为群盗

之尤，必先厚集兵力，乃克一鼓作气，聚而歼之。”

看来李星沅对太平天国的情况还不太熟悉，将拜上帝会误作“尚弟会”，将韦正（即韦昌辉）误作第一号首领。

我在上面引用的这份文件，是据档案的今排印本，而在李星沅的私人文集中，韦正作“韦政”，洪秀全作“洪秀泉”，另在《清实录》中，韦正不变，洪秀全仍作“洪秀泉”。造成这种人名混乱的原因不详，很可能出自后人的改动，但清方没有弄清太平天国的首领是真。

李星沅的这份奏折于阴历正月初五（1851 年 2 月 5 日）送到北京，正恰北方民俗的“破五”。咸丰帝刚刚度过在自己年号下（咸丰元年）的第一个春节，刚刚将自己在上书房中的旧作，交给杜受田编辑加工整理结集，看到李星沅的报告，立即予以批准，并加了一句话，“朕亦不为遥制”。咸丰帝此是第一次听到洪秀全的名字，但并没有真正意识到这位敌手的厉害。

后来的情报似乎越来越乱。

周天爵于 1 月底到达广西后，也同意金田的一支为首要对手，但在奏折上讲了一句更糊涂的话：

“……其最凶无如大黄江一股，为尚地会之首逆韦元蚧等……”

拜上帝会由“尚弟会”再作“尚地会”，“韦元蚧”可能是韦元玠，那是韦昌辉的父亲。

再过了一个月，情报更乱了。李星沅、周天爵奏称：

“金田大股逆匪连村抗拒……西匪韦正、韦元尛，东匪洪秀全即洪云山，传为逆首……”

1851 年 4 月 21 日，李、周又奏称：

“访闻金田匪首洪泉即洪秀全，乃传洋夷天竺教者……”

“天竺教”当为“天主教”，比起“尚弟会”、“尚地会”说来，似为距事实更近，但“洪泉即洪秀全”一语，似乎自己把自己搅乱了。两天后，周天爵又奏：

“现在贼情形势，惟韦正、洪泉、冯云山、杨秀清，胡一

洸、曾三秀头目数十百人，而洪泉、冯云山为之最。洪泉，西洋人传天竺教者……洪非其姓，乃排辈也……”

此奏折应当说相当地接近事实真相了。可是，洪秀全的身份，一下子却变成了“西洋人”。咸丰帝至 5 月 10 日收到此折，此时距其初派林则徐已经半年多了。清方的统帅如此不明前线的敌情，调度指挥也不能不手脚错乱。

尽管咸丰帝并不了解对手的情况，但对造反者仍展示出毫不手软的决心。前面我已谈到了他的命将，都是当时朝野呼声很高的干臣，这里，再看看他的调兵：

1850 年 10 月 12 日

调湖南兵 2000 名入桂

1850 年 10 月 22 日

批准新任广西提督向荣率亲兵 600 名入桂

1850 年 10 月 28 日

调贵州兵 2000 名入桂

1850 年 10 月 31 日

调云南兵 2000 名入桂

1851 年 2 月 5 日

调贵州兵 1000 名入桂

1851 年 4 月 6 日

调贵州、云南、湖南、安徽兵各 1000 名入桂

1851 年 4 月 25 日

调四川兵 1000 名入桂

1851 年 5 月 6 日

调贵州兵 1000 名入桂

以上共计调兵 13600 名。当然，由于地理的远近等因素（详见第五章），这些援军赶到战场尚须时日。

打仗是世界上最最花钱的事。对于军费的拨出，咸丰

帝与他苛俭抠门的老子道光帝相反，毫不心疼。自 1850 年 10 月 12 日由湖南拨银 10 万两、户部再拨银 20 万两为始，至 1851 年 4 月 26 日，已放银超过 160 万两。咸丰帝不待地方官请求，拿出皇室的私房钱，从内务府拨银 100 万转输广西，以求饱腾之效。

据今日史家估计，金田起义时，洪秀全、杨秀清的部众大约两万人，除去妇女老弱，能打仗的男子不过四分之一。再说这些毫无军事经验的农民，也本不应是马步娴熟的官军的对手。这么多的兵将银两堆上去，咸丰帝心想，即使不可一鼓荡平，总可扼制其蔓延之势吧。

谁知情况恰恰相反。

李星沅性情懦弱，周天爵根本不把这位钦差大臣放在眼里；新任广西提督向荣自恃镇压李沅发有功，也无视这两位只会耍嘴皮子的文官上司。三个人三条心。花在对付“尚弟会”或“尚地会”叛乱上的心思，似乎少于他们互相之间的勾心斗角。尽管从他们的奏折上看，清军获得了一个又一个的胜仗，可贼越杀越多，局势越来越坏。李星沅一面上奏“广西会匪多如牛毛”，要兵要将要钱；一面也不掩饰内部矛盾，承认自己没有本事，再四要求咸丰帝派出“总统将军”前来。

咸丰帝原来设想的刚柔相济，结果却造成了窝里斗。

太平军却在此期间越战越强。

清军小胜大败。

到了这个份上，再傻的人也看出来广西的军政班子非作调整不可。咸丰帝也决计换马了。这一次，他派出了一个顶尖人物，文华殿大学士、军机大臣、管理户部事务赛尚阿。

赛尚阿最初的任务是到湖南组织防御，阻止太平军北上。广西的内争使咸丰帝将赛、李对调，派赛尚阿人广西主持攻剿，调李星沅回湖南协调防堵。为了防止再出现将弁内争而不听命的局面，咸丰帝在赛尚阿临行前还举行了一个特别的仪式，授其遏必隆神锋必胜刀，许以军前便宜行事，将弁违命退缩可用此刀斩之。

1851 年 7 月 2 日，赛尚阿抵达广西省城桂林，前任钦差大臣李星沅在几个月的焦灼中病死，傲慢无人的周天爵亦奉旨回京。然而，赛尚阿手下强将如云，咸丰帝又在兵、饷上尽力满足。朝野上下，都认为此次大功必成。咸丰帝得知赛尚阿抵达广西，那颗紧揪了几个月的心顿感轻松，立即发去了黄马褂、大荷包、小荷包等御赏物品，颁旨："迅扫妖氛!"

只是后人们在多少年后才发现了：赛尚阿临行前就不那么自信，在与同僚武英殿大学士卓秉恬相辞时，居然对之落泪。

洪秀全、杨秀清自金田起义后，入武宣，转象州，折回桂平，根本不在乎清军的围追堵截。他们似乎也听说了赛尚阿的到来，知道清军将大兵压境，萧朝贵于是扮天兄下凡，大战妖魔三场，宣布了天意，那姓尚的大妖头被杀绝了，尚妖头之首级及心胆俱皆取开了。天兄旨意即刻遍传于全军：要大家宽心、放心。7 月 2 日，就在赛尚阿到达桂林的那天，洪、杨动员全军讲击，果然数败"清妖"。9 月 25 日，太平军攻占了广西东部的永安州城（今蒙山县城），这是他们夺取的第一个城市。

太平军占领永安后，大张旗鼓地开始了其一系列的军政建设：

——天王洪秀全封杨秀清为东王（九千岁）、萧朝贵为西王（八千岁）、冯云山为南王（七千岁）、韦昌辉为北王（六千岁）、石达开为翼王（五千岁）。所封各王均受东王节制。由此，杨秀清以东王、正军师执掌太平天国的实权，洪秀全有如精神领袖。

——废除清工朝的正朔，颁布天历，于壬子二年（即

咸丰二年、1852年）实行。

——颁刻《太平礼制》、《太平条规》、《太平军目》，并重颁了《天条书》，规定了等级制度、军纪军规、部队编制。

——严别男行女行。自金田起义后，太平军即拆开家庭，按性别、年龄编伍。此次重申后，更规范化、制度化。

然而，最能打动人心的消息却是日后"小天堂"的封赏。洪秀全颁布诏书：

"上到小天堂，凡一概同打江山功勋等臣，大则封丞相、检点、指挥、将军、侍卫，至小也军帅职，累代世袭，龙袍角带在天朝"。

这种打天下、坐天下的江湖做派，容易得下层老百姓的心了。按照《太平军目》，就是最小的"军帅"，也是统辖万人的赫赫将领。为了功赏罪罚严明，洪秀全还下令，每次杀妖后，记录每一个人的功过，逐级上报，"俟到小天堂，以定官职高低，小功有小赏，大功有大封"。

永安城外的清军，密密麻麻。"尚妖头"带来的"妖兵"，由两万升至4万。英勇的太平军将士毫不畏惧。有天父天兄保佑，有天王德福赏赉，他们视死如归，即使升天，也"职同总制世袭"。赛尚阿迷惑不解地向咸丰帝报告：

"（太平军）一经入会从逆，辄皆愍不畏死。所有军前临阵生擒及地方拿获奸细，加以刑拷，毫不知惊惧及哀求免死情状，奉其天父天兄邪谬之说，至死不移。睹此顽愚受惑情况，使人莫可其哀矜，尤堪长虑。"

这是一种来自内心的宗教信仰的力量。

然而，对上帝的信仰，只能鼓足勇气，兵战的胜负又往往取决于指挥员的高下。杨秀清，这位年仅27岁未曾读书据说不识字的农民儿子，在实战中显示出高于清方将帅的非凡军事才能。他在这一时期制定的《行军总要》，被后人视作中国近代优秀兵书之一。

赛尚阿出京的日期随着星辰移转而在咸丰帝心中模糊，可赐刀壮行的威严场面仍历历在目。他身在北京，心念广西，每天详细阅读前方的军报，每次均予以详细的指示。他已将自己的主要精力，转移到对付这支巨匪之上。虽然前方的军情不太妙，但他相信一定会好转。为此，他还作了两首诗，题为《盼信》，随谕旨一同寄给前线的赛尚阿，激励臣子们激发天良：

狼奔豕突万山中，负险紫荆必自穷。
峡界双峰抗难破，兵分五路锐齐攻。
壮哉乌向谋兼勇，嘉尔赛邹才济忠。
权有攸归师可克，扬威边徼重元戎。
罗刦吾民堪浩叹，冥顽梗化罪难宽。
因除巨慝武非黩，迥思庸臣心可寒。
默吁苍天事机顺，速望黔庶室家完。
未能继志空挥泪，七字增惭敢慰安。

诗后，咸丰帝还附有一篇非常动感情的朱谕。为了集中力量保重点，咸丰帝派兵增将拨银，前方将帅要什么就给什么，光银子就给了 1000 万两；可他要的东西——获胜擒首班师的捷报，赛尚阿却没有送来。尽是那些言词含混、初看似为胜利、细思则是失败的报告，咸丰帝一次又一次的扫兴失望。

为了弄清敌情，咸丰帝不惜放下架子垂询：

"据单开获犯供词，有太平王坐轿进城（指永安城），大头人俱住城内之语。究竟系何头目？是否即系韦正？"

而赛尚阿对此的答复，仍使他不得要领：

"准金田逆匪自称太平天国，确有历次所获犯供及伪示、伪印可凭。其匪首确系称太平王，惟其伪太平王究系韦正，抑系洪秀全，供词往往不一。臣等各处密发侦探，

适有报称匪洪秀全以下八人，称二哥至九哥，其大哥即贼所妄称上帝，又曰天父者。……缘此会匪本由洪秀全、冯云山煽惑，韦正倾家起衅，始推韦正为首，后仍推洪秀全为首。而洪秀全又一姓朱，则向有此说，乃其诡称前朝后裔，洪字即假洪武字样……”

赛尚阿还称，他一时之间也难以辨认这些传闻之词的真假，以致未及时上奏。为了激励将帅用命，咸丰帝还于1852年2月6日下了一道严旨发给永安前线：

“以后如不能迅速攻剿，徒延时日，朕惟赛尚阿是问！

若或防堵不周，致贼匪溃窜，再扰他处……朕惟乌兰泰、向荣是问！其能当此重咎耶?”

这是一道不留余地的死命令。两天后，他又提醒赛尚阿，别忘了那把遏必隆刀，遇有临阵退缩或守御不严者，“立正典刑，以肃军纪”！

永安城的围攻战，持续了半年之久。在赛尚阿的统率下，向荣、乌兰泰两路夹击，大小数十仗。到了4月5日，眼看大功告成，永安即将得手，洪秀全、杨秀清又率军间道突围，直奔省城桂林了。

如此损兵折将，只赚得一座空城，赛尚阿自知罪孽重大。为了对付主子的圣怒，他将一名太平军俘虏，捏称为太平天国的天德王洪大泉。在奏折中大肆渲染此人是洪秀全兄弟，同称万岁，所有谋划皆由其主掌，洪秀全只享其成。这一名“首要逆犯”被赛尚阿一路秘密押解，“献俘”北京。

“洪大全”于1852年6月押至北京，咸丰帝似乎已觉察出此人非“首逆”，但为了自鼓士气，仍下令凌迟处死。

不能说咸丰帝一无所获，他此时总算弄清了对手的实情。“洪大泉”的供单，明确开列了洪、杨、萧、冯等人的地位称号。可咸丰帝读到这份情报时，为1852年5月9日，距金田起义已经848天了。

洪秀全、杨秀清决计突围永安，但当他们一旦出了这座小小的山城，反倒是蛟龙人海，造就出更大的形势。

永安突围有如一座里程碑。在此之前，洪、杨取战略防御之策；在此之后，他们开始了战略进攻。

1852年4月17日起，太平军攻广西省城桂林，作战33天，接仗24次，虽未破城，但也把广西的军政大员吓个半死。

1852年5月19日，太平军撤桂林围北上，克全州，于6月9日打出广西，进军湖南。

1852年6月12日，太平军兵不血刃地占领道州（今道县），休整月余，遂东进、北上，一路攻城略地，9月11日起进攻湖南省城长沙。

长沙的战事胶着持续了两个多月，杨秀清看着久攻不下，于11月底撤兵，北占岳州（今岳阳），随后水陆开进湖北。

1853年1月12日，太平军攻入武昌。这是他们攻占的第一座省城。天国的将士们在这座历史名城中度过了天历的新年。2月9日，洪、杨放弃武昌，率军沿长江而下，目标是他们的“小天堂”——南京。

在此10个月的征战中，太平军的人数急剧扩大。受尽压迫却生计无出的下层民众，山洪暴发般地涌人其行列。杨秀清以他的组织天才，几乎在一夜之间便将涣散的民众部勒成伍。在道州得挖矿工人而建土营，至岳州得船艘而编水军。总兵力在湘南即达5万，入湖北已近10万，而离开武昌时，已成为旌旗蔽日，征帆满江的50万大军（包括妇女老弱），对外号称“天兵”百万。

已经没有什么力量可以阻挡他们了。人间的“小天堂”爆发出他们近乎无穷的创造力。

迅猛发展的造反浪势，使京师龙廷中的咸丰帝坐卧不安。他一直在发怒生气，一直埋怨前方将帅不肯用命。可

他并没有新的招术，其频频出手的王牌，仍是罢官、换马。

位于人臣之端的钦差大臣、大学士、军机大臣赛尚阿，先是被咸丰帝降4级留任，命其赶至湖南主持攻剿。但赛尚阿的军务越办越糟，于是，咸丰帝便调派其最为赏识的、刚刚镇压广东天地会颇有成效而晋太子太傅的两广总督一等子爵徐广缙入湖南，接任钦差大臣，并署理湖广总督，将赛尚阿革职拿问送京审决。

徐广缙又是个银样鑞枪头，受命后一直在磨延时日，不能组织起大规模的军事行动。湖北战场的失败，又使咸丰帝再次拿徐广缙开刀，革职逮问送京审判。

两湖战场的一败涂地，使咸丰帝不再将目光停留在那些位尊名高的重臣身上了，开始寻找那些有实战经验和统兵能力的战将。向荣，这位自参与镇压太平军起曾6次被他惩黜，差一点发配新疆的署理湖北提督，于1853年2月3日被破格提拔为钦差大臣，“专办军务，所有军营文武统归节制”，成为两湖地区的最高军政长官。而他先前一向痛恨的在鸦片战争中对“夷”软弱、1852年6月藉故发配吉林的前陕甘总督琦善，因办事干练，也于是年底召回，以三品顶带署理河南巡抚，1853年1月12日授钦差大臣，带兵南下防堵太平军。至于官声一直不错的两江总督陆建瀛，也于1853年1月12日授钦差大臣，带兵西进防堵太平军。

三位钦差大臣，分布在三个方向。咸丰帝的如意算盘是，三路合击，在湖北战场将太平军消灭，至少也不能让其四处流窜。

向荣出身于行伍，征战40年，又与太平军交手3年，深知对手的厉害：若发动大规模的军事进攻必自取其败。于是，他采取的作战方针是等距离追击。既不要突得太前，惹急了对手，也不要靠得太后，以能应付主子。他打的是滑头仗。

由于太平军并没有北上，且琦善手中的兵力也不足，于是，琦善的“战法”是在江北随太平军的东进攻势平行向东移动监视。这自然也无仗可打，有如远距离间隔的护送。

这下子可苦着了陆建瀛。

钦差大臣陆建瀛奉旨后率5000兵马西上，于1853年2月9日到达江西九江，随后遣兵3000名前出，扼守鄂赣交界广济县境内的老鼠峡，自将2000兵扎营于龙坪。这么一点兵力，又何挡于雷霆之力。

1853年2月15日，太平军进抵老鼠峡，一夜尽覆陆建瀛前遣之军。躲在30里后的陆钦差闻败，急乘小船逃九江，又逃当时的安徽省城安庆。安徽巡抚苦求其留守此地，他仍不顾而去，只身逃归南京。

陆建瀛的逃跑开创了一大恶例，长江沿岸的清军纷纷效法，闻风即溃。东进的太平军一帆千里，如入无人之境，轻取九江、安庆、铜陵、芜湖。南京已成了风前之烛。

陆建瀛逃到南京后，同城的江宁将军祥厚力劝其再赴上游督战。可陆氏已经吓破了胆，自闭在总督衙署内堂中三日不见客。原来奉旨赶至南京协防的江苏巡抚杨文定，见势不妙，不顾同僚垂泪哀求，也出城逃命，理由是防守南京后方的镇江！

陆建瀛的做法使咸丰帝暴跳如雷。他于1853年3月6日收到江宁将军祥厚弹劾陆、杨的奏折，立即下旨将陆建瀛革职逮问送刑部大堂治罪，授江宁将军祥厚为钦差大臣署理两江总督，组织南京城的防御。几天后，仍觉心气难平，又下旨抄没陆建瀛的全部家产，并将其子刑部员外郎陆钟汉革职。

然而，这一份威严无比的谕旨却无人接收，无人执

行了。

1853年3月8日，太平军前锋进薄南京，19日攻入城内，20日尽荡城内之敌。已被革职尚未拿问的前任钦差大臣陆建瀛、已经授职尚未奉旨的继任钦差大臣祥厚，统统死于太平军的刀下。在天国的军威之下，懦却的与胆壮的无分别地魂归一途。

当石头城易帜巨变的报告传到北京时，咸丰帝当着众臣的面流泪了……

1853年3月28日，太平天王洪秀全在万军簇拥下进入南京城，仪卫甚威，路人跪迎。南京被定为太平天国的首都，改名天京。中国出现了南北对立的两个都城。

紫金山下玄武湖畔号为虎踞龙盘的名城，曾为六朝故都。明太祖朱洪武元璋在此开基立国，明成祖朱棣迁都北京后，仍以此为陪都。清代以北京为首都，以盛京（今沈阳）为陪都，改南京为江宁。当时的文人墨客又多用古名金陵。但南京这个名词，一直没有在老百姓的口中消失。去掉一个名称容易，抹去一片记忆颇难。这个在当时中国南方最大的城市，为清代管辖苏皖赣三省、兼理漕河盐三务的两江总督的驻所，是中国最重要的政治、经济中心之一。

杨秀清由此看中此地，太平天国由此号其为“小天堂”。尽管今日历史学家，对太平天国定都南京的得失众说纷纭，但它在当时许多人心目中具有帝王气象。

定都伴随着封爵加官。广西而来的“老兄弟”成了管理城市的主人。王朝的典仪建立了，天国的规制大定了。天王洪秀全兴奋地颁布诏书：

“地转实为新地兆，天旋永立新天朝”。

“一统江山图已到，胞们宽草任逍遥”。

这道在今日文士眼中不够雅致的七律格式的诏书，看来系洪本人的手笔。东王杨秀清也颁下诰谕：

"……兹建王业，切诰苍生，速宜敬拜上帝，毁除邪神，以奖天衷，以受天福，士农工商，各力其业。自谕之后，尔等务宜安居桑梓，乐守常业，圣兵不犯秋毫，群黎毋容震慑，当旅市之不惊，念其苏之有望。为此特行诰谕，安尔善良，布告天下，咸晓万方……"

为这位不识字的"真天命太平天国禾乃师赎病主左辅正军师东王"杨秀清撰此诰谕的书手，今已无从考其姓名，但文笔颇为古朴。洪秀全的诏书也罢，杨秀清的诰谕也罢，表达的都是一个意思，即新朝已建，王业已立，"妖胡"行将扑灭。

位于今南京市汉府街的两江总督衙署，此时被改为天王府。许多年后，它又成了继洪秀全反清革命的孙中山、号实行国民革命的蒋介石的总统府。此为后话。但从1853年3月直至咸丰帝病死，太平天国的天王洪秀全在此牢牢地坐在他的王位上。

正当洪、杨据南京为都时，北京的咸丰帝却陷入了苦苦的思索：登极以来，日夜操劳，为的就是求天下平治，可为何局势却坏到这般田地？

面对着一次次的失败，咸丰帝似乎也承认自己用人不当。林则徐出师未捷身先死，丧失了两个月的时机；李星沅名高却不足以当大任，但操劳过度死于疆场还算是尽忠了；赛尚阿在召对时颇有对策，谁知一至前线反束手无策；徐广缙在反英人入城、平广东"会匪"时表现上乘，谁知到头来竟敢欺朕；陆建瀛负恩昧良，厥罪尤重，本死有余辜，但此时毕竟战死了，总不能再加罪于死人，于是还得开恩按总督例治丧；眼下一个向荣，已进至南京东的孝陵卫，扎下江南大营，一个琦善，亦赶至扬州，扎下江北大营，可天晓得他们能否不辱君命，击灭这股不肯剃头的"发逆"。

想来想去，除了用人不当外，咸丰帝也实在找不出自

己的举措又有何失当。对于布兵攻剿的方略，已详尽到何处设防何处进兵；对于逆匪处置的指示，也已具体到如何收买如何反间。总不能让朕亲赴前敌，事事办理妥当吧！前方传来的军报，从来都不过夜，当日便予以处置；前方将帅要兵，便调动18行省精兵10万，就连关外龙兴之地的部队都动用了，更何况各地又大量雇勇；前方粮台要饷，便倾出家底搜罗近3000万两，户部的银库空了，各地的储备尽了，就连内务府的开支也十分紧张。还有那些没良心的地方官，嫌户部指拨的银两到达太慢，居然点着名要拔内务府银两150万，朕也忍了，未加究治。只有臣子以天下养朕，哪有臣子敢掏皇帝的私房腰包。至于用兵之道，古训煌煌：在于赏罚严明。军兴三载，各地督抚换了个遍，桂、湘、鄂、赣诸省的军政官员换了一茬又一茬，被革发遣的不力将弁又何至数十员。就说向荣，6次惩黜，稍有微劳，即予开复。朕不惜于典刑，不苛于赏赉，可是这批臣子也太没有天良了！由此越想越气，将革职拿问的赛尚阿、徐广缙统统定为斩监侯，并把赛尚阿的家产抄了，其4个儿子统统罢官！

可在眼下，不用这批人又用谁呢？还有什么人可以委托呢？恩师杜受田撒手仙逝，满朝的文武，谁又能帮朕出出主意，挽汪澜于既倒！

咸丰帝的这番反思是永远找不到出路的。社会动乱的根源之一，在于乾隆末年起半个多世纪的政治腐败。文官爱钱，武官惜命。拼命做官，无心做事。见利竭力钻营，见难弥缝逃避。绝大多数的官员已经不能在政治目标上与朝廷中枢保持一致。在李星沅、周天爵先后劳累病死之后，在广州副都统乌兰泰、湖北巡抚常大淳、安徽巡抚蒋文庆以及前面提到的陆建瀛、祥厚兵败自杀或被杀之后，在赛尚阿、徐广缙判处死刑缓期执行之后，当官已成了危途。捞不到钱，却要送命，做官还有什么意思？湖北巡抚龚裕，见太平军盛，居然自行上奏，诡称其患病且不知兵，请求开缺！在升官不能打动心思、罢官反觉释然的时候，咸丰帝又用何来鞭策、激励臣子们的效忠呢？

在万般无奈之际，咸丰帝多次地想到天意，难道上天偏向于“天国”而不再向自己倾斜？从1850年冬至1853年春，他曾9次亲承大祀，每次都祈求上天祖宗的保佑。他甚至下令地方官将洪秀全、杨秀清、冯云山、韦昌辉等人三代祖坟彻底掘毁，并明确指示将坟后“坐山后脉概行凿断”，以坏其风水。在军事不利的危急关头，他还两次下了《罪己诏》，一次在1852年5月17日，另一次在1853年2月15日，求上天宽宥，民众原谅，臣子尽心用命。可局势没有丝毫的好转，反是更坏。《罪己诏》本是皇帝的最后一招，此招出手无效，难道真是天命终绝？上天哪，祖宗哪，你们既然择我为天子，选我继帝位，为何不给我指明一条能走的道？

勤政的咸丰帝，此时愁肠百转，逐渐生了了倦怠政务的心思……

第四章　起用曾国藩

一

曾国藩是中国近代史上的一个非常人物。誉之者说他是理学大师、大儒，是一代名臣；毁之者说是卖国贼、刽子手。正如章太炎说：誉之则为圣相，谳之则为元凶。他也是一个非常有争议的人物。

但对付太平天国，他的确是两者兼而有之，是能臣也是刽子手。

曾国藩出身进士。因为有学问，又能依附穆彰阿、倭仁等当朝权臣和理学权威的门下，使他春风得意、机遇迭生，从1840年（道光二十年）的一个从七品的翰林院检讨，不到十年连升十二级为正二品侍郎了。他在大清王朝六部中先后出任礼部、兵部、工部、刑部和吏部的侍郎，人称“侍郎专家”。由此他于政府职能和官场升浮都是非常熟悉的。

原来曾国藩初登宦途时，曾有几年一直停步在翰林院检讨的座次。有年大考翰詹，从翰林院选拔人才，穆彰阿任总考官，交卷后，他向曾国藩面索应试诗赋，曾国藩立即赶回住处仔细誊清，又亲自送往穆府。穆彰阿见曾国藩如此恭敬，心中大喜。两人之间建立了深厚的师生情谊。

从此之后，曾国藩因穆彰阿美言，几乎年年升迁，就在1847年，三十七岁那年，升授内阁学士兼礼部侍郎衔。

曾国藩的官运亨通，穆彰阿是帮了大忙的。

有一个说法是：有天，曾国藩忽然接到次日进宫召见的谕旨，当晚先在穆彰阿府中安歇。第二天应召到了皇宫某殿，却发现该处并非往日等候召见之地，结果等了很久，却无召见之事，只好悻悻回到穆府，准备翌日再去应召。晚上，曾国藩谈及此事时，穆彰阿问道："你有否见到壁上所悬的字幅吗？"曾国藩无以回答。穆彰阿为他懊悔，连声说道："坐失良机，坐失良机，可惜！可惜。"他反复思考了很久，就唤心腹家丁过来，偷偷地关照："你拿四百两银子去找内监某某，请他速去某殿，就是点着蜡烛也要将壁上所写的字幅抄录下来，这四百两就是给他的劳务费。"第二天清晨，曾国藩觐见皇帝，皇帝所问及的都是壁间所悬挂的先代皇帝语录。曾国藩对答如流，奏对得体。皇帝极为高兴，对穆彰阿说："你曾经说过曾国藩此人遇事留心，果然是这样。"

所以做官升官要抱好大腿，曾国藩算是找准了门路。

当然，曾国藩有才学也不假。十年京官，他交结了不少朋友，人以群分，这些人也多是有才学的，如邵懿辰、郭嵩焘、何桂珍。他们讲究实际，经常商及国家政治大计、经济得失，有时还联系实际进行考察，如曾国藩在工部侍郎任上，就研究舆地学，对各地地理设置非常注意。

曾国藩以读书为本，居官操守廉洁，生活俭朴，为此并以"求缺于他事，而求全于堂上"为勉，自书自居为"求阙斋"。

鉴于长期与各界人士交往，曾国藩具备了善于识人、知人善任的才干。

有如江苏忠源不拘小节，"任侠自喜，不事绳检"。曾国藩和他闲谈了几次之后，认为他颇有才干，说"是人必

立功名于天下，然当以节义死”。塔齐布是绿营游击，曾国藩发现他每次训练士卒，必自执旗指挥，虽然暴风骤雨，亦如同平时，就认为他出类拔萃，大加信用。此外如湘军名将鲍超、杨载福出身行伍，彭玉麟是一个穷秀才，曾国藩在他们穷途潦倒时，就发现他们都是将才，加以提拔、选任。相传，李鸿章组建淮军时，带着刘铭传、潘鼎新等四个部属去叩见曾国藩。曾国藩躲在屏风后观察，故意迟迟不见，等了多时，他人只得耐心等待，而刘铭传就不耐烦了，即离开座位走来走去，大骂山门。曾国藩看在眼中，后来他对李鸿章说：四个都是将才，而此人（刘铭传）更是帅才，切不可等闲视之。后果应验。

曾国藩确有他的人才鉴定标准，讲实学，多以诚朴为准，比如他所定的湘军带兵之人，须具备所谓的四条标准：（一）才堪治民；（二）不怕死；（三）不急名利；（四）耐辛苦。所以湘军统兵的营官，多数是读儒书的知识分子和绿营偏裨。他们构成了湘军的骨干。

因而在他任两江总督期间，幕府人才之盛，湘军将帅之精，据统计后来得以成名的就有 182 人，其中做到一二品官的，即总督有十四人，巡抚十三人，提督、总兵各有二十人。

这是一个集人才的群体，因而湘军前期在与太平军作战时虽然是屡战屡败，却能屡败屡战，败而仍能凝聚不散。

1852 年 7 月，太平天国进军湖南时，曾国藩被派为江西正考官出京，中途得悉母丧回到湘乡老家。翌年初，咸丰皇帝因武昌失陷，采纳周天爵意见，命湖南和山东、江苏等九省在籍官绅、曾任二三品文武官举办团练。曾国藩是最早从湖南巡抚张亮基处接到谕旨的，开始他并没有答应，但经好友郭嵩焘和兄弟曾国荃等劝说，终于应邀到长沙筹办团练。

曾国藩到了长沙，就提出要设一大团，把周边各县农民，择其壮健而又头脑单纯的招募来省城编队训练；他还成立了所谓的“审案局”，拿到造反农民，即使有造反嫌疑的，也不作审讯，就借巡抚令旗，重则斩首，轻则亦立毙杖下。他主张只有用杀头对付造反的民众才能做到干净利落。所谓是官府杀人不必拘守常例，乡绅捕人不必一一报官，无限止地扩大杀人权限。其中多遍及无辜。据说曾国藩办团的第一天，带领团丁外巡到某村，见有买桃人和卖桃人争吵，问讯原因，买桃人说，我已付了钱，他说没有付。卖桃人说，他没有付钱，想赖我桃子。经审明后，乃是卖桃人说谎。曾国藩命团丁将他捆缚立即杀头。

非杀何以立威，曾国藩一直以来奉行这样的信条，也为其他官衙和团练做出榜样。

杀人如草不闻声。因而他被称为“曾剃头”、“曾屠胡子”，意思是杀人如剃头发、剃胡子。

曾国藩的作为，咸丰皇帝却极为赞赏，说是“办理土匪，必须从严，务期根株净尽”。

曾国藩的两重性人格，诚朴和残忍兼而有之，王道和霸道交替使用，他的手段高明、认识睿远，这是太平天国的领导人远远不能及的。洪秀全、杨秀清等人从此遇到了最强大的对手。

二

曾国藩久历官场，明察时弊。

他深知大清王朝的军事支柱绿营已经腐败，所谓是将与将不和，卒与卒不习，胜则相忌，败不相救，各怀携贰，离心离德，因而在与太平天国作战两年有余，所消耗军饷不可说不多，调集将士不可不众，而往往未战先遁，从后尾追，而从来没有与之拦头一战的。所以他要建立一

支新的武装部队。这就是被后人赞称的“湘军”。

曾国藩的湘军是一支纯粹的私人军队。湘军只听命于曾国藩。他亲自选拔、擢用与己有关的血缘、亲缘、乡缘和业缘等关系的亲戚故旧、同乡好友、师生门徒出任各军统领、营官。如罗泽南、胡林翼、左宗棠是学友；彭玉麟、李鸿章是门生；湘军高级将领，仅鲍超是四川奉节人。鲍超出身行伍，因在重围中拚死救出胡林翼，由此受到青睐。他所率领的霆军，也被曾国藩视为湘军正宗部队。

湘军基层有着很深的地域观念。曾氏兄弟的直属部队，尤讲究籍贯。曾国荃的吉字中营，不仅是选用湘乡人，且尽用以曾家大院周边十里内的人丁，同乡风俗习惯语言相近，不易隔膜，而更大因素是便于指挥、调拨。曾国藩还规定凡当兵的，都须取具保结，造具府、县、里居、父母、兄弟、妻子、名姓、箕斗清册，各结附册，以便清查，便于控制。所以湘军作战，即使面临困境，也从未出现有临阵叛变的。

除此这外，曾国藩也很懂得政治宣传传媒的功能。

1854年，湘军出省作战，曾国藩写了《讨粤匪檄》，向太平天国宣战。

《讨粤匪檄》很有煽动性。它以“名教”、“人伦”为名，号召全国地主士绅和其他民众群起为“卫道”而战。说太平天国所过之地贫富都受洗劫，被掳者银钱满五两不献出即斩首，妇女不肯放足者即斩其足；又说太平天国崇洋教，弃孔子，将中国几千年礼义、诗书扫地荡尽，还说太平天国到处破神像，毁庙宇，甚至孔庙学宫、关帝岳王，都要焚毁，所谓“无庙不焚，无像不灭”，以此挑起人们对太平天国的仇视。

太平天国领袖们讲究天父上帝，神化自己，如醉如痴，真是走火入魔，他们企图用自己织编的基督教文化替

代中华固有的本土文化，这种愚昧、无知，致使当时的人们，只要稍有些文化常识，也会认为是幼稚得可笑。这就让曾国藩代表的卫道者有机可乘。

《讨粤匪檄》也是湘军的政治总纲。它用维护封建伦常组织湘军，也用它攻击、否定太平天国的制度和政策。

为了战胜太平军，曾国藩也很注意湘军基层士兵的伦理教育，他要士兵知道自己是在卫护封建秩序而战。由此，作为一代大儒的曾国藩，竟为士兵需要，编写了《爱民歌》。在湘军建立水师、陆师后，他在南昌又写了通俗易懂易记的《水师得胜歌》、《陆师得胜歌》，要士兵天天背诵，能说能唱，以此宣扬湘军的优势，鼓舞他们英勇作战。

三

1853年，太平天国在派军北伐的同时，又派军西征。西征以巩固天京安全，夺取安庆、南昌、庐州（合肥）和武昌等长江上游重镇为目的。

本年5月，由春官正丞相胡以晃、夏官副丞相赖汉英和检点曾天养、林启容、陈宗胜等首批西征军，乘船千艘，溯江而上，先后占领安徽和州、芜湖、安庆等地。当时太平军水师有绝对优势，所谓是往来如飞、飘忽莫须，江面上几乎看不到清军的一舟一筏。

6月，胡以晃、陈宗胜等率领部分西征军留守安庆；赖汉英等万余人继续乘船向江西省会南昌挺进，先后攻占江西彭泽、湖口，横渡鄱阳湖。所到之处，当地民众箪食壶浆，送来钱米，前来犒师，使西征军不须运输，不事野掠，足可保证行进。西征军纪律严明，受到沿途民众拥护，南康府民众还将知府恭安、知县罗云锦捆绑了，押送前来。

6 月 24 日，西征军来到南昌城下。南昌守兵仅千人，江西巡抚张芾见战火逼近，飞檄请求正在九江、拟赴援安徽庐州的已升任湖北按察使江忠源前来解救。江忠源来不及向北京请示，即率军三昼夜疾走四百里，先于太平军前两天到达南昌，与张芾和办理团练的在籍刑部尚书陈孚恩合力防守，全城兵力有五千人，由江忠源统一指挥。

江忠源进入南昌后，全城严密布防，将自己的军队布防在首当其冲的德胜门和章江门，他白日巡城，夜间宿在谯楼，且为整顿军纪，将怯战缒城逃跑的兵勇格杀不论，还将附城民房尽数焚毁，以至将壮丽的滕王阁也夷为平地了。

西征军抵达南昌城下时，方知江忠源部队已抢先一步，立即组织攻城战斗。江忠源在城头督战，强烈的炮火把他的随从都打死了，仍然不肯撤退。几天后，江忠源还分军出城反扑。西征军多日攻城不下，便下船于德胜门、章江门外立栅筑营，开挖地道，深埋地雷。7 月 9 日，德胜门月城地雷爆发，炸塌城墙六丈余，攻军蜂拥而上，江忠源弟江忠济督军几百奋力堵住缺口，破城未遂。

在此期间，西征军多次深挖地道，但又多次为江忠源指挥守军灌水破坏。

7 月底，西征军又用地雷炸毁德胜门、章江门城墙二十丈，仍为江忠源率军堵住缺口。

杨秀清闻悉南昌久围不下，由天京派出第二批西征大军，由国宗石祥桢、韦志俊、石镇仑等率领溯江而上，沿途有很多民众加入进来。太平天国后期的名将陈炳文、汪海洋都是在此时分别参军的。

8 月 4 日，第二批西征军二万余人来到南昌城下，与赖汉英合力攻城，仍未得手。于是西征军分出一军，由曾天养带领在南昌周边地区，攻城掠地，堵截敌援。

曾天养勇敢善战，先后攻占丰城、瑞州（高安）、饶州（波阳）、景德镇等州县，各地会党团体，农民造反队伍纷起响应。曾天养军从占领区获得几万石糟粮和军需物质，这些物资不但给了南昌西征军大力支持，还源源不断运往天京。曾天养因为作战神速，由此获得了“飞将军”绰号。同年10月，他在安庆被晋升为秋官又正丞相。

南昌久攻未下，而清方援军陆续到达南昌，再要夺取更是困难了。杨秀清便下令撤围南昌。

9月24日夜，西征军扬帆北去，占领九江，由林启容镇守，石祥桢、韦俊等率军进军湖北，开辟新战场，赖汉英就因主持围攻南昌九十三天徒劳无功，耽误了整个西征战略部署，被调回天京革职，命入删书衙删改六经。

四

南昌城下，太平军鏖战正急时，石达开已由天京来到安庆，主持安徽战事。

石达开很有战略思想，他认识到安庆地居天京上游，占有极为重要的地理位置，就努力经营，把城墙加高五尺，周边普筑炮台、望楼，分兵把守，安庆就此成为天京上游第一重镇。

为了巩固安徽地区，石达开还在占领州县推行乡官制度，所谓乡官就是在乡镇也按军队编制，五家为伍，二十五家设一两司马，百家设卒长，以上设旅帅、师帅和军帅，对民众作军事化管理，亦农亦兵，兵农合一。各级乡官直接包办了所属民众的衣食住行，生老病死。太平军每到一地，就设立乡官制度，挨家挨户登记造册，制作门牌，这份门牌详细记录了每家的人口、姓氏、性别和户主关系，它其实就是贴在门上的“户口簿”。乡官和门牌，在中国过去是没有的，它正是太平天国农民的创造思维的结晶。

一要巩固，二要发展。当西征军由南昌回撤后，分军两路，东路由胡以晃为主帅，向庐州（安徽合肥）进发。

庐州是清王朝在安庆失陷后所设的临时省会。

胡以晃凯歌行进，由集贤关、练潭攻取庐州南面的桐城，击溃侍郎吕贤基所办的团练；胡以晃愤于吕贤基的顽抗，当夜进城时就传令搜杀“吕妖”。传令官一层层地传令下去，“吕妖”竟被误听为“女妖”了。

于是，第二天拂晓，居民还多在睡梦里，很多妇女就被搜获，莫名其妙地惨遭搜捕杀戮，到正午发现抓错了下令封刀时，无辜妇女已有三千五百多人死于刀下。在残酷的战争中，倒霉的仍是民众。

太平军乘胜攻打庐州。

新任巡抚江忠源闻讯抱病自六安州星夜赶到庐州。两天后，胡以晃大军才赶到，分兵围攻庐州七门。江忠源亲临城楼督战，晚间也睡在水西门上，他还特制了一面“迅扫妖气”的红底黑边大旗，号令全军，稳定人心。

胡以晃下定决心要攻下庐州，在围城外遍筑木城土垒，向城里发射炮弹。庐州守军主要是江忠源带进城的一千多名湘军和临时招募的乡勇。江忠源向各处求援，各处清军纷纷前来，其中有江南大营的总兵和春和江忠源的兄弟江忠濬。太平军士气旺盛，但都无法接近庐州城墙。

江忠源严加防守，但庐州知府胡元炜却动摇了。

胡元炜和太平军谈判，打算开门投降。

对于胡元炜的投降，转变立场，有几种说法：一说是因为受到江忠源讥讽；江忠源是听了胡元炜说庐州兵饷已办齐始敢进城的，但却发现并非如此，很不高兴，就假胡元炜身胖，揶揄他说，“你既如此多虑，何以仍长此一身的肉？”也有说江忠源点卯，发现胡所部练勇应有五百，实数却只有一百五十，由此延及；另说是太平军提供给胡元炜捐官的银子，他是因此而献城的。但无论如何，像胡元炜那样的四品知府打出白旗，主动投降，这在太平天国时期是罕有的。

经过三十四天激战，太平军终于占领了庐州城。

江忠源由亲兵护卫出奔，途中拔剑自杀未成，至金斗门抽隙跳池自杀。

几天后，胡以晃得意洋洋举行了隆重的入城仪式：

开道的是四五十个骑马的军官，一式黄巾黑衫青裤，每人前张黄伞，紧跟的是仪仗队，有杏黄绸蜈蚣旗十对，白心红边，中嵌黑白相间太极图的方旗五对，丈高阔大黄布旗十对，上有胡以晃的官衔，接着是大锣四面，打二十四锤，吹手两班，锣鼓四班，黄绣龙旗一把，在无数刀枪簇拥下，胡以晃乘着八人抬的大红绸绣花玻璃大轿。胡以晃白面有须，戴似财神用的帽式，穿无领大袖红绣花袍，足登缎靴。轿后所跟四五十名军官，亦是一式黄巾，着黄马褂红绸裤，每人持蓝绸旗；胡以晃后，是曾天养，也是坐轿，旗帜仪仗。

太平天国的各级官员对自己的身份非常讲究，为了要达到让大家都知道他持有的身份显赫、特殊，最引人注目的就是突出表现在日常生活的衣食住行。

庐州民众夹道观看，人们从来没有见过这样的排场，似乎比之大清巡抚、总督出巡也要奢侈、威风得多。当时目击者就记录了这样的场面。

庐州之战，太平军也损失不小，也许是这个原因，石达开从天京、安庆抽调了若干得力干部前来补充，如在安庆巡查民务和带兵的殿右二十指挥李秀成，就是这时派往庐州的。

庐州是兵家必争之地。半年后见于清江南大营和春等军围攻庐州，杨秀清派夏官又正丞相周胜坤和秋官副丞相陈宗胜率军来援。胡以晃因治军不力，又丢掉了庐州西边的六安州，被削去豫王爵，调离庐州，发在石达开麾下

听用。

1855 年 3 月，清军和春等部反扑庐州，陈宗胜战死。庐州告急，太平天国几次派出援军，石达开、陈玉成也曾先后前来解围，未能奏效。同年 10 月，潜伏在城里的士绅打开城门接应，庐州陷落。

五

1854 年，西征军韦志俊、石祥桢部鏖战武昌城下，久攻不克，就分军进攻湖南，开辟第二战场。

湖南战场上，他们遇到了强大的对手，即曾国藩新建的湘军水陆师。

进入湖南的西征军的两支主力部队：春官又副丞相林绍璋的前军；国宗石祥桢的后军。

开始，两军旗开得胜，马到成功。2 月 27 日，林绍璋部占领岳州，西渡洞庭，攻占湘阴，于是溯湘江而下，攻占仅离省城长沙六十里的靖港、新康。长沙城门紧闭，进入一级战备紧急状态。3 月 11 日，西征军攻占长沙城西宁乡，他们以占据长沙周边城镇而后全面围攻长沙为战略目标。当时曾国藩新编的湘军已北上，因宁乡失陷赶来反扑，西征军失败，北撤。曾国藩派王錱、塔齐布等追击，取湘阴、岳州。

湘军初战获胜，得意之至，岂料西征军退出岳州后，即调动第二梯队，大举反攻。4 月 4 日，在湘鄂边境的羊楼司与乘胜北上的湘军王錱军相遇，湘军败溃，王錱及曾国葆等部均退入岳州城。他军因城空无粮均离城他去，王錱部独留城中，后果然缺粮而人心混乱，王錱急缒城逃走。西征军再占岳州。

西征军继续南下。4 月 22 日，再次占领靖港。他们仍采取一个月前的进攻战略，由石祥桢率水师守靖港，林绍璋率陆师南下，以攻取长沙周边卫星城市孤立长沙。4月24日，林绍璋军在宁乡大破湘军三营，攻占湘潭和株洲禄口，即在湘潭城外修筑防御工事，筑垒自固，并在湘江上游水面麇集几十艘民船建立了木城，阻击援军。

长沙已陷入太平军的南北围攻中。

曾国藩调兵遣将，他以塔齐布、王鑫等湘军水陆师主力攻湘潭，自引水师攻靖港作为牵制。

4月25日，塔齐布等部来到湘潭战场。

4月26日，林绍璋部主动出击，失败。

4月27日，湘军水陆并进。西征军水师先败下阵来，陆军摆开阵势迎战。此时，统率陆师的参将塔齐布，身先士卒，独自驰马陷阵，湘军将士随之跟着冲锋。太平军与敌多年鏖战，却从未见有敢于短兵相接、作肉搏战的清军，不禁惊愕，后队忽然望见周围山冈出现不少肩挑的行人，心理负担更为沉重，以为湘军大至，就先撤走；前军也退，相互拥挤、践踏，湘军大声呼喊杀敌，山冈上的行人也相呼应，太平军不战而溃，湘军乘势追至城下。

4月28日，西征军水师的船只在湘江水面被焚毁百余艘。

4月29日，西征军陆师又败。林绍璋收队回城时，广西籍老兄弟和两湖籍兄弟因战争失利、互相指责，五十步笑百步，竟引起械斗，自相残杀，死去几百人。

4月30日，西征军水师又在湘江水面被焚毁几百艘船只。

5月1日，林绍璋放弃湘潭，向北逃走。

五天战斗，林绍璋五战五败，据称将士阵亡超过万人。这是太平军自金田起义后最大的一次溃败，也是湘军创建后首次大捷。湘军就此声名远扬，士气振奋，始为朝廷器重，且作为正规军由内线转入外线作战。

湘潭之战，主要是林绍璋不懂得打仗，不会管束将士。当时从双方实力比较，太平军是处于上风，完全有把握打败湘军、攻占长沙的。如果打不好这一仗，刚筹建的湘军很有可能在萌芽时就被拔掉。

这一仗，为曾国藩出山捞到了一笔极大的政治赌注。他于是对林绍璋其人记忆犹新，十年后，他还和被俘的李秀成谈及“林绍璋于咸丰四年在湘潭战败，其人并无本领”。

太平天国自此之后，再也无力进图湖南。

因此后来李秀成总结失败教训，把它列为“天朝十误”之一，说，“误不应发林绍璋去湘潭，此时林绍璋在湘潭全军败尽”。

与此同时，曾国藩所率水师在靖港打了败仗。

原先曾国藩根据情报，以为靖港石祥桢部只有几百将士，而且未作戒备，可以一举成功，就带了战船四十号，兵丁八百前往，向靖港驶进，在接近西征军营地时，就被望楼上哨兵发现了，守军开炮轰击。这时正好风高浪急，湘军水师逆风行船，速度缓慢，曾国藩求胜心切，派遣勇丁上岸牵纤。石祥桢遣将士杀尽牵纤者，又命两百多只小划子顺风而上，攻击敌船，乘风纵火，火顺风势，风助火威，敌船纷纷起火。湘军陆师闻讯水师失利，会同团丁前来援救，石祥桢引军反击，团丁不战逃命，牵动陆师溃退，争渡浮桥，桥塌，溺死百余人。曾国藩见危急状，亲自仗剑督阵，命令立令旗于岸上：“过旗者斩。”但团丁不听，都绕过令旗奔逃。曾国藩自领的湘军水陆师全败，辎重船艘尽毁。他顿足捶胸，羞愤之至，逃到靖港对岸铜官渚投水自尽；投了水被救起来后，又投了水，也有说当时曾国藩先后共投了三次水想自尽。在救回到长沙妙高峰时，他想起兵败之惨，又想寻死，连夜写了长达两千字的遗嘱。正在痛苦绝望的时候，忽然从湘潭前线传来塔齐布等大捷的喜讯，方才取消寻死的念头。

太平军靖港之战只是小胜。湘军水师虽败，但由于左宗棠赞画湖南巡抚骆秉章幕，于人力物力不断充实，致使湘军水师重新获得配备，士气振奋。

1854 年 6 月，曾国藩指挥水陆师二万余人北上向岳州挺进。

秋官又正丞相曾天养由常德赶回岳州组织反攻。湘潭惨败，元气大丧，太平军水陆都败，曾天养退出岳州，在城陵矶继续阻击湘军北上。

曾天养再次组织水陆军反攻，仍失败。

几天后，曾天养得到湖北援军，第三次组织反攻，却因湘军守备杨载福乘风纵火，又遭失败。

湘军水陆师乘胜前进。此时南风大作，水师船队行驶飞速，直至城陵矶。

曾天养虽屡战屡败，但豪气仍然不减，他见湘军骄傲轻敌，先以偏师诱敌，而主力潜伏在旋湖港，敌人中计追击前来，游击沙镇邦领头队，总兵陈辉龙率二队，船大体重，被诱进浅滩搁浅起来，正是进退两难。曾天养就指挥伏船出击，全部、彻底歼灭陈辉龙、沙镇邦所带的水师船只。水师总统、知府褚汝航、同知夏銮闻警来救，也因陷入重围，被一一打死。曾国藩湘军水师开始就配有精锐的装备，配备有从澳门向葡萄牙购置的大炮，水师将士也是经过挑选，现在仅在一天战斗中就都毙命，曾国藩又是伤心极了。

两天后，曾天养率军三千从城陵矶登岸，打算安寨扎营，忽见南面烟尘大起，原来是破格擢升的新授署湖南提督塔齐布率领的湘军陆师赶到。曾天养来不及布阵调遣兵将，竟然跨上黑马，手执长矛，直冲塔齐布而来；塔齐布来不及遮挡，被一矛刺中坐马，准备抽矛再刺，不料塔齐布亲兵黄明魁急以长矛反刺，曾天养来不及转身，被一矛刺中，跌于马下，惨遭杀害。

曾天养之死是西征太平军一大损失，太平天国从来宣扬人死是“升天”，不能哭，不能做丧事，但对曾天养之死却破例，两湖太平军为了悼念他接连吃了六天的素。曾国藩也因率湘军出境时吃过曾天养的亏，此后牢记不忘。后来还几次与被俘的李秀成谈及说“其人是一好手，资格最深”。

六

西征军由南昌撤回后，由胡以晃率领的部队攻占了安徽庐州，另支由国宗韦志俊、石祥桢等率领西进湖北。

1853年10月1日，西征军进入湖北，占领长江北岸的武穴（广济），即溯江西上，打响了第二次攻打武汉的战争。十七岁的左四军正典圣粮、职同监军陈玉成也别领一军，占领了漕河。

西征军势如砍竹，年底占领了鄂东重镇黄州（黄冈）。

湖广总督吴文镕是曾国藩坐师，资格颇深，官场阅历也丰富，但毕竟是儒门中人，不会带兵领将，他率领的军队纪律松懈，也无力约束。时值天寒地冻，将士就驻地堵城附近村庄，拆毁民房，掠取燃料，用作兵营生火取暖，民众被迫流离失所、无家可归，怨声载道。也有民众投奔了太平军，或为太平军通风报信，传递清军活动。

吴文镕也在注意黄州太平军动态。

这天，吴文镕获得消息，说是黄州城里的太平军将士正热烈地欢度天历春节，丝毫没有戒备。

吴文镕心中大喜，以为是求胜良机，亲自带领人马连夜启程，向太平军防线发起偷袭，但接连三次，均未成效。堵城滨江临壑，三面都是水，吴文镕在此处连营十三座，本已犯兵家之大忌，加之连日雨雪，将士给养受阻，多有冻馁。韦志俊、石祥桢摸清对方实况后，分军绕至敌军大营后，设伏于林麓冈峦，而吴文镕和大营将佐毫无觉察。几天后，太平军主力出黄州猛扑敌营，伏兵从后侧纵火焚烧，清营前后受因，全军不战溃散，吴文镕跳入池塘自杀。

西征军乘胜直进，第三次向汉口、汉阳发起进攻，逼近武昌省城。

西征军取得新的胜利后，即采取分兵掠地的战略：韦志俊率领一万人马，围攻武昌；石祥桢、林绍璋率领主力两万余人进略湖南；曾天养率万人转向湖北西部，攻城掠地，扩大战果，陈玉成率几千人扫荡鄂北。此中最为活跃的是曾天养和陈玉成两军。

曾天养攻占庐州后，立即调赴湖北战场，增援西征军，他在占领汉口、汉阳后，为削弱、孤立武昌，就引军扫荡湖北各处清军，先后攻占孝感、云梦、安陆、随州、钟祥和荆门等地，他的主攻目标是荆州（江陵）。因受敌阻挡未成，旋又转赴上游，攻占宜昌、宜都和枝江各地，两月之间，连下十余府县、沿途所至之地，尽焚毁府衙、学宫和佛庙道观。

6 月，曾天养军在两次进攻荆州（江陵）未成，引军南下入湖南岳州境，不久，曾天养战死。

陈玉成率军在与曾天养合军破云梦后，分手北上占应城。

5 月初，林绍璋军在湘潭惨败。韦志俊军却屯扎武昌周边的金口、白湖镇等地，采取断敌接济、围而不攻的战略。6 月，太平军扫除武昌外围清军，韦志俊得各处援军会合，从梁子湖西攻，攻破清军洪山营垒，逼近武昌城根。

6 月 26 日，太平军水师从汉口出发攻武昌城西，吸引守城军；而由陈玉成率五百将士，从梁子湖转武昌城东，缒城而上，遍插黄旗，守军惊散。

太平军占领全城。

位于天京的领导人接到捷报，对西征将士论功行赏。这时已是殿左十八指挥的陈玉成，又被提升为殿右三十检点。检点是仅次于六官丞相的高级官员，按编制仅设三十六员。一年后，冬官正丞相罗大纲在九江战死，陈玉成即受补罗的官缺。他在前期就是领兵大员了，因而后来遂成为一方诸侯，被定位在领导核心圈，良以有也。

在湖北战场，陈玉成的卓越才干和勇敢精神完全得到了发挥。

养兵千日，用兵一时，在无日不战的太平天国战场，陈玉成非常注重将士的平素训练。他的部队是太平天国最有战斗力的。相传他很能用兵，行军神速，出奇制胜；面遇强大、人数众多的敌军，经常采取以小部队牵制、吸引对方，或断敌后路或断其粮道，争取战争的主动权，使敌人难以应付，陷于被动格局，然后突然集中优势兵力将它歼灭。因此当他在江淮大平原驰骋时，当地就传遍了“三十检点回马枪”的故事。

陈玉成也注重读书，对读书人比较尊重，在军中也读了些书，可能也不仅是那些为天王东王制作宣扬上帝政治的本本，还有其他。人们说他“吐属风雅，熟读历代兵史，侃侃而谈，旁若无人”。可见他有些知识。这在太平天国将帅中也是凤毛麟角的。他和李秀成有一定文化，能直接理解天京诏旨，自己也会写信和露布，因此得到了洪秀全的器重。

1854 年 10 月，湘军主力又一次攻下武昌。湘军依仗强大的水师先将长江汉水江面由民船改装的太平军水师歼灭，完全控制了长江水面，守将石凤魁、黄再兴匆忙撤退。

湘军攻陷武汉三镇后，曾国藩当上了兵部侍郎，办理军务。曾国藩踌躇满志，与新任湖广总督杨需商议水陆三路东进路线。

田家镇是东进的第一目标。田家镇在湖北境内长江北岸，它和南岸的半壁山对峙，是湘军夺取九江必争之地。

太平天国燕王秦日纲奉命主持田家镇防务。

秦日纲在北岸蕲州和田家镇之间，沿岸遍筑土城；在田家镇和半壁山之间江面，横江系大铁索三道，篾缆七道，江面上布置五座大木筏，筏上密架枪炮。铁索、篾缆、木筏和土城，星罗棋布，布置严密，自以为万无一失。其实这种原始的单纯防御，只会造成被动挨打的局面。他们想不出很好的战略战术，只能从《三国演义》中抄袭，即模仿三国后期吴人防晋将王濬水军溯长江东下的办法。

果然如此，太平军水陆师均败。湘军水师用烘炉大斧砍断拦江铁索和竹缆，学的也是当年王濬柞的一套，正好十一月东南风大作，风助火威，木筏尽成飞灰，太平军水师船只四千多艘也都被焚烧，百里内外，火光冲天。面对湘军的强大攻势，太平军不得不放弃田家镇，战场被迫转移到了九江。

西征战场危急。翼王石达开率军自安庆赶来湖口，主持九江战事。已革豫王胡以晃由庐州、冬官正丞相罗大纲由饶州（波阳）分别带领人马前来助阵。转战江北蕲州、黄梅等处的检点陈玉成也引军进入九江，强化九江城防。

湘军水师歼灭了剩存的太平军全部水师后，完全控制了江面，从北面威胁九江。湘军陆师主力塔齐布、罗泽南等也来到九江城下。

曾国藩也乘船来到九江长江江面坐阵指挥。

湘军气焰嚣张。水师在肃清九江、小池口间的太平军船排，全军分泊于鄱阳湖口内及口外的梅家洲、八里江，陆师在攻陷小池口后，移营九江南门外，分军为四，围攻九江四门。

石达开以逸待劳，严密扼守。他以原湖口守军黄文金熟悉地形，命他南攻吴城等地，以罗大纲军守西岸梅家洲，自守东岸湖口县城。分别严密扼守鄱阳湖；于营外广布木桩竹签十余丈，掘壕数道，内埋地雷，上用巨木横斜搭架，钉铁蒺藜于上面，防守可谓谨慎严密，固若金汤。太平军且以守为攻，不时出击、骚扰敌人，每天深夜还以火球火箭开导，顿时金鼓齐鸣，摆出一副像煞要出营作战的姿势。湘军水陆师只得戒备待发，枕戈达旦，难以安眠，弄得疲惫不堪，但当几次到营边挑战，却因为守军坚拒不出，未得收效。

石达开也是运用了《三国演义》诸葛亮在定军山，命赵云带兵五百，每夜锣鼓惊扰曹营的故事。

七天后，即 1855 年 1 月 29 日，湘军水陆师大举进攻梅家洲罗大纲军阵地。石达开利用湘军水师求胜心切的骄躁心理，故意把扼守鄱阳湖口的部队撤往梅家洲，湘军水师见有机可乘，就由都司萧捷三等领兵二千、轻舟一百二十余号冲进湖内。石达开在它们驶进后，立即重新调兵遣将封锁湖口，断其归路。强大的湘军水师遂被斩割为湖内湖外两支，实力大为减弱。

当晚，月黑风高，石达开会同罗大纲，以轻舟偷袭停泊在湖口的湘军水师李孟群、彭玉麟等，焚烧大船九号，小船三十余号，获得胜利。李孟群等侥幸逃脱，急率残部遁驶上游。这是湘军水师组建以来又一次惨败。太平军将九江对岸要镇小池口又一次夺了回来。

曾国藩派副将周凤山带军渡江前来攻打小池口，被罗大纲部击退。围攻九江湘军转陷危地。

风水流转。太平军开始夺取主动地位。

曾国藩也觉察到了，命水师，包括由上游武穴前来的杨载福部水师会集后退扎在九江长江江面。

在此之际，石达开等正策划一场歼灭湘军的战斗。

2月11日，又是一个月黑迷漫的夜晚，石达开指挥的太平军会同小池口的罗大纲军、林启容的九江守城军，两岸同时并举，以轻舟百余艘冲向湘军水师，顿时火弹喷筒齐发，杀声震天，当场焚烧湘军战船百余号，曾国藩的坐驾船，即水师主帅所乘的旗舰被俘获，管驾官、监印官等多员被杀，船中的文卷册牍尽失。其余战船纷纷向武穴上游逃去。这一仗，湘军水师被打得辎重尽失，不复成军。曾国藩于事急时先改乘小船逃到陆师罗泽南营，他瞭望江心火光烛天，想及自己经年心血、赖以成不世之功的水师一败再败，痛不欲生，竟当着罗泽南面，又作出一出要跳水自杀的闹剧。

五十四岁的曾国藩被二十四岁的石达开打败了。

太平军乘胜反攻。在湖北广济，秦日纲、韦志俊乘除夕之夜，湖广总督杨霈在大营欢宴之际，突然出千军袭击，杨霈得报，慌忙逃跑，全军万余不战瓦解。秦日纲等循杨霈逃跑路线尾追，连占蕲州、黄州和汉阳，与前来援救的胡林翼部湘军对峙。4月，秦日纲、韦志俊等攻占武昌省城。这是太平军第三次攻占武昌，三克武昌标志太平军西征战场的胜利。

武昌扼江汉枢纽，为兵家必争之地。新任湖北巡抚胡林翼、湖北提督杨载福和罗泽南等湘军主力都分路前来争夺。

未几，秦日纲调走，韦志俊主持武昌事务。双方势均力敌，互有胜负。

与此同时，江西战场太平军形势也一片大好。九江城下，湘军第一号悍将塔齐布因屡次失利，气愤呕血而死；在湖口，黄文金军击毙湘军勇将萧捷三；石达开更在接纳由广东北上的天地会十余万众后，占领了江西八府五十余县。曾国藩十分恐惧，飞檄接替塔齐布的副将周凤山撤九江围，前来南昌孤城布防。周凤山军至樟树镇（清江），

遭到石达开军痛歼，全军复没，周本人逃回湖南家乡去了。曾国藩只得派心腹家丁装扮乞丐持密函要罗泽南回救。罗泽南久久攻不下武昌，为早日回援江西，求胜心切，急欲攻下武昌，自在洪山布阵，被伏兵流弹击中左额要害，当即毙命。也有一种说法是，罗泽南出于轻敌，一马当先，被参加太平军的兴国州（阳新）少年童子用鸟枪击毙。

太平军在湖北、江西战场取得了一系列的胜利，于是当时在军中流行一首歌谣："破了锣（罗泽南），倒了塔（齐布）、杀了马（济美，在南昌战死），飞了凤（周凤山），徒留（刘于浔领水师驻南昌）一个人也无用。"